民主化の虚像と実像

タイ現代政治変動のメカニズム

玉田芳史 著

京都大学学術出版会

はしがき

　本書はタイの現代政治を1990年代の民主化過程を中心として考察している．タイでは1932年以来軍隊が大きな政治力を握り，クーデタが政権交代の常道となってきた．しかし90年代に入ると，軍が政治から撤退し，政治は国会を中心として展開されるようになり，選挙が政権交代のルールとして確立された．90年代のタイではいくつかの重要な事件が生じた．91年2月に軍はクーデタを成功させた．92年4月に軍首脳が首相に就任すると，翌月に「暴虐の5月 (*phrutsapha thamin*)」と呼ばれる事件が起きた．首相の退陣を求める大規模な集会が開かれ，政府は集会の取締に軍を投入して実弾発砲により100名ほどの死者行方不明者を出す惨事となった．これを契機として軍は政治から撤退することになり，92年9月の出直し総選挙後第一党の党首が首相に就任するようになった．この事件から数年後の94年には政党政治の是正を求める政治改革論が登場し，96年には憲法の全面改正により政治改革を目指すことが決まった．草案は97年7月の通貨危機勃発直後に完成し，97年9月に国会で可決され，10月に公布施行された．

　1990年代の民主化については中間層に脚光をあてて説明するのが主流となっている．それによれば，民主化の過程は次のようなものである．中間層は軍の政治介入に反対し，政治の民主化を求めて，92年5月の大規模集会に結集した．中間層はこの貢献により政治への発言力を大いに強め，市民社会と総称される幅広い同盟勢力の中核を占めるようになった．中間層は92年9月以後，政党政治に問題点を感じ取り，その是正を目指して政治改革論を支持した．改革論の成果である97年憲法は起草手続きの点でも規定内容の点でもそれまでの15の憲法と比べると格段に民主的であった．新憲法の起草作業は国会とは別個に設置された憲法制定議会に委ねられ，起草過程では公聴会などを繰り返すことにより人民の要望を最大限反映するよう配慮された．新たな権利がいくつ

も盛り込まれ，政党政治家の不正への監視が強化され，首相の指導力の強化が図られた．政党政治家がこの草案に難色を示すと，中間層は可決を強く支持した．これにより成立した97年憲法は民主政治を深化させるのに大いに寄与した．中間層は民主化勢力の中心となり，ひたすら民主化の前進に尽力してきたというわけである．経済成長により規模が拡大した中間層が政治の民主化を成し遂げたという古典的な近代化論の図式に見事に合致した事例ということになる．

　たいそう説得力に富むように見える解釈である．しかし，本書ではこうした中間層主導説を「虚像」と見なし，民主化の「実像」を解明しようと試みる．主流説の大きな問題点は，1980年代までの政治との不接合，中間層の役割の過大視，この２点である．通説の説明では，タイの政治には92年を挟んで大きな断絶が存在しているかのようである．視野を少し広げるならば，90年代の民主化には助走期間があった．73年10月には92年５月に匹敵する大規模な集会が開かれ，軍事政権を崩壊に追い込んだ．これにより実現した民主政治は76年10月のクーデタで幕を閉じた．その後92年までは何が起きていたのか．通説では軽視されがちであり，80年代は狭間の休眠期間のように思われる．しかし，80年代をよく調べてみれば，民主化への移行期であり，90年代はその流れに乗った定着期であることが判明する．民主化を正しく理解するには，90年代のみに目を向けるのではなく，80年代さらには70年代との連続性を考慮しなければならない．

　他方，中間層は1992年までは有意な政治的役割を果たすことがなかった．中間層は政治の舞台には92年になって突然目を覚ましたかのように民主化勢力として登場してくるのである．これは不自然である．次に，中間層が本来的に反軍というのは事実を無視した幻想にすぎない．91年クーデタには中間層を含めてほとんど反対するものはいなかったからである．それにもかかわらず中間層が脚光を浴びるのは，92年５月事件の衝撃が大きく，中間層が大規模集会の主役という解釈が定着したからである．この事件をめぐる解釈には再検討の余地が十分にある．丹念に事実を洗い直すならば，中間層が事件の主役であった

とは言いがたいからである．また，中間層が支持した政治改革論は必ずしも民主政治の深化を目指したものではなかった．それは97年憲法の規定を検討してみればすぐに分かることである．一例を挙げるならば，国会議員の被選挙権を大学卒業以上の学歴を備えたものに限定し，総人口の7割を占める農村部住民から立候補資格を剥奪した学歴制限選挙規定である．それゆえ，中間層を先見的に民主的と見なす呪縛からいったん自由になり，民主化過程を考察しなければならない．

それに加えて，タイ政治研究ではすでに1990年代以前から民主化の積極的な推進勢力を探し出すことに精力が注がれてきた．90年代にはそうした格好の推進派として都市中間層が浮上してきた．80年代までは政党，政党政治家，実業界，学生などがそうした勢力と見なされることが多かった．90年代に入って推進派と見なされるものがすっかり変化してしまったことに示されるように，推進派探しは必ずしも有益な作業とは思われない．むしろ，好ましいはずの民主政治がなかなか実現しなかったのは反対勢力や抵抗勢力が存在していたからであり，そうした消極勢力にも目を向けるべきであろう．そこで，本書では民主化に消極的な勢力，不満を抱える勢力を宥めることにより進められてきたという視点を重視したい．

＊　　＊　　＊

本研究のきっかけは，筆者が1992年4月6日に京都大学東南アジア研究センターのバンコク連絡事務所の駐在員として赴任したことにある．10月9日までの半年間，戦前のナショナリズムについて研究する予定であった．駐在期間は偶然にもタイ政治の激動期と重なっていた．83年から85年にかけてチュラーロンコーン大学に留学するなどしてすでにタイ政治を学んでいた筆者にとっても，新鮮なことが次々と起きて好奇心をかき立てられる半年であった．この経験が都市中間層主導の民主化という説明への強い違和感の源泉となった．しかし，同時代の政治をいざ分析しようとすると，不可解な点が多く，なおかつ90年代後半まで流動的な政治状況が続いたため，本格的に取り組むことにためら

いを感じた．

　正直なところ，1990年代の政治を観察するとき筆者の予想は外れ続けていた．92年4月7日に首相に就任したスチンダーは軍の支持を受け，下院の過半数を掌握していたので，いくら批判を受けても動じることはないと筆者は考えていた．5月初旬にチャムローン前都知事が首相退陣を求めてハンストに突入したときにも，思いは変わらなかった．ハンスト突入の翌日昼間に国会前の歩道に座り込むチャムローンを見物に出かけたとき，集まっていたのは筆者のような野次馬を含めても100名程度にすぎなかった．しかしながら，数日のうちに事態は思わぬ展開を見せ始めた．10万人を越える大規模な集会が出現したのである．大規模集会が執拗に続いたため，もはや政権の命運は尽きたと思った．73年政変のことを想起しつつ，10万人規模の大集会が続けば，首相はその圧力に屈して退陣するか，あるいは暴力的な鎮圧に出て国王から退陣させられるかのいずれかの結末を迎えるであろうと想像したのである．実際には予想にやや反して，5月6日から11日にかけての集会ではいずれの事態も生じず，17日からの集会で後者の結果を迎えた．政府は集会の取締に軍を投入し，実弾発砲により100名ほどの死者行方不明者を出す惨事となった．5月20日夜国王が事態の収拾に乗り出し，首相は辞任を余儀なくされた．事件後，国会が解散され，9月13日に出直し総選挙が予定された．筆者は大規模集会の指導者となったチャムローンが率いる政党が第一党になると予想していた．ところが，同党は3月の総選挙よりわずか6議席増の47議席にとどまり，第5党にすぎなかった．しかも5月事件の主戦場バンコクでは議席を9議席減らしていた．第1党はチャムローンの動員戦術を批判した民主党であった．タイの政治が改革へと向かうことを密かに期待していた筆者は，穏健な民主党政権の登場に落胆しながら10月に帰国した．

　ところが，1990年代半ばになると政党政治の変革を求める政治改革論が登場してきた．新憲法を制定して，政治を改革しようというのである．筆者の目には，要求項目は無理難題と映った．国政を支配する下院議員への攻撃に主眼があったからである．さらに憲法の改正で政治が変えられるならば，憲法の全面

改正を繰り返しすでに15番目の憲法を持っているこの国では，政治はとうの昔に変わっているはずだとも思われた．しかし，新憲法は政治改革への高い期待に後押しされ，国会議員を蚊帳の外において起草が始められた．草案が憲法になるには国会の可決が必要であり，恐らく国会を通らないと思われた．国会での否決後に予定される国民投票でも可決されるかどうかは定かではなかった．97年の通貨危機勃発直後に完成した草案は，経済危機を強力な追い風として国会で可決された．まったく予想外の展開であった．可決されないと1997年6月までは思っていたため，可決にはあわてふためいた．新憲法草案をちゃんと読んでおらず，マス・メディアで断片的に報道される程度の内容しか知識を持ち合わせていなかった．

　しかしながら，草案をよく読んでみると，政治改革の主要項目は総選挙を実施しないと効果が発揮されないことが分かった．筆者は1990年代には現代政治よりも政治史に研究関心があったため，97年11月発足の民主党政権が国会解散を先延ばしすることは好都合であった．研究の準備のための時間を稼げたからである．ようやく準備が整った98年に，99年度からの2年間をかけた民主化研究のため文部省（当時）科学研究費補助金を申請したところ，幸運にも採択されたため，研究に本格的に取り組み始めた．2年間の終了間際となる2001年1月になってやっと総選挙が実施され，2月には新憲法に基づく政権が発足した．こうした事情ゆえに2001年3月末に拙速に仕上げた研究成果報告書が本書の下敷きとなっている．

目　次

はしがき ——— i
1章　タイ政治の民主化をどう眺めるか ——— 3
　1-1　本書の狙いと構成 ——— 3
　1-2　タイ政治民主化への視座 ——— 5
　1-3　1970年代以後のタイ政治 ——— 28

第 I 部　1992年5月事件

2章　大規模集会：理由と影響 ——— 47
　2-1　スチンダー政権の誕生 ——— 47
　2-2　首相退陣要求集会 ——— 56
　2-3　善悪の対立 ——— 72
　2-4　なぜ「乗っ取り」が起きたのか ——— 77
　2-5　民主化への影響 ——— 88
3章　軍の政治力低下：理由と過程 ——— 95
　3-1　なぜ人事異動なのか ——— 95
　3-2　人事異動と政治力 ——— 102
　3-3　陸士5期生と1992年5月の発砲 ——— 110
　3-4　1992年5月以降の人事異動 ——— 120
　3-5　勢力分断人事と政治力低下 ——— 133

第 2 部　政治改革論と新憲法

4章　1997年憲法の起草と政治的意味 ——— 149
　4-1　はじめに ——— 149
　4-2　憲法制定議会設置への道のり ——— 152
　4-3　憲法の起草 ——— 171
　4-4　憲法の可決成立 ——— 202
　4-5　新憲法と民主化 ——— 208

5章　2000年上院議員選挙：なぜ公務員議会の再現なのか ────── 223
　5-1　上院議員選挙の意義 ────── 223
　5-2　上院議員選挙の手続きと特色 ────── 227
　5-3　勝ち抜け方式の選挙 ────── 229
　5-4　どんな人々が当選したのか ────── 234
　5-5　なぜ公務員が多いのか ────── 244
　5-6　政治改革にとっての意味 ────── 249

6章　2001年総選挙：政治はどう変わったのか ────── 257
　6-1　2001年総選挙 ────── 258
　6-2　政党は変わったか？ ────── 266
　6-3　選挙は変わったか？ ────── 275
　6-4　政権の安定と政治の不安定 ────── 294

終章　タイ政治の民主化 ────── 319
　終章-1　1990年代の民主化 ────── 321
　終章-2　安定した保守政治 ────── 331

あとがき ────── 341
参考文献 ────── 345
索引 ────── 359

民主化の虚像と実像

タイ現代政治変動のメカニズム

玉田芳史 著

1章　タイ政治の民主化をどう眺めるか

1-1　本書の狙いと構成
1-2　タイ政治民主化への視座
1-3　1970年代以後のタイ政治

1-1　本書の狙いと構成

　本書ではタイ政治の民主化過程を1990年代を中心として，地域研究の観点から実証的に考察する．90年代にはいくつか重要な事件が生じた．特に重要なのは91年2月クーデタ，92年5月事件，97年憲法である．91年クーデタは，タイ政治と言えば軍，という1932年以来続いていた構図を再確認させられる事件であった．しかしながら，タイの政治はその後急展開することになる．91年クーデタの首謀者が92年4月に首相に就任すると，翌月それに反発する大規模な集会が開かれ，軍が発砲して100名ほどの死者行方不明者を出した．この5月事件を契機として，軍は政治からの撤退のレールに乗り，代わって政党が政治の中心となった．92年9月には民主党，95年7月にはチャートタイ党，96年11月には新希望党，2001年1月にはタイラックタイ党と，総選挙で勝利した政党の党首が首相に就任するようになった．選挙が政権交代のルールとして定着したのである．それに加えて，90年代半ばには政治改革論が台頭し，タイ史上もっ

とも民主的と喧伝される97年憲法の制定へと結実した．

このように1990年代に目覚ましく進んだ民主化は，都市中間層を中心に据えて説明されることが多い．経済成長に伴い規模が拡大した中間層が軍の政治介入に異議を唱えて92年5月の大規模集会に結集し，軍を政治から撤退させるという勝利をおさめた．軍に代わって政党政治家が政治の主役となると，中間層は政党政治の金権腐敗や非能率を打開するために，政治改革論に結集して97年の新憲法制定を実現させた．これにより民主化が一段と深化することになった．

こうした説明には十分な説得力があるように思われなくもない．しかしながら，中間層は民主化を希求するとア・プリオリに想定し，民主化を主導したのは中間層であると捉える点には強い違和感を禁じえない．事実にそぐわないからである．中間層はなぜ91年クーデタに不満を唱えなかったのか，中間層の決起がなぜ92年5月だったのか，きわめて民主的な内容を備えるはずの97年憲法がなぜ国会議員の被選挙権をごく少数の大卒者に限定したのか．こういった素朴な疑問に答えることが困難である．

本書では，タイ研究者やタイ人知識人の間で人口に膾炙する，中間層を過大視する虚像に代わる実像を描き出そうと試みる．中間層の規模が少しずつ拡大してきたことは間違いない．1990年代に政党政治が定着して民主化が進んだのも紛れもない事実である．しかし，この民主化を中間層に着目して説明するのが適切であるか否かは吟味が必要である．中間層主導の民主化という捉え方が広まる端緒となったのは92年5月事件である．事件が中間層主導の民主化運動でなかったとすれば，中間層を民主化分析の主役に据えることの妥当性が揺らぐことになる．それゆえ，本書ではまず第1部でこの事件の実証的な洗い直しを試みる．2章では，5月事件について考察する．タイ史上稀な大規模集会が開かれたのはなぜか，なぜ92年5月だったのかという謎を解き明かすことにより，事件と中間層の関係を明らかにする．3章では，5月事件が軍に与えた影響について考察する．従来は，戦後が戦間期であるように，クーデタ後はクーデタ間期であった．しかし92年以後はクーデタの可能性が著しく低下した．軍の人事異動に着目してその理由の解明を試みる．第2部では，90年代半ばに高揚し，新憲法の制定に帰着した政治改革論について考察する．4章では政治改革論や97年憲法起草過程ではどのような議論が行われ，それが民主化とどのよ

うに関連していたのかを検討する．5章では97年憲法に基づく最初の国政選挙となった2000年上院議員選挙の意義を考える．6章では2001年下院議員選挙と新政権の成立を受けて，政治改革の結果政治がどのように変化したのかを検討する．

1-2　タイ政治民主化への視座

「かつてのタイは軍政に関する格好の教材であった」と指摘される［Tilly 1992: 212］ように，軍の役割が大きく，クーデタが政権交代の常道となっていたと述べても過言ではないほどである．しかし，1992年5月事件を契機として，政党が軍に代わって政治の中心となった．92年9月には民主党，95年7月にはチャートタイ党，96年11月には新希望党，2001年1月にはタイラックタイ党と，総選挙で勝利した政党の党首が首相に就任するようになった．選挙が政権交代のルールとして定着したのである．

タイが民主化に関して劣等生から優等生に転じたことは，東アジアや東南アジアの国々と比較してみると浮き彫りとなろう．ハンティントンは1993年に「東アジア［と東南アジア］には，選挙で選ばれた政党の単独政権から選挙で選ばれた別の政党の単独政権への交代を経験した国は，場違いなフィリピンを除けば，1つとしてない」と述べた［Huntington 1993: 39-40］[1]．彼がこの手厳しい指摘を行ったときにはすでに一部の国で民主化が進行しつつあった．

東アジアでは韓国と台湾である．韓国では87年に軍出身の大統領候補であった盧泰愚により民主化宣言が行われて長きにわたった軍政あるいは軍中心の政治の幕が閉じられることになり，92年12月からは文民の選挙政治へと変化した．台湾では70年代から少しずつ始まった民主化が，80年代後半以後には国民党一党独裁制の放棄，外省人に代わる本省人（台湾人）の台頭に示されるように

1　ハンティントンがフィリピンを場違い（misplaced）と捉える理由は，①日本と同様にアメリカによって民主政治が導入された，②社会がアジアというよりもラテン・アメリカ風である，という2点による［Huntington 1993: 37］．

顕著に進み，ついに 2000 年には国民党が大統領（総統）選挙で敗北して政権交代が実現するに至った．

東南アジアに目を転じるならば，フィリピンでは 72 年の戒厳令以後独裁的な支配を続けていたマルコス政権が 86 年に崩壊し，以後選挙による政権交代が行われるようになった．さらに 2001 年には，利権追求に明け暮れたエストラーダ大統領を追放した．手法は非立憲的ながら，結果として民主化につながっている．インドネシアでも 30 年以上にわたって政権を担当してきたスハルトが 98 年に退陣に追い込まれ，99 年には 55 年に続いて独立以来二度目となる公正で競争的な選挙が実施された．2001 年には憲法に基づいて大統領の交代も行われた．カンボジアでも内戦に終止符を打つために一党独裁制を放棄し，93 年から複数政党制による選挙が実施されるようになった．

他方において，東アジアの中国と北朝鮮，東南アジアのヴェトナムとラオスでは，経済面での改革路線とは裏腹に，政治面では一党独裁体制が堅持されている．ミャンマーでは 1962 年以来の軍政が続いている．ブルネイでも国王の専制体制が堅持されている．独立以来民主政治を維持しているマレーシアとシンガポールでは与党が行政と一体化して政権交代の余地をなくすほど強力であり，しかも政府批判派を厳しく締め付けるという足踏みないし後ずさりのゆえに，同じ時期に民主化が進んだ国々に追い越されることになった．こうした比較から，タイが東南アジアでは指折りの民主主義国になったことが分かる．

タイ政治の民主化はどのように進んできたのであろうか．何に着目して眺めたらよいのかについての手がかりを得るために，まず政治学における民主化理論，続いて東・東南アジア地域の民主化に関する研究を概観しておこう．

（1）民主化へのアプローチ

民主化とは非民主政治体制から民主政治体制へ変化することである．民主政治とは，シュムペーターにならって，「人民の票の争奪競争を通じて誰が決定権を獲得するのかを政治的に決めるシステム」と定義しうる．選挙という手続きを重視した捉え方である [Diamond 1999: 8]．多少の修正が施されることはあっても，これが通説となっている．たとえばハンティントン [1995：7] も「候補者

が自由に票を競い合い，しかも実際にすべての成人が投票する資格を有している公平で公正な定例の選挙によって，そのもっとも有力な決定作成集団が選出される」政治と定義している．

　こうした民主化は1970年代半ば以後世界各地で相次いで生じた．民主化の具体的事例が増えるとともに，1980年代から「民主政治ならびに民主化に関する研究が比較政治学の中心領域を占めるようになった」[Bunce 2000: 703]．ハンティントンは70年代中葉から相次いだ民主化を「民主化の第三の波」と呼び，それをもたらした要因として外的要因，カトリック教会の変化，雪だるま（伝染）効果，経済成長の4つを挙げた[Huntington 1991]．彼が「民主化の要因は国ごと時代ごとに大きく異なっている」と述べる通り[Huntington 1991: 38]，これらは個別の国における民主化要因ではなく，波をもたらした要因であった．しかしながら，彼の指摘は個別の事例を考える際にも参考になり，90年代以後の民主化研究に大きな刺激や影響を与えてきた．政治はこうすれば民主化されるという決定版の処方箋が存在しないことが議論を白熱させている．

　ポッターは民主化への研究アプローチを近代化論(modernization approach)，移行論(transition approach)，構造論(structural approach)の3つに要約している．近代化論はリプセットに代表され，社会経済が発展すると，所得水準，電話の普及度，識字率，教育水準，都市化，産業別人口構成比といった指標が変化し，結果として政治が民主化すると捉える．たとえば識字率という単一の指標に着目して，多数の国を説明しようとする普遍性志向が特色である．指標と民主政治との相関関係を重視するものの，因果関係の説明は乏しいという欠点がある．次に，移行論はラストーを嚆矢とし，民主政治を歴史過程におけるエリートの決定の産物であると捉える．ラストーが提起した民主政治に至る4段階のうち後半の2段階にあたる移行期と定着期における政権側と在野側のエリートの選択や行動に焦点を合わせる研究が多い．最後に，構造論は社会や経済の長期にわたる変化が階級間の権力構造を変化させ，民主政治を実現することがあると捉える．民主政治に反対する階級と賛成する階級の力関係が鍵になる．現実の民主化過程は複雑であって多面的であるため，1つのアプローチのみでは説明が困難であり，1990年代には3つのアプローチの相互乗り入れが進んで折衷的なアプローチが採用されるようになっている[Potter 1997: 10-24][2]．

近代化，エリート，階級構造のいずれに着目するアプローチでも民主化を促す要因として概ね次の6つが指摘されることが多い．第一は経済発展である．特に近代化論と構造論で重視される．近代化論では経済成長と民主化の相関関係が格別重視され，両者を媒介する変数の発見に精力が注がれてきた．構造論の方は経済の成長が政治に及ぼす影響は一様ではないと想定し，経済成長，階級構造，民主化の間の因果関係の連鎖を個別の事例ごとに解明する必要があると考える．第二は社会の分断である．分断は経済的なものと文化的なものに大別される．前者は階級である．リプセットは近代化が中産階級（middle class, 中間層）[3] を成長させる結果，民主化につながると捉える．これに対して，構造論のルスマイヤーらは民主政治に対する特定の階級の態度は他の階級との関係で決まるものであり，中産階級が民主化志向であるとは限らないと主張する．他方，後者の民族，言語，宗教などによる分断は，民主政治には不都合である．民主政治は人民主権原理に基づいているため，人民が政治的アイデンティティーを共有せず分断されている場合には誰が主権者なのかを確定しえず，実現困難となる．第三は国家や政治制度である．近代化論も構造論も国家が強すぎる場合には民主化が困難であると捉える．第四は市民社会（civil society）である．いずれのアプローチでも，強くて多元的な市民社会は国家権力への対抗勢力となり，民主化に寄与すると見なされる．ただし，構造論は市民社会が複数の階級から構成されており，必ずしもすべての階級が民主化を志向するわけではないことに注意を喚起する．第五は政治文化である．近代化論は近代化に伴い文化が民主政治と親和的なもの（たとえば参加，穏健化，反対の容認など）に変

2　ポッター自身はアジアの民主化を説明する際に構造論アプローチをとったことがある［Potter 1993］．
3　中産階級，中間層のいずれを用いるのか，あるいは「その厳密な定義」は何かについては，「論者によってまちまちで，統一的な見解は存在していない．」「中間層は，中産階級と呼ぶほどに強い階級的帰属意識を持たず，自らを社会の中間に位置付けるような人々程度の意味合いで使われるケースが多い」と指摘される［園田 2002：79］．本書ではもっぱら「中間層」という用語を用いる．その指示内容については，境界線が比較的明瞭な職業分類により，「専門技術，経営管理，事務」の従事者と便宜的に見なす．こうした中間層はタイでは大半が都市部に居住しているため，都市中間層とほぼ同義である．

化すると捉える．これに対して，構造論は民主的な政治文化は民主化の原因ではなく結果にすぎないと捉える．他方，移行論は民主的妥協をめぐるエリート間の損得勘定が鍵であるとして，文化的な価値観を視野の外におく．第六は国際社会からの影響である．戦争，列強や国際機関の態度，国境を越える経済や情報などの影響である［Potter 1997: 24-31］．

　また，バンスは数多くの民主化研究を渉猟して民主化に関する5点の一般化を行っている．①経済発展の水準が高いことは民主政治が継続される事実上の保証となる．②政治指導者は民主政治の創設や設計にあたって，さらに民主政治が危機的状況に直面したときに，その存否を左右する鍵を握っている．③民主政治の継続にとっては議院内閣制は大統領制よりも遙かに好都合である．④国境が確定され，誰が国民なのかが明確に決まっていることは民主政治の質や存続にとって重大である．⑤確立された古くからの民主政治にしても，もろい新しい民主政治にしても，選挙については競争のゆえに結果が不確実ながらも，手続きは明確である［Bunce 2000: 714］[4]．

　バンスはこれに続けて，民主化の事例と研究には地域ごとの特色が見られると述べ[5]，ラテン・アメリカや南欧と，旧ソ連衛星国地域を比較する．前者では体制エリートと反体制エリートの協定が，民衆の蜂起よりも，民主化にとって好都合であった．「協定により旧秩序と新秩序を架橋することで，権威主義体制の指導者と反体制勢力の指導者が協力し合う誘因や能力を持つ」からである［Bunce 2000: 716］．他方，旧東欧社会主義諸国では協定は民衆蜂起や体制崩壊ほど有効ではなかった．別言するならば，体制移行には権威主義支配と民主主義支配を架橋するタイプと権威主義支配とは断絶するタイプの2種類があり，両地域ではタイプが異なっていたのである［Bunce 2000: 717］．彼女が言及しない

4 　彼女は最後の点に関して，民主化して間もない多くの国は混合型になりがちであると述べる．すなわち，「そうした体制の多くは，民主政治の不確実な結果を権威主義の不確実な手続きと結合させているのである」［Bunce 2000: 714-715］．

5 　民主化は必ずしも普遍的な法則に導かれて生じるわけではない．しかし，国際環境とまったく無縁に個別の国ごとに生じるわけでもない．むしろ地域ごとに一定の共通性が見られる．これは地域内部における伝染効果と，各地域において大国の地位を占める国の態度が異なるからである［O'Loughlin *et al.* 1998: 568］．

アジア地域ではどうだったのであろうか．

（2）東・東南アジアにおける民主化

　東・東南アジア地域では1980年代以後一部の国で民主化が進み始め，90年代以後この地域の複数の国を取り上げて比較する研究が増えてきた．代表的な1例としてペイを挙げうるであろう．ペイは韓国，台湾，フィリピン，タイの4カ国の民主化を比較考察し，5つの民主化要因を指摘する．第一は権威主義体制の自己崩壊である．これに該当するのはフィリピンにおけるマルコス政権の崩壊である．こうした崩壊により始まった民主政治への移行は不安定になりがちである．第二は「管理された移行」つまり上からの民主化である．これに該当するのは台湾，韓国，タイである．そこでは権威主義体制の終焉に先立って，①選挙の公平さや競争性の向上，②野党勢力の自由の拡大，③マス・メディアへの統制の緩和，を主たる内容とする政治の自由化が行われる．競争をある程度容認した選挙の実施には，学習や穏健な責任野党の登場を促すという効果がある．第三は市民社会の台頭である．利益集団や社会運動が活発になることである．ほぼどこでも不平を抱くインテリゲンツィア（大学教員，学生，ジャーナリスト）が指導者となる．第四は1960年代以来の経済成長である．それによって生み出された中間層が市民社会の中核をなしている．社会が豊かになると人々の価値観が変化し，政府に対して成長の他に政治的な自由や参加を求めるようになる．第五は外部からの圧力である．フィリピンでは米国がマルコスを見放し，その後アキノ政権を見守った．韓国では87年に軍は米国からの圧力とオリンピックを開けなくなるかも知れないという懸念のゆえに民主化運動の鎮圧を控えた．70年代に国際的に孤立した台湾では，生き残りのために不可欠な米国からの支援を取り付けるには民主化が必要であった［Pei 1998: 66-71］．

　また藤原［2002］も，ペイと類似した民主化過程の類型を提示する．第一は，瀕死状態の権威主義体制を民衆が蜂起して打倒する民衆革命型である．フィリピンやインドネシアで見られたものである．第二は権力者が政治の安定を維持するために民主化に着手する権力委譲型である．タイ，韓国，台湾の事例である．第三は政府党体制型である．議院内閣制のもと，常勝与党が政府と一体に

なって長期政権を維持する結果，政治的自由が制限されてしまうシンガポールやマレーシアの事例である．第四は経済改革のみが行われ，政治の民主化とは無縁な社会主義国である．

　ペイはハンティントンが指摘する要因のうちカトリック教会と伝染効果については重視していない．前者は東・東南アジア地域では該当するのがフィリピンのみだったからであろう[6]．伝染効果については，この地域では 86 年のフィリピンの政変が 87 年の韓国の民主化宣言，88 年のミャンマー（ビルマ）反軍政運動や 89 年の中国の天安門事件などに影響を及ぼしていたことが指摘されることがある．たとえば岩崎 [2001] は，フィリピンの 86 年政変が周辺諸国の人々に独裁体制の打倒は自分たちにも可能であるという自信を与えたことを一因として挙げる．しかしながら，民主化に結実したのは韓国の事例のみであり，過大視は禁物である．むしろ重視すべきはポッター，ハンティントン，ペイが共通して指摘する外的要因と経済成長であろう[7]．

　外的要因とは，国際社会からの圧力が民主化を促すということである．アジアにおいては，台湾の事例がよく知られている．台湾は国連からの追放，国際社会での孤立という苦境に陥り，米国からの支援を頼むために民主化に踏み切った．韓国においても反米感情が高まる中，米国から突き放された軍が民主化に乗り出したのであると指摘されることがある．フィリピンにおいても，マルコス大統領は米国からの支援を頼むために大統領選挙を実施し，「敗北」後米国から退陣を迫られた．しかしながら，同様な民主化圧力を受けるマレーシアやシンガポールはほとんど動じることがなく，ミャンマーも厳しい批判にもかかわらず軍政を続けている．さらに，冷戦の終焉という国際環境の激変により，社会主義政党による一党独裁体制は 20 世紀末には世界中で 5 つを残すのみとなったものの，そのうち実に 4 カ国はアジアにある．中国，北朝鮮，ヴェトナム，ラオスである．これらの国々は経済面では市場原理を導入し始めているも

6　カトリックが多数派を占める東ティモールの独立は 2002 年を待たねばならない．

7　これら以外にも，武田 [2001] は移行論の立場から，権威主義体制を下位類型に分けて，移行過程における体制エリートと反体制エリートの動きを丹念に比較分析しており，参考になる．

のの，政治体制はほとんど変化していない．

　外部つまり列強からの圧力は，権威主義体制が列強に強く依存している場合にしか有効には働かないと言えよう［岩崎 2001］[8]．米国の圧力は台湾，韓国，フィリピンにはある程度作用していた．しかし対米依存度，とりわけ軍事面での依存度の低い国にはあまり作用しない．1970 年代半ばに駐留米軍が撤退したタイがその一例である．さらに，列強の側からすると，政治的経済的に重要な国に対する民主化圧力は穏やかになりがちである．たとえば中国やスハルト体制下のインドネシアである．逆にそうした利害関係の小さな国に対しては強い圧力がかけられる．ミャンマーが典型的な事例である．このように，外的要因は決定的な理由とは言えない．多くの事例では，民主化の過程で外部からの関与もあったという状況証拠があるにすぎず，国内要因との比較考量が欠かせない［恒川 2000：4］．

　経済成長により権威主義体制が溶解するという説明はどうであろうか．経済成長により民主化を求める中間層や市民社会が形成され，民主化が始まるという近代化論の考え方である．近代化論に軸足をおくハンティントンは経済成長と民主化の関係についてこう説明している．重要なのは所得水準ではなく，工業化を伴う経済発展である．産油国のように住民に依存することなく国家歳入が増えるところでは，国家官僚制が強化されるばかりであり，民主化にはつながらない．課税水準が低いほど，代議制を求める声は小さくなるからである．工業化を伴った経済成長が見られるところでは，経済構造が複雑になり，権威主義体制の手には負えなくなる．もっと直接的には，経済成長により社会の構造や価値観が変化し，民主化が求められるようになる．彼は具体的には 5 つの変化を指摘する．第一に，生活水準が上昇すると，民主主義と親和的な相互の信頼感や生活への満足度が高まる．第二に，経済発展に伴って教育水準が高ま

8　ラテン・アメリカとアジアの両地域の民主化を比較した研究者たちは，両地域とも 1960 年から 77 年にかけては非民主的であったにもかかわらず，その後の民主化の速度に違いが見られるようになった一因として，援助提供国の態度の違いを指摘している．すなわちラテン・アメリカでは米国が援助の条件として民主化を促したのに対して，アジア地域では日本がそうした条件を付けなかったということである［O'Loughlin *et al.* 1998: 567］．

ると，民主主義につきものの信頼感，満足感，能力重視といった性格が身につく．第三に，経済が発展すると，分配用の資源が増加し，折り合いや妥協が容易になる．第四に，経済成長により経済の国際的な相互依存関係が強まると，外国からの圧力を免れなくなる．第五に，経済が発展すると，企業人，専門職，商店主，教師，公務員，管理職，技術者，事務・販売労働者といった中間層の規模が拡大する [Huntington 1991: 65-66]．

　ハンティントンがもっとも注目するのは中間層である．彼によれば，1970年代以後の民主化を指導したのは，地主でも小農でも産業労働者でもなかった．「ほとんどすべての国において，民主化にもっとも熱心なのは都市中間層であった」[Huntington 1991: 67]．ただし，中間層が民主化勢力に加わるには一定の条件が必要であった．「中間層は必ずしも民主化を求める勢力ではない．中間層の諸集団は，ラテン・アメリカやその他の地域では，急進的政府を打倒し，労働者や小農の政治的影響力を削ぐことを狙った軍事クーデタを黙認したり積極的に支持したりすることがあった．しかしながら，近代化が進むにつれて，農村部の急進的運動は政治的な力を低下させ，都市中間層は規模が産業労働者階級に並ぶほどに拡大した．中間層の諸集団に対して民主主義が突きつけかねない脅威がこうして小さくなり，そうした諸集団は選挙政治を通じて利害を増進しうるという自信を次第に深めた．」中間層の規模の拡大が重要であるという指摘に続けて，彼はフィリピンでマルコス打倒デモに集まったのは中間層の専門職業人や実業人であり，台湾で政治の変化を求めた主役は中間層の知識人であり，韓国で87年の民主化をもたらしたもっとも重要な契機は首都ソウルの管理職や専門職の中間層であったと主張する．さらに，フィリピンなどでは，それまで権威主義体制を支持してきた実業界が民主主義への移行において決定的な役割を果たしたのであると述べる [Huntington 1991: 68-69]．

　しかし，藤原 [1987：15] が「ミドル・クラス……の階級的地位と政治行動とのつながりは一義的には決まらない」と指摘し，ハンティントン自身が「必ずしも民主化を求める勢力ではない」と述べるように，中間層を過大視することは禁物であろう．東南アジアにおいて，経済成長が比較的順調に進んでおり，中間層の割合が大きいマレーシアやシンガポールでは，中間層は権威主義的な体制を支持していると指摘されることが多い．そればかりか，東アジアや東南

アジアの中間層はおしなべて経済成長の受益者であり，この既得権益を守るために秩序や安定を志向しているとも指摘されている［Jones 1997: chapter 3］[9]。また，北原も「東アジアの中間層は必ずしも民主的政治体制を望むとは限らないし，都市下層民や農民には市民の資格を認めない場合も少なくない」と述べている［北原 2002 a：17］。たとえば韓国では，中間層は 1987 年 6 月には民主化運動に参加したものの，79 年の軍部による政権掌握には反対しておらず，87 年 6 月以後も保守化していった［森山 1998：114, 118-121］[10]。また，岩崎も，インドネシア，シンガポール，マレーシアの「中産階層の政治意識分析に関して，アメリカの政治学者は民主化の担い手とみる傾向が強いが，アジアの地域研究者はむしろ逆に，保守的か政治的アパシーという理解で一致するという奇妙な対照がみられる。その原因の 1 つは，前者がアジアの市民社会を理念的理解で捉え，後者が各国の実態に基づいてみていることにあると思われる」と述べている［岩崎 1998 a：27；1998 b：99-104 も参照］。中間層の形成・拡大を安直に民主化に結びつけることには慎重にならねばならないであろう[11]。

　では，岩崎がここで言及する市民社会についてはどうであろうか。彼自身が別のところでは，野党，労働組合，農民，学生，中間層，NGO などから構成される市民社会の領域や役割が拡大したことを民主化の促進要因の 1 つに数えている［岩崎 2001］。近代化論に立脚するアネークも，経済発展は「民主的移行にとって必要条件でも十分条件でもない」と言明しつつ，市民社会の強化が鍵になると述べる［Anek 1997: 17］[12]。しかし，中間層を膨らませた概念とも見なしうる市民社会について[13]，アフリカ研究者は「果たして一般的に"市民社会"とし

9　この点については園田［1998］も参考になる。
10　「中間層は本来経済民主化に消極的であり，労働運動が活発化するに伴ってそれを批判して保守化した。資本主義的秩序を維持する保守派と暴力革命による既存秩序の打倒を目指す革命主義者の対決という，『保守―革新対決』というイデオロギー面からの規定は中間層を保守化に導いたのである」［森山 1998：132］。
11　伊藤［2002：114-115］もまた「中間層の民主化に対する利害は，権威主義体制や下層階層の要求に対する中間層の利害に規定されようし，これに応じて民主化を評価する中間層の動向も多様なものとなろう」と述べている。
12　アネークは「リベラルでかなり民主主義的な市民社会観」を抱いている［Anek 1999: 39］。

て範疇化されている領域の勢力の活動が活発化することが，どのような論理で，あるいはどのような因果関係によって民主化を支援することになるのかについての明確な理論化は……必ずしもこれまで十分に行われてきたわけではない。他の条件も考える必要のある問題である」と述べている［遠藤 2000：19］。これはアフリカのみならず，アジアにも当てはまることである．市民社会は不平等性を内包しており，その密度の高まりが民主化に寄与するのは農民や労働者といった弱者の強化に資する場合のみであること［Rueschmeyer *et al.* 1992: 50］を忘れてはならないであろう。伊藤［2002：21］は「『市民社会』は，まさに『諸集団の闘争の場』，『ヘゲモニー獲得の場』として捉えられなければならない」と述べて，市民社会への過大な期待を戒めている．市民社会を美化し具体性を捨象したまま民主化促進要因であるとア・プリオリに想定することは，運動のスローガンとしては有益かも知れないが，民主化の分析にはさほど役に立たないのである．ティリーに至っては「民主化の鍵を見つけようとするものは，『市民社会』と呼ばれる捉えどころのない領域を探し求めるのを止め，それを強化しようとする試みを放棄すべきである」と述べているほどである［Tilly 2000: 14］。

（3）タイにおける民主化

1）いつ民主化したのか

民主化過程を考察するには，民主化がどの時期に進んだのかを確認しておく必要がある．民主化研究における移行論アプローチにならって，民主政治への移行期と民主政治の定着期の区分を試みてみよう．タイの場合，移行期や定着期はどの時期にあたるのであろうか．移行期も定着期も，民主化が華々しく進んだように見受けられる 90 年代なのであろうか．

この点を探るために，基本に立ち返って，タイにおける民主化とは何を意味するのかをまず確認しておこう．タイは立憲君主国であり，議院内閣制が採用

13　岩崎［1998 a：23, 25］は「アメリカ的理解では市民社会の中核は中産階層と考えられている」とか「限定つきながら中産階層＝市民社会の議論が成立するといってよいと思われる」と指摘する．

されている．最上位の政策決定者は首相や国務大臣である．それゆえ，タイの民主政治とは，①競争的で公正な選挙が実施され，②選挙により国会の多数派が変化して政権交代が実現し，③選挙で選ばれた国会議員が首相をはじめとする閣僚に就任することである[14]．総選挙は 1933 年，37 年，38 年，46 年，48 年，52 年，57 年 2 月，57 年 12 月，69 年，75 年，76 年，79 年，83 年，86 年，88 年，92 年 3 月，92 年 9 月，95 年，96 年，2001 年と計 20 回実施されてきた[15]．このうち選挙結果に基づいて新たな政権が誕生したのは 1980 年代までは 46 年，75 年，76 年，88 年の 4 回にすぎなかった．これに対して 1990 年代以後の 5 回の総選挙では与党第一党がことごとく敗北し，政権交代が生じた．最後に，閣僚に占める民選議員の割合は，国会未開設の 1932 年以前はもちろん皆無，32 年から 45 年にかけても皆無，46 年から 57 年にかけては増減が著しいものの平均すると 35％ほどにとどまっており[16]，58 年 10 月以後は 14 年間以上にわたって皆無となった．それが軍事政権崩壊後の 70 年代半ばには一転して 96％を越えた．劇的な変化である．76 年クーデタで再び皆無となるものの，それ以後確実に増加した．79 年総選挙後には 19％にすぎなかったものが，80 年から 88 年まで続くプレーム政権下では 4 割ほどから 8 割以上へと着実に増加し，88 年のチャートチャーイ政権では 98％に達した．これ以後は二度のアーナン政権を除き，絶えず 8 割以上を占めていた．これに対して，97 年の政治改革を受けて 2001 年に発足したタックシン政権では 75％まで低下を見せている．

総選挙が 1969 年までの長い中断期を除いて数年ごとに実施されてきたにも

---

14 閣僚に占める民選議員の割合に加えて，首相が民選議員かどうかも重要な点である．民選議員首相は 46 年のプリーディー・パノムヨンとタワン・タムロンナーワーサワット，57 年のピブーン，75 年のククリット，76 年のセーニー，88 年のチャートチャーイ［詳しくは，Rangsan 1993: 96-103 参照］，そして 92 年 9 月以後の全首相である．
15 これ以外に大幅な定員増加に伴う補欠選挙が 46 年 8 月と 49 年 6 月に実施されたことがある．
16 誤解を避けるために補足しておくと，プリーディーは 46 年 8 月に初めて民選議員に当選しており，首相就任時には民選議員ではなかった．また，47 年 11 月クーデタにより民選議会が解散されたため，クワンはクーデタ直後には民選議員ではなかった［Prasoet 1974: 504-505,583］．

かかわらず，その結果が組閣にあまり反映されず，民選議員からの入閣者が少なかったのは，閣僚の大半が軍人や行政官によって占められていたからである．選挙による政権交代が実現するには，選挙結果を反映して民選議員の入閣者が増えることが前提として必要であった．それゆえ，民主化がどの時期に進んだのかを確認する最善の手段は，上記③の閣僚に占める民選議員の割合の推移を調べることである．そこで，推移をグラフに示して，どの時期に民主化が進んだのかを確認してみよう（図1-1参照）．もっとも目立つのは2つの山であろう．1つは70年代半ばの0％から96％への激増，もう1つは76年10月から88年8月にかけての0％から98％への見事なまでの右肩上がりの増加である．その後は91年から92年にかけての中断期を挟んで8割ほどに保たれる．これは上述のように選挙のたびごとに政権交代が実現するようになった時期でもあった．それゆえ，民主政治への移行期としてもっとも重要なのは1980年から88年にかけてのプレーム政権時代であることが分かる．同政権ではクリエンサック政権で19％であった民選議員閣僚の割合が42％，56％，73％，87％と内閣改造のたびに高まっていったからである．それ以後，とりわけ90年代は定着期ということになる．プレーム政権は王室と軍に支えられていた．その時期に進んだ移行とは，ペイがいう「管理された移行」，藤原がいう「権力委譲型」の移行に他ならない．これに対して70年代半ばに生じたのは，藤原のいう民衆革命型の民主化であった．民衆蜂起型であったため，政治が著しく不安定となり，民主化は頓挫した．この反省に基づいて，70年代末から今度は上からの民主化が行われたということである．こうした管理された民主化は91年2月クーデタと92年5月事件に伴い，80年代に敷かれたレールから脱線するものの，すぐに復旧し，92年以降定着へと向かったと捉えうる．

２）民主化はどう解釈されてきたのか

1980年代までのタイ政治研究では官僚政体（bureaucratic polity）論が通説となっていた．これはリッグズが提唱したモデルである．それによれば，官僚制以外の勢力が弱体であるため，官僚制が政治を支配してきたと説明される．官僚支配は具体的には閣僚の大半が軍人と行政官という官僚によって占められていることに現れる［Riggs 1966］．このモデルは，①官僚統治体制は非民主的であ

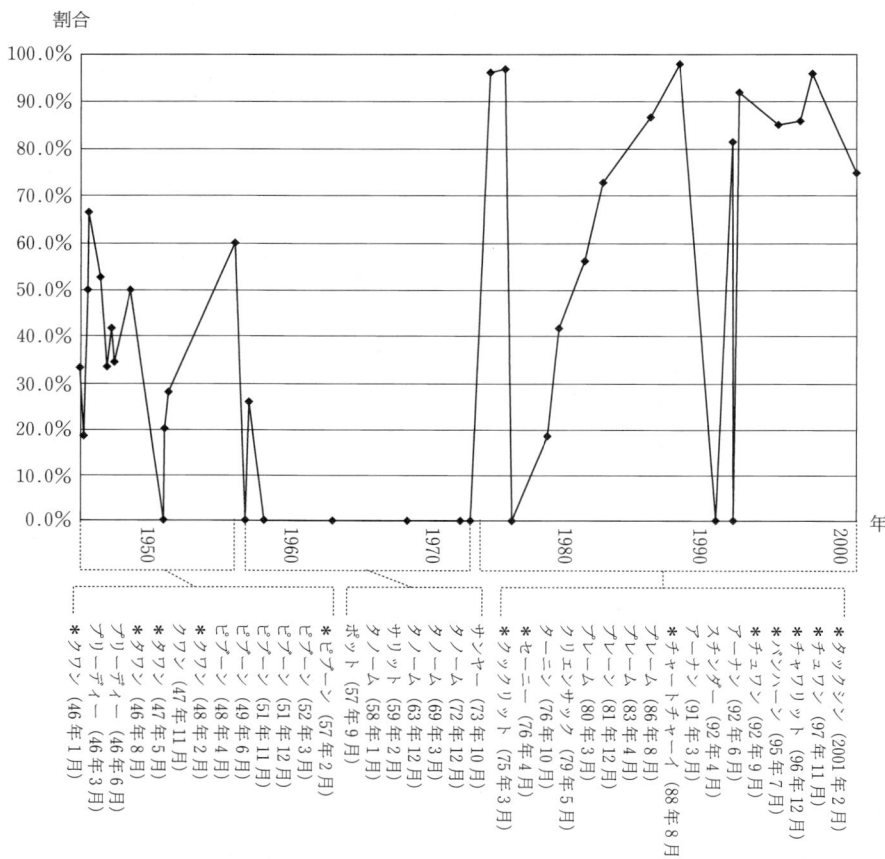

出所：閣僚名簿ならびに民選議員名簿より筆者作成．
注：横軸の下に記したのは歴代首相名であり，＊を付したのは首相就任当時民選議員であったことを示す．

図 1-1　閣僚に占める民選議員の割合，1946〜2001 年

る，②官僚統治体制を可能にしてきたのは，それに対抗する「官僚制外勢力」（国会，政党，実業界，学生組織，労働組合，農民組織など）が弱体なためである，③裏を返せば，官僚制以外の勢力が台頭すれば官僚統治体制は崩壊する，という前提に基づいている．このモデルは内容にも使われ方にも問題があった．具体的な利用のされ方は大きく 2 通りある．1 つは政治・行政上の様々な問題を指摘

してその原因が官僚統治体制にあると糾弾するもの，もう1つは官僚統治体制の打破につながる変化，つまり官僚制以外の勢力を探し出そうとするものである．どちらもタイ政治の歴史や現状を否定的に捉え，批判を「官僚制」に向ける点では共通している．批判が先に立つ結果，このモデルは分析よりも批判のための道具になっていたように見受けられる[17]．それを端的に示すのは，このモデルを使う研究者の多くが軍と行政官僚制の政治的役割を区別せず，両者をひとまとめにして「官僚制」と捉えているという事実である．たとえば，タイ政治研究の第一人者とされるチャイアナンは「官僚制」というテーマで執筆した論文で，行政官僚制の歴史や特色を論じた後，突如話題を官僚統治体制に転じて軍の政治介入を批判している [Chaianan 1987]．批判を行うには，軍と行政官僚制を截然と区別するよりも，「官僚制」という形で渾然一体として扱った方が安直で便利だからであろう．しかも，官勢力への批判も具体的裏付けの乏しい紋切り型の内容にとどまることが多い．軍や官僚制に関する実証的な研究は疎かにされてきたのである．第二に，民主政治が定着しない理由はもっぱら官勢力側に求められ，民勢力側の問題点は見逃されがちであった．民勢力には官勢力に挑戦・対抗することが期待されるため，官民協調の側面は官勢力への民勢力の従属・依存であるとして軽視されがちでもあった．第三に，閣僚に占める官僚の割合の変化が重視され，官僚以外のものの割合が増えることが民主化と同一視されていた．とりわけ実業家出身者が1980年代に増えてくると，民主化の証として大いにもてはやされた．実業家が実業の才以外にも何か長所や美徳を備えているのかどうかといった点にはまったく関心が払われず，ただ単に官僚ではないことが重視された．官僚政体論があまりにも流行った結果，民主政治の度合いを測る尺度として，閣僚が官僚であるかどうかはあまり意味を持たないことが忘れられていたのである．上述のように，民主化にとっては，閣僚に占める民選議員の割合こそがもっとも重要なはずであり，民選議員が軍人や行政官の出身であるかどうかは二義的な問題である．第四にタイの官僚制はさほど自律的でも能率的でもなく，官僚政体論の支持者が想定するほど強い官僚

---

17 このモデルが批判を浴びながらも広く用いられていた大きな理由は，主たる用途が分析ではなく，批判にあったことにあろう．批判の道具であれば，精緻化される必要はない．

制ではない［玉田 1987］．この点についてチャイはこう述べる．「軍人，警察官，行政官に終始いじめられてきた貧しい庶民からすれば，タイの官僚制は強力に見えるかも知れない．しかしながら実際には，タイの官僚制は自らよりも弱いものだけを圧迫しいじめる弱い官僚制にすぎない．飼い主を怖がるくせに，路傍の子供に噛みつく猛犬のようなものである．それゆえ，官僚制の権力が大きすぎることこそが民主化の阻害要因であると考えているような研究者は，資本主義国家の本質や近代国家の性格が分かっていないのである」［Cai 2000: 57］．

　官僚政体モデルが通説となっていた 1980 年代までは，民主政治にとって最大の悪役と見なされていたのは軍であり，官僚制であった．善玉は「官僚制外勢力」の政党政治家であり，それを支援する実業家であった．ところが 90 年代になると，軍が政治から撤退した．行政官庁も悪玉の陳列棚の前方から後方へ並べ替えられた．民主化の新たな阻害要因として浮上してきたのは政党政治家であった．政党政治家は一転して悪役と見なされるようになったのである．

　この点に関連して興味深いのは実業家への評価である．70 年代以後に政党政治を支えてきたのは実業家である．政党政治の直接の担い手である政党政治家が悪玉視されるようになったのとは対照的に，実業家は相変わらず善玉である．これはなぜであろうか．まず，実業家と政治の関係について，アネークが財界団体や業界団体を通じたコーポラティズム型の政治参加の重要性を論じる著作を 1992 年に発表し［Anek 1992］，タイ研究に大きな影響を与えた．恐らくこれが一因となって，90 年代のタイ政治分析では政党政治における実業界の役割を軽んじるものが少なくない．たとえば，スリンとマッカーゴは選挙政治によって政官財の鉄の三角形ないし悪の三角形が形成されてきたと主張しながら，その構成者として政治家，内務省を中心とする官僚，地方の実業家の 3 者を挙げている．この 3 者はいずれも保守的であり，「選挙過程を次第に排他的なものにしつつある．長期的には，この保守連合は議会政治の正当性を失わせる．」「選挙政治は……容易にこの保守的三者同盟の権力を強化する手段となる」［Surin and McCargo 1997: 145］．内務省は地方で役割の大きな官庁なので，鉄の三角形とは地方勢力による三角形ということになる．地方実業家が政党政治家や官僚と連合して国政を支配しているというのである．これはタイの経済界においては地方には中小企業しかなく，大企業はすべて首都に集中していること，大企

業は政治権力と久しく密接な関係を保ってきたことを見過ごした分析である[18]。地方勢力が国政を支配しているという事実にまったく反した政治像には首都の実業界を政党政治批判の対象から外すという重要な効果がある。

次に，実業家自体が二分されることが多くなった。「国際的かつ開明的な」首都の善玉実業家と，非合法事業を政党政治により利用して守ろうとする悪玉地方実業家である。政党政治家の多くは地方実業家である。そうした地方実業家に批判が向けられるようになったのである。そこでは大事なことが等閑視されている。政党政治を支えてきたのは地方実業家のみではない。国政選挙に立候補したり選挙運動を支援したりするのは主として地方の実業家ながら，そうした地方選出国会議員を糾合するのは政党であり，政党に政治資金を提供してきたのは首都の規模の大きな実業家である。政党政治は地方実業家によって下から支えられ，首都実業家によって上から支えられてきたのである［玉田1988］。「政党は資本家の代表である」［*Matichon Sutsapda*, July 14, 2002］と指摘される通りである。

政党政治と実業家の関係について，ナロンは1997年にこう注意を喚起している。タイでは政治家は俳優にすぎず，監督の指図に従って演じているにすぎない。演技が悪ければ次々と交代させられる。監督は資金提供者であり，交代することがなく，筋立てを変えることもない。マス・メディアはこの点をよく理解しておかねばならない。97年7月に通貨危機が勃発すると，CP財閥のタニン・チアラワノンはプレーム元首相，チャワリット首相らを次々と訪問し，政

---

18 この見解に対する批判として，パリチャートの考察が有効である。まず第一に地方の官僚には権力が乏しいということである。「行政が中央集権的なため，県の官僚は実質的な政策決定や意志決定の権限が乏しく，首都の本省で決められた政策に従わねばならない。そのため，県レヴェルで政策の変更を求めて運動してもあまり有効ではない。」それゆえ，県の実業家たちは［数年で転勤する官僚に］格別の配慮を求めることしかできない。第二に，95年の企業登記によると，地方での登記企業は34％にすぎない［Parichart 1997: 252］。「地方の企業家は概して中小規模であり，国家当局から相対的に無視されてきたため，自力本願でなければならなかった。しかしながら，十分にうまく経営を行ってきた。とりわけ農民や労働者と比べたときにはそうである」［Parichart 1997: 256-257］。

府はその要望を聞き入れた．政府は実業界の意見を大いに尊重している．タイ人は政府の善し悪しについては凝視しているものの，実業界については目をつむって善と決め込んでしまっている［Narong 1997］．政党政治に金権腐敗という問題があるとすれば，その資金源は政党や政党政治家への実業界からの献金に他ならない．首都の実業家は一貫して政党政治の支持勢力であるにもかかわらず，善玉陣営に潜り込んでいるのである[19]．

　1990年代における善玉の中心をなすのは中間層（*chonchan klang*），とりわけ都市中間層である．中間層は80年代まではほとんど注目されることがなかった．それが民主化の担い手として一躍脚光を浴びる契機となったのは92年の「暴虐の5月事件」であった．事件の背景となるのは政党政権を打倒した91年2月クーデタである．1年ほど後の92年3月に総選挙が実施されると，クーデタの指導者であったスチンダー陸軍総司令官が前言を翻して首相に就任した．これに抗議する大規模な集会が5月に入ってから開かれ，軍がそれに発砲して100名ほどの死者行方不明者を出し，政治からの撤退を余儀なくされた．60年間ほどにわたって最強の政治勢力であった軍を政治の表舞台から退場させたという意味で，事件は民主化にとって大きな前進であった．

　事件の重要性はそれだけにはとどまらない．事件は都市中間層による民主化運動と解釈された．それは都市中間層こそが民主化勢力の中核と見なされることを意味していた．タイは1960年代から着実に経済成長を続け，80年代後半からは劇的な成長を遂げていた．それに伴い，中間層の規模が拡大してきたのは紛れもない事実である．職業分類から見た中間層（専門技術，経営管理，事務）の

19　実業家に関しては，後述のごとく民主化勢力の中核に位置付けられるようになった中間層が，本来はホワイトカラー労働者（新中間層）と中小規模の自営業者（旧中間層）を中心としていたにもかかわらず，実業家（*phokha nakthurakit*）が拡大解釈されて中間層に含められがちになったことがことが重要である．旧中間層と上層（大企業の所有者や経営者）の両方にまたがる実業家が一括して中間層と見なされたのである．この読み替えにより，実業家は善玉中間層の外延に位置することになった．それと軌を一にして，もはや資本家という言葉は流行らなくなり，実業家となり，国家ないし公的部門（*phak rat*）に対抗する「民間部門（*phak ekkachon*）」となった．こうした変化の背景の1つをなすのは，経済学におけるネオ・リベラリズムの隆盛である．

割合は1960年に2.6％であったものが，70年に4.7％，80年に10.2％，90年に13.0％と増えてきた[服部・船津・鳥居2002：289]．また，こうした中間層が都市部とりわけ首都に偏在しているのも事実である．このため，経済成長により都市中間層が拡大し，その結果政治が民主化されるという近代化論の説明に見事なまでに符号する事例ということになり，都市中間層＝民主化勢力という解釈が定着を見た．

中間層が民主化の殊勲者と見なされ，錦の御旗に仕立て上げられると，その仲間入りをしようとする勢力が増えた．研究者もまた善玉陣営の象徴である中間層概念を拡大解釈するようになった．その結果，善玉は中間層よりもやや広く「市民 (*phonlamuang*)」，「市民社会 (*pracha sangkhom*)」，「公衆 (*satharana*)」[20]などと呼ばれる勢力となった．たとえば，「国際派の資本家，中間層，マス・メディア，知識人は……大まかに改革派と呼べるであろう」という指摘に[Surin and McCargo 1997: 146]ならって「改革派」と呼んでもよかろう．92年5月事件で都市中間層が民主化の主役として一躍脚光を浴びると，それにマス・メディア，NGO，知識人，さらに実業家などが付け加えられて，こう総称されているのである．それが誰を指しているのかは必ずしも明確ではない．明らかなのは，それが民主化推進勢力と想定されていることと，農村部住民や都市下層民を排除していること，この2点である．抽象度が高く具体性に乏しいからこそ政治的言説において使い勝手のよい概念となっているように見受けられる．90年代の政治運動のうちこうした勢力の支持を受けて展開されたものは民主化運動と見なされるようになった．

3）タイの民主化をどう眺めるのか

以上のように，タイ政治研究者は1980年代までと90年代以後では，より正確には92年を境として，大きく異なった政治像を描き出している．タイ政治研究に関する文献を読むと，80年代までは軍と行政官僚制が批判され，政党政治家や実業家が民主化勢力として賞賛されていた．90年代以後には打って変わっ

---

20 たとえば政治改革論の主唱者となるプラウェートが「公衆」と言うときに指しているのは「学者，マス・メディア，NGO，地域指導者，選挙監視団，実業界」である[Prawet 1997a: 81]．

て，政党政治家が阻害勢力として糾弾され，中間層が民主化勢力として脚光を浴びている．90年代初頭に政治に大きな変化が生じたのは事実ながら，連続性を軽視し，断層が生じたかのように説明することは適切とは思われない．先に見たように，民主化は90年代に入って突然始まったわけではなく，80年代に移行期を経ていたからである．必要なのは変化に配慮しつつ，民主化過程全体を説明する努力であろう．

　たとえば，政党政治家の位置付けが180度転換したことについては説得力のある説明が不可能ではない．議院内閣制の定着により政党政治家が権力を握ったことが最大の理由である．白石はタイ政治の流れを，73年から88年までの「権力共有」の時代と88年以後の政党政治の時代の2つの時期に分けて説明する．前者においては，軍人・官僚と首都を中心とする実業家が権力を共有していた．この時期に地方都市で経済力をつけた地方ボスが政党政治の主役として台頭する，というのである［白石2000：157-158］．政党政治家は軍人や行政官に代わって権力を握ったからこそ，政治への不満が生じたときにその批判の矢面に立たされるようになったのである．

　ただし，地方による支配という点についてはいくつかの留保が必要である．第一に，国会議員の多くは地方の都市部の実業家である．あたかも全員が非合法な事業を営んでいるかのような不当な誹謗中傷を受けているものの，非合法事業を営むのは一部のものにすぎず，その意味では首都の実業家と格別異なるところはない［Montesano 2000: 114］．地方人を異邦人のように見下すのは一部の首都人の悪癖である．第二に，有力な国会議員の中には選挙区のみが地方にあり，出身地や事業の拠点は首都にあるものが少なくない．第三に，政党の経営資金は地方では調達不可能であり，前述のように提供者である首都実業家の利害が政党の政策に色濃く反映されてきた．

　それに加えて，悪役交代を促した触媒のごとき要因もあった．政党政治家の金権腐敗を糾弾した91年クーデタであり，その直後に誕生したアーナン政権である．この政権は官僚制の要職経験者を閣僚にずらりと揃えていた．官僚政体モデルに照らし合わせるともっとも批判されるべき正真正銘の官僚政権であった．しかし，テクノクラートから構成され，民選議会が不在であり，軍が後見人かつ監督人となっていたという好条件のゆえに，安定・能率・清廉さに特色

付けられていた．このため，アーナン政権は官僚政権への評価を一変させることになった．閣僚は民選議員である必要がなく，むしろ有能なテクノクラートの方が適任であるという考え方，プレーム政権時代までは保守派以外からは肯定されがたかった考え方を広めたのである．これは官僚支配が必ずしも否定されるべきものではなく，肯定とまではゆかなくても，少なくとも容認しうるものとなったことを意味している．このことは政党政治への相対評価を低めることになる．実際のところ，アーナン政権はその後の政党政権を測る尺度となった．ランサンが「タイでは政治家に対する期待水準が高すぎる」と述べるように［Rangsan 1993: 52］，民選議会の存在を前提とし，利害の調整を求められる政党政権にはおよそ到達しがたい水準である．このため，92 年 9 月以後の政党内閣はことごとく非能率，不安定，腐敗を指弾されるようになった[21]．

しかし，都市中間層を中心に据えて民主化を説明しようとすると齟齬が生じる．1990 年代以後だけを切り取って分析しようとするならばさほど違和感はない．だが，多くの研究者はそれ以前についても中間層の役割を高く評価しようとする傾向がある．これには無理がある．都市中間層は 80 年代までは規模が着実に拡大しつつあったにもかかわらず，政治においてこれといった役割を果たしていなかったからである．このため，70 年代や 80 年代にも中間層が重要な役割を果たしていたという牽強付会の論を展開するか，中間層は 80 年代までは眠っていたと認めるしかない．後者の立場は，民主化が 90 年代以後に特有の現象であるという自家撞着に陥るか，あるいは 80 年代までは中間層以外の勢力が民主化を推進していたと認めざるをえないことになる．中間層が 90 年代の政治において重要な役割を果たしたことは否定しえないものの，その役割を過去にまで投影してしまうほど過大に評価することには問題がある．

中間層過大評価の一因は，視野を 90 年代に狭く限定しがちなことにあろう．

---

21 代議士閣僚による「政策決定の非能率や腐敗に不満を感じる多くの実業家やオピニオン・リーダーは」非代議士が閣僚に任命されていたプレーム政権時代を「懐かしく思い起こしている．それゆえ，経済を管轄する重要な閣僚ポストには非政党人のテクノクラートが就任すべきであるという声が，1990 年代後半の政治改革論議で登場してくることになる」［Chai-anan and Parichart 1998: 154］．ただし，後述のように，経済運営は下院議員ではなく，専門家に委ねるべきであるという意見はチャートチャーイ政権時代にすでに浮上しつつあった．

民主化は時間軸をもう少し長目にとって眺めてみる必要がある．80年代に移行期を迎えた民主化過程は，さらに遡ってみると1973年に始まっていることが分かる．58年以来続いてきた軍事政権が73年10月に崩壊し，75年には総選挙が実施されて政党政権が誕生した．しかし，この政党政治は76年10月のクーデタにより幕を閉じた．政党政治の再開に向けての歩みが始まるのは70年代末のことであり，80年代のプレーム政権時代に政党政治の実現に至る移行が成し遂げられた．90年代はこうした漸進的な民主化過程の一部である．仮に97年憲法が民主政治の定着を意味するとすれば，民主化の実現には四半世紀を要したことになる．中間層の役割が目立つようになった92年以後の民主化を考察する際には，紆余曲折の前史を念頭におかねばならない．とりわけ重要なのは，70年代中葉に一度実現した政党政治が全面否定されたこと，70年代末に政党政治復帰への舵が切られたことであろう．なぜこうした激変が生じたのであろうか．

この点については，バンスの次の指摘が参考になろう．「民主化にあたっては政治エリートが中心的な役割を果たすことが広く合意を見ている」[Bunce 2000: 707]．「政治エリートは移行当初には民主政治の支持者にも破壊者にもなりうる．……エリートは権力を行使して，政治制度を設計したり，民主政治ゲームのルールにある程度縛られることを甘受したり，政治や経済の危機に直面したときに民主政治を守ったり壊したりする」[Bunce 2000: 709]．しかし，「民主政治が一端軌道に乗り始めると，その進路は多様な要因に左右されるようになり」，エリートはそうした要因の1つにすぎなくなる [Bunce 2000: 709]．彼女の指摘通り，70年代から80年代にかけての移行期には政治エリートの役割が大きかった．民主政治が76年に否定されたのはなぜか，再開が可能になったのはなぜかという疑問に対する答えは，左翼勢力の台頭への懸念ならびにそうした不安の払拭にあった．言い換えるならば，民主政治に反対する勢力が存在し，この勢力を宥めうるようになったため，民主政治への移行が始まったのである．ここで想起されるべきは，民主化にとっては民主化に消極的な勢力が重要であるというルスマイヤーらの指摘である．民主政治の実現は誰もが無条件に歓迎するわけではない．議会政治により権益を侵害されることに不安を覚える勢力も存在するからである．それゆえ，民主化の実現にはそれを求める勢力が登場することばかりではなく，それに抵抗する勢力を宥めることが必要なのである

[Rueschmeyer *et al.* 1992: 287, 296-297].

　こうした視点は定着期の90年代を考察する際にも有効であろう．90年代に悪役と見なされ批判されるようになった政党政治家は，民主政治を否定したわけでは決してない．政党政治家は政党政治を腐敗させ批判を招くという意味で阻害勢力ではあっても，抵抗勢力や反対勢力ではなかった．それどころか，政党政治家こそは民主政治の継続に最大の権益を見出していた．90年代に民主政治を批判したのは都市部住民であった．その批判は必ずしも民主政治の不十分さに向けられていたわけではない．単純素朴に平等や参加の拡大を求めていたわけではないのである．中間層を筆頭とする都市部住民が支持した政治改革論は人口の7割を占める農村部住民の代表が政党政治の定着により国政を支配するようになったことに対する都市部とりわけ首都の住民の不満に支えられており，民主主義の深化どころか，官僚支配への回帰という面を多分に備えていた．政治改革論やその産物である97年憲法には，民主化推進派の要求の充足にもまして，政党政治批判派の慰撫という色合いが濃厚なのである．92年5月事件とても，軍に対する民主化勢力の勝利と明快に割り切れるわけではなく，議会外政治を嫌う保守勢力の勝利という面を備えていた．民主化は絶えず前進し続けるものではなく，時には立ち止まったり後退りしたりもする．本書では民主化の積極的な推進派と目される勢力の活躍よりも，そうした消極派や反対派の慰撫を重視する観点からタイの民主化を90年代を中心として考察したい．

　1990年代の民主化の分析に立ち入る前に，70年代以後の民主化過程を簡単に振り返っておきたい[22]．これには2つの狙いがある．1つは80年代までの政治の大きな流れを振り返って移行期における消極勢力の慰撫がいかなるものであったのかを確認することである．もう1つは，90年代の森に立ち入る前に見取り図を眺めておくことである．

22　この時期の政治史については加藤［1995］を参照されたい．

1-3 　1970年代以後のタイ政治

（1）移行期

　サリット・タナラット[23]が1958年に樹立し，彼が63年に病死すると，タノーム・キッティカチョーン（首相・国防相・最高司令官を兼任）とプラパート・チャールサティエン（副首相・内相・陸軍総司令官）に継承された軍事政権が73年10月14日に倒れた．数十万人の大群衆が集まり，70名余りの死者を出した政変である．大学生が政変の起爆剤となっており，一躍英雄に祭り上げられた．学生革命と呼ばれるゆえんである．事件は民主化にとって金字塔となり，担い手と見なされた大学生は「10月14日世代」としてその後久しく一目置かれるようになる．しかしながら，集会やデモには幅広い階層の人々が参加しており，学生の間では大学生に劣らず中等学校や職業学校の生徒の役割も大きかった[24]．さらに，大群衆と死者は政権打倒にとって必要条件にとどまる．十分条件は軍と国王であった．軍は60年代から人事異動が滞り，多くの将校が不満を蓄積していた．73年10月1日に待つこと7年にしてやっと陸軍総司令官に就任したばかりのクリット・シーワラーは，政権打倒の狼煙が上がると，鎮圧命令に従わず政府首脳を見捨てた．国王はタノームとプラパートに退陣・出国を命じて最期の一撃を加えた．国王はとどめを刺したばかりではない．政変の10月14日に，超法規的にサンヤー・タムマサックを首相に任命した．サンヤーは67年に最高

---

[23] サリットは1957年9月にクーデタで権力を握り，翌年10月に再びクーデタを行って議会政治を全面的に否定する軍事政権を樹立した．サリットについてはタックの詳細な研究［タック 1989］を参照されたい．

[24] 10月14日政変での犠牲者は71名，うち学生は26名である．高校生が7名，実業学校生徒が12名に対して，大学生は7名にとどまる．しかも，7名中現場での死者は5名にすぎない［SNNT 1974: 454-471］．

裁長官を定年退職し,翌年枢密顧問官に任命されていた。即位以来初めての「国王の政府」の誕生である。国王によるクーデタとも呼ばれるゆえんである [Withaya 1983: 512-513]。10月16日に発足したサンヤー政権は30名からなり,行政官が26名を占めていた。サンヤーは75年1月26日に総選挙を実施し,政党政治への橋渡しの大任を終えると,75年12月5日には枢密院議長に任命された[25]。

1975年1月の総選挙に先だって,実業家はいくつもの政党を結成していた。実業家は軍事政権打倒にこれといった役割を果たしていたわけではない。軍事政権下では主な実業家は軒並み政府や軍の首脳と癒着していた。ひとたびパートナーが失脚し,政党政治への扉がこじ開けられると,多くの実業家が政界へ進出したのである。90年代まで主要政党として残るチャートタイ党や社会行動党はこの時期に結成された。

75年2月21日に第一党民主党を中心とする連立政権が成立したものの,3月6日に発表した農地改革,貧富格差緩和税制,独占防止といった社会主義的な政策を盛り込んだ施政方針への信任が国会で得られなかった。そこで,わずか18議席という小政党社会行動党の党首クックリット・プラーモートが連立工作に成功して3月17日に政権を発足させた。彼の連立政権の閣僚25名中24名は代議士であり,非代議士は国防大臣の軍人1人だけであった。これ以前には閣僚に占める代議士の割合が67％を越えたことはなかったのでタイの歴史上画期的なことであった[26]。彼は,農村部の貧困解消のために,農産物価格支持,直接税の比率向上,25億バーツの資金環流事業,金融機関の農村部融資奨励などの政策を掲げた。不安定な連立政権下において,野党民主党が左翼政党と連携して政権交代の構えを見せると,76年1月に軍は政府に圧力をかけて国会を解散させた [Morell and Chai-anan 1981: 262]。76年4月4日に総選挙が実施さ

---

25 75年にはサンヤー政権の閣僚が4名も枢密顧問官に任命されている。「国王の政権」を裏付ける事実である。なお,現国王の枢密顧問官には元来王族や32年以前からの勤王派が多かったものの,70年代以後は法律家が増えることになる。権力を獲得した国王が守りに入ったことを意味していよう。
26 過去に代議士閣僚が多かったのは,民選議会が存在し,首相も代議士の時期であった。具体的にはタワン政権(46年8月)がトップ,それに次ぐのがピブーン政権(57年3月)の6割であった。

れ、第1党になった民主党のセーニー・プラーモートが首相に就任した。

この時期にはタイの内外情勢は激変していた。国内では学生 [村嶋 1982]、農民 [村嶋 1980]、労働者の運動が活発になり、共産党が勢力を拡大していた。総選挙では左翼政党が議席を獲得していた[27]。国外ではインドシナの3国が相次いで共産化した。これに対応するため、政府は農民や学生への譲歩、ヴェトナムとの和解、中華人民共和国との国交正常化、アメリカ軍の撤退といった政策をとった [Randolph 1986: chapter 6; Jain 1984：191-211]。隣国の共産化や国内における左翼勢力の台頭は、保守派に強い危機感を生み出した。右翼勢力による左翼勢力襲撃が相次いで社会は騒然としてきた。

このため、1976年10月6日白昼にタムマサート大学構内で右翼勢力による虐殺が行われ、夕刻には国政改革評議会を名乗る軍人たちが事態収拾を口実としてクーデタを行った[28]。評議会の議長は同年9月30日に退役していたサガット・チャローユー前国軍最高司令官兼海軍総司令官、書記長は10月1日に副最高司令官に就任したばかりのクリエンサック・チャマナンであった。いずれも陸軍の首脳ではなかったことに注意しておく必要がある[29]。2日後の10月8日に最高裁判事のターニン・クライウィチエンが首相に任命された[30]。10月22日

---

27 なお、これらの政党は首都バンコクでは1議席も獲得できなかった。首都で強かったのは民主党であり、76年には全議席を独占した。民主党の集票を助けていたのは同党右派のサマック・ストーンウェートであった。それはサマックが同党から分かれて新党を結成し、79年総選挙では首都の32議席中29議席を獲得するという大勝をおさめたことによく示されている。首都の有権者は一貫して保守的であることを銘記しておく必要がある。

28 弾圧を免れた学生など多数の活動家をタイ共産党のゲリラ闘争に合流させることになった。

29 10月14日政変後、軍はいくつもの派閥に分かれていた。そうした中で最高実力者はクリット陸軍総司令官であった。彼は75年9月30日に退役し、76年4月21日に国防大臣に就任したものの、2日後には急死していた。後任の陸軍司令官には陸軍をまとめ上げるだけの力量はなく、退役海軍大将がクーデタの指導者になっていたのである。

30 サガットは76年2月に国王に謁見したとき、「何かをするときには法律家のターニンに相談するように」といわれていた [Matichon 1989: 55]。ターニンも退陣後枢密顧問官になる。ターニンへの信頼が、反共イデオローグ、法律家、占い師のいずれの技量に起因するのかは不明である。

に発足した政権は，18名の閣僚で構成された．国政改革評議会からは3名の退役軍人が迎えられた．副首相，国防大臣，国防副大臣である．残る15名は文民であった．行政官が多かったものの，次官や局長の経験者が多数含まれたサンヤー政権に比べると小粒であった．また，女性が2名含まれていた．タイで歴史上初めての女性閣僚であった[31]．ターニンは名うての反共・勤王主義者であり，左翼や進歩的勢力への非妥協的な姿勢をとり，さらに「法家」とも呼びうるほど厳格な法治主義を貫こうとして軍や官僚制の反発も招くことになる．ついには，皆が「政権に辟易し，誰でもよいから一刻も早くクーデタにより政権を打倒してほしい」と願うようになった[Thahan Kao 1980: 8-9]．77年3月26日のチャラート・ヒランシリ[32]によるクーデタは失敗に終わるものの，同年10月20日には国政改革評議会が再びクーデタを成功させた．このクーデタは前年と同様に陸士7期生を主力部隊として行われた．陸士7期生が海軍将校のサガット評議会議長が首相に就任することに頑として応じなかったため，評議会書記長のクリエンサックが首相に就任することになった．

　クリエンサックは1977年10月に国軍最高司令官に就任したばかりであった．彼は陸軍将校ながら最高司令部勤務が長かったため，陸軍に支持基盤を持たなかった．その彼を支えたのが陸士7期生であった．クリエンサックは安全保障を最優先課題とし，そのために国民和解による政治の安定を重視した．たとえば77年3月クーデタ関係者や76年10月6日事件関係者への恩赦法を制定した[Matichon 1989: 57-58]．もっと重要なのは，78年に憲法を制定し，議会政治再開への扉を開けたことである．クリエンサックは79年に総選挙を実施した．民選議会が誕生したにもかかわらず，閣僚43名中代議士は8名にとどまり，国会が対決姿勢を強めることになった．さらに，彼を支持してきた陸士7期生は

31　女性閣僚抜擢の背景については，サヤームラット紙のコラムニスト[Thahan Kao 1978?: 55-62]の説明を参照されたい．

32　チャラートは74年10月1日陸軍戦略教育部長から陸軍副参謀長に昇進し，プラマーン（当時チャートタイ党の党首）が国防大臣時代の75年10月1日に異例の抜擢で陸軍副総司令官となったものの，76年5月1日国軍最高司令部付きという閑職に左遷されていた[*Ratchakitcaanubeksa*, vol. 91, pt. 159, p. phiset 12, vol. 92, pt. 203, p. phiset 7, vol. 93, pt. 78, p. 1221]．なお，後に民主党幹事長になるサナン・カチョーンプラサートはチャラートの副官であった．

国会対策ばかりではなく，経済運営の不手際にも不満を抱き，クリエンサックを見限った．辞職かクーデタによる解任かの二者択一を迫られ，2月29日に辞任した．

代わって首相に就任したのは陸軍総司令官プレーム・ティンスーラーノンであった．彼は1968年に東北地方へ赴任し，10年ほど後の77年に陸軍総司令官補佐となって首都に戻り，翌年には陸軍総司令官に昇進していた．彼は地方勤務が長いため，首都の部隊には独自の支持基盤がなく，陸士7期生を主たる支持基盤としていた．

プレーム政権は8年にわたる長期政権となった．一因は前政権から引き継いだ2つの大きな課題への懸命の取り組みが成功したことにあった．1つは共産党である．東北地方で対ゲリラ戦の最前線を経験していたプレームは，首相に就任すると1980年に「首相府令66/2523」を布告した．これは軍事よりも政治を優先して，共産党の勢力拡大を助長する諸条件（政治・行政・社会・経済の不公正など）の除去に努める一方，恩赦を条件としてゲリラに投降を呼びかける政策であった[33][玉田1988]．78年末以後の中越対立により中国もインドシナ諸国もタイ共産党への支援を停止する中，国内では帰順呼びかけ政策が採用された結果，タイ共産党は80年代前半には壊滅することになった[高橋1997]．もう1つ大きな課題は経済問題であった．第二次石油ショックの打撃は大きく，タイは不況と対外債務の累積に喘いでいた．この建て直しは急務の課題であり，不評な緊縮財政政策や通貨切り下げ政策を採用する一方，経済界にも協力を求めて打開を図った．

もっと大切なのは，クリエンサックとは対照的に，プレームがこうした課題に取り組むために，軍ばかりではなく，国会（つまり政党）にも支持を求めたこ

---

[33] タイ共産党は1970年代後半には，政府軍が攻撃すればするほど，勢力を拡大していた．近代軍誕生以来最大といっても過言ではないほどの脅威を感じた軍内部では，武力鎮圧一辺倒のタカ派路線から訣別し，人民をゲリラ勢力に荷担させないことに重点をおこうとするハト派路線が登場してきた．ゲリラ勢力がもっとも強かった東北地方で管区司令官を経験したプレームは，1980年に首相に就任するとすぐにハト派路線を採用した．それが首相府令66/2523であり，共産党の勢力拡大を助けてきた政治・社会・経済の不正や不公平を，政府や軍が自ら取り除くよう努める政策であった．

とである.プレームは自らは総選挙に立候補する(下院議員になる)ことなく,すべての政党と等距離を保つことにより臨機応変に連立与党を選んで連立政権を組んだ[34].プレーム政権が軍と政党の両者を支持基盤としていたことは閣僚人事に反映されていた.国防治安関係と一部の経済閣僚のポストは首相の取り分として非代議士に配分された.国防大臣と内務大臣には軍人が任命された.経済閣僚には行政や実務の経験豊富な人物がちりばめられていた.とりわけ大蔵大臣は一貫して非代議士であった.プレームがこうして非代議士閣僚を任命できたのは,政党以外に軍という支持基盤があったからに他ならない[35].残りの閣僚ポストは与党に加わった政党に議席数に応じて配分された.重要なことに,下院議員に配分されるポストは内閣改造のたびに着実に増えていた.閣僚に占める代議士の割合は,政権発足当初の80年には42%であったものが,81年56%,83年73%と増加し,86年には87%に達している.87%というのは,95年のバンハーン政権や96年のチャワリット政権よりも高い数字である.政党対策に加えて,プレームは,国王との間にやや距離をおいたクリエンサックとは対照的に,国王に忠勤を尽くすことにより,王室からも厚い信頼を獲得した.

　プレーム政権はいつまでも続くように思われた.しかし,幕引きはプレームの政界引退という形でやってきた.引退をもたらした一因は88年5月26日に

34　プレーム政権は裏では国王,表では政党と軍を支持基盤とした.国会の多数派の支持を求めて政党人を多数入閣させて民主政治の体裁をとっていたものの,依然として選挙の洗礼を受けない軍人が首相であり軍の政治力が大きかったため,「半葉の民主主義(*prachathipatai krung bai*)」と呼ばれた.この政治体制は英語では,"half democracy" [Prudhisan 1992],"demi-democracy"(あるいは "halfway democracy") [Likhit 1992],"quasi-democracy" [Suchit 1996: 18-19],"premocracy" [Sombat and Montri 1991: 160] などと呼ばれる.

35　プレーム政権では国防治安関係や経済関係の閣僚は一貫して非代議士であったという捉え方をされることが多い.たとえば,チャイアナンとパリチャートは,「プレームは主要閣僚ポストを与党に割り振ることを断固として拒否した.彼はそうした希望者の多いポストには自分で選んだ人物を任命した.彼が任命したのは,[1970年代末からの]不況を乗り切り,1980年代後半の二桁成長の確固たる基礎を築くことになる専門家やテクノクラートであった」と述べている [Chai-anan and Parichart 1998: 154].しかしながら,こうした見解は8年間にわたる長期政権の間に着実に変化が生じていたことを見過ごしており粗雑といわざるをえない.

学者を中心とする99名によって国王へ提出された直訴状である．プレーム政権がどのような権力構造の上に乗っていたのかをよく示している部分を紹介しておく（標準の文体で訳出）［*Su Anakhot*, June 1, 1988］．

> 私たちは……国王陛下に祖国の状況をお知らせしたい．
>
> 日増しに政治が混乱し，議会制民主主義に対する人民の信頼が低下しています．軍人，行政官，人民はいずれもまとまりを失い，分裂しています．これはひとえに……首相という政治指導者が中立を厳格には保たず，王室と軍にぴったりと寄り添っているからです．軍は国家の防衛や開発支援のために存在するはずです．ところが，首相個人の政治的地位を保全するため，軍に支持表明を行わせています．このため，ついには軍内部に目に余るほどの派閥対立を招いています．
>
> ……首相の地位にある政治指導者が中立を厳格に維持するよう，自分の政治的地位を守ろうとしていかなる制度にも寄り添わないように，国王陛下のご処置をお願いいたします．……

この文書は，プレーム政権を支えたのが国王と軍であることを明確に示している．そして，大胆にも国王にプレーム支持を止めるように求めているのである[36]．

1988年7月24日の総選挙の結果を見届けると，プレームは政界からの引退を表明した．背景にはいろんな要因があった[37]．8年以上にもわたる長期政権への倦怠感が募っていたことが1つである．第二に，チャートタイ党が第一党になった．同党党首のチャートチャーイ・チュンハワンは王室，軍，実業界にとって，政党党首の中では最善の首相候補であった．第三に，プレームは経済再建

36　王室に関する軽率な言動が不敬罪の対象とされるタイで，こうした内容の直訴を行い，しかも週刊誌に公表するというのは大胆きわまりない行為である．直訴状に名を連ねた99名をみると［*Su Anakhot*, June 8, 1988参照］，勤王派として名高い知識人が含まれている．文章を作成したのもそうした勤王派の1人であった．これは直訴に内諾が与えられていた可能性を示唆していよう．

37　スリン［Surin 1997: 158–161; Surin 1999: 361］は，プレーム引退の背景として中間層からの「圧力」や「攻撃」を強調するが，92年5月事件から過去に遡って中間層の役割を過大評価しようとするものであり賛成できない．また，ヒューウィスン［Hewison 1997: 1］が，「様々な団体や政党からの大きな圧力を受けて」引退したと説明するのも失当である．

と共産党対策という2つの課題をすでに解決していた．第四にもっとも重要なのは，国王の意向である．プレームは86年にこう語っていた．「好きで首相をやっているわけではない．もう6年になる．この先何年やるのか分からない．……幸福になりたければ，首相になるのは止めておきなさい」[Prasong 1989: 65]．プレームは引退直後の88年8月23日に枢密顧問官に任命され，28日には最高位の勲章を，29日には「元老（ratthaburut）」の称号を下賜されることになる [Catthawa 1995: 691-695][38]．この曠古の報償は国王からのねぎらいに他ならない．上述の経済再建と共産党対策に加えて，王室の権威を高めつつ軍政から政党政治への移行を成し遂げた偉業への顕彰であったと解しえよう．

88年8月9日に発足したチャートチャーイ政権は閣僚47名中46名が代議士であり，非代議士は法務担当首相府大臣ミーチャイのみであった[39]．同政権は，清廉な首相が目を光らせていたプレーム時代とうって変わって汚職が蔓延り，「ビュッフェ内閣」と揶揄されるまでになった．チャートチャーイは批判の高まりを受けて，90年8月26日に内閣改造を行い，非代議士3名を閣僚に迎えた．重要なのは，プレーム政権の経済顧問であったウィーラポン大蔵大臣とサヤーム・セメント副社長のアマレート商業大臣の2名である．経済運営には代議士よりも専門家の方がよいという前提に基づく初めての閣僚人事であった[40]．

政党政治は未曾有の好景気にも助けられて安定するかと思われた矢先に暗転を迎える．90年3月にチャワリット陸軍総司令官が勇退して副首相兼国防大臣として入閣したものの，閣僚との対立から辞職すると，軍と政府の緊張が次第に高まった．首相も軍も互いに折れることなく，ついに軍は91年2月23日に

---

38 首相経験者で枢密顧問官になったのはサンヤー，ターニンに次いで3人目，この勲章を授与されたのは1932年以後ではピブーン，プリーディー，サリットに次いで4人目，元老の称号はプリーディーに次いで2人目である．このうち現国王から下賜されたのはサリットのみであり，しかもプレームは両方を下賜された．国王がプレームをいかに高く評価していたかがよく分かる．なお，プレームは98年9月4日にはサンヤーに代わって枢密院議長に任命される．

39 軍は国防，外務，内務の閣僚ポストを望んでいたといわれるが，結局は首相書記官を送り込むにとどまった．

40 90年12月9日の改造でウィーラポンは閣外に去ったものの，同年10月に定年退職したばかりの前中央銀行総裁チャワリットが大蔵副大臣として入閣した．

国家秩序維持評議会を名乗って政権を打倒することになる．スチンダー・クラープラユーン陸軍総司令官はじきじきにアーナン・パンヤーラチュンに首相就任を要請した［SLN 1992a: 48］．金権支配（*thanathipatai*）打破のスローガンとアーナン政権の発足は歓迎された．

　1970年代末から始まった民主政治への移行過程はこのクーデタによりいったん頓挫する．ここで，76年に議会政治が否定された理由と70年代末に再民主化が可能になった理由を考えておこう．76年に保守派が民主政治を否定したのは左翼勢力への懸念のせいであった．視野を議会政治に限定するならば，国会では左翼議員が登場したこと，政府が国会外における有権者の要望に敏感に反応したこと，この2点が問題であった．75年総選挙では，左翼政党の社会（*sangkhomniyom haeng prathet thai*）党が15議席，社会主義同志（*naeoruam sangkhomniyom*）党が10議席，さらに進歩的政党の新勢力（*phalang mai*）党も12議席を獲得していた[41]．他方，75年に始まる政党政権は学生，農民，労働者などの様々な要求を政策にかなり反映させていた．保守派からすれば，これは歓迎されることではなかった．「タイの多くのエリートの観点からすると」，学生，農民，労働者などの「改革要求は共産主義政権待望論と同義と思われた．文民政権の譲歩的な政策は，一部のものには，社会主義の方向を目指しているように見えた」［Bowie 1997: 107］．保守派からすれば，政党政権は要求に耳を傾けすぎであり，要求の高まりに応じて際限なく譲歩を迫られるのではないかと懸念されたのである．それゆえ，議会政治を再開し，さらに定着へと漕ぎつけるには，保守派の不安を払拭するために，両問題を解消ないし緩和する必要があった．

　1つの対応策は左翼議員の当選を困難にする法律の整備であった．1978年憲法は左翼政党を封じ込めるための工夫を盛り込んでいた［村嶋1987：163-164］．94条において無所属議員が禁止され，103条で党籍を失うと議員資格を喪失するとされた．小政党乱立阻止のため，95条で政党は総選挙にあたって議員定数の半分以上の候補者を擁立しなければならないとされた[42]．しかも81年政党法では，7条において政党を結成するには5,000名以上の党員が必要であり，各

41　保守派は国内や隣国での左翼勢力台頭に強い危機感を抱いて，暗殺も辞さない執拗な攻撃を左派勢力に加え，76年総選挙では社会党2議席，社会主義同志党1議席，新勢力党3議席へと大幅に後退させた．

地から万遍なく党員を集めなければならないとされた．これは実業家に支えられる大規模政党への収斂を狙った規定であった．こうした規定に加えて，後述の集票請負人制度の発展のゆえに，70年代の左翼議員は政界引退か保守政党への移籍を迫られてゆくことになる．79年総選挙では社会党と社会主義同志党が合併して民主社会（*sangkhom prachathipatai*）党を結成したものの当選者を出せなかった．他方，新勢力党は8名の当選者を出したにもかかわらず，内紛を起こして分裂した．83年総選挙では民社党は2名の当選者を出したものの，新勢力党はゼロであった．86年総選挙では民社党は法定の候補者数を確保しえなかった．新勢力党は1名の当選者を出しながらも，翌年にはこの議員を除名処分とした．民社党と新勢力党は88年に合併して民主社会勢力（*phalang sangkhom prachathipatai*）党となり，1名の当選者を出した．しかし，90年代に入ると旧社会主義政党系の政党は1名の当選者も出せなくなった［Suthachai 2001: 102-110］．左翼政党のこうした消失により，かつてこれらの政党に所属した議員が政界に踏みとどまろうとすれば保守政党に所属を変更する他なかった．左翼政党の退潮は次に述べる選挙戦の変化にも起因していた．

それは集票請負人（*huakhanaen*）制度の「発達」と買票（有権者の買収）の蔓延であった．1970年代の政党政権が保守派の目に譲歩的と映る政策を打ち出した一因は，議員が有権者との間に安定したつながりを持っていなかったことにある．再選への不安が強かったのである．もし安定した支持基盤があり再選への不安が乏しければ，要求の噴出に直面しても，選挙での勝敗にはさほど影響がないので，その場逃れの対応で済ませることも可能である．当時の議員の支持基盤が安定していたかどうかを測る1つの指標は再選率である．75年総選挙では28％，76年総選挙では37％にとどまっていた．このように支持基盤が不安定であれば，議員や政府は社会経済情勢にひときわ敏感とならざるをえない．ところが，80年代には50％を越え，90年代には60％を越えるようになる［堀越

42　91年憲法では112条で候補者数の下限は議員定数の3分の1に引き下げられ，95年の改正で4分の1へ引き下げられた．左翼への懸念が払拭されたのが改正の一因である．後述のように，97年憲法でも下院議員は無所属禁止であるが，候補者数の下限は撤廃された．ただし，左翼議員に当選の門戸を開きかねない比例区には5％条項が設けられている．

1997：52]．再選率の高まりは選挙戦の様相が変化したことに由来していた．

1981 年にローイエット県で実施された下院議員補欠選挙で「ローイエット病 (*rok roiet*)」と呼ばれる現象が発生した．政界復帰を目指すクリエンサック前首相が多額の資金を投じて有権者を買収したことを指す言葉である．金品による買収は目新しいことではなかったものの，規模が大きかったため，注目を集めた．しかし，80 年代には全国へと蔓延してゆき当たり前なこととなった．有権者に金銭と引き替えに投票を依頼するのは集票請負人である．請負人は常日頃から一定数の有権者の面倒を見ることにより，いざ選挙となれば候補者から買収資金と報酬を受け取り買票に勤しむ．80 年代にはこうした請負人の活用が常態化した．候補者が獲得にしのぎを削るのは有権者ではなく，請負人である．他方，政党の側は党員の獲得や魅力的な公約の提示には関心を払わず，自力当選能力のある議員の獲得に傾注した．その際に物をいうのはやはり資金であり，資金力の豊かな政党が多数の議席を獲得するようになった．そうした政党はいずれも実業家から資金提供を受ける保守政党である．言い換えるならば，実業家が政党を，政党が議員を，議員が集票請負人を，請負人が有権者を買収するという仕組みが 80 年代に確立されるのである．プレーム政権が政党政治家の入閣枠を拡大し，下院議員全員に開発予算を配分したことが，こうした仕組みの発展に寄与していた[43]．入閣は実業家にとって資金提供の誘因となり，開発予算は議員の集票請負人獲得能力を高めたからである．こうした成功報酬への期待が高まることにより，選挙政治は投資に値するものとなり，多額の資金が投入されるようになった[44]．

これらの変化は保守派勢力の不安を払拭した．選挙では，弁舌の才はあっても資金力のないもの，たとえば左翼議員は当選が困難となった．当選するのはもっぱら地方の保守的な実業家である．議員は有権者の世話を集票請負人に委ねうるので，有権者からの要望に真摯に耳を傾ける必要がなくなった．こうした議員を買い集める政党は資金源を実業家に依存しているため，有権者よりも

---

43 買収の横行を目の当たりにしながら，その摘発に真剣には取り組まなかったことも，プレーム政権の貢献の 1 つに数えられるであろう．

44 期待値の高まりは競争を激化させ，対立候補者やその運動員の殺害が珍しくなくなった ［Anderson 1990］．

資金提供者を尊重しがちである．資金提供者を蔑ろにする政党は次の選挙では資金が不足して議席数を減らす羽目に陥る．この結果，政党政治は保守派にとって何ら脅威とはならず，むしろ権益の保護や増進に好都合なものとなった．

（2）定着期

　1991年クーデタ後首相に任命されたアーナンは駐米大使や次官などを務めて79年に外務省を退職した後民間の大企業サハユニオン社に迎えられ，同社の社長やタイ工業会会長を歴任していた[45]．アーナン政権下では民選議会が存在しなかったことの意義は大きい．まず3月6日に発足した内閣は，もっぱら官僚によって構成されることになった．組閣にあたって，国家秩序維持評議会は国防，内務，運輸通信の3省を要求した．このうち運輸通信省については，大臣は文民とし，副大臣ポストを2つ軍に割り振ることでスチンダーと合意した［SLN 1992a: 164］．結果として，同政権には現役軍人が国防3，内務3，運輸通信2の合計8名入閣することになった．そこには，最高司令官，陸軍総司令官，空軍総司令官の3名を除く軍の最高首脳が含まれていた．37名の閣僚の中で軍人8名よりも目立つのは27名の行政官（退職者を含む）であった．事務次官10名（うち現職4名），局長7名，大使1名，副局長1名といった錚々たる顔ぶれである．実業界から3名，国営企業総裁が2名含まれてもいた．官僚の経験がないのは2名だけである．また，プレーム政権での閣僚経験者が7名含まれていた[46]．

　この政権は，政治面は国家秩序維持評議会による手枷足枷がはめられていたため，もっぱら経済の自由化に傾注することになった［東 1998：114-116］．民選議会の不在はまことに好都合であり，同政権においてはおびただしい数の法の

45　アーナンは80年代には財界活動でも活躍し，「首都経済界の政治的大使」となった．彼の政権下では，首都経済界とテクノクラートの同盟が実現したと指摘される［Pasuk and Baker 1997: 28］．

46　もう1つ重要なことに，アーナン政権の閣僚は官界，財界，社交界などで旧知の間柄の人々により構成されていた．連立政権で不協和音を奏でがちな政党内閣との大きな相違点である．

制定・改正が行われた．同政権の業績をまとめた書物によると，法律246，政令318，勅令1，省令174，首相府規則16の合計755にも及んでいる [SLN 1992b: 182-244]．とりわけ注目に値するものの1つは税制改革である．法人税や所得税を減税する一方で，92年1月1日から付加価値税を導入した [SLN 1992b: 48-53]．

　国家秩序維持評議会は92年3月に予定される総選挙後に備えて，政党工作により親軍政党連合を作り上げた．加えて，新憲法を通じて軍の政治力を温存しようと図った．官選の上院に大きな権限を付与し，首相を民選議員に限定しないといった規定である．採決が目前に迫った91年11月には反対運動が盛り上がり，陸軍総司令官スチンダーは総選挙後に首相には就任しないと公約させられることになった．この91年憲法は，同年12月4日の「どんな法律でも後から改正できる」という国王の鶴の一声で成立することになった．

　92年3月の総選挙では親軍政党連合が多数派となり，スチンダーが前言を翻して92年4月に首相に就任した．組閣にあたっては，軍が内務，外務，大蔵を先取した．スチンダーは内外の投資家の信頼を得るには大蔵大臣が重要であると考え，スティー元蔵相に3度にわたって懇請して応諾を取り付けた [*Matichon Sutsapda*, April 24, 1992]．軍のみならず国会の多数派からも支持を受けた政権は思わぬ最期を迎えることになる．政権発足の翌月に首相退陣を求める大規模な集会が開かれ，軍が5月17日以後集会への発砲を始めた．「暴虐の5月」である．国王が事態収拾に乗り出し，スチンダーは退陣することになった．国王の英断により後任首相に選ばれたのはアーナン元首相であった．

　アーナンの第二次政権は第一次政権と似通っている．総勢25名の閣僚の顔ぶれは，事務次官経験者10名，局長経験者6名と相変わらず「官僚政権」であった．実業界からは3名が入閣している．第一次政権との一番大きな違いは，国家秩序維持評議会の軍人が一掃されたことである．軍人は国防大臣として入閣した退役将校のみであった．彼以外の新顔は4名にとどまっている．アーナン政権の最大の課題は5月事件の後始末であり，政党政治への復帰を準備することであった．そこで6月29日に国会を解散し，総選挙を9月13日に予定した．また，8月1日には5月事件に関与した軍首脳の更迭人事を実施した．

　9月の総選挙では民主党が第一党となり，党首チュワン・リークパイが首相

に就任した．非代議士は国防大臣に迎えられた退役軍人の他，経済担当閣僚としてタイ商業銀行（王室財閥）頭取ターリン・ニムマーンヘーミン，軍人銀行頭取スッパチャイ・パーニットパック，バンコク銀行会長（*prathan kammakan borihan*）アムヌワイ・ウィーラワンの実業家3名が入閣した[47]．チュワン政権は農地改革事業をめぐる民主党閣僚の汚職を国会で追及され，与党パランタム党が野党に荷担し内閣不信任案が可決されそうな情勢となったため，95年5月19日に国会を解散した．

　1995年7月の総選挙ではチャートタイ党が第1党になり，党首バンハーンが首相に就任した[48]．バンハーン政権では47名の閣僚中に7名の非代議士が含まれていた．7名中与党幹部3名を除く4名についてみると，元外務次官（選挙で落選）と元運輸通信副次官が各1名，法学者が2名であった．また，副首相になった代議士の中には，2名の著名な実業家が含まれていた．アムヌワイとタックシン・チンナワットである．バンハーンは政権発足当初から金権腐敗を批判されていた．受け身に立たされるバンハーンは選挙公約通り政治改革のための憲法全面改正を決めた．しかし，本格的な改正作業に入る前の96年9月に国会の不信任案討論において激しい批判を浴び[49]，連立与党からの支持を失うと国会を解散した[50]．

　1996年11月の総選挙では，新希望党が民主党を2議席上回る125議席を獲得して第一党になり，党首のチャワリットが宿願の首相就任を果たした．チャワリット首相が国防大臣を兼任し，閣僚49名中非代議士は7名であった．組閣

47　これ以外に，代議士に初当選した投資委員会（BOI）の前事務局長サーウィットも入閣した．
48　彼は首都に出て商売で財をなして政界に入った後，チャートタイ党の幹部として内務，大蔵，運輸通信，工業，農業といった主要閣僚ポストを歴任した．プレーム政権時代には議会対策のために資金をばらまく「歩くATM（現金自動支払機）」と呼ばれていた．同党の幹事長を長く務め，1994年5月には党首に就任していた．
49　汚職を追及され，さらには被選挙権の有無を問われた．バンハーンはタイ生まれの中国系二世ということになっている．しかし，実は中国生まれではないかと批判された．タイ生まれでなければ，被選挙権がないことになるから一大事である．

には手間取った．もめたのは経済閣僚である．チャワリットは経済運営を，今回は立候補を見送ったアムヌワイに一任するつもりであった．しかし，経済運営はアムヌワイとチャートパッタナー党の閣僚の間で二分されることになった．経済運営をめぐる両党の絶え間ない不和軋轢は，97年7月に表面化する通貨危機の衝撃を増幅し，ついには政権崩壊の原因にもなる．

他方において，チャワリット政権下では新憲法制定作業が進んだ．最終的な草案は97年8月になって国会に上程された．国会で否決されると国民投票である．起草委員長のアーナン元首相が先頭に立って，草案を自画自賛する大々的なキャンペーンを展開した．代議士の権力削減を盛り込む草案に不満を漏らす政治家は，マス・メディアから民主主義の敵といわんばかりの激しい集中砲火を浴びせられ，沈黙を余儀なくされた．経済危機からの脱却には新憲法が不可欠と見なされるようになったため，完全に受け身に立たされた国会は可決以外の選択肢を失っていった．

新憲法が10月11日に施行されると，当面の政治的課題は総選挙の早期実施に向けて関連法案の整備である．しかし，連立与党は内閣改造をめぐって対立し，ついに11月に首相が退陣した．民主党を中心とする野党陣営が与党陣営の社会行動党とセーリータム党を切り崩したものの過半数の197議席にはまだ足

50 1年余り前に総選挙を実施したばかりであって各党とも選挙資金調達が難しく，しかもバンハーンのチャートタイ党が惨敗を喫することは確実であった．にもかかわらず，彼は辞職ではなく解散を選んだ．これはなぜか．大きな要因と想像されるのは国王である．状況証拠が2つある．1つはバンハーンは解散決定前に王宮を訪ねていた．恐らく解散も話題になったに違いない．さらに，9月27日に国会解散と同時に内閣の改造を行った．新たに入閣したのはいずれも非代議士の7名であり，この中には現職の国軍最高司令官ウィロート・セーンサニット，外務次官テープ・テーワクン，中央銀行副総裁チャイワット・ウィブーンサワットが含まれていた．この3名については，閣僚に就任するには辞職が必要であった．しかし，彼らは辞職していなかった．しかも，内務副大臣に任命されたアーサーが外出から帰宅して初めて大臣任命を知ったと語っている通り，事前に知らせを受けておらず，寝耳に水のものもいた [*Matichon*, September 27, 1996]．こうした強引な決定ができるのは，国王をおいてない．なお，チャイワットは中央銀行きっての外為通であり，後に中央銀行総裁となる．1997年の通貨危機では通貨切り下げに消極的な姿勢をとり続けたことを批判されることになる [SPR 1998: 43-47, 66-67, 72, 85-94]．

りないため,与党プラチャーコーンタイ党から13名の議員を引き抜いて過半数を確保し政権を発足させた[51]．チュワン政権は48名の閣僚からなり，バンコク銀行とタイ農民銀行から非代議士を2名迎え入れた．大蔵と商業の両省は副大臣もすべて民主党で固めた（非代議士2名を含む）他，運輸通信，内務，外務，国防の大臣ポストも握り，経済危機からの再生に向けて精力的に取り組み始めた．チャワリット政権時代には新憲法起草や総選挙実施を最優先していた人々が，手のひらを返したように経済優先を支持した．国会は任期満了直前の2000年11月9日まで解散されず，新憲法に基づく総選挙の実施は2001年1月を待たねばならなかった．その選挙では，タックシン率いる新党タイラックタイ党が歴史的圧勝をおさめることになる．

民主政治の定着期にあたる1990年代を振り返ると，チュワン政権時代の94年に政治改革要求が登場し，政府は民主主義発展委員会を設置した．この委員会は95年に憲法の全面改正による政治改革の実現を提言した．95年総選挙で政治改革の実現を選挙公約に掲げて第一党になったチャートタイ党のバンハーン首相は政治改革委員会を設置した．同政権下では憲法起草手続きをめぐって議論が紛糾したものの，政治改革要求が強まり，96年に憲法制定議会が設置されることになった．憲法制定議会は経済危機勃発直後の97年8月に草案を完成させた．草案は政党政治家の権力を削減することに主眼をおいていたものの，経済危機を招いた政府への不満を募らせる世論の支持を背景として，国会で可決されて成立することになった．新憲法が実際に政治をどの程度改革しうるのかは，新憲法に基づく総選挙が実施され，組閣が行われるまでは分からなかった．総選挙は2001年1月に実施された．97年憲法が民主政治の定着にどのように寄与していたのかは本書の第2部で詳しく検討したい．

---

51 プラチャーコーンタイ党は党首ら5名は下野したものの，13名の造反議員が民主党陣営に加わるという股さき状態となった．任期中の所属政党変更や無所属議員が禁止される91年や97年の憲法のもとでは，党議決定に背き除名されれば議員資格を喪失することになる．しかし，憲法裁判所は99年2月に13名の議員は議員資格を喪失しないとの決定を下した．プレーム政権時代にも政府側に寝返って野党から除名された議員が，議員資格を失わないという救済を受けたことがあった．いずれも憲法の精神を踏みにじる現状追認の決定である．

第 1 部
1992 年 5 月事件

1992 年 5 月事件を報じるプーチャットカーン紙の特集号

1992年5月，タイの首都バンコクでスチンダー首相の退陣を求める大規模な集会が何日間にもわたって開かれた．政府は5月18日未明軍隊を鎮圧に投入し，19日夜にかけて多数の死傷者を出す惨事となった．スチンダーは流血を招いた責任を問われて退陣し，政府を支えてきた軍も政治からの撤退を余儀なくされることになった．タイで「暴虐の5月 (*phrutsapha thamin*)」と呼ばれている事件である．

　この事件がタイに民主政治を定着させる決定的な契機となったことに異論を唱えるものはまずいない．にもかかわらず，この事件について十分な研究が行われてきたとは言いがたい．なぜ大規模な集会が開かれたのか，なぜ5月であったのか，なぜ軍は発砲したのか．これらにはいずれも必然性はなかった．何らかの説明が必要である．さらに，事件が民主化にどのように寄与したのか，軍がどのようにして政治から撤退したのか，事件から数年後に政治改革運動が登場してくるのはなぜか，こうした疑問についても説得力のある説明がなされてこなかった．

　事件に関する研究が貧困な主たる理由は，中間層 (*chonchan klang*) 主導説が風靡し，多くの研究者を思考停止状態においてきたことに求めえよう．経済が成長すると中間層が拡大し結果として政治が民主化されるという近代化論の図式に見事すぎるほど合致する中間層主導説の呪縛からいったん自由になり，改めて事件を吟味してみる必要がある．

　そこでまず2章では大規模集会について検討する．1992年5月の集会の規模はタイではほぼ20年ぶりという稀有なものであった．大規模な集会がなければ，流血も政権交代もなかった．こうした規模の大きな集会がなぜ可能になったのか．参加者の詮索よりも，集会の規模が膨れあがった理由をまず解明する必要がある．それと並んで，事件の影響についても検討する．事件の渦中や直後にはチャムローンが中心人物と，支持者，敵対者を問わず誰もが見なしていたにもかかわらず [たとえば，Prudhisan 1992: 126; Khien 1993: 67; Khien 1997: 33; Pasuk and Baker 1995: 359]，やがて中間層が主役に祭り上げられるに至った理由の解明である．このいわば「乗っ取り」がその後の民主化にどのような意味を持っていたのかについても触れたい．

　続く3章では，事件と軍の関係を検討する．1932年以来大きな政治力をふるってきた軍は事件を契機として政治から撤退するようになる．これにより政治は政党を中心として展開されるようになった．軍が退場を余儀なくされたのは発砲により多数の死傷者を出したからである．軍が集会参加者に発砲したのはなぜなのか．また，事件あるいは発砲と，政治からの撤退との間にはどのような因果関係があるのか．こうした疑問を解く鍵は軍内部の派閥力学にあるように思われる．そこで軍の人事異動に脚光を当てながら考察したい．

2章　大規模集会：理由と影響

2-1　スチンダー政権の誕生
2-2　首相退陣要求集会
2-3　善悪の対立
2-4　なぜ「乗っ取り」が起きたのか
2-5　民主化への影響

2-1 　スチンダー政権の誕生

　1992年5月の大規模集会の呼び水となったのは，同年4月7日のスチンダー陸軍総司令官の首相就任であった．批判を招くことが必至であったにもかかわらず，スチンダーが首相に就任したのはなぜであろうか．発端は91年2月23日の国家秩序維持評議会によるクーデタであった．なぜスチンダーの首相就任が批判を招き大規模集会を誘発したのかを理解するために，クーデタから首相就任までの1年余りの間に何が生じていたのかを最初に振り返っておきたい．

（1）1991年憲法

　クーデタを成功させた国家秩序維持評議会は1978年憲法を破棄して暫定憲法を施行し，恒久憲法の起草に着手した．政府が任命した起草委員会の草案は78年憲法ときわめて似通った内容を備えていた．現職の公務員（文官・武官）は

閣僚に就任できない，二院制の国会は下院が民選で上院は官選，現職の公務員も上院議員に就任可能，上院議員は初回は国家秩序維持評議会議長が任命，下院議員ではなくても首相を筆頭とする閣僚に就任可能，といったところが主な特徴である．

　憲法起草過程には厳しい視線が注がれた．それには主として2つの理由があった．1つは国会における草案の修正である．国会といっても，クーデタで国会が解散されていたため，民選議員は存在せず，全員が国家秩序維持評議会任命の官選議員であった．評議会の意向に敏感な国会の草案修正委員会は上院の権限を強化するなど，民主化に逆行する修正を行おうとした．もう1つもっと大きな理由は，国家秩序維持評議会が総選挙実施後も権力を温存しようと図るのではないかという疑念が根強く存在していたことである．軍首脳が総選挙後に首相に就任しようとするならば，首相が民選議員ではなくてもよいという規定はきわめて重要な意味を持っていた．軍人は下院議員選挙に立候補当選しなくても退役さえすれば首相に就任しうるからである．80年代のプレーム政権と同様な政権が誕生する可能性があった．しかも，軍人が首相に就任した場合，軍が自ら任命した上院議員に大きな権限が付与されていれば，政権運営は容易になる．

　こうした疑念のゆえに，国会で草案審議が始まると強い反対運動が盛り上がった．とりわけ国会での採決が迫ってきた91年11月には反対が強まった．11月19日には王宮前広場で，民主化推進委員会（*khanakammakan ronnarong prachathipatai*，略称 Kho. Ro. Po.），全国学生センター（*sun nisit naksuksa haeng prathet thai*，略称 So. No. No. Tho.）ならびに民主党，パラントム党，新希望党ら7政党が草案に反対する集会を開いた．この対立には，国王誕生日前日の12月4日に毎年行われる国王訓話で終止符が打たれた．国王は91年には，「どんな規則も不変ではなく改正できるので争ってはならない，流血になるほど争ってはならない」とか，「今，『改正するかしないか』『公布するかしないか』『公布してから改正するか』『改正してから公布するか』をめぐって混乱している．……まずやってみよう．うまくゆけばそのまま続け，うまくゆかなければ改めたらよい」とか，と語ったのである [Phumiphonadunyadet 1991: 45, 47]．これが当時争点になっていた憲法に関連した発言であることは明らかであった．異を

唱えることはもはや許されず，12月9日に公布施行される運びとなった．

（2）政党工作

　政界の浄化を大義名分に掲げた国家秩序維持評議会はクーデタ直後の1991年2月25日の布告26号により不正蓄財の疑いのある政治家の資産を調査するための委員会を設置した．委員会はシット・チラロートを委員長としていた[1]．シットは陸軍参謀長を務めた退役軍人であり，81年6月から86年8月までプレーム政権の内務大臣に任じられていた．彼は陸軍時代も退役後も清廉潔白で高名であり，調査委員会の委員長には申し分のない人物であった．シットが委員長に就任したのは，スチンダーが81年7月から82年8月にかけて内務大臣秘書官を務めたという縁があったからである．スチンダーが5期生の出世頭として頭角を現した一因はシットに仕えたことにあった．つまり，スチンダーにとっては恩義のある元上司なのである．それゆえ，不正蓄財政治家摘発はクーデタ正当化や政党工作のための方便として着手されたものではないはずである．
　国家秩序維持評議会は2月27日には調査対象となる22名を発表した．翌日にはさらに，チャートチャーイ前首相ら3名も対象者に追加した．ほとんどがチャートチャーイ政権の閣僚である．多くのものが疑いの目を向ける政治家を網羅する25名が対象とされたため，不正蓄財追及政策は快哉を浴びた．しかし，25名からの絞り込みが進むにつれて落胆も生まれてきた．委員会は調査に基づいて不正蓄財の容疑のあるものとないものを選別し，5月以降順次公表し始めた．8月までに疑惑ありとされたのはおよそ半数の13名になっていた．エーカパープ党党首のナロン・ウォンワンは5月に最初に疑惑を晴らしていた．さらに，13名の中からチャートタイ党幹事長のバンハーン・シンラパアーチャーら3名の疑惑が晴れ，不正蓄財と最終的に認定されたのは10名にとどまっていた．この選別作業が進められる最中に，国家秩序維持評議会が不正蓄財認定を政党工作に利用しているのではないかという不信感が深まっていった．
　不正蓄財の嫌疑を受けた政治家は資産を凍結された［*Matichon Sutsapda,*

　1　委員は当初7名であったものの，後に2名追加されて9名となる．

March 10, 1991; March 17, 1991]．それゆえシロ認定が出るまでは，政治資金を動かすことができず，麻痺状態に陥った．それに加えて，クロ認定を受ければ，腐敗政治家の烙印を押されることになって，政治活動に支障を来した．それゆえ，主立った政治家が相次いで調査対象になると，チャワリット前陸軍総司令官が総選挙に向けてもっとも有利な立場に立つことになった．彼は90年10月に新希望党を結成し，遅くとも下院議員が任期満了を迎える92年7月頃までには実施される予定であった総選挙に向けて政治活動に従事していた．しかも，彼はスチンダーら軍首脳の元上司であり，軍との関係は円滑であった[2]．しかし，次に述べるように軍が独自の支持基盤を政党に構築し始めると，軍首脳とチャワリットの関係は冷えていった[3]．軍首脳はこうして92年3月総選挙でチャワリットを敵に回すと決めたからには，新希望党に勝たねばならない．チャワリットが選挙に勝って首相に就任すれば，何らかの報復を免れなかったからである[4]．

　まず，国家秩序維持評議会は官選の立法議会を設置するにあたって12名の前・元下院議員を議員に加えていた．そのうちの1人であるエーカパープ党副党首ピニットは91年5月21日に新党サーマッキータム党を結成すると発表し

2　チャワリットと5期生が対立関係にあったことを強調する捉え方がある[Hewison 1993: 164-167, 182; Pasuk and Baker 1997: 24-25]．確かに91年クーデタ以後のある時点から両者は対立するようになった．チャワリットが政党政治を通じて首相を目指したのに対して，5期生はクーデタを通じて政治権力を獲得し，しかもその権力を温存しようとしたからである．5期生はチャワリットの首相就任という夢の実現を妨害することになったのである．チャワリットと5期生の対立が決定的になるのは，クーデタの実行時点ではなく，5期生が獲得した権力の温存を画策するようになってからのことである．それゆえ，両者が元来対立する派閥を形成していたというのは，80年代からの流れを無視した皮相な捉え方であり，まったく間違っている．

3　空軍総司令官カセートは91年5月7日に，政党結成の予定はなく，個人的にはチャワリットを支持していると発言している［*Matichon Sutsapda*, May 19, 1991］．真意はともかくとして，サーマッキータム党結成以前には，こうした発言もさほど不自然ではなかった．もっとも，スチンダーは，カセートが91年クーデタ当初からチャワリットを首相に就任させるのが目的ならクーデタ計画に荷担しないと言い張っていたと語って，カセートが当初からチャワリットを毛嫌いしていたことを明らかにしている［Watsana 2002b: 280］．

た［*Matichon Sutsapda*, May 26, 1991］。6月20日には同党は正式に登録される。不正蓄財容疑を5月に晴らしたばかりのナロンが党首に迎えられ，幹事長には退役空軍将校のティティ空軍少佐が就任することになる。同党はカセート空軍総司令官の政党であった[5]。それは，カセートの側近中の側近でスチンダー政権に内務大臣として入閣したアナン・カリンタ空軍大将[6]が92年5月事件直前のインタヴューで，「カセートが退役後選挙に立候補することはまず間違いない。恐らくサーマッキータム党の党首になるだろう。だが，事態の推移を見守る必要がある。サーマッキータム党のまとまりが強いまま維持されるなら，そうなるだろう」と語っている［*Matichon Sutsapda*, May 8, 1992］ことから明らかである。第二に，91年11月には空港公団総裁のソムブン・ラホン空軍大将がチャー

---

4 イッサラポンが大臣を務める内務省は村落民主主義普及事業を実施した。政治意識を高め，投票を促し，買票を阻止するのが目的であった。軍人や教員など4名からなる工作隊が71,933組も組織された［Mahatthai 1992: 20-23］。当時北部のある県に勤務していた内務省官僚から筆者が聞いたところによると，この工作隊は新希望党以外の政党ならばどの政党に投票してもよいと宣伝することがあった。また，中部地方では親軍政党への投票を呼びかけていたという観察報告もある［Arghiros 2001: 171］。

5 スリンは，この政党が新希望党に対抗するために結成された，と的確に指摘している［Surin 1992: 8］。

6 アナンは1952年にチュラーロンコーン大学政治学部に入学するものの，中退してカセートと同期の空軍士官学校1期生となった。彼が作戦担当空軍参謀長補佐在職中の87年10月に，退役する空軍総司令官が後任として指名したカセートが当時の首相プレームの介入により空軍司令官への就任を阻まれるという事件が起きた。カセートを支持する空軍将校団は首相に理由を問いただした。そのときアナンは最前列にいた。88年10月にカセートが国軍副最高司令官に転出すると，アナンも国防副事務次官に転出した。ともに空軍を逐われたのである。そして，89年10月にカセートが空軍総司令官に就任すると同時にアナンは空軍参謀長になった。その後空軍副司令官となり，91年4月には定年まで半年を残して退役しスチンダー政権に内務大臣として入閣した。タイの内閣において内務大臣は首相に次いで重要なポストである。そのポストに陸軍ではなく，空軍の高官であるアナンが就任したのは，国軍最高司令官兼空軍総司令官として現役にとどまるカセートの名代としてのことに他ならない。もし国会が解散され総選挙になれば，内務大臣は総選挙の結果にある程度の影響を与えることができる。政界進出を狙うカセートにとっては，アナンは鍵を握る人物であった。それゆえ，アナンの発言には重みがある。

トタイ党の党首に就任した．ソムブンは1970年代に当時のチャートタイ党党首プラマーンが国防大臣を務めた時期にその副官に任命されており，同党との間には縁があった．ソムブンの党首就任を実現したのは，クロ認定を免れた同党幹事長バンハーンであった[7]．しかし，ソムブンは同党幹部よりもカセート空軍総司令官と緊密な関係にあった．それは彼が，タイ国際航空社と並んで空軍首脳の重要な利権ポストであった空港公団の総裁に任じられていたという一事をもって明らかである．そのソムブンはサーマッキータム党の党首に就任してもおかしくないほど同党の創設に資金面で寄与してもいた．第三に，プラチャーコーンタイ党の党首サマックの実弟は91年4月当時現役の空軍大将であった．それゆえ同党も空軍系の政党の1つに数えることができた．つまり，空軍のカセートは着々と政党工作を進めていたのである．

　これに対して，陸軍もまったく無策であったわけではない．スチンダーの中等学校時代からの旧友カセーム中将が退役して社会行動党に加わった[8]．同党の党首モントリー・ポンパーニットは不正蓄財のクロ認定を受けていた．その弱り目の党に幹事長として入ったのである[9]．ただし，社会行動党の党勢はサーマッキータム党やチャートタイ党とは比べようもなかった．チャートタイ党は1988年7月総選挙では257議席中87議席を獲得して第一党になった政党であ

7　チャートタイ党の実権は幹事長のバンハーンにあった．このため，バンハーンはスチンダー政権でもっとも権益の大きなポストである運輸通信大臣に任命された．これはバンハーンが政党政治家の中ではもっとも厚遇されていたことを意味する．

8　カセームは陸軍将校ながら，陸軍士官学校ではなく，予備役士官（*nai roi samrong*）学校の卒業生である．スチンダーはカセームの父親の葬式本での弔辞でこう述べている．カセームとはアムヌワイシン中等学校の同級生である．カセームの自宅はバンコク都心のソームマナット寺付近にあり，中等学校時代には帰りが遅くなると友人たちとともにカセームの自宅に泊めてもらったため家族全員と親しくなった．陸士進学後も学校から近いため行き帰りに立ち寄り，制服と私服の着替えに利用させてもらっていた［Sucinda 1992］．スチンダーのみならず，イッサラポンらの他の陸士5期生にもカセーム宅に出入りしていたものがおり，このことはカセームが陸士卒業生ではなくても，スチンダーに近い人物であることをよく示している．

9　ただし，カセームは党幹部との対立から92年4月9日に幹事長辞任に追い込まれている．

る．サーマッキータム党は新党ながら，結党後前職議員や当選の可能性の高い候補者を多数集めていたため，92年3月総選挙では第一党になると目されていた．他方，社会行動党は80年代前半には100議席を越える大政党であったものの，88年総選挙では54議席に減っていた．しかもチャートチャーイ政権時代に再び内紛を起こして党勢を失っていた．実際のところ，92年3月総選挙ではサーマッキータム党が79議席で第一党となり，以下チャートタイ党74議席，新希望党72議席，民主党44議席，パランタム党41議席，社会行動党31議席，プラチャーコーンタイ党7議席といった順番になった．あらかじめ築き上げられていた親軍政党は4党で360議席中191議席と過半数を獲得した．

（3）スチンダーの首相就任

3月の総選挙後ただちに親軍政党は組閣をめぐる話し合いに入った．首相候補に擬せられたのは，第一党になったサーマッキータム党の党首ナロンであった．しかしじきに，ナロンは麻薬取引への関与の嫌疑のゆえにアメリカ合衆国から91年7月にビザ交付を拒否されていたことが明らかにされた．訪米不可能な人物では首相に似つかわしくないとして，新たな候補者選びが始まった[10]．そこでスチンダーが浮上してきた．当時，スチンダーは陸軍総司令官兼国軍最高司令官であった．彼は91年11月に軍に好都合な憲法草案への反対運動が盛り上がったときに首相には就任しないと明言していた．そのスチンダーが前言を翻して首相就任を承諾したのはなぜであろうか．当初から首相に就任するつも

---

10 ビザ問題は総選挙後になって初めて明るみに出た．しかしスチンダーは，チャートチャーイ政権時代にそうした情報を入手して問い合わせたところ，CIAからはそうした報告がなされたことがあるものの中心人物ではないとの回答を，タイの麻薬取締機関からは事実無根との回答を得ていた他，ナロンの性格や資産状況から判断してありえないと考えていたと後日語っている．スチンダーはさらに，たとえ疑惑があっても大騒ぎせず首相に就任させることも可能であったと反省してもいる [Watsana 2002b: 254, 278]．なお，ナロンは主立った政党政治家の中ではどちらかと言えば指導力が乏しい部類に入るので，仮に首相に就任したとしても軍の傀儡首相にとどまったはずである．指導力の弱さはチャートタイ党のソムブンと共通している．

りであったのであろうか[11]．

　彼を首相就任へと導いたのはいくつかの要因のゆえであったと思われる[12]．もっとも重要なのは，もしスチンダーが首相に就任しなければ誰が代わりに首相になるのかという点である．前述のように親軍政党連合とは実は親空軍政党連合であった．下院に大きな支持基盤を持つ空軍から首相が出てくる可能性はかなり高かった．空軍総司令官カセートは意欲十分であった［Watsana 2002b: 292-298］．しかし，空軍首脳の首相就任は陸軍としては容認しがたいことであった．軍人首相の歴史が長いタイにおいて，それはいつも陸軍首脳であった．3軍の中で陸軍の権力や威信は圧倒的である．その陸軍が空軍軍人の首相のもとにおかれることは耐えがたかった[13]．第二に，スチンダーの首相就任は彼の退役

11　91年クーデタ当初からスチンダーの首相就任が予定されていたという見方もある［河森 1997: 148］．この解釈にはやや無理があろう．カセート空軍総司令官はスチンダーのために巨額の資金を政党工作に投じたことになるからである．

12　ワーサナーがタムマサート大学へ2002年に提出した修士論文によると，当時陸軍最高首脳であったウィロートは，前言を翻すからには理由が必要だ，ご下命があれば受けざるをえない，陛下はスチンダーに好感を抱いておられる，と後日語っている．彼女がスチンダーにこの点を直接問い合わせると，「スチンダーは血相を変えて，『嘘だ．信じちゃいけない．陛下が［現実政治に］関与されることなどない．陛下を引き合いに出してはならない』と否定した」［Watsana 2002a: 269］．この記述が含まれる修士論文の巻末付録部分は後に出版された単行本［Watsana 2002b］からは削除されている．首相を民選議員に限定する法的な規定がなく，極論すれば誰にも首相就任資格があった91年4月時点でのスチンダー政権の発足自体が，スチンダーの首相就任に国王が承認を与えていた証拠と見なしうるであろう．

13　これは1977年10月20日クーデタで指導者となっていたサガット海軍大将が陸軍ではなく海軍の将校であるがゆえに首相に就任できなかったのと同じことである．軍内部における陸軍と空軍の面子争いの他に，国家秩序維持評議会内部にも微妙な温度差があった．首相候補者を国王に推挙するのは国家秩序維持評議会議長である．議長のスントーンは陸士1期生であり，チャワリットの親友である．スントーンは折に触れてチャワリットの首相就任を画策していたといわれている．ただし，スントーンは議長とはいっても，評議会内部において自らの意見を押し通しうるだけの実権を持たなかった．こうした食い違いは，軍首脳部においてスチンダーの首相就任がクーデタ当初から自明視されていたわけではないことを示してもいる．

を意味する．彼が退役すれば，陸軍総司令官ポストが空席になり，現役将校とりわけ首脳は昇進が可能になる［岡崎・藤井・横田 1993：125-126］．副司令官のイッサラポンは94年に退役を迎え，スチンダーの退役予定は93年である．もしスチンダーが定年まで在職すれば，イッサラポンは１年しか総司令官を務めることができない．スチンダーが92年に退役すれば，イッサラポンの在職年数が延びることになる．それゆえ，陸軍首脳は空軍には譲れないという陸軍の面子を表に掲げ，内心では自らの昇進を願って，スチンダーに首相就任を働きかけた可能性がきわめて高い．実際のところ，後任の総司令官となったイッサラポンは軍が全面的に支援するスチンダー政権は「2,000％」安泰であると述べている［Watsana 2002b: 304］．他方において，首相就任の芽が摘まれたカセートには国軍最高司令官のポストが提供された．スチンダーは１人ではなく，盟友チャッチョム陸軍総司令官補佐とともに退役したため，陸軍最高首脳である「５虎」（総司令官，副総司令官，参謀長各１名と総司令官補佐２名．この重要性については３章参照）には２つの空席が生まれ，異動は規模がやや大きくなった．言い換えると，スチンダーの首相就任は陸軍首脳にとっては一石二鳥だったのである．スチンダーにすれば，軍からの盤石の支持があって初めて首相に就任することができた[14]．

　スチンダーが前言を翻して首相に就任したことは批判を招いた．この批判に油を注いだのが組閣であった．プレーム政権と同様に軍からの盤石の支持があったため，一部の閣僚ポストには下院議員以外から登用が行われた．大蔵，内務，国防といった大臣ポストである．しかし，国会の多数派の支持を取り付けるには閣僚ポストの８割ほどを下院議員に分配しなければならなかった．その際，閣僚ポストにありつけるのは各党の幹部である．そうした幹部の中には国家秩序維持評議会により不正蓄財の嫌疑を受けたものが多数含まれていた．不正蓄財議員が閣僚就任に拘泥し，首相がそれを拒否すれば，連立与党からの離脱もありえた．そうなると下院の過半数を割り込んでしまい，政権維持が困難となる[15]．難航の末，内閣には不正蓄財のクロ認定を受けた政治家が数名含ま

---

[14] 「軍事政権に反対する動員が行われたのは，陸軍首脳部の対立が表面化した時期（1973年から76年にかけて，ならびに1992年）と一致していた」という指摘［Hedman 2001: 929］はまったくの失当である．

れることになった．スチンダーがこれを望んでいたはずはない．批判を浴びることが必至だったからである．どうしてこんなことになったのであろうか．この点については，類似性を指摘されることが多いプレーム政権との違いを確認しておく必要があろう．プレームはすべての政党との間にほぼ等距離を保っていたため連立与党を容易に組み替えることができた．これに対して，スチンダーはあらかじめ連立与党が固定されていたため，下院の多数派を維持しようとすれば，与党幹部の要求をのまざるをえなかった．数の支配という民主政治のルールが働いていたのである．不正蓄財政治家の入閣はクーデタの大義名分を自ら否定することになって，なお一層厳しい批判を政権発足当初から浴びることになった．

2-2 首相退陣要求集会

　92年5月の大規模集会は6日～11日，17日～20日の2回にわたって開催された．国会前で始められた集会は5月7日夜には御幸 (*ratchadamnoen*) 通り経由で王宮前広場 (*sanam luang*) へ移動した．8日夜には王宮前広場から出て再び御幸通りを逆行した．今度は途中のパーンファー橋で移動を阻止され，11日朝まで路上で集会が続けられた．これが第一ラウンドである．11日の解散の折には，17日に王宮前広場で集会を再開することが約されていた．5月17日からの集会は18日のチャムローンの逮捕を境目として様子が大きく変化したので2つの時期に分けうる．17日にも再び集会は王宮前広場を出て，パーンファー橋で阻止された．18日未明には軍の発砲が始まり，死傷者が出た．集会は御幸

15　首相選出から組閣に至る時期に，下院の360議席中195議席を占める与党連合を切り崩そうとして，たとえば新希望党党首チャワリットは社会行動党に内務大臣ポストの提供を条件に新希望党陣営への寝返りを働きかけている．これは社会行動党が与党連合内部において交渉力を高めるのを助けた [*Matichon Sutsapda*, April 10, 1992]．

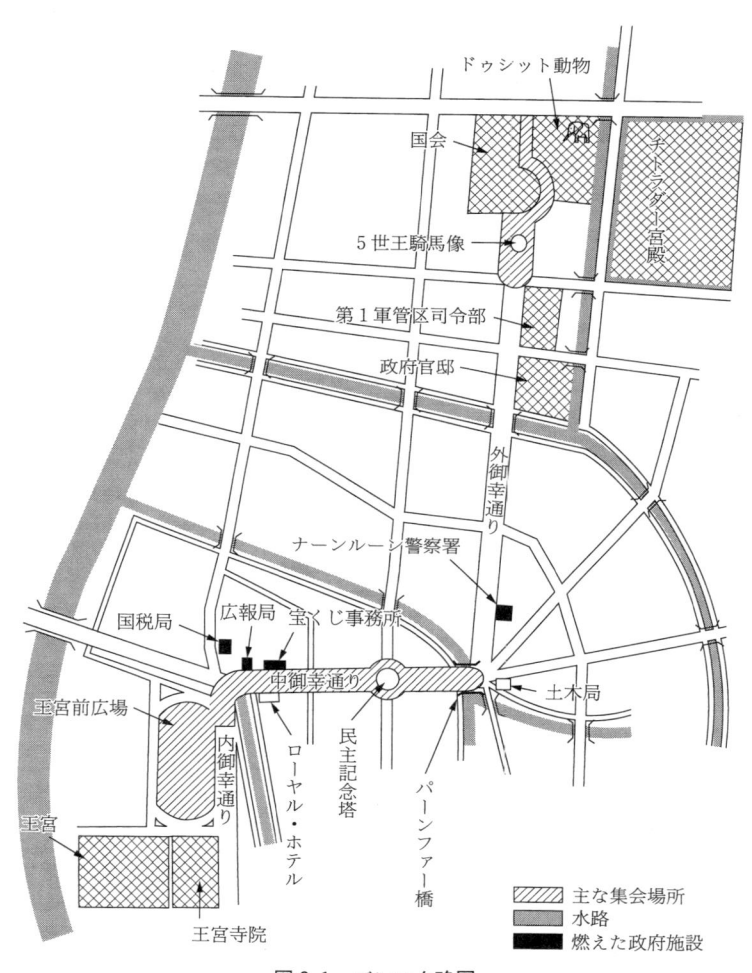

図2-1　バンコク略図

通りでそのまま続けられ，18日午後にはチャムローンが逮捕された．いったん解散させられた集会は同日夕方から再び始まり，5月19日朝にかけて軍の度重なる発砲で多数の死傷者を出した．抗議集会ならびに発砲は20日夜国王が収拾に乗り出して終わることになる．

（１）第１ラウンド

　前述のように，スチンダー政権の成立をめぐってはいろんな不満の種があった［たとえば，Khien 1997: 11-23; RT 1992：4-6］。一言で述べれば，軍の最高実力者スチンダーが1991年クーデタで握った権力を総選挙後も温存したからである。クーデタは政界の浄化を口実とし，不正蓄財政治家の摘発に着手することで喝采を浴びた。しかし，91年11月に首相に就任しないと明言したスチンダーは92年3月の総選挙後に，あらかじめ準備していた親軍政党連合の支持を受けて首相に就任し，しかも不正蓄財容疑で摘発した政治家も入閣させた。多くのものが不満を抱いて当然だったのである。

　4月7日にスチンダーの首相就任が決まると，チャラート・ウォーラチャット[16]が翌日から抗議のハンストを始めた。4月17日に政権が発足すると，全国学生センターや民主化推進委員会は抗議運動を展開し，野党とともに4月20日に国会近くの5世王騎馬像広場で抗議集会を開いて5万人を集めた。しかし，首相はこうした批判に動じる素振りをまったく見せなかった。

　政府の施政方針演説が行われる5月6日が目前に迫った4日夜に野党パランタム党党首チャムローンがハンストを宣言し，国会前で座り込みを始めた。その際に遺言に相当する辞世の手紙を印刷して配布した。それには「生命をかけます。抗議運動が成功しなければ，7日以内に死にます」という衝撃的な見出しがついていた。本文では「7日ほどしか生きられないでしょう。私はスチンダー大将が辞任するまで，もしくは餓死するまで，断食を止めません」と述べ，死を避けるために「1日仕事を休んで5月6日午前8時に平和な集会に参加していただけるようお願いします。……国会前でお会いしましょう」と集会への参加を呼びかけた。「6日をすぎると，反対してももはや効果はほとんどありません」と主張し，駄目を押すかのように，「この場を借りてみなさんに……とり

16　チャラートは1979年と86年に下院議員に当選したことのある政治家である。80年に石油政策に抗議して，83年に軍主導の憲法改正運動に抗議してハンストをしたことがある。94年にもハンストにより政治改革を胎動させることになる。

わけこれまでに私を支援してくださった方々にお別れの挨拶を述べさせていただきたい」と結んでいた [玉田 1992 b：376-377]．

　5月6日は政府が朝からテレビでテロップを流して集会は交通渋滞を招くばかりか，暴動へ発展しかねないので参加を控えましょうと呼びかけていたにもかかわらず [*Matichon*, May 7, 1992]，9時40分に首相の施政方針演説が始まった直後には2万人が集まり [*Bangkok Post*, May 7, 1992]，夕方以降には10万人を越えた[17]．これは1973年10月14日政変以来の規模であった[18]．

　こうして多数の人々が集まったにもかかわらず，首相は辞任しなかった．翌日10時に国会が再開された．国会内で野党の批判を浴び，国会外で集会の圧力を受けた首相は，正午前に国会で発言をした．それは首相就任理由として，①憲法は民選議員以外のものの首相就任を禁止していない，②共産主義体制の樹立をもくろむ某野党党首から体制を守るため，③邪教の支援を受ける某野党党首から仏教を守るため，④金権選挙で当選した下院議員の汚職を防止するため，という4点を述べたものであった．②はチャワリット（元陸軍総司令官で野党新希望党党首），③はチャムローンを攻撃し，④は与野党の全下院議員を罵倒する内容であった．

　これは首相からの宣戦布告に等しかった．5月7日午後にはテレビの共同番組を通じて集会批判を繰り返すようになった．15時をすぎると，集会に対する軍からの警告がたびたび放送され，さらに首相の国会演説も繰り返し放送されるようになった．夜に入ると，陸軍のテレビ局チャンネル5は，チャワリットとチャムローンを批判するククリット元首相のインタヴューを放送した [*Matichon*, May 8, 1992]．

　首相側が対決姿勢を鮮明にする中，17時40分にチャムローンは「どんどん集まって欲しい」という主旨の手紙を代読させた [*Naeona*, May 8, 1992]．集会へ駆けつけるものは増える一方で，20時前には15万人へと膨れあがった．国会前

17　日刊サヤームラットは18時には20万人 [*Sayam Rat*, May 7, 1992]，日刊マティチョンは16時半に8万人，18時半には15万人，21時には15万人 [*Matichon*, May 7, 1992]，控えめな数字を挙げる英字紙ネーションは最盛時に7～10万人 [*The Nation*, May 7, 1992] といった数字を報じている．
18　73年10月政変との比較については末廣 [1993] を参照．

には広場があるわけではなく，普通よりもやや広い歩道があるにすぎない．このため人々は国会前の道路や歩道ばかりではなく，周辺の道路や5世王騎馬像広場にもあふれかえった．チャムローンは20時に集会を王宮前広場へ移動することを決定し，チャムローン自身も20時半に自動車で移動を始めた．

　チャムローンは21時10分に王宮前広場で，人数が少ないと警察が私を逮捕するかも知れないのでなるべく多くのみなさんが私とともに夜を明かしてください，という手紙を代読させた[*Matichon*, May 8, 1992]．王宮前広場には演説用の舞台が設えられ，野党，全国学生センター，民主化推進委員会の指導者や芸能人が演説を繰り返した．8日の6時を過ぎると集会の規模は小さくなった．この朝，チャムローンは決死の覚悟であることを再確認する2通目の遺言状を書き，大書した上で掲示させた[*Thai Rat*, May 9, 1992]．参加者がさらに減ると，10時45分には，断食を断固として続けるという手紙を代読させた[*Phucatkan*, May 9, 1992]．

　政府側は，6時45分からの軍のラジオ番組で，集会参加者には学生の他，動員された大衆，殺し屋，密林から出てきた人間のように粗末な身なりをしたものたち（共産ゲリラであることを仄めかしている）などであり，あまりにも雑多であるため統制が難しく，危険な事態へと至りかねないと批判した．10時半には仏教徒の代表を名乗る30名が首相を訪問し，国会での仏教擁護演説への謝辞を述べて花束を贈呈した[*Matichon*, May 9, 1992]．この様子はテレビで報道された．午後には，内務大臣が新聞社各社の代表を招いて集会報道の自制を要請した．また，内務省は国営企業職員の集会参加を禁止する通達を出した[*Matichon*, May 9, 1992]．15時45分には首相が，5月10日から16日は王宮前広場を会場として仏教週間行事が開催されることになっており，行事を妨げてはならないと警告した[*Matichon*, May 9, 1992]．首相は19時半にテレビで声明を発表し，首相就任理由を説明した上で，集会は暴動へと発展しかねないと警告し，さらに個人的には首相を辞任しても構わないが，国会の少数派による国会外での抗議運動に屈するという悪しき先例を作ってしまうことになるので辞任はできないと言明した[*Matichon*, May 9, 1992]．

　5月4日以後緊張が高まる中，5月6日と7日には多数の学者たちが国会解散を求める直訴を国王に行っていた[*Matichon*, May 7, 8, 1992]．国王官房長官

から7日に問い合わせを受けた政党は与野党とも国会解散に反対の意志を表明した。下院議長は国会での事態打開を図るため，憲法改正に向けて政党間の意見調整を始めた［*Matichon*, May 8, 1992］。8日には9時半から与党5党が憲法改正について相談し，社会行動党党首モントリーは13時半からの記者会見で，与党が5項目について憲法を改正することに合意したと発表した［*Matichon*, May 9, 1992］。焦点は首相を下院議員に限定するかどうかであった。

首相の即時辞任に固執していたチャムローンは，8日夕方からの野党4党の代表者会談を受けて，態度を少し軟化させた。しかし，上述のように直後の19時半に首相は辞任しないことをテレビで明言した。この後，チャムローンは15万人を越える集会[19]に向かって次のような見解を代読させた。「憲法改正に騙されてはならない。……戒厳令は布けないだろうし，クーデタもできないだろう。……しかし集会の規模が小さくなる時間帯を見計らって軍による集会解散を試みる可能性はある。今となっては危険を恐れてはならない。地方の人々も参加するようになっている。この週末には参加者がもっと増えるだろう。……5日連続で罵倒され続ければ，……居座れなくなるだろう」［*Matichon*, May 9, 1992］。

21時前チャムローンは自動車に乗り，集会参加者を先導して王宮前広場を出た。デモ隊は御幸通りを前夜とは反対方向へと向かった。しかし，パーンファー橋に到着すると，警察のバリケードに行く手を阻まれることになる。チャムローンは中央捜査警察司令官との交渉が不首尾に終わると，22時40分に集会参加者に向かって演説を行った。たとえ解散させられても，明日も明後日も集会を開く。市内の交通は大渋滞になるだろう。我々の選択肢は，ここにとどまって夜を明かすか，先へ進むかのいずれかしかない，という主旨であった［*Matichon*, May 9, 1992］。王宮前広場から民主記念塔付近へ演壇を移設すると，23時半に

19　5月8日夜の集会の規模については様々な報道がある。英字紙ネーションは19時半に15万であったとしている［*The Nation*, May 9, 1992］。これ以外に，20時前には50万人，20時15分には80万人［*Phucatkan*, May 9-10, 1992］，20時に100万人［*Ban Muang*, May 9, 1992］，夕方の16時に20万人［*Matichon*, May 9, 1992］，17時20分に10万人［*Daily News*, May 10, 1992］，18時半に5万人［*Thai Rat*, May 9, 1992］と実に様々である。

彼の手紙2通が代読された．1通は政府宛であり，「集会を解散させようとして全員を逮捕しても収容する場所がなく，……クーデタを実行してもじきに外国へ亡命しなければならない．……首相が辞任すれば済むことである」と書かれていた．もう1通は集会参加者宛であり，「明日には必ず勝利できる．……人々が御幸通りを占拠すれば，首都全域の交通が麻痺し，首相は居座れるはずがない」と述べられていた [*Matichon*, May 9, 1992]．いずれも参加者を鼓舞し，集会に引き続き参加するように呼びかける内容である．演壇はもう1カ所設置され，野党政治家，人気歌手，政治活動家らが一晩中入れ替わり立ち替わり演説を行って，集会参加者の関心を喚起し続けた．

　実は，集会の移動はチャムローンの独断専行であった．彼に付き従ったのは集会参加者の一部にすぎず，大半は王宮前広場に残ったままであった．パランタム党以外の野党3党は移動しないことを決め，全国学生センターのパリンヤー委員長と民主化推進委員会のコートム副委員長は移動しないように呼びかけていた [*Matichon*, May 9, 1992]．23時8分にコートムは，民主化推進委員会，全国学生センター，NGO[20] が集会の指導から手を引き，今後はパランタム党のみに委ねることにしたと演説し，その際にはパリンヤーとパランタム党議員が演壇上で口論になるという一幕もあった [*Thai Rat*, May 9, 1992]．残留を主張していたチャラートが23時20分に移動を発表すると，皆が移動に応じた [*Matichon*, May 9, 1992]．23時半頃には最後まで残っていた2万人ほども移動を始め [*The Nation*, May 9, 1992]，中御幸通りは群衆で埋め尽くされることになった．

　こうした足並みの乱れを捉えて，政府側は早速5月9日の0時にテレビで，全国学生センターと民主化推進委員会の離脱を賞賛するニュースを報道した [*Matichon*, May 9, 1992]．30分後のテレビニュースは，王宮前広場に残っていた人々はコートムの説得に応じて帰宅したものの，チャワリットとチャムローンがパーンファー橋付近に演壇を設置し，集会に結集するよう煽動していると

20　タイでは，NGOが人権，環境，開発，教育などに関わる組織ばかりではなく，民主化推進委員会のような政治団体（非政府系非政党系のもの），全国学生センターのような学生団体，教師や弁護士などの職業団体，あるいは労組も含めた広い意味で使われていることに注意しておく必要がある．

非難した [*Matichon*, May 9, 1992]．1時には，王宮前広場の集会は0時30分に終わった，パーンファー橋で集会を続けているのは一部の学生だけである，という首都防衛部隊[21] の声明が報じられた [*Matichon*, May 9, 1992]．集会が少数の急進派のみによって行われていると印象付けようとするこうした報道に対して，民主化推進委員会と全国学生センターは0時50分と1時半に戦線離脱を否定する発表を行った [*Matichon*, May 9, 1992]．

チャムローンは5月9日朝，断食を続行すべきか，食事をとって闘争を継続すべきかを参加者に問いかけた．断食中止案に拍手の嵐が沸き起こった [*Matichon*, May 10, 1992]．食事後休憩をとったチャムローンは10時30分にパランタム党幹部を集めて，党首辞任を明らかにした [*The Nation*, May 10, 1992]．10時45分には民主記念塔の演壇で演説を行い，政府側から個人的な権力欲のための行動と批判されており，人々の集会参加意欲を削いでいるので，党首を辞任したことを明らかにした．続けて，集会に居残ろうと呼びかけたのに，朝になると帰宅するものが多く，参加者が少なくなって，政府側の軍勢に包囲され，隊列を整え直さなければならなかったことに落胆の意を表した [*Matichon*, May 10, 1992][22]．

断食を中止した5月9日昼間のチャムローンは多忙であり，精力的であった．午前中に何度か演説を行った他，昼前から午後にかけて内外報道陣のインタヴューに何度も答えている [*Matichon*, May 10, 1992]．15時からの演説ではこう述べた．政府はパーンファー橋の兵力を増強している．武力によって集会が解散させられることがないよう，集会にたくさん集まって欲しい．「断食を止めたからにはもう死にはしないといって，私を助けにやってくるのを止めないでください．国を民主化するために，もっとたくさんの人が助けにやってきてください」[*Matichon*, May 10, 1992]．

他方，政府側は集会を解散させようと画策をしていた．チャンネル5は10時

21　1981年8月に第1軍管区司令部内に設置された．陸海空の3軍と警察から構成される．司令官は陸軍総司令官，陸軍部隊の司令官は第1軍管区司令官である．

22　連日朝になると参加者が減ることに懸念を感じていたため，5月9日には午前中にチャラートを乗せた自動車が数時間をかけて市内を一回りし，集会への参加を呼びかけていた [*Matichon*, May 10, 1992; *Daily News*, May 11, 1992]．

8分にチャムローンのハンスト中止を歓迎し，集会が終わったという印象を与えるニュースを報道した [*Matichon*, May 10, 1992]．続いて10時23分には，チャムローンとチャワリットが個人的な権力欲のために集会をチトラダー宮殿（国王の居所）へ移動させることにより暴力沙汰へと発展させようとしたと辛辣に批判する声明を報道した [*Matichon*, May 10, 1992]．10時35分には，軍が，チャムローンとチャワリットが騒乱を煽動しようとしていることは惨事を招くと批判した [*The Nation*, May 10, 1992]．昼には，首相がインタヴューでこう語った．昨夜警察が道路を封鎖したのは，集会参加者の中にチトラダー宮殿を取り囲んで国王陛下に直訴しようと煽動するものがいたからである．国王陛下に迷惑をかけるわけにはゆかないので，断じて認めることはできない [*Naeona*, May 10, 1992; *Thai Rat*, May 11, 1992; *Matichon*, May 10, 1992]．参加者が増え始める夕刻の18時30分と18時45分に首都防衛部隊は声明を発表し，集会へ参加しないように呼びかけた [*Matichon*, May 10, 1992]．21時半すぎには軍が，首相が憲法改正に応じることにしたので集会を止めるようにという虚偽の声明を放送した [*Matichon*, May 10, 1992]．

　土曜日の9日の19時半には集会の規模は10万人ほどへ膨れあがっていた[23]．この日の午後2時間にわたって，下院議長は各党代表者を集めて憲法改正について相談していた．議長によると，改正を4点に絞ることで合意したものの，与党側は各党において細部を検討する必要があり，15日には各党の意見が出揃うものと予想された [*Matichon*, May 10, 1992; *Naeona*, May 10, 1992; *Daily News*, May 11, 1992]．議長は10日0時10分にテレビに登場し，与野党が憲法改正で原則的に合意したことを明らかにした [*Thai Rat*, May 11, 1992; *Matichon*, May 15, 1992]．こうした動きを受けて，9日21時から野党4党，民主化推進委員会，全国学生センターの代表らが集会解散について協議した．しかし，解散には踏み切れず[24]，10日も集会が続けられることになった．

　5月14日には国王が御幸通りを通行予定のため，集会の解散あるいは移動は不可避であった．集会の指導者たちはチャムローンを交えて10日18時から会

23　警察局犯罪取締部によると10万人，公安警察によると6〜7万人であった [*Matichon*, May 10, 1992]．23時に20万人以上 [*Matichon*, May 10, 1992]，最大時に50万人 [*Naeona*, May 10, 1992] といった新聞報道もある．

議を開いた．深夜を過ぎても結論が明らかにされず［*Matichon*, May 11, 1992］，11日4時15分になってやっと，チャムローンが演壇に登って集会の解散を伝え，憲法改正の成り行きを眺めつつ5月17日17時に再び王宮前広場に集まろうと呼びかけた［*Krungthep Thurakit Sutsapda*, May 16-22, 1992］．混乱を避けるため，帰宅者が増えて集会の規模が小さくなる月曜日の朝を待っていたのである．

（2）第2ラウンド前半

5月17日の集会に向けて，14日に民主連盟（*samaphan prachathipatai*）が結成された．チャムローンの他，スラムNGOのプラティープ，医療NGOに携わる医師のサンとウェーン，国営企業労組のソムサック，学生代表のパリンヤー，ハンスト中のチャラートの代理人としてその娘の計7名が委員となり，委員長はサンであった．

17日までの間に，政府側は様々な対応策を講じた．首相は13日に，都庁が17日の集会のために移動トイレ車を貸し出した場合には，都知事の解任あるいは都議会の解散もありうると示唆した［*Bangkok Post*, May 14, 1992］．批判の声が強まると，内務大臣は14日に，都庁が移動トイレ車を貸し出しても構わないと発言した［*The Nation*, May 15, 1992］．しかしながら実際には，軍が不要にもかかわらず借り出すことがすでに決まっていた［*The Nation*, May 17, 1992; *Matichon*, May 17, 1992］[25]．15日には軍は王宮前広場での仏教週間行事を5月20日

---

24 解散の決定を参加者に伝えるために，「チャムローンとコートムが演壇に登った．ところが集会参加者には闘争貫徹まで解散しないという雰囲気がみなぎっていた．チャムローンがコートムに相談したところ，コートムはこう助言した．決定をはっきりと伝えることはできないでしょう．参加者は血気盛んな様子なので，納得のゆく成果が達成されない限り，不満を感じるでしょう．暴力沙汰へと発展することが懸念されます．これを受けて，チャムローンはもう一度相談しましょうと述べた」［*Naeona*, May 10, 1992］．
25 軍が借り出した名目は，5月17日に陸軍運動場で開催予定のコンサートに備えるためであった．しかしながら，運動場にはトイレ設備が完備されており，トイレ車を借用する必要性はまったくなかった．

第1部　1992年5月事件

まで延長することを画策した [*Matichon*, May 15, 1992]。16日朝には労働局は労働組合に17日の集会に参加しないよう文書で要請した [*Matichon*, May 17, 1992]。国営の2つの銀行（クルンタイ銀行と貯蓄銀行）では行内放送で集会に参加してはならないと14日から行員に呼びかけていた [*Bangkok Post*, May 16, 1992]。芸能人にも圧力をかけるため、国営ラジオは集会に参加した4名の歌手の歌を放送することを禁止した [*The Nation*, May 16, 1992]。

政府側は5月15日には全国の多数の県で一斉に首相支持集会を開催した。いずれも県庁前が会場であり、県知事が参加者を出迎え、行政側が飲み物を準備していた。食事を提供したところもあった。与党議員や兵士が参加したところもある。多くは数千名規模であり、千名に満たない県もあった。いずれも内務省が地方行政の指揮命令系統を活用して動員したものであった [*Matichon*, May 15, 16, 17, 1992; *The Nation*, May 16, 1992][26]。16日には、クックリット元首相が記者会見で、首相への支持を表明し、同時に自分が王宮前広場で演説をすれば10万人を集めることができると豪語した [*Matichon*, May 17, 1992]。

17日当日の夕刻には王宮前広場の集会に対抗すべく、バンコク市内の2カ所（陸軍運動場とウォンウィエン・ヤイ[27]）で干ばつ救済義捐と銘打って無料コンサートを入念な事前広報活動の上で実施した。陸軍運動場ではバンコク近県からバスを仕立ててやってきたものが多かった。彼らは村長に動員されてやってきたのである。観客は中高年を中心に1万人余りであった [*Daily News*, May 18, 1992; *Thai Rat*, May 18, 1992][28]。ウォンウィエン・ヤイには数千名が集まった。こちらは若者が中心であった。このコンサートは政府広報局のチャンネル11で全国に生放送もされた [*Matichon*, May 18, 1992; *Khao Sot*, May 18, 1992; *Thai Rat*, May 18, 1992; *Daily Mirror*, May 18, 1992]。いずれも義捐金を集めることが目的であったが、募金はごくわずかであった。

他方、集会解散の一因となった憲法改正をめぐる動きは暗礁に乗り上げつつ

26　5月15日には政府閣僚に近い労働指導者に率いられる労働者代表35名が首相を訪問し激励した [*Matichon*, May 16, 1992]。

27　トンブリー側のタークシン王の銅像があるロータリー広場のこと。

28　ただし、閣僚所有のある新聞は5万人と誇大に報じている [*Daily Mirror*, May 18, 1992]。

あった．5月11日に与党5党は憲法改正について会議を開き，各党での検討結果を18日に持ち寄ることになった．13日には各党で話し合いが行われ，慎重論が優勢を占めた．14日に国会議長（上院議長）は，与党案の提出を18日まで待ち，22日から国会審議を始める，と語った［*Matichon*, May 16, 1992］．17日に与党チャートタイ党幹事長は，党の検討委員会の作業は22日には間に合わないので，22日には野党案のみ審議することになるだろうと語り，同時に政治は国会外ではなく国会内で行うべきだと批判した［*Thai Rat*, May 18, 1992］．与党側の主張によれば，5月9日の下院議長発表は勇み足であり，憲法改正にまだ合意したわけではなかったことを国王に報告済みであった．

5月17日の王宮前広場には三々五々人が集まり始め，16時に演説が始まったときには2〜3万人になっていた［*Matichon*, May 18, 1992; *Phucatkan*, May 18, 1992; *Dao Sayam*, May 18, 1992］．警察の推計では，17時45分に5万人，18時半には8万人に達し［*Khao Sot*, May 18, 1992］，その後もどんどん増えた．20時には広場の真ん中にある通路を越えて広がり，20万人以上になった[29]．

他方，主催者側の民主連盟は17時から会議を開き，18時半には主立った指導者たちがみな舞台裏に集まっていた．音楽の演奏，劇の上演の他，演説も行われたものの，20時になっても，民主連盟の主要メンバーは誰一人として演説を行っていなかった［*Sayam Rat*, May 18, 1992］．広場北側に設置された舞台からの声が行き届かず，帰宅するものが出るのを阻止するため，20時すぎには広場南東側の法務省前にも小さな演台が設置された［*Phucatkan*, May 18, 1992; *Matichon*, May 18, 1992］．21時になるとやっと，民主連盟の委員たちが主舞台に登った．口火を切ったのはチャムローンであり，続いてウェーン委員が集会を政府官邸前に移動すると発表した．まず北側のものが出発し，続いて南側のものがチャムローンに先導されて出発した［*Thai Rat*, May 18, 1992; *Phucatkan*, May 18, 1992; *Naeona*, May 18, 1992］．

---

29 マティチョンは20時の規模を15万人とも20万人とも報じ［*Matichon*, May 18, 1992］，タイラットは25万人以上としている［*Thai Rat*, May 18, 1992］．19時や19時半には30万人を越えていたという報道もある［*Phucatkan*, May 18, 1992; *Daily News*, May 18, 1992］．プーチャットカーンは20時10分には50万人に達していたとする［*Phucatkan*, May 18, 1992］．

先頭集団は 21 時 40 分頃にはパーンファー橋に到着した．警察はすでに鉄条網でバリケードを築いていた．8 日とまったく同じ事態の再現である．しかしながら，今回は警察との衝突が生じた．突破を図ろうとするものに，警察は消防車による放水で対抗した．放水を受けたものたちは石，瓶，木片などを警察官に投げつけ始めた．22 時 5 分チャムローンが先頭集団に追いつき，パーンファー橋手前で静かに座っているよう何度も呼びかけたが効果がなかった．橋の向こう側でも警察との衝突が起き，火炎瓶を投げつけるものもいた．警察は警棒で群衆を殴りつけ，駐車してあったバイクや自動車を次々と破壊していた．0 時頃には近所の消防署を一部のものが占拠し，消防車などを破壊した [*Naeona*, May 18, 1992]．0 時にチャムローンは，火炎瓶を投げたり自動車に放火したりしているのは，政府が混乱を引き起こすために雇った連中であり，そうした連中を信じてはならないと演説し，同時に警察と群衆の間に決死隊を入れて，衝突を防ごうとした [*Thai Rat*, May 18, 1992]．

　政府はこうした破壊行為や暴力行為を理由として 18 日 0 時 30 分に首都圏に非常事態を宣言した．0 時 35 分頃には一部のものがパーンファー橋のバリケードを突破して外御幸通りへ乱入し，警察車両を破壊した [*Naeona*, May 18, 1992; *Thai Rat*, May 18, 1992; *Matichon*, May 18, 1992][30]．内務省は 1 時半に 10 名以上の集会を禁止する命令を出し，さらに 1 時 35 分には安全や秩序を脅かす出版活動を禁止する命令を出した [*Matichon*, May 18, 1992][31]．1 時 45 分には首都防衛部隊が集会を早急に解散しないと武力によって鎮圧すると警告した [*Naeona*, May 18, 1992]．外御幸通りに入った数百名は児童青少年福祉警察司令部とナーンルーン警察署に侵入し，器物を損壊した上，2 時すぎには建物に放火した．3 時にテレビは，暴動鎮静化の気配が見られないので軍を投入するという首都防衛部隊の警告を放送し [*Naeona*, May 19, 1992]，3 時 15 分と 3 時 20 分にも破壊活動について報道した．3 時半には軍が外御幸通りで前進を始め，ナーン

30　1 時 15 分にはパーンファー橋付近で銃声が 100 発ほど鳴り響き，死者 3 名，負傷者数十名が出たと報じる新聞もある [*Naeona*, May 18, 1992]．

31　この命令を受けて，英字紙バンコク・ポストは 18 日の朝刊を 2 面の上半分（下半分は広告），3 面のほぼ半分（4 分の 1 は広告），4 面も 3 分の 1 ほどを白抜きにして印刷し発行した．

ルーン警察署付近で突然発砲し，死者を出した．これを取材していた新聞記者はカメラを没収された［*Thai Rat*, May 19, 1992］．直後にテレビは軍を投入すると再び警告した［*Thai Rat*, May 19, 1992; *Naeona*, May 19, 1992; *Daily News*, May 19, 1992］．4時すぎに軍は威嚇射撃をしながら，外御幸通りの群衆をパーンファー橋へ押し戻す作戦に着手した．この折に多数の死傷者が出た［*Thai Rat*, May 19, 1992］．「誰が人間を撃てといった．威嚇射撃をするように命じたはずだ」という現場の将校の発言に示されるように［*The Nation*, May 19, 1992］，逃げようとする集会参加者に背後から発砲した兵士がいたためである．4時50分頃テレビの共同ニュースは暴動を鎮圧したと発表した［*Krungthep Thurakit*, May 19, 1992］．しかし，この後も断続的に掃討作戦が実施されており，5時半すぎには警告の後パーンファー橋で放水を交えながら20分間にわたる威嚇射撃が行われた［*Krungthep Thurakit*, May 19, 1992］．テレビは5時45分に軍投入の経緯を説明し［*Krungthep Thurakit*, May 19, 1992］，6時には血を流すことなく鎮圧したと報道した［*Naeona*, May 19, 1992］[32]．この時刻には掃討作戦も中止され，小康状態を迎えた．

　首相は5月18日10時から緊急閣議を開いて非常事態を宣言した理由を閣僚に説明した．首相はこの後第1軍管区司令部に向かい，14時からテレビで声明を発表した．「チャムローンは……政治的野望実現のために何度も集会を開き，集会参加者に暴力を煽動する行為をした．……8日にすでに一度移動を阻止されていたのであるから，集会指導者は政府指導者が御幸通りの移動を認めないことを承知していたはずである．これはチャムローン少将が暴力沙汰の発生を願っていたことを示している．［破壊行為が繰り返されたので］非常事態を宣言しなければならなくなったのである」［*Phucatkan*, May 19, 1992; *Matichon*, May 19, 1992］．14時半頃から軍は兵力を増強し，15時にはパーンファー橋と民主記念塔の両側から威嚇射撃をしながら集会包囲網を狭め，ついにチャムローンを逮捕した．その後最後まで残っていた700名ほども逮捕して臨時留置場となった警察学校へ護送した［*Matichon*, May 19, 1992］[33]．掃討作戦を完了すると，政府は

32　6時に第1師団長がやってきて交渉を申し入れ，王宮前広場へ戻るよう要請した．集会主催者は結論を出すことができず，そのまま御幸通りでの集会を続けることになった［*Naeona*, May 19, 1992; *Thai Rat*, May 19, 1992］．

警備の部隊を首都駐屯の部隊から首都近傍の部隊に交代させた [*Thai Rat*, May 20, 1992]．16 時にテレビは血を流すことなく集会を解散させたと報道した．しかし，この掃討作戦でも何名もの死傷者を出していた [*Krungthep Thurakit*, May 19, 1992]．

（3）第2ラウンド後半

　集会はいったん解散させられたものの，18 日夕方になると王宮前広場からパーンファー橋にかけての地域にいくつもの小規模集会が登場し，軍が威嚇射撃を繰り返した．もっとも人数が多かったのは広報局や宝くじ事務所の前であった．そこでは集会参加者は軍とにらみ合い，軍に接近しては発砲を受け後退するということを繰り返し，多数の死傷者が出た．また，一部のものは宝くじ事務所と広報局の建物に侵入して器物を損壊した上，放火した．さらに国税局にも放火した．大事には至らなかったものの，石油やガスの輸送車を奪ってきて火をつけるものもいた．軍は 19 日 5 時から御幸通りでの本格的な掃討作戦に着手し，野戦病院と化していたローヤル・ホテルにいたものや，逃げ遅れたものを逮捕した [*Daily News*, May 20, 1992; *Matichon*, May 20, 1992]．6 時 15 分のテレビニュースは，御幸通りの暴動を鎮圧し暴徒 700 名ほどを逮捕したと報じた [*Thai Rat*, May 20, 1992]．

　御幸通りとは別に，18 日 22 時頃から首都市内をバイク集団が暴れ回っていた[34]．バイク集団は主に交通信号機や警察官詰め所を次々と破壊していた．鉄道中央駅を襲撃したり，路線バスや石油輸送車を奪ったりするものもいた．彼らは移動しながら破壊行為を繰り返しており，神出鬼没であった．警察はバイク集団の取締に追われるようになり，政府の関心も御幸通りよりもバイク集団に向けられるようになっていった．

　首都防衛部隊は 19 日の 3 時 55 分から 7 時半にかけて 4 つの声明を相次いでテレビで発表し，次のように，手荒な鎮圧行動を共産主義者の陰謀のせいであ

33　17 時 15 分に警察学校に到着した逮捕者は男性 594 名，女性 119 名であった [*Matichon*, May 19, 1992]．

34　内務省によれば，バイクの数は 800〜1,000 台であった [Mahatthai n. d.: 7]．

ると説明しようとした．昨夜から新たな首謀者が登場して集会の様子が一変した．共産ゲリラが集会に紛れ込んで暴力を煽動した．さらにバイク集団を使って何台もの「石油輸送車を奪取し，首都を火の海にしようとした．」これは「暴力志向イデオロギーに基づいて」「騒乱状態を拡大させ」，それに乗じて「国家権力を奪取しようとする」陰謀である [*Thai Rat*, May 20, 1992; *Matichon*, May 20, 1992]．チャンネル5は逮捕したバイク集団の2名を9時半にテレビに出演させ，新希望党幹部を連想させる人物が雇い主であると語らせた [*Matichon*, May 20, 1992.]．首相も14時45分にテレビで同じ筋書きに沿って，共産主義かぶれの野党党首による共産主義革命を阻止するために鎮圧に武力を投入せざるをえなかった，と発表した [*Matichon*, May 20, 1992]．政府は新希望党党首チャワリットによる謀略であると主張したのである．

　19日朝からは小規模な集会が市内各地で開かれていた．とりわけ夕方以降は首都郊外のラームカムヘーン大学で3万人規模の集会が開かれた．20日になっても同大学での集会は続き，さらに御幸通りでも再び集会が開かれるようになった．それに加えて，チェンマイ，ソンクラー，コーンケーンといった大学所在地を中心とした地方での政府批判集会も，首都での鎮圧への激しい怒りをバネとして勢いを増していた．しかしながら，所詮蟻と象の戦いであり，無力感が漂っていた．銃口に対抗しうるのは，国王しかないと思われた[35]．18日以後は，過剰な武力行使で死傷者を増やす一方の首相に対する国王による仕置きへの切望が募るばかりであった．国王は20日夜になってやっと収拾に乗り出すことになる．

35　もう1つは銃口である．このため，20日には軍内部の反主流派が人々を救うべく政府側軍勢と戦闘をしているという噂が激しく飛び交うようになった．

2-3 善悪の対立

(1) チャムローン

　チャムローンは陸軍士官学校を1960年に卒業した陸士7期生である．80年にプレーム政権発足とともに首相書記官に抜擢された．85年にバンコク都知事の公選制が復活すると，退役して無所属で当選を果たし，その後パランタム党を結成した．彼はサンティ・アソークという新興仏教宗派の信者であり，1日1食しかも菜食という食生活に示されるように俗人としては異例に厳しく戒律を遵守していた．都知事在任中は清廉潔白さと行動力を高く評価されていた．このため，90年には都知事選で64%の得票を得て再選された他，都議会の56議席中50議席，区議会の220議席中184議席を獲得するという圧勝をおさめた．92年3月の総選挙では知事を辞して自ら立候補し，首都で35議席中32議席を獲得するという圧倒的支持を得た［McCargo 1997a］．彼は首都で着実に支持基盤を拡大し，絶大な人気を博していたのである．

　その彼が呼びかけることで大規模な集会が始まった．彼が動員力を発揮した理由はいくつかある．①都知事2期の実績，清貧ぶり，禁欲などのゆえに抜群の人気や知名度を誇っていた．しかしそれだけでは不十分と判断したため，②厳格なハンストに突入し，③遺言状仕立ての声明文を発表して集会に人が集まらなければ死んでしまうという脅迫紛いの手段を講じた．チャムローン自身がこの点について，5月9日ハンスト中止後の10時45分に，首相を退陣に追い込むには「多数の人々が必要だ．安逸に暮らしながら，人々に呼びかけても集会にはやってこない．だから，集会にやってこなければ，自分は死んでしまうという危険な方法を用いなければならなかった」と認めている［*Matichon*, May 10, 1992］．彼ほどの著名人でも人々を集会に集めるのは容易ではないことを物語っている．

5月6日から11日にかけての第一次集会ではチャムローンは野党,民主化推進委員会,全国学生センター,NGOなどの支援を受けていた.一種の共闘態勢であった.そこにおける彼の役割について,彼自身が5月9日朝ハンスト中止直前に,これまでの集会を一人で指導してきたのかという記者の質問に筆談でこう答えている.「そうです.指導は全面的に私のもとにありました.というのも,①5月7日の国会前は混雑をきわめ立錐の余地もないほどでした.私は耐えられなくなって,委員に移動を提案しました.委員は決めかねました.コートム先生は……こうはできない,ああはできないという調子でした.私は委員が移動しなくても構いません,私が人々を導きます,という最後通牒を突きつけなければなりませんでした.それから実に簡単に移動することができました.……②こうした大きな仕事をするには,気力や経験が必要です.見渡してみると,私は誰よりも適任でした.③集会に集まってくるのは,私を愛しているから,私を哀れむからです.私が話せば,人々は信じます.誰かを導こうとすれば,指導者としての信頼を得なければなりません.④結果からすると,私は正しい指導をしてきました.昨夜［5月8日］には同じことを繰り返しました.私は人々を率いて王宮前広場を出ました.委員の多くは反対しました.人々はほぼ全員が私に従いました.……⑤3,4日前に,政治に関心を抱く人が私に言いました.もし委員会に指導を任せたら,まず成功しない.なぜなら,彼らは精神力があまり強くはなく,人々に知られておらず,経験もないからだ」［*Matichon*, May 10, 1992］.人々を集めて指導しているのは彼自身に他ならないという傲慢なまでの自負心があふれ出ている.

　5月17日の集会に向けて,14日に民主連盟を結成し,チャムローンを含む7名の委員を選出した.第一ラウンドでは裏方にとどまっていた人物を表に出して,参加者を増やそうという作戦であった.ただし,委員から政党と民主化推進委員会の代表が抜け落ちていることに注意しなければならない.チャムローン自身の説明によれば,党内調整に手間取る政党は迅速な決定を必要とする連盟には不向きなので,民主化推進委員会代表のコートムは大学の授業などに忙しく連盟の活動に専心できないので[36],それぞれ委員から抜け落ちたのであっ

36　コートムはチュラーロンコーン大学の教員であった.

た［*Matichon*, May 15, 1992］。この結果，委員は彼と個人的に親しい人物や指導力の乏しい人物ばかりとなり，第二ラウンドでも彼は「総大将」［*Thai Rat*, May 18, 1992］であった[37]。

（2） スチンダー

チャムローンを助けたのは野党，民主化推進委員会，全国学生センター，NGO のみではない。彼は5月16日に，政府が集会を妨害してきたことが反対運動を激化させてきたのではないかという質問に対して，「その通りです。政府はずっと助けてくれています」［*Matichon*, May 17, 1992］と答えている。集会を躍起になって妨害しようとする政府の方策はほとんどが逆効果になった。政府に対する不信感や不満を高じさせ，集会への参加者を増やすばかりであった。

そうした失策の最たるものは，テレビとラジオへの厳しい報道管制であった。政府は5月7日午後以降放送メディアへの規制を強めた。テレビは陸軍直営のチャンネル5が中心となって，5局全局が共同ニュースを流すようになった。この時期には集会に関する報道はほとんど行われず，わずかに行われるときにはいつも歪曲されていた。暴徒，暴力，煽動といった言葉を用いたり，集会は終わった，参加者は少数の急進派だけである，集会は共産主義への利敵行為になる，集会は王室への不敬行為であると報じたりすることで，懸命に集会への参加に歯止めをかけようとしていた。5月9日の例をみると，民主化推進委員会と全国学生センターが集会から離脱したと0時から繰り返し放送した。午前中には，チャムローンのハンスト中止と党首辞任を説明抜きで報道した。彼が敗北し，集会が終わったという印象を視聴者に与える報道であった。夜には，翌10日はシリントーン王女の通行が予定されているので邪魔をしてはならないと警告した［*Naeona*, May 12, 1992］。

---

37 指導的な役割をチャムローンではなく NGO に認めようとする見解がある［Callahan 1998: 97; Callahan 2000: 96-98; Suthy 1995; Gawin 1995; Amara 1995; Prudhisan and Maneerat 1997; 河森 1997: 157-170; 河森 1998: 148-154］。NGO が集会の主催者側に加わっていたのは事実ながら，NGO 独自の動員力はせいぜい92年4月の規模にとどまっており，首相を震撼させるにはまったく足りなかった。

政府側の報道管制は放送メディア[38]にしか及ばなかった。このため、活字メディア[39]は集会の様子を連日詳細に報道した。それゆえ、政府が事実を歪曲した放送を強いていることは明らかであった。たとえば、テレビは5月10日に集会が妨害しているため、王女の通行ルートが変更を余儀なくされたと繰り返し報道した。しかし、11日の新聞は前日御幸通りで多数のものが整然と王女を待ち受ける様子を一面に写真入りで報道し、政府発表の虚偽を白日のもとに晒していた［*Matichon*, May 11, 1992; *The Nation*, May 11, 1992］。放送メディアは日増しに信用を失っていった。それゆえ、20日午後に首相が死者は40名と発表しても、信じるものはほとんどいなかった。ある野党政治家は5月10日2時に集会で、「今回の集会について真相の報道を行わず、こぞって人々に嘘をつく政府のマス・メディアに感謝したい」と演説した［*Daily News*, May 11, 1992］。政府側が一方的な報道を続ければ続けるほど、怒りややじ馬根性から集会へ参加するものを増やすことになったのである。

5月8日以後情報に飢える人々は競うようにして新聞や雑誌を購入した。新聞売店では、政府に批判的な紙、集会報道の多い紙から先に売り切れ、売れ行きの悪い与党系の新聞さえもよく売れた。さらに新聞各社へは読者からひっきりなしに、集会の様子を問い合わせ、政府を批判する電話がかかっていた。今や新聞は政府の敵となった。敵対的な姿勢を明確にするほど売れた。政府の卑劣で暴虐な行為を暴き立てるほど、集会参加者の規模を50万人、100万人と誇張気味に報じるほど、集会への参加者は増えた。チャムローン自身も5月9日朝にハンストを中止するとき、「新聞に大いに感謝しています。記事にして報道してもらうことを切に希望しています。さもないと、人々はあまりやってこないでしょう」と記者に語っている［*Matichon*, May 10, 1992］。放送メディアへの規制は新聞の需要を高め、その新聞は首相への怒りを増幅させ、集会への参加

---

38 首都にはキーステーションとなる地上波のテレビが5局あった。陸軍所有が2局（チャンネル5，7），放送公社2局（チャンネル3，9），広報局1局（チャンネル11）である。陸軍と公社は1局ずつ（チャンネル3，7）を民間に貸し出していた。陸軍直営のチャンネル5は政府と軍の立場をもっとも強く代弁していた。

39 一般紙には政府系のものは存在しない。ただし、一部の日刊紙は政党幹部が所有者となっていた。

を増やしていたのである.

　政府は5月18日に非常事態を宣言した後,活字メディアの規制に乗り出したものの,ほとんどの新聞はこれに応じず,引き続き集会の様子を報道し続けた.放送メディアが「大本営発表」機関と化すと,少なくとも首都住民は,もはや放送メディアをまったく信用せず,情報をもっぱら新聞に頼った.新聞は必ずしも真実を報道していたわけではない.集会が拡大すると,記者たちも全貌を十分には把握できなくなったからである.事実関係に関する報道内容にも各紙ごとにかなりの食い違いが見られた.しかしながら,放送メディアよりは遙かに信用された.各紙がどこそこで何体の遺体が目撃された,兵士が遺体をいずこかへ運び去ったと報じれば,多くのものは信じた.ましてや,5月19日0時55分にローヤル・ホテルから出てきた元下院議員(96年に都知事当選)ピチットによれば,ホテルのロビーには100体ほどの遺体があった,という具合に著名人の証言を報じれば[*Matichon*, May 19, 1992],信用度は高まった.そこで重要なのは犠牲者の実数ではない.事件の渦中では誰も実数を把握してなどいなかった.読者が,多数の死者が出ていると信じることが重要であった.

　報道の規制に加えて,政府側は手を尽くして集会を妨害しようとしていた.5月17日の集会で移動トイレ車を使わせなかったのはその一例である.集会主催者は,目と耳をふさいだ上に尻までふさぐと揶揄した.同日同じ時間帯に無料コンサートを開いたのも同様な妨害であった.人々の怒りをかきたてたのは妨害工作ばかりではない.与党が憲法改正に合意しながら,集会が解散されるや,態度を翻したことも批判の的であった.首相をはじめとする政府や軍の首脳の発言も同様であった.首相は5月7日の国会演説以来挑発的な発言を繰り返していた.閣僚でも,たとえば農業副大臣は5月9日に記者に,集会参加者はサンティ・アソーク信者と日当300バーツで雇われたスラム住民であると語った[*Matichon*, May 19, 1992].こうした妨害や暴言はことごとく首相が悪人であり辞任すべきであるという確信を強めさせるばかりであった.

　政府が妨害を試みるほど,善悪対立の図式が鮮明になっていった.もともとチャムローンには戒律遵守や言行一致により正義(ダルマ,*tham*)の味方というイメージがあった.首相の言行はチャムローンをさらに美化していった.5月9日にハンストを中止しても,それを格別批判するものはなかった.逆に,就

任当初から批判を受けていた首相は妨害を試みようと策を弄するほど,信用を失い悪玉イメージを強めていった.首相が灰色から真っ黒になるにつれて,白黒の対比が鮮やかになっていった.民主主義にもまして正義のための戦いという単純明快な図式が明瞭に浮かび上がったことは,集会への参加者を増やす大きな原因となった.善悪対立の構図をチャムローンほど明確に投影しうる人物はいなかった.彼は5月の集会において不可欠の重要な役割を担っていたのである.

2-4　なぜ「乗っ取り」が起きたのか

　チャムローンは5月の集会の主役であったはずである.ところが,事件をめぐる言説の中では彼はじきに主役の座から滑り落ちることになる.中間層が主役であったという説明が定着するからである.これはなぜであろうか.3つの大きな要因があったように思われる.1つ目は国王の仲裁,2つ目は流血への批判,3つ目はマス・メディアである.

(1) 国王による事態収拾

　政府側が軍を投入して断固たる鎮圧の決意を示したときには,集会側はもはや国王に頼るしかなかった.最初の流血の夜が明けた18日朝早速チャムローンは国王警護部隊長（samuharatchaongkharak）の娘や枢密顧問官のプレーム元首相と電話連絡をとった [*Matichon*, May 19, 1992].プレームには「適切な処置をお願いいたします」と依頼した [*Krungthep Thurakit*, May 19, 1992].チャムローンばかりではない.ほとんどのものが悲嘆と無力感を募らせて,国王の介入を待ち望んでいた[40].

　国王へのこうした甘えは,国王の権威への絶対的信服に起因している.現国王は1960年代から着実に権威を強化し,73年には軍事政権首脳に退陣を命じ,80年代には揺るぎない地位を確立していた.国王はスチンダー首相を成敗しう

るはずである，多くのものはこう信じていた．しかしながら，5月事件では18日以降渇望されていたにもかかわらず，国王はすぐには動かなかった．推測の域を出ないものの，2つの可能性を考えうる．1つは動けなかった可能性である．国王が行動を起こすには舞台裏での工作が必要である．不首尾な介入は断じてあってはならない．十分なお膳立てが整ってやっと荘重に登場しうるのである．そうした舞台準備がなかなか整わなかったという可能性である[41]．もう1つは抗議集会に共感を抱いていなかった可能性である[42]．

　国王が事態収拾に乗り出すのは20日夜のことである．20日朝にはそれを予感させる動きが生まれ始めていた．テレビは午前6時に，フランス滞在中のシリントーン王女のインタヴューを放送した．「もっとも願ってやまないのは，殺戮を繰り返しているものが暴力を止めることです．タイ人同士なのですから，意見が異なっても……よく話し合って他の方法で問題を解決して欲しい」と語った．これは5月7日以後初めて政府を批判する内容の放送であった［SKT 1992: 9］．同日20時には韓国訪問中の皇太子のインタヴューが放送された．主旨は皆が協力し合って問題を解決すべきということであった［SKT 1992: 8］．テレビのうち放送公社と広報局の2局は17日から18日にかけての衝突の様子を初めて詳しく報道した．軍による過度な鎮圧の場面も報道された．さらに19時半には留置場のチャムローンの様子も報道された．完璧な放送メディア統制が揺らぎ始めたのである．もっと重要なことに，20日9時から11時45分にかけて，枢密顧問官たちがプレームの公邸に集まって会合を開いていた．そこではスチンダーの解任を国王に上奏することが決められたと伝えられている［*Krungthep Thurakit*, May 21, 1992］．開催場所が宮殿ではなかったので，記者たちに察知されるのを見越していたものと思われる．

40　18日17時には首相が3軍の総司令官とともに国王に拝謁し，状況を説明している［*Thai Rat*, May 20, 1992］．18日23時半，BBCがプレームが国王に拝謁していると報道しているが，事実かどうかという問い合わせの電話が新聞社に入った［*Krungthep Thurakit*, May 19, 1992］．19日4時45分にプレームが国王に拝謁したという情報があると報じられている［*Krungthep Thurakit*, May 20, 1992］．

41　軍を納得させる必要があった．

42　本章脚注12参照．

同日21時30分から国王はスチンダーとチャムローンを招いて，枢密院議長とプレームが同席する前で，流血に至ったことを叱責し，対立を止めて話し合いで問題を解決するように促した［SKT 1992: 7］。この様子は21日0時からテレビで放送された。これは多くのものが期待していた悪玉スチンダーの即時解任ではなく，双方を等しく戒める喧嘩両成敗であった。取りあえず暴力には終止符が打たれたものの，集会側には不満が残る内容であった。翌朝の各紙が一面の大見出しで国王の英断を称える中，プーチャットカーン紙のみが「夢破れる，スチンダーが首相続投」という見出しをつけた［*Phucatkan*, May 21, 1992］のはこうした不満を代弁している[43]。ここでもし国王がチャムローンに荷担し，首相のみを処断する決定を下していれば，チャムローンは英雄として留置場から凱旋できたであろう。そうはならなかったことが，後にチャムローン批判を生み出す伏線となるのである。

（２）流血への批判

　事件後，流血の責任を問おうとする動きが出てきた。大方のものは軍に矛先を向けた。しかし，チャムローンを非難するものもいた。「チャムローンは人々を死に導いた」という軍支持勢力からの攻撃はその典型である。こうした敵対勢力ばかりではなく，それまで集会に好意的であった新聞からも批判の声があがった。5月19日付けの英字紙ネーションは，集会の「移動は……衝突を狙っていた。……拙速な行動は悲劇を招来しうる。……暴力は多くのものを抗議集会から離反させることになった」と論評している［*The Nation*, May 19, 1992］。
　チャムローンはなぜ集会を移動させたのであろうか。目的は首相退陣であった。そのためにまず大規模な集会を開こうとした。それでも目的を達成しえなければ，圧力をもっと強める必要がある。その手段の1つがデモ行進であった。チャムローン自身が5月9日6時すぎに，なぜ8日に王宮前広場を出たのかという記者の質問に筆談で，「移動したのは，ずっと王宮前広場にいると，人々が

---

[43] それゆえ，これ以後も多くのものは鬱々とした日々を過ごすことになる。誰もが快哉を叫ぶのは，勅選によりアーナンが後継首相に任命される6月10日を待たねばならない［Murray 1996: 187］。

興味を失ってしまうからだ．1日中演説を聞いていると疲れてしまう．歩くことによって，示威行動をしなければならない．さもないと，闘争は前進しない．第二に，明日5月10日には，政府が王宮前広場で始耕祭 (phutmongkhon) を予定している．第三に，5月7日に試してみて整然としているのを目にしていたので，人々の移動に自信があったからだ」と答えている [*Matichon*, May 10, 1992]．参加者の士気を高めるという判断もあったわけである．

　ハンストを宣言し，5月6日の集会に結集して欲しいと強く呼びかけていたチャムローンは当初から短期決戦を予定していた．ハンスト中のチャムローンには悠長に構えている余裕はなかった．膠着状態が何日も続けば，チャムローンは苦境に追い込まれる．また，こうした行進は規模が大きいほど圧力手段として有効である．それゆえ，早速5月7日に集会参加者が増える時間帯を見計らって移動が行われた．王宮前広場に移って集会の規模が前夜よりもさらに膨らむと翌8日21時前にも移動を始めた．こうした圧力を受けて，下院議長が奔走し，憲法改正をめぐる動きに少し前進が見られたものの，首相は頑なな姿勢を崩さなかった．

　移動には示威行進以上の効果も期待された．8日の王宮前広場からの移動に際しては，警察が移動を阻止せず，通行を認めるならば，政府官邸，首相公邸，チトラダー宮殿といった場所へ向かいえた．73年10月のように宮殿にたどり着ければ，国王に首相解任を訴え出ることもできた[44]．同日の移動では参加者に行き先が明言されていなかったという事実は，宮殿へ向かおうとしていた可能性を強く示唆していよう．他方，警察が移動を阻止すれば，御幸通りは通行不能となる．常日頃から悪名高いバンコクの渋滞はますます深刻なものとなる．渋滞への怒りが政府に向けられるならば，首相への圧力を高められる．

---

[44] ある新聞は，チトラダー宮殿に向かい，国王に首相解任を求めることが目的であったと述べている [*Phucatkan*, May 9-10, 1992]．別の新聞はさらに詳しく報じている [*Matichon*, May 10, 1992]．チャムローンは8日には集会への参加者が増えると予想していた．彼はこの機会を捉えて，首相への圧力を強めるべきであると判断し，集会の移動を始めた．チトラダー宮殿に着いたら，準備しておいた10万本のローソクを参加者に配布して灯りをともし，国王賛歌を合唱しつつ，首相解任を国王に訴えるという予定を立てていた．政府側も，チャムローンが8日に攻勢に出てくると予想しており，三重の関門を準備していた．

5月17日の移動の際には，政府官邸に赴いて首相に直接圧力をかけると参加者には説明されていたものの，当時首相は北部を視察中であり，圧力の効果は疑わしかった．首相が5月18日の声明で指摘したように，政府が集会の移動を阻止することも自明であった．政府官邸や宮殿へ通じる道路には警察と軍が幾重にも関門を設置していた．行く手を阻まれ路上集会を開いたところで，圧力としては不十分であり，首相が退陣に応じないことも確認済みであった．

　大規模集会，デモ行進，路上集会に続く次の一手は流血であった．日刊紙デイリー・ニュースは，5月17日夕方の民主連盟の会合で次の決定が行われたという情報があると報じている．今後は数十万規模の人間を集めることは難しくなるので，今日で決着をつける必要がある．政府側の武力行使を誘発すべく，王宮前広場から移動させることを決めた，というのである［*Daily News*, May 18, 1992］[45]．路上での集会を8日から開いたにもかかわらず，首相が退陣に応じなかったため，今度は流血事件へと発展させようとしていたと解釈するのが自然であろう［Khien 1997: 39］．

　流血に至った場合には，非難の声が沸き起こる．犠牲を最小限にとどめるべきことはいうまでもない．肝心なのはその責めを首相に負わせることである．そのためには，集会側は暴徒の誹りを免れねばならない．政府側が平和な集会に一方的に暴力を行使したという雰囲気を醸し出し，その正当性を失わせなければならない．そうなれば，批判はもっぱら首相に向けられる．実際のところ，暴虐きわまりない鎮圧が映像とともに世界中に報じられると，首相は国際社会から厳しい批判を浴びることになった．内外からの批判が高まっても首相がなお居座りを決め込んだ場合には，国王の慈悲にすがることになる

　政府側も発砲が批判を招くことを予想していたはずである．5月17日深夜には発砲に先立って暴力事件が起きていた．警察施設襲撃事件が集会主催者側工作員，政府側工作員，あるいは愉快犯的第三者のいずれの仕業なのかは迷宮入りである．しかしながら，軍投入の契機となったナーンルーン警察署襲撃事件

45　5月17日に王宮前広場を出てデモ行進を始めることは，「16日の夜，プラティープに明日の集会の予定はと聞くと，絶対に他人には漏らさないという約束で集会後のデモ行進のことを聞かされた」というプラティープの夫君の証言［秦 1993：185］から事前に計画済みであったことが明らかである．

では，警察官は現地対策本部となっていた同署を放棄して撤退している．すぐ目と鼻の先には5,000名の軍が重装備で待機していたにもかかわらず［*Naeona*, May 18, 1992］，1,000名ほどの暴徒による略奪，破壊，放火を阻止する行動はとられなかった［*Krungthep Thurakit*, May 19, 1992］．18日夜から19日朝にかけての御幸通りでも政府施設の略奪や放火を間近の軍が看過していたと報道されている［*Daily News*, May 20, 1992］．政府側は意図的に取締を放棄していたと言えよう．

　多数の死傷者が出た責任の一端はチャムローンにある．王宮前広場で集会を続けていれば，軍の発砲はなかった．しかし，それでは集会は先細りするばかりであり，首相の退陣はありえなかった．流血と首相退陣は不可分であった．5月事件を民主化運動の勝利と評価する勢力には，反省する資格はあっても，移動を批判する資格はなかろう．流血への批判は首相退陣に至らなくてもよかった，つまり大規模集会で気勢を上げれば十分であった，というに等しいからである．それにもかかわらず，この歴然たる事実を軽視して，事件後には民主化運動を称える勢力の中から，チャムローンを批判する声が出てきた．

（3）中間層主導説

　集会に誰が集まったのか，彼らがなぜ集まったのか，この2つは別問題である．チャムローン自身は5月25日に在米タイ人との電話インタヴューでこう語った．「数多くの県からやってきたものが集会に参加しており，いろんな職業のものがいた．従来のように学生・教師のみ，労働者のみといった特定の集団だけではなかった．信じがたいことにあらゆる集団の人々が参加していた．……格別何もしなくても快適に暮らせる中間層も我慢できなくなって参加していた」［*Matichon*, May 31, 1992］．チャムローンではなくむしろNGOが主導的な役割を果たしたとする立場を採用する研究者の多くも，あらゆる階層の人々が集まっていたと主張している．主催者側に着目すると，誰が参加したのかは二義的な問題にすぎず，特定の階層を強調してもさほど意味がない．この点は，集会が動員されたもの，組織されたものと批判した政府側にも共通している．

　にもかかわらず，活字メディアや研究者の関心は誰が集まったのかという点

に集中してゆく。集会が始まった直後から，参加者には中間層[46] が多いと指摘するものが少なくなかった。英字紙ネーションは早くも5月7日に「ヤッピーの群衆」と報じていた [Callahan 1998: 46]。5月8日の参加者については，多くのものは携帯電話[47] を持参し，服装もきちんとしているので中間層である，中には自家用車で駆けつけているものもいる [*Thai Rat*, May 9, 1992; *Ban Muang*, May 9, 1992] と報じられていた。大半のタイ人は政治に関心がなく，抗議集会に参加しているのは過去数年間の経済成長で規模が大きくなった中間層である，という AP 通信を引用する新聞もあった [*Matichon*, May 10, 1992][48]。5月17日の集会についても，参加者は「大半が中間層や実業家」あるいは「学識や生活水準の高い人々」と観察されていた [*Khao Sot*, May 18, 1992; *Naeona*, May 18, 1992]。

　一段と詳しく分析風の説明を行ってみせたのは経済誌の週刊クルンテープ・トゥラキットである。17日からの第2ラウンドよりも前に発売された同誌5月16日号は「歴史的意義のある集会」と表紙に大書して第1ラウンドの集会に関する13頁にわたる特集記事を組み，集会参加者の3割余りが携帯電話を持参しており，中間層であったと指摘する。その特色として，時間に規則正しい（夕方にやってきて深夜から朝にかけて帰り，夕方にまた戻ってくる），身だしなみがきちんとしている，規律が保たれている，演説者を批判する知性がある，自家用車

46　中間層かどうかは職業，所得水準，学歴，生活スタイルなどを規準として判断されることが多く，どの規準を用いるかによって該当者の範囲は異なってくる。現実には本人の意識の問題であり，分かりやすく単純化すれば庶民でも上層でもないと思っているものである。タイでは，規模が拡大してきたとはいえ，社会全体から見れば恐らく2割を越えることはなく，首都を中心とする都市部に居住する少数派の富裕層である。政治に対する態度は決して一様ではない。タイの中間層をめぐる議論については，浅見 [1998]，OcKey [1999]，船津・籠谷 [2002] などを参照されたい。

47　当時は1台2万バーツ以上もする携帯電話が普及し始めた時期であり，所有者はまだ少なかった。

48　タイ発のニュースを外国のメディアから逆輸入することはよく行われている。逆輸入版の方が影響が大きいからである [McCargo1999: 554]。集会中のチャムローンも国内のメディアよりも外国のメディアとのインタヴューを優先していた。

で駆けつけるものがいる，といった点を挙げる．さらに，こうした「主役の中間層」を，①政治や社会に関心を抱き，生活水準の高い企業職員，自営業者，企業家といった中間層，②集会の裏方としても活躍しているサンティ・アソークの信者，③都知事時代からチャムローンを個人的に支持してきた首都の中間層，④ 73 年 10 月政変を契機として NGO など社会活動に積極的に関わってきた高学歴の人々（地方から駆けつけてきたものも含まれる），と 4 つに分類している [*Krungthep Thurakit Sutsapda*, May 16-22, 1992]．この記事は，多様な参加者を中間層という 1 つの範疇に強引に押し込め，その中間層を前面に押し出しているところが重要である．

　こうした印象論にある種の科学的権威を与えたのは，事件の渦中の 5 月 19 日に経済紙プーチャットカーンに掲載された記事であった．タイ社会科学協会が 5 月 17 日夕方の集会現場で 2,000 通ほどの調査票を配布して調べた結果を報じるものであった．他の新聞では報じられず，同紙の独占スクープであった[49]．「集会参加者調査では民間企業従業員が 50％」という見出しとともに一面に色刷りで鮮やかに示された記事によると，調査は「集会参加者の少なからぬ部分が中間層であるといわれているので，その真偽を確認すること」を目的として行われたものであった．学歴は大卒が 52.0％，修士以上が 14.5％であり，大卒以上が 3 分の 2 を占めていた．年齢は 20 歳未満 2.0％，20 歳代 39.4％，30 歳代 36.5％，40 歳代 14.2％，50 歳以上 6.7％と，20 歳代や 30 歳代の若年層が圧倒的多数を占めていた．職業は，学生は 8.4％にとどまり，公務員が 14.8％，国営企業職員が 6.2％，会社員が 45.7％，自営業 13.7％であった．所得（月収）は 5,000 バーツ未満 14.1％，5,000〜1 万バーツが 28.5％，1 万〜2 万バーツが 30.0％，2 万〜5 万バーツが 15.5％，5 万バーツ以上が 6.2％といったものであった [*Phucatkan*, May 19, 1992][50]．予想通り中間層中心の集会であるとい

49　なお，筆者が確認しえた限りでは，主要日刊紙の中で同紙のみがこの調査の実施について報じていた．同紙によれば，5 月 17 日 17 時 50 分頃に王宮前広場で演壇上の司会者が，タイ社会科学協会が 100 名の調査員を使って調査を行うので協力して欲しいと集会参加者に呼びかけていた [*Phucatkan*, May 18, 1992]．
50　大卒国家公務員の初任給は 92 年 4 月に初めて 5,000 バーツを越えたばかりであった．

うわけである．

　筆者はこの調査の正確さについて大いに疑問を禁じえない．確かに大学生主体の 73 年 10 月と比較すれば，参加者の顔ぶれはすっかり様変わりしていた．学生が少ないのは，学生運動が 80 年代にはすでにすっかり低調になっており，しかも 5 月は学年末と暑季を兼ねた長期休み中でもあったからである．中間層は広義の職業分類で見れば就業人口の 2 割を越えており[51]，首都ではその割合がさらに高まるので，参加者に中間層が多数含まれていたとしてもまったく不思議ではない．中間層のみが参加しなかったとすればむしろ奇妙である．3 割程度であれば十分に可能性がある．しかしながら，半分以上ということになると甚だ疑問である．たとえば 90 年には首都の大卒人口は 92 万人であった．プーチャットカーン紙が主張するように 17 日の参加者が 50 万人であり，うち 3 分の 2 が大卒者とすれば 35 万人近くとなり，大卒者の 3 分の 1 以上が参加したことになる．大卒者には士官学校の卒業生，中高年，保守的な人々も含まれており，それはまずありえないことである．また，後に明らかとなった 44 名の死者についてみれば，85％は独身者，86％は高卒以下，80％は 30 歳未満であり [Khanakammakan Yat Wirachon Phrutsapha 35 n. d.: 118; Ockey 1999: 244 も参照]，安定した生活を営む中間層というイメージからはほど遠い．事件後に多種類発売された集会の様子を記録したビデオテープを見ても，中間層が決して多数派ではないことを確認しうる[52]．実のところは，参加者はあらゆる職業や階層にわたっていたものの，中間層が服装や所持品のゆえに目立っていたにすぎないのであろう [*Thai Rat*, May 11, 1992]．

　それにもかかわらず，社会科学協会による調査が集会参加者についての唯一の調査，しかも学術風調査であったため，中間層多数説は否定しがたいものと

---

[51] 職種分類で，専門職・技術職，行政職・管理職，事務職（狭義）に販売従事も加えた（広義）数字である [Girling 1996: 43]．船津によれば，1990 年に全国で狭義では 13.0％，広義では 25.3％ [服部・船津・鳥居 2002：289]，首都では狭義で 33.4％，広義で 52.8％となっていた [船津・籠谷 2002：204]．

[52] 1993 年 3 月 22 日に京都大学東南アジア研究センターで 5 月事件をテーマとして研究会を開催した．出席者の 1 人で，70 年代にジャーナリストとしてバンコク駐在経験のある静岡県立大学の鈴木静夫教授（故人）は，事件のビデオ映像を見るなり，「これは中間層ではありませんね」という感想を漏らされた．

なった．その際に，中間層多数説を積極的に報じたのが，クルンテープ・トゥラキットとプーチャットカーンというタイを代表する経済紙(誌)という点が意味深長であろう．とりわけプーチャットカーン社は事件直後に5月事件を特集した本を出版し，後書きにこう記している．事件は「歴史に残る中間層の運動」であった．「中間層が目覚めて政治運動に様々な形で参加し，完全な民主政治体制へと向かう曲がり角の入り口までたどり着かせたことは」「中間層の成功」である[Phucatkan 1992: 176]．ここでは，中間層による民主化運動であると断定されている．また，日刊プーチャットカーンの編集長は，運動の主力が「新ブルジョアジー」であり，「本紙の読者の大半はこの階級に属している」と記している[Vishnu 1992: 10-11]．

　これらの経済紙を中心とする「高級紙」[53]の読者はもっぱら中間層である．中間層を民主化運動の主役に祭り上げる報道を行えば，読者が喜ぶことは間違いない．しかも中間層と総称すれば，集会と無関係なものも一括して賞賛の対象となる．これは間違いなく売り上げの増加にもつながる．実際のところ，5月事件以後活字メディアは活況を呈した．6月に週刊クルンテープ・トゥラキットは週刊ネーションへ名前を変更して総合週刊誌に衣替えをした[54]．英字紙バンコク・ポストは8月にタイ語の姉妹紙サヤーム・ポストを創刊した．日刊紙やいろんな週刊誌を出版していたワッタチャック社は5月に政治週刊誌を創刊した．5月には新しい政治週刊誌カーオ・タイが創刊された．経済紙プラチャーチャート・トゥラキットは付録として政治版をつけるようになった．このように出版活動が活発になったのは，政治ニュースへの需要が高まったからである．事件後に出版が活発になったことは，中間層を主体とする読者が，事件前からではなく事件後に政治への関心を高めたことを示唆している．

　活字メディアが書き立てる中間層多数説の影響を受けて，研究者も中間層研

53　経済紙の他，英字紙やマティチョンなども含まれる．こうした新聞はどこでも堂々と読める．他方，中間層が人前で読むことに多少の恥じらいを感じるタイ・ラットやデイリー・ニュースなどは大衆紙である．

54　英字紙ネーションはタイ語姉妹紙としてクルンテープ・トゥラキットという経済紙ならびにその週刊誌を発行していた．週刊誌が英字紙と同じ名称に変更したのである．

究に関心を向けるようになった。それまでタイでは中間層に関する研究はほとんど行われていなかった。中間層が顕著な政治的役割を果たしたことは一度もなかったからである。しかし，92年11月には「タイの中間層と民主化」と題するセミナーが，チュラーロンコーン大学で開催された。その成果は93年5月に1冊の本にまとめて出版された [Sangsit and Phasuk 1993]。このセミナーと出版物は中間層研究に刺激を与え，研究者の間に中間層主導説を定着させるのに少なからぬ貢献をすることになる。

　参加者には中間層が多かったという説明は，中間層だから参加したという方向へ飛躍を始める。中間層多数説が中間層主導説へと転換するのである。中間層はかねてから民主政治を希求しており，92年5月にも多くのものが自発的に集会に参加したという説明である。中間層は73年政変の主役となった学生につながる「10月14日世代」なので，終始一貫して民主的であると主張するものもいる [Thirayut 1994]。これは強引にすぎよう。中間層は，ごく一部のものを除いて，政治運動には参加してこなかったからである。中間層が民主的であるという証拠になりそうなものは唯一92年5月事件しかないのである。突然眠りから覚めたとしか言いようがない[55]。それはチャムローンに促されての参加にすぎなかった。せいぜいのところ，彼らはチャムローンの動員に反発しなかったというにとどまる。真の自発的参加者は，チャムローンが逮捕され指導者・動員者がいなくなった18日夕方以降の参加者であった。それは，流血により「多くのもの」つまり中間層が抗議集会から離反したというネーション紙 [*The Nation*, May 19, 1992] の主張が正しければ，中間層以外の人々であった。それにもかかわらず，民主的な中間層が動員されてではなく，自発的に参加したという中間層主導説が定着することになった。こうなると，チャムローンを含めた指導者や指導団体が意味を失うのは時間の問題であった。

55　アネークは，眠っていたわけではなく，理想の民主政治を見出せないままに，民主政治期には民主政治を批判してクーデタのお膳立てをし，軍政期には軍政を批判してきたと述べる [Anek 1993: 63]。確かなのは，必ずしも民主的ではないということである。

2-5 民主化への影響

　92年5月事件や中間層主導説はその後のタイ政治の民主化にどのような影響を与えたのであろうか．大きな影響として2点を指摘しうるであろう．1つはチャムローンの失墜である．もう1つは中間層を中心に据えた政治改革論の台頭である．

（1）チャムローンの失墜

　チャムローンは犠牲者が出たことに事件後遺憾の意を表明しつつも，その責任はすべて政府にあると主張していた．92年6月に出版された運動回顧録は自信に満ちあふれている［チャムローン 1993］．彼はクーデタが起きても今後は人波で対抗しうると語って，動員戦術に自信を示してもいた．
　独立運動を経験しなかったタイでは，大衆動員型の政治はほとんど例がない．政治集会と言えば，もっぱら学生，労働者，農民によるものに限られてきた．こうした伝統に反して，チャムローンは議会政治家としては初めて人数無制限の動員を行った．大群衆を動員する政治は危険きわまりない．流血に至り犠牲者が出るというだけにはとどまらない．統制困難となり，要求が急進化する危険性を秘めているからである．王室に牙をむく可能性すらある．民主政治との関連では，スチンダーが批判したように，国会で野党になったら院外での大衆動員に訴えるというのでは，議会政治の安定は難しい．必要とあれば，議会政治だけではなく，街頭政治にも積極に訴えようというチャムローンの失墜は危険分子の排除であり，後に続こうとするものにとっても教訓となった．伝統を破った大衆動員は再び禁じ手となったのである．それゆえ，彼の失墜は議会を中心とした安定した民主政治の定着に大いに寄与したのである．
　チャムローンの失墜は流血への批判と密接に絡み合っていた．5月事件後，6月に国会が解散され，9月に総選挙が予定された．この選挙戦ではマス・メ

ディアはスチンダー政権時代の与党を「悪魔党」，野党4党を「天使党」と二分し，天使党に声援を送った．5月事件では，野党陣営ではチャムローンのパランタム党がもっとも目立ち，チャワリットの新希望党もそれを支援していた．これに対して，民主党の役割は目立たなかった．同党下院議員の中にも集会に参加して演説を行うものはいた．しかし，たとえば逮捕や出国禁止の対象となった政党政治家はパランタム党，新希望党，エーカパープ党の3党のみであり，民主党議員にはいなかった．これは同党の役割が小さかったからである．ところが，すべて天使党と一括されると，民主党にとってはありがたいことに，民主化運動への貢献度は平準化されてしまう．

その民主党は80年代以後南部に安定した地盤を持ち，首都での勝敗に盛衰を左右されてきた．もっぱら首都のみを基盤とするパランタム党とは激しく競り合う関係にある．民主党は92年3月の総選挙では惨敗を喫していたため，9月には首都議席の回復を狙ってチャムローンを批判する戦術を採用した．選挙運動では「議会政治を堅持する」や同党党首「チュワンを選べば涙を流さなくてすむ」といったスローガンを掲げた．いずれもチャムローンの過激さと民主党の穏健さを強調するものであった．民主党のこの運動は，「チャムローンは人々を死に導いた」という軍支持勢力のキャンペーンと軌を一にしていた[56]．

それと並んで，権力を失った勢力が巻き返しのためにテロ事件を頻発させ不穏な状況を醸成した73年10月政変後を想起させるような事態が生まれてきた．軍とつながる右翼団体がチャムローン，チャワリット，民主連盟を批判する運動を続けており，7月22日に王宮前広場で1,000名ほどの集会を開いて気勢を上げていた［*Khao Thai*, July 27, 1992］．さらに爆破事件がいくつか起きた．まず5月30日には与党間の足並みの乱れから社会行動党本部で爆破事件が起きた［*Matichon Sutsapda*, June 5, 1992］．8月13日には南部ハートヤイの鉄道駅で爆破事件が起き，死者3名負傷者74名を出す惨事となった［*Matichon Sutsap-*

---

56 選挙戦終盤の9月10日夜，チャムローンは演説で民主党の戦術を厳しく批判した．「競合する政治家が私を罵倒するポスターをあちらこちらに貼っている．もし後悔したくなければ，涙を流したくなければ，チュワンを選ぼう，彼らはこんなことを主張している．これは私が人を死に追いやったと誹謗中傷するためである」［*Matichon Sutsapda*, December 4, 1992］．

da, August 28, 1992]．8月18日にはワッタチャック紙の編集長の自動車が壊され，2日後にはテレビの討論番組司会者の自宅に火炎瓶が投げ込まれた［*Matichon Sutsapda*, August 28, 1992］．また，政府の5月事件真相究明委員会の委員になっていた医大学長が自宅へ何度も脅迫電話を受けて6月23日に委員を辞任した［*Matichon*, June 24, 1992］．チャムローンは脅迫をずっと受けており，選挙期間中は民間の警備会社に警備を依頼していた．爆破事件は選挙後にも起きた．10月9日内務省で爆破事件が起きて3名が負傷した．10月18日にはミャンマー大使館で爆破が起きた．10月19日にはタイ航空機，翌日には国会を爆破するという脅迫電話があった．10月30日夜ラートブリー県で開かれていた人気歌手アリスマンのコンサートで爆発が起きて，死者2名，負傷者10名余りを出した．アリスマンは5月の集会に積極的に参加していた人気歌手である．12月23日には首都トンブリー地区のバスターミナルで爆破が起きて，死者4名，重傷3名を出した［*Matichon Sutsapda*, January 8, 1993］．年が改まって93年1月13日にはチャンタブリーの電話局で爆破事件が起き，2月10日には郵便物に仕掛けられた爆弾がバンコクの郵便局で爆発し，死者5名，負傷者6名を出した．2月11と12日にはロップブリーで3件の爆破事件が起きて6名の負傷者を出した［SC 1999］．内務省やロップブリーの事件では現役軍人が容疑者として逮捕されたこともあって，公安警察は一連の爆破事件の多くを，スチンダー派軍人の仕業と見なしていた．多くのものは治安維持責任を負う内務大臣に就任したチャワリットへの報復あるいは嫌がらせと見なしていた．人々はこうした事態に治安への不安を感じ，秩序を求めて次第に保守化していった．

さらに，英字紙ネーションに至っては，投票日9月13日の前日に一面最上段で，民主党党首の「チュワンが唯一の申し分のない首相候補である」と謳い，「今は政治的異端者や『民主主義の英雄』の時機」ではなく，「チュワンが首相になれば，タイは議院内閣制への信頼を取り戻し，民主的な世界に顔向けができる」と主張して民主党への投票を呼びかけていた［*The Nation*, September 12, 1992］．親軍政党と民主党からの強い批判を受けて，パランタム党は首都での議席を32から23へ減らした[57]．これに対して，天使党の衣をまとわせてもらった穏健な民主党は首都での議席を1から9へと増やしたことに助けられて第一党になり，党首チュワンが首相に就任することになった[58]．チャムローンは実質的

には敗北を喫したのであり，これ以後政界では転落を重ねる．

（2）政治改革論

中間層主導説は中間層を民主化の担い手と称揚し，中間層を傲慢にしてゆく．中間層には，元来，都市下層民や農村部住民といった庶民（chaoban）を見下すものが多い．5月18日午前中にパーンファー橋に赴いた地方出身の学生はこう記している．当時は小康状態にあり，集会参加者の中には警備の兵士に語りかけたり，食べ物を差し入れたりするものがいた．兵士たちは首都に近い県の出身者たちであった．集会参加者の中には「田舎ものは無知なので，話し相手にならない，と兵士をひどく侮蔑するものがいた．民主主義の意味を知っているかい，と兵士に真顔で問いかけるものもいた．もし自分が田舎もので初めて首都にやってきて，首都住民が田舎ものよりもずっとよい暮らしをしており，若者たちが高価で見栄えのする服を着用しており，旦那衆が携帯電話を持ち，ベンツやBMWといった高級車を乗り回しているのを目にした上に，しかも無知蒙昧な連中と蔑視されたら，腹を立てて当然だろう」[*Sayam Rat Sapdawican*, July 19-26, 1992]．「無知で貧しく粗野な」庶民から一線を画したい大方の中間層にとって，中間層主導説はまことに心地よいものであった．92年5月の民主化運動の主役に持ち上げられることで，庶民とは違うことを証明してもらえたからである．

中間層主導説は集会参加者の大半が中間層であったと主張してきた．これは

57　パランタム党は全国では92年3月の41議席を9月には47議席に増やしていた．同党は95年総選挙では党首タックシン・チンナワットの多大な努力によりバンコクで16議席（全国では23議席）を維持するものの，タックシンが同党を去った後の96年総選挙ではスダーラットが獲得した1議席が唯一の議席という壊滅的な惨敗を喫し，スダーラットが離党した後の2001年には議席ゼロとなったのである．

58　新希望党幹部は選挙後，パランタム党は実質には敗北を喫したのであり，「タイ人は独裁を嫌うくせに，独裁と戦う政党も嫌っている．よく分からないが，何もしない人物を望んでいるということなのかな」と語っている[*Matichon Sutsapda*, September 25, 1992]．

中間層以外の参加者，とりわけ犠牲者となった下層の人々を民主的勢力から排除するに等しい [Callahan 1998: 72]．92年5月の集会を裏方として支えたスラム地区住民やサンティ・アソーク信者といった人々は民主化への寄与をまったく否定されてしまっている．中間層主導説はチャムローンから主役の座を奪ったばかりではなく，中間層以外の参加者にもエキストラ程度の役割しか認めないのである[59]．

　それに加えて，中間層のみが自発的主体的に参加したという主張は，それ以外の人々にはそうした自発性主体性がないという捉え方につながってゆく．人口の7割以上を占める庶民は，政治家，行政，知識人などにより動員（*radom* あるいは *ken*）され組織（*cattang*）されないと政治行動を起こせず，そうした受動的な運動には正当性がないと断罪されてしまうのである [Callahan 1998: 71]．すでに92年5月にスチンダーは，17日の集会には宗派や政党に雇われたり動員されたりしたものが多数参加するにもかかわらず，どうして新聞は「私を支持するものを動員されている，私に反対するものを自発的に集まっていると見なすのか」[*Khao Sot*, May 18, 1992] と不満を露わにしていた．規模では92年5月に遙かに劣るものの，92年以後首都では集会が何度か開かれている．参加者はたいていが首都圏の労働者か地方からやってきた農民である．これらの集会は組織された集会と批判を浴びることになった．さらに，誰からいくらの日当をもらってきたのかという詮索が行われることが少なくなかった．他方において，97年の通貨危機の後にビジネス街で抗議デモが開かれると，組織されない自発的な運動と賞賛された．日当や手当てを支給して動員する場合や権力関係を利用して強制的に動員する場合はさておき，およそ規律の保たれた一定規模の集会やデモには指導者や組織者が不可欠であり，参加者は自らの生活や利害をかけて運動に加わるのである．この明白な事実を等閑に付して，庶民の運動

59　後述の2000年3月の上院議員選挙において，民主連盟の委員3名がバンコク（定員18名）で立候補した．プラティープのみは40,228票という10位の得票で当選したものの，ウェーンは13,448票の24位，チャラートに至ってはわずか3,405票の108位で落選した．プラティープの得票は1位当選者（421,515票）の10分の1以下，最下位当選者（22,925票）の1.8倍にすぎない．集会の指導者や裏方に価値を認めようとしない中間層主導説が風靡したことに一因があろう．

を批判するのはまったく失当である．

　マス・メディアと中間層の間には相互関係がある．メディアは中間層を民主化の担い手と褒めそやすことにより，中間層を自惚れさせた．過剰な自信をつけた中間層の主張や意見はメディアを通じて表現される．メディアはその代弁者として自らの発言力や主張を強めてゆくことになる[60]．メディアが中間層に権威を付与し，それによって自らの権威も高めるというお手盛りなのである．そこでは，あらゆる読者や視聴者に配慮した報道から，中間層に迎合的な報道への傾斜が見られるようになる．一例を挙げよう．通貨危機を招いた責任を問われ批判を浴びるチャワリット首相のもとへ 97 年 9 月 16 日に民主連盟のプラティープとサンがスラム地区住民代表とともに激励に訪れた．プラティープによれば，「最近の 7 つ 8 つの政権の中で，この政権が貧民にもっとも恩恵をもたらしてくれた」からであった．しかし，マティチョン紙のコラムは，プラティープが「理想を捨てた」と，プーチャットカーン紙のコラムは「スラム住民が……墓場へ死霊［退陣瀬戸際の首相を指す］を激励に訪れた……変じゃないか」と厳しく批判した［*Athit*, September 26, 1997］．中間層が顧客として十分に大きな規模に成長してきたことがその背景をなしている．

　中間層は人数では依然として少数派であるにもかかわらず，メディアを通じて彼らの意見が世論となって政治論議を支配するようになってゆく．「都市部住民は『声は大きい』ものの『票数は少ない』のに対して，農村部住民は『声は小さい』ものの『票数は多い』」［Kho. Pho. Po. 1995: 61］という状況が生まれるのである．中間層が「5 月事件の真の勝利者」［Girling 1996: 20］と見なされるようになったことの意義はここにある．少数派であるがゆえに，中間層を中心に据えつつ，そこに知識人，実業家，NGO などを加え，同時にいつも庶民を排除して，「市民社会（*prachasangkhom*）」「公衆（*satharanachon*）」「市民（*phon-*

60　パースックが，1992 年を境として「活字メディアは強くなり大胆になった」［Pasuk 1999: 13］と指摘するのは，この点を指している．

61　先（本章脚注 37）に紹介したような集会における NGO の役割を重視する立場では，「市民社会」は都市中間層よりもずっと広く庶民も包含したものと捉えられる［たとえば，河森 1998］．しかし，その後の政治改革論において庶民の声は小さかったという事実に変わりはない．

lamuang)」といった名前を冠することにより，メディアで表現される意見には世論の体裁が取り繕われた．その結果が，議会政治への異議申し立てであり，政治改革論さらに1997年憲法へとつながってゆくことになる．この点については第2部で考察する．

3章　軍の政治力低下：理由と過程

    3-1　なぜ人事異動なのか
    3-2　人事異動と政治力
    3-3　陸士5期生と1992年5月の発砲
    3-4　1992年5月以降の人事異動
    3-5　勢力分断人事と政治力低下

3-1　なぜ人事異動なのか

　暴虐の5月事件はタイ政治に大きな影響を及ぼした．1932年6月24日の立憲革命以後最強の政治勢力であり続けていた軍はとりわけ大きな打撃を被り，政治の表舞台から姿を消すことになる．立憲革命後議院内閣制が導入されたものの，クーデタで権力を握った軍人がクーデタで政権を逐われるということが繰り返されていた．クーデタは1932年以後成功したものだけでも10回を数え，うち8回は政権交代を伴っていた．これに対して，総選挙は32年から91年にかけての時期に15回実施された．だが，政権交代につながったのは4回しかなかった．しかも，選挙で選ばれた政権から選挙で選ばれた政権への交代は76年の1回にすぎなかった．クーデタが政権交代の常道であったと述べても過言ではない．また，32年6月から92年6月までの60年間に首相に就任した人物は19名おり，全員が公務員（軍人あるいは行政官）経験者であり，とりわけ軍人首相は在任期間が長期にわたることが多かった[1]．現役軍人から首相に横滑りしたも

のの首相在任期間は47年間にも及んでいた[2]．ところが現役軍人から首相への横滑り就任は92年4月のスチンダーが最後であり，彼は翌月には退陣を余儀なくされた．首相への就任のみならず，政治への発言力も歴然と低下しつつある．それは重みの低下のみならず，口数や手数の減少も伴っていた．この変化はどのようにして生じたのであろうか．

軍の政治関与の長い歴史とは裏腹に，政軍関係はタイ政治研究においてもっとも手薄な分野の1つである．ましてや政治からの撤退となると，政治への介入よりも研究がなお乏しい[3]．そうした中で政軍関係について精力的に研究を行っているスラチャートは，「1992年の政治危機の後，軍の政治権力は激減した．同年の危機は軍人が従前通り政治で役割を果たし，政治に介入することはもはや『時代遅れ』であることを確認し，さらに軍の政治力を破壊した」と述べる [Surachat 1998a: 210]．彼はまた別のところでは，5月事件は「軍にとって政治的な敗北であり」，「政軍関係の転機になった」とか [Surachat 1998b: 193, 194]，事件後に初めて「軍は本当に兵舎に戻った．軍の政治介入の時代は終わりを迎えた」とかと述べている [Surachat 2001: 77]．91年2月にクーデタを成功させ，92年4月に指導者を首相に就任させた軍を，政治から撤退させる決定的な契機になったのが5月事件であることに異論の余地は乏しいようである[4]．

では，事件と撤退の間にはどのような因果関係があるのだろうか．スラチャートは断片的にしか述べていない．彼の説明は次の3点に要約しうる．第一に，政治が民主化して，軍が口を出す幕がなくなった．第二に，手荒な鎮圧が厳しい批判を招き，軍への信頼や支持が低下した結果，もはや政治に介入しえなくなった [Surachat 2000: 40; Surachat 2001: 84]．第三は軍人の意識の変化である．もう政治に介入してはならないと反省したということである [Surachat 1998a: 112-113, 118-119; Surachat 1998b: 195]．

---

1 首相就任時に民選議員であったものは6名にすぎない．
2 民選議員首相の在任期間は合算しても5年余りにとどまっていた．
3 軍の政治的役割が大きかった1980年代までも研究は少なかった．役割が縮小した90年代以後は一層乏しくなっている．伊藤の研究 [1999] が軍の撤退を鳥瞰する助けになる．
4 5月事件と直接には関わらない要因については，玉田 [2002：121-124] を参照されたい．

まず，民主化の進展は軍の撤退と表裏一体の関係にあり，一方のみで他方を説明することは難しい．民選議員の首相就任をはじめとする選挙尊重の政治という意味での民主政治はすでに88年に実現されていたものの，91年にはクーデタにより金権腐敗を断罪された．90年代に民主政治が実践されるようになっても，誰もが満足を覚えたわけではなく，90年代半ばには政治改革論が盛んになり，97年に新憲法の制定をみている．それゆえ，90年代には民主政治が力強く根を張り，軍の介入を許さなくなったとは必ずしも言えない．むしろ介入の余地はあったものの，軍はもはや介入しなかったというのが正確であろう．とすれば，なぜ介入しなかったのかが問われるべきであり，民主化したから介入しなくなったというのは本末転倒である．

　2番目の軍への支持や信頼が政治介入を可能にしてきたという捉え方も説得力に乏しい．政治介入やクーデタが社会の側の需要に応えて行われてきたと想定するに等しいからである．支持や期待は介入を容易にする要因ではあっても，促す要因とはならない．たとえば，1971年にタノーム首相は民選議会を廃止し軍政に復帰するためにクーデタを実行した．これがそうした期待に基づいていたとは到底言いがたい．逆に，97年の通貨危機直後にクーデタ待望論が盛り上がったものの，軍は動かなかった．軍には軍の事情があり，自律性の欠けた操り人形などでは決してないのである．次に，5月事件を契機として反軍感情が沸き起こり，軍への撤退圧力が高まったというのも裏付けの乏しい思いこみにとどまる．船津らが94年9月にタイで実施した世論調査が興味深い事実を伝えてくれている．この調査では，「軍部による権力の掌握はよいことだ」という質問項目があった．「クーデタはやむをえない場合もある」という幅をもたせた質問ではない．クーデタへの賛否を直截に尋ねたのである．賛成するものは，首都圏ではわずか13%（反対は80%）にとどまったものの，全人口の7割ほどが居住する農村部では中部地方24%（70%），北部地方40%（45%），東北地方38%（57%），南部地方25%（71%）とかなり多数に達している［IDE 1995: 71］．特に北部や東北ではクーデタに賛成するものが4割ほどもいた．軍への支持や信頼は5月事件により低下することはあっても増加することはなかったはずである．この調査が，その5月事件からわずか2年ほど後に，しかも未曾有の好景気時に行われていることも加味すれば，農村部はいうまでもなく，首都圏でさえか

なりのものが肯定的な回答をしていることに驚かされる．軍はマス・メディアからの批判に晒されていたものの，農村部では人気を維持し，クーデタ容認論も無視しえないほど根強かったのである．発砲への国民的反発ゆえに政治の舞台から引きずりおろされたなどとは言えそうにない．クーデタや政治介入は金輪際ご免というほどには軍の人気は地に墜ちていなかったのである[5]．

このことは 2000 年に実施されたタイ史上初の上院議員選挙にも垣間見うる．この選挙には陸軍大将が 30 名立候補し，10 名が当選した．このうち首都での立候補者は 7 名，当選者は皆無であった．上記調査と符合して，首都では不人気ながら，首都以外では候補者 23 名中 10 名が当選したことになる．この選挙では 1,500 名余りが 200 議席を争っており，全体の当選率は 13％余りであった．

---

5 軍のこうした人気にはいくつか理由があるように思われる．第一に，軍の政治介入の歴史が長いため，政治関与への抵抗感が大きくはなく，しかも必ずしも悪い記憶ばかりが残っているわけではない．たとえば強い指導者へのあこがれがあり，軍事政権の代名詞とも言うべきサリットへの評価は意外なほど高い．1960 年代から 70 年代にかけての首相 7 名の中で彼はもっとも尊敬されている［IDE 1995: 72］からである．第二に，軍はこうした政治介入の歴史のゆえに，放送メディアを握って日夜自己宣伝に努めてきた．第三に，軍は他の政治勢力と比べると，清廉潔白な印象を抱かれている．たとえば通勤手段を介した比喩的なイメージは，政治家や実業家はベンツ，警察官はヨーロッパ車，行政官僚は日本車，軍将校（下級）はバスというものであった．その一端は，船津らの調査において「次の機関から入る情報はどれくらい信用できますか」という質問に対して「まあまあ信用できる」という回答が，軍に好感を抱かない首都圏住民の間でさえ，政治家 21％，政府 47％，警察 31％，マス・メディア 48％に対して，軍は 59％にも達していること［IDE 1995: 68］に示されていよう．第四に，軍は出自よりも実力本位の競争度が高い平等な組織という面を備えている．確かに，軍将校にも親子揃って軍人という二世が少なくない．しかし，士官学校には大学よりも地方出身や庶民階層の学生が多い．兵卒のほとんどが農村部住民の子弟であることは言うまでもない．さらに家柄がよくても行政官庁と比べると出世が難しい．たとえばポット・サーラシン元首相の息子は実業家（政界に入って大臣）になった長男を除くと，次男は警察局長，三男は大蔵次官，四男は外務次官とまばゆいばかりの栄達ぶりを示した．これに対して陸軍に入った五男は大将にはなったものの顕職には就けなかった．同様な行政官庁との好対照ぶりは王族の場合にも見られる．第五に，政界において政党政治家の権力が強まると，それに対抗する勢力として軍に肩入れするバランス感覚を指摘しうるであろう．

それに比べると，全国で33％，首都を除くと43％という陸軍大将の当選率はかなり高い［本書6章参照］．こうした人気がクーデタや政治介入への支持に直結するわけではないものの，軍への支持や信頼の喪失のゆえに政治に介入できず撤退を余儀なくされたという捉え方が正しくないことは確認しうる．

　すると，軍人の意識の変化が決定的に重要なのであろうか．政治的軍人から職業軍人（*thahan muachip*）への変貌である．軍人は軍務に専念すべきという主張は1980年代からなされていた．80年代には政治を熟知し政治に深く関わる将校が政治的軍人と侮蔑的に呼ばれた．組閣工作や政党対策などに深く関与していたチャワリット陸軍総司令官はその代表である．彼と対比して，政界での裏技や寝技を卑下し，銃剣を重視する血気盛んな武断派が職業軍人と呼ばれることがあった．81年，85年，91年のクーデタ，92年の流血を招いたのは大半が後者であった．軍の中枢部には政治と無縁な将校はほぼ皆無だったのである．そのように政界へ勝手口から入ったり，玄関を壊して乱入したりしていた政治好きな軍人が，5月事件後短期間のうちに，国家安全保障という軍務に専念する職業軍人へと意識を改めるのは容易ではない．軍首脳の大幅な刷新が必要である．しかし，後述のようにそうした大規模な粛清人事は行われなかった．それゆえ意識の変化を強調しすぎてはならないであろう．

　では，5月事件と軍の撤退の間にはどのような関係があるのだろうか．政治からの撤退は政治への関与を前提としている．関与を可能にしていた条件が失われれば，軍は撤退を余儀なくされるはずである．それはどんな条件であろうか．軍は80年代までなぜ政治に介入しえたのであろうか．5月事件後何が変化したのであろうか．

　軍の政治力を生み出し支えるもっとも重要な源泉となってきたのはクーデタを成功させる潜在的な可能性である．現にクーデタが起きる必要はない．クーデタが起きるかも知れない，起きれば成功するだろうと多くのものが考えていればよいのである．政権担当者はクーデタの可能性を予見すれば，政権の転覆を覚悟しない限り，軍の要求に耳を傾けざるをえない．軍首脳の発言に重みを付与するのはクーデタの可能性なのである．逆に，クーデタ成功の可能性がなくなったり著しく低下したりすれば，政府に対する軍からの圧力は有効性を失う．政権担当者は軍首脳の要望や意見に真摯に耳を傾ける必要がなくなるから

である．クーデタ実行能力を著しく低下させた軍はもはや図抜けた存在ではなく，むしろ他の行政官庁と大差がない[6]．

　クーデタを決行するには成功の見込みが必要である．タイの現代史が物語るように，クーデタには失敗の危険がつきまとうからである．クーデタはどのような状況下で起きてきたのであろうか．1980年代以後に生じた81年，85年，91年の計3度のクーデタ（うち失敗2，成功1）を比較考察してみると，クーデタが起きるかどうかを強く左右するのは，軍の内部対立や軍と政府の激しい対立の有無であることが分かる．内部対立は，同時に，クーデタが成功するかどうかに大きく影響する要因でもあった［玉田1992a：415-419][7]．つまり，クーデタを成功させるには，軍内部のまとまりが強くなければならないのである．一枚岩の結束とまではゆかなくても，二大派閥程度にはまとまっていることが望ましい．そうしたまとまりや結束を失うならば，失敗の危険性が高まるため，クーデタの実行は困難となる．部外者も軍首脳部の結束度をある程度垣間見ることが可能であり，ある時点でクーデタが起きたらそれが成功するかどうかをほぼ予想しえた．言うまでもなく，成功の確率が高いからといってただちにクーデタが行われるわけでは決してない．軍首脳はクーデタの必要性を感じない場合が多いであろうし，必要性を感じても国際関係や投資環境などに配慮せざるをえない場合もあるからである．しかしながら，決行の決意を可能にするという意味で軍首脳部の結束は頗る大切である．

　クーデタを上首尾に成し遂げるもっとも重要な条件は強力な軍指導者である．軍の最高実力者は陸軍総司令官である．陸軍総司令官にそうした指導力があるかどうかが鍵となる．陸軍総司令官が強い指導力を発揮しようとすれば，軍内部に安定した支持基盤を持たねばならない．そうした支持基盤を構築する手段となるのが人事異動である．逆に，陸軍総司令官の強い指導力や軍首脳部の固い結束が失われれば，クーデタの可能性が遠のき，軍の政治力が低下すること

6　政党政治家にとっては，国防省は，内務省や大蔵省のように日常的な政権運営の助けにならず，運輸通信省や農業・協同組合省のような利権も乏しいという意味では，魅力の乏しい官庁である．

7　リキットもまた，クーデタの成否の鍵となるのは軍内部の結束の強さであると強調している［Likhit 1992: 234］．

は避けがたい．言い換えるならば，軍首脳が介入意欲を抱いても介入を許さない，政治に関する発言をしてもその発言に重みを与えない仕組みの整備が重要である[8]．それゆえ，5月事件以後には強い指導力を発揮できる軍指導者の登場を妨げる異動が繰り返されて，軍首脳の結束が低下し，クーデタを成功させうる指導者が不在になったことが軍の政治力低下を招いてきたと仮定しうるであろう．そのようにしてクーデタの芽を摘み取るならば，軍の政治介入は頻度も重みも小さくなるはずである．

　この仮説の検証に立ち入る前にもう1つ解明すべき疑問がある．そうした政治的不能状態を招いたのは，5月事件で発砲し100名ほどの死者行方不明者を出したからであったと考えられる．軍はなぜ発砲したのであろうか．軍が軍事政権を守るのは当然という素朴な解答は説得力が乏しい．後知恵ではもちろん，事件当時も冷静に考えれば，暴虐な弾圧が内外で厳しい批判を招くことは十分に予想されたはずである．たとえば1988年のミャンマー，89年の中国では，軍が反政府運動を武力で封じ込めたものの，国際社会から厳しい批判を浴びてきた．タイでも76年10月クーデタ直前の虐殺事件が内外で久しく指弾されてきた．他方において，フィリピンのマルコス政権やインドネシアのスハルト政権は，いずれも規模の大きな退陣要求運動が盛り上がったとき，支持基盤としてきた軍に見限られて崩壊した．軍は組織防衛のために，政権担当者との心中を拒んだのである．タイでも1957年や73年に同様な先例があった．軍主流派は57年にはサリット陸軍総司令官がその機会に乗じて政権を奪取し，73年にはクリット陸軍総司令官が政権の崩壊に荷担した．いずれの事例でも軍主流派は政権防衛のために立ち上がってはいなかったのである．発砲には必然性などなかったにもかかわらず，92年5月に軍が実弾発砲で多数の死傷者を出すという暴挙に至ったのはなぜなのか．これは説明を要する問題である．

　92年5月に軍が発砲に至る遠因は91年2月クーデタである．クーデタそのものは無血で行われていた．クーデタ後の政治動向が実弾発砲という惨劇への道筋をつけてゆくことになる．そこで，91年2月から92年5月までの間に軍に

8　「派閥の力学」が軍の介入を抑制する，という武田［2001：91-93］の説明は正鵠を射ている．

何が起きたのかを振り返ることにより，発砲という自殺行為に至った理由を探ってみたい．それは同時に，92年5月に大規模な首相退陣要求集会が行われた理由の一端も説明することになろう．これらの事件の多くも人事異動を一因としていた．たとえば91年クーデタの主因は当時の首相が軍首脳更迭の構えをみせたことにあった．政治と軍人事異動の関係の考察に立ち入る前に，研究が乏しくあまり理解されていない人事異動の仕組みについて説明しておきたい[9]．

3-2 人事異動と政治力

　軍の組織は，行政的に言えば，トップに国防大臣がおり，現役将校の国防次官が補佐役になる．その下に国軍最高司令官がおり，陸海空の3軍を統括する．3軍の内部で頂点に立つのは総司令官である．人事権は，法律上では，将官は国防大臣，佐官は総司令官，尉官は師団長，下士官以下は中隊長にある．毎年10月1日付けで将官の大規模な定期異動が実施される[10]．4月1日にも中規模の定期異動が行われる．こうした定期異動の対象になるのは相当な人数にのぼる[11]．たとえば96年10月の将官定期人事異動は総勢565名，うち陸軍156名であり，98年10月は総勢522名，うち陸軍169名であった．将官ともなるとたいていは役付であり，異動にあたっては配属先のみならず役職も決めねばならない．国防大臣がこれほど多数の将官を個別に把握することは容易ではない．これが一因となって，将官の異動名簿案は総司令官が作成し，国軍最高司令官，国防次官，国防大臣のチェックを経て，首相を通じて国王に上奏し裁可を得るという手続きがとられている（80年代以降の在職者については表3-1参照）．その

9　玉田［1998］も参照されたい．
10　タイの官庁の会計年度は10月1日から始まる．行政官庁の定期異動も10月1日付けで行われる．
11　タイの軍には将官が非常に多い．1997年1月時点では，現役の将官は1,450名，大将（元帥格を含む）は80名とされている［*Matichon Sutsapda*, February 10, 1997］．軍は兵力の削減を進めており，将校については将官への昇進を抑制している．

表3-1 首相，国防大臣，国軍最高司令官，陸軍総司令官（1980年代以降関係分のみ）

	首相	国防大臣*	国軍最高司令官	陸軍総司令官
1978年10月1日			スーム陸軍大将	プレーム陸軍大将
1979年5月22日		プレーム陸軍大将		
1980年3月3日	プレーム陸軍大将			
1980年10月1日			サーイユット陸軍大将	
1981年8月26日				プラユット陸軍大将
1982年10月1日				アーティット陸軍大将
1983年10月1日			アーティット陸軍大将	
1986年5月27日				チャワリット陸軍大将
1986年8月5日		パニエン空軍大将		
1986年10月1日			スパー海軍大将	
1987年10月1日			チャワリット陸軍大将	
1988年8月9日	チャートチャーイ陸軍大将	チャートチャーイ陸軍大将		
1990年3月29日		チャワリット陸軍大将	スントーン陸軍大将	スチンダー陸軍大将
1990年6月22日		チャートチャーイ陸軍大将		
1991年3月2日	アーナン	プラパット海軍大将		
1991年10月1日			スチンダー陸軍大将	
1992年4月7日	スチンダー陸軍大将	スチンダー陸軍大将	カセート空軍大将	イッサラポン陸軍大将
1992年6月10日	アーナン	バンチョップ陸軍大将		
1992年8月1日			ウォーラナート空軍大将	ウィモン陸軍大将
1992年9月23日	チュワン	ウィチット陸軍大将		
1994年10月1日			ワッタナチャイ陸軍大将	
1995年7月18日	バンハーン	チャワリット陸軍大将		
1995年10月1日			ウィロート陸軍大将	プラモン陸軍大将
1996年10月1日			モンコン陸軍大将	チェーター陸軍大将
1996年11月25日	チャワリット陸軍大将	チャワリット陸軍大将		
1997年11月14日	チュワン	チュワン		
1998年10月1日				スラユット陸軍大将
2000年10月1日			サムパオ陸軍大将	
2001年2月9日	タックシン	チャワリット陸軍大将		
2001年10月1日			ナロン海軍大将	
2002年10月1日		タムマラック陸軍大将	スラユット陸軍大将	ソムタット陸軍大将

注：新政権発足にあたっては首相は閣僚よりも数日前に任命される．ここでは煩雑を避けるために，国防相就任の日付を省いている．

結果，総司令官は佐官のみならず，そうした将官の異動でも意向を概ね貫徹しうることになる．総司令官はこの人事権を行使して，軍内部に強固な支持基盤を築こうと試みる．

しかし，総司令官は恣意的な人事を行えるわけではない．人事異動にはいくつかの明確なルールがあり，それが陸軍総司令官に権力が過度に集中することを阻止する機能を果たしている．第一は，上からの介入である．干渉は名簿作成段階において行われるのが普通である．人事交流のため最高司令官や国防次官と調整を欠かせず[12]，さらに大臣や首相などからの口出しを受けることもある．国防大臣の場合には，異動名簿案が総司令官の手元を離れた後に重要なポ

ストへの任命者名を書き換えることもある．これはセンセーショナルに報道されることから分かるように頻繁に生じるわけではない．段階を問わず，大臣が干渉しうる程度は，総司令官との力関係にかかっている．大臣が軍内部に支持勢力を持った有力退役将校の場合には，介入の余地が大きい．たとえばプレームやチャワリットである．第二は，年功が非常に重視されることである．中佐から少将へといった飛び級はほぼ不可能である．年功軽視の異動は軍内部に不満を生み出す．第三は内部対立の激化を防ぐために均衡人事が必要なことである．軍内部には様々な派閥が存在し，いずれもが重要なポストの獲得を願っている．人事異動こそが軍内部におけるもっとも熾烈な政治であるからに他ならない．特定の派閥だけに配慮した人事を行えば，恩恵にあずかれない派閥が不満を募らせて内部分裂が生じる．第四は60歳の定年が厳格に守られることである．総司令官に就任するものは年齢が定年に近い．短い任期では定期異動の回数が限られ，強い支持基盤の形成などおぼつかない．きわめて重要なことに，一部の国のように軍首脳が定年を延長して指揮権を握り続けたり，退役後も実質的な指揮権を握り続けたりすることはありえない[13]．タイでは，軍でも行政官庁でも要職にある人物はひとたび退いてしまうと，隠然たる影響力を行使し続けることがきわめて困難であり，「ただの人」になってしまう[14]．この事実は，政治との関連で述べるならば，退役軍人の政界進出がすぐれて個人の問題であり，軍組織とはほとんど関係がなく，軍組織の政治介入にはあたらないことを意味してもいる．

12 たとえば陸軍から最高司令部や次官事務所へ異動させようとすれば，受け入れ先の同意が必要である．異動は最高司令部や国防次官事務所から陸軍へのものもあるが，圧倒的多数は陸軍からの転出であり，ほぼ一方通行と考えても差し支えない．
13 中には特例として60歳の定年を越えて在職しようと図るものも出てくる．そうした定年延長にはごく少数の先例があり，軍内部から厳しい批判を招いてきた．総司令官の定年延長は85年のアーティットが最新の事例である．
14 これはタイの権力観と関連している［Tamada 1991］．元総司令官や前総司令官はかつて総司令官であったという過去の遺産のみでは軍に影響力を行使しえない．影響力を行使しようとすれば首相，国防大臣，枢密顧問官といった影響力を生み出す新たな源泉が必要である．それゆえに，上官を煙たく思い，自らの出世を願う部下は，上官が定年退役を迎えるのを待ち望んでいる．

異動では，能力[15] や業績と並んで，人脈が大変重要である．人脈形成の接着剤にはいろんなものがある．第一は士官学校の同期生集団である．士官学校は陸海空軍にそれぞれ1校ずつしか存在しない．しかも将校の大半が士官学校の卒業生なので，出身校ごとの学閥はほとんど意味をなさない[16]．同一校の出身者同士を差別化するのが期である．陸士は第二次世界大戦後改組され，理学士号が授与されるようになった1954年卒業生から1期生と数えられるようになっている．彼らは同期会を結成し結束を強め助け合うことにより仲間の昇進を図る．同期の出世頭が出世すればするほど，同期生もその引き立てにあずかれるため，出世頭の一層の昇進を助けようと努力する．第二は，大隊長と連隊長，連隊長と師団長といったように同一の部隊に勤務するうちに涵養される上下の人脈である．実戦部隊のみならず，兵站部でもみられる．第三は，歩兵，砲兵，騎兵，工兵といった兵科（兵種）である．これを絆としてまとまりやすいのは，多数派の歩兵よりもむしろ少数派の騎兵[17] や砲兵[18] である．これ以外にも，人脈の広がりは小さくなるものの，親族[19]，同郷，中等学校の同窓といった関係も意味を持つことがある．親族の結びつきは広がりが限られているものの強靭で

15　昇進では学業成績も意味をなす．たとえば幹部候補生学校となっている参謀学校の首席卒業生にはチャワリット（同校の期は42期），スチンダー（44期），イッサラポン（45期），スラユット（52期）といった総司令官の他，チャーン（51期）参謀長らがいる［CPR 1987］．

16　士官学校を卒業していないものが多少はおり，そうした将校は出世競争では不利な立場におかれる．典型は一般の大学を卒業して任官された将校である．さらに，士官学校において成績優秀のゆえに中途で外国へ留学したものでさえ，卒業生ではないため出世では不利となる．1980年代の首脳ではアメリカのウェストポイントへ留学した2期生のピチットやウィチット，90年代ではフィリピンへ留学した7期生のタワンがそうした例である．

17　プレーム元首相とチャートチャーイ元首相はいずれも騎兵（戦車）の出身である．しかし，プレームを支えた陸士7期生の中心人物マヌーン（後にマヌーンクリットと改名）が81年と85年のクーデタに戦車部隊を率いて加わり，さらにチャートチャーイが陸士5期生への対抗の意味合いを込めてマヌーンを復権させたため，軍主流派から危険視されるようになり，90年代には騎兵出身の陸軍首脳はほとんどいなくなった．クーデタにおける花形となってきた騎兵が，91年クーデタには加えられていなかったことがそうした変化を象徴的に示している．

ある（図3-1参照）。

　重要なポストとは何か。軍内政治ならびに国政にとって重要なのは陸軍である。タイでクーデタを成功させうるのは陸軍のみであり，陸軍の政治力は群を抜いてきたからである。それゆえ，ここでは陸軍の人事異動を取り上げる。陸軍では，総司令官，副総司令官，参謀長各1名，総司令官補佐2名の計5名が最高首脳である。この5名は「5虎（*ha sua*）」と呼ばれる。総司令官を除く4名の序列は，副総司令官，参謀長，総司令官補佐の順となっている。総司令官補佐から一足飛びに総司令官に就任することはあっても，格下げの異動はごく稀である。

　競って求められるよいポストとは，一段上への踏み台となるポスト，5虎への道筋にあるポストである。80年以後の陸軍総司令官の出世の軌跡をたどってみると2つのコースがあることが分かる。1つは実戦部隊指揮官コースである。大隊長（中佐），連隊長（大佐）を経験した後，師団長（少将）になる。その後管区司令官（*mae thap phak*）（中将）を経て5虎の仲間入りを果たす。もう1つは参謀コースである。陸軍作戦部長などで少将となり，中将ポストの参謀長補佐と副参謀長を経た後5虎の仲間入りをする。

　師団と管区にはどんなものがあるのかを確認しておこう。管区司令官もしくはそれに相当するポストは6つある。全国を中部，東北部，北部，南部の4地域に分けた第1から第4までの管区司令官と[20]，比喩的に第5管区司令官と第6管区司令官と呼ばれることもある特殊戦争部隊ならびに防空部隊の司令官である。彼らの中では，首都に司令部がおかれる第1管区の司令官がもっとも重

18　スチンダーは砲兵出身者としてはプレーク・ピブーンソンクラーム以来の首相であり，スーム以来の陸軍総司令官である。ただし，スチンダーは陸士卒業後60年代前半までの数年間を砲兵部隊勤務に費やしたにすぎず，以後は参謀畑を歩んでいる。それゆえ彼自身の支持基盤が砲兵部隊にあったわけではない。

19　親子や兄弟で士官学校を卒業する例が多数見受けられる。それに加えて，軍人は同期生の妹と結婚するものが少なくない。これは同期生としての結束を強めようとする政治的動機のみならず，親しい同期生の家族との交流が異性と知り合う貴重な機会となるためという面も見逃せないであろう。それと並んで，親同士が軍首脳である場合には，その権力を固めるために政略的な結婚が行われる場合もあった。

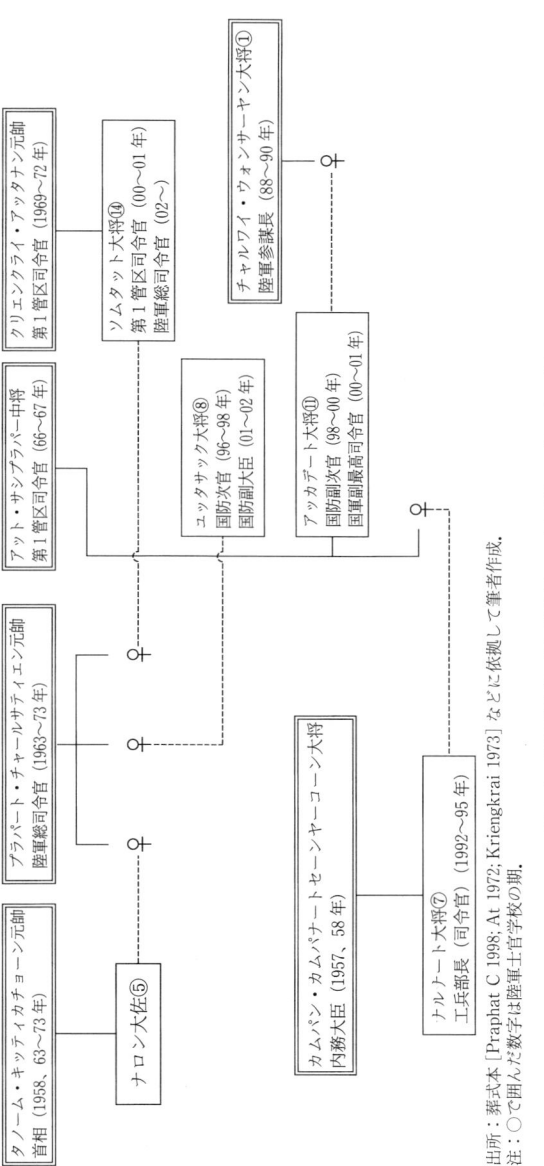

図3-1　陸軍首脳の姻戚関係の一例（サンプラパー家）

タノーム・キッティカチョーン元帥
首相（1958、63～73年）

プラパート・チャールサティエン元帥
陸軍総司令官（1963～73年）

アット・サンプラパー中将
第1管区司令官（66～67年）

クリエンクライ・アッタナン元帥
第1管区司令官（1969～72年）

ナロン大佐⑤

ユッタサック大将⑧
国防次官（96～98年）
国防副大臣（01～02年）

ソムタット大将①
第1管区司令官（00～01年）
陸軍総司令官（02～）

アッカデート大将①
国防副次官（98～00年）
国軍副最高司令官（00～01年）

チャルワイ・ウォンサーヤーン大将①
陸軍参謀長（88～90年）

カムパン・カムパヌート セーンヤーコーン大将
内務大臣（1957、58年）

ナルーナート大将⑦
工兵部長（司令官）（1992～95年）

出所：葬式本［Praphat C 1998; At 1972; Kriengkrai 1973］などに依拠して筆者作成。
注：○で囲んだ数字は陸軍士官学校の期。

第1部　1992年5月事件

要である．師団は実戦師団に限って見てみよう[21]．第1管区には4つの師団がある．バンコクの第1師団[22]と第2騎兵師団，東部プラーチーンブリーの第2歩兵師団，西部カーンチャナブリーの第9歩兵師団である．第2管区には第3歩兵師団と第6歩兵師団，第3管区は第4歩兵師団と第1騎兵師団，第4管区には第5歩兵師団がある．特殊戦争部隊は空挺部隊から発展したものであり，ロップブリーに第1特殊戦争師団，北部のチェンマイに第2特殊戦争師団がおかれた[23]．防空部隊は92年4月に設置されたものであり，バンコクの対空砲師団とロップブリーの砲兵師団から構成されている（図3-2参照）．師団にも軽重の差があり，重要なのは首都あるいはその近辺に駐屯する師団である．とりわけ，第1師団長は将来の幹部最有力候補として注目を浴びることになる[24]．

　総司令官はこれらの重要なポストに信頼できる将校を登用して支持基盤を強化しようと努める．まずは同期生である．しかし同期生ばかりで要職を独占することは不可能なので，信頼しうる後輩を管区司令官や師団長に配置しようとする．その際，支持基盤とするには人脈が広い後輩が好都合である．1人を確保すればその仲間も支持基盤に加えうるからである．それゆえ，同期の結束の強い後輩が好都合である[25]．順当にゆけば，そうして総司令官の支持基盤となった中将の世代が後継者となり，さらにその後任は師団長として支えた期から出

20　1980年代に新設された旅団司令官（*mae thap noi*）は，第1～3管区におかれている．設置の名目は，有事には実戦部隊を旅団に編成して，多忙な管区司令官に代わって部隊を指揮するということになっていた．しかし，現実には有事があるわけではなく，あふれかえる少将に中将への昇級機会を提供する腰掛けポストである．

21　これら以外にも師団はある．各管区に1つずつおかれる第1～4開発師団，工兵部の工兵師団，予備役の歩兵師団である．しかし，いずれも実戦部隊ではない．

22　第1師団は実質的には歩兵師団ながら，名称には「歩兵（*thahan rap*）」がない．

23　第2特殊戦争師団は2001年9月末日をもって廃止された．

24　ただし，軍において権力を握る派閥の交代により，この前途有望な将校は却って毛嫌いされ，危険視されて閑職へ左遷されることも少なくない．これに対して，参謀コースの将校（たとえば作戦部長）は恐らく「無害」ゆえにその後も順調に昇進することが多い．

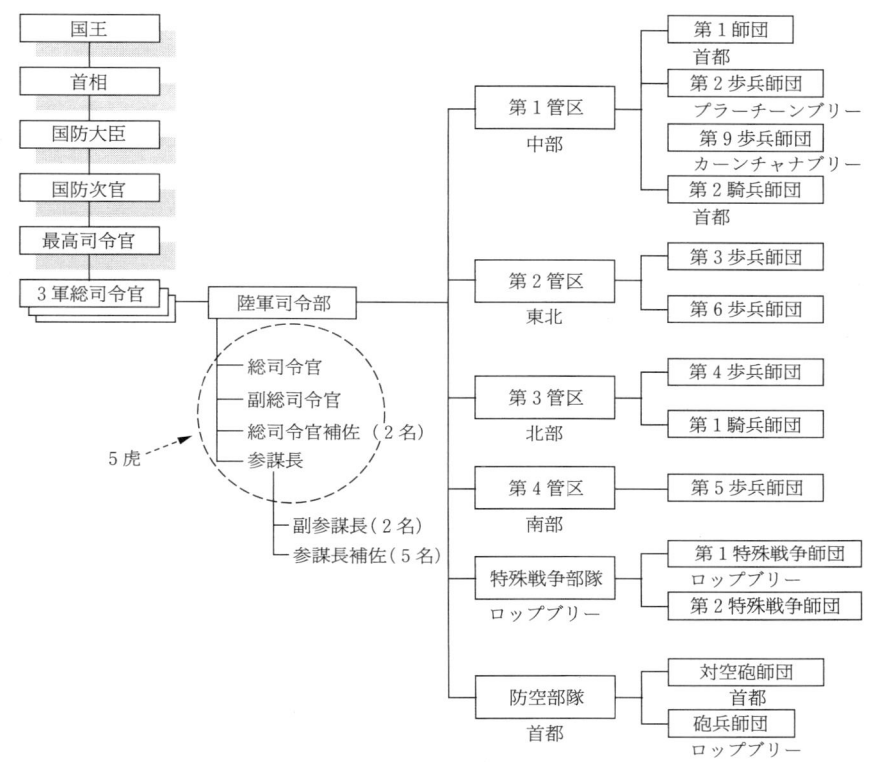

```
┌──────┐
│ 国王 │
├──────┤
│ 首相 │
├──────────┤
│ 国防大臣 │
├──────────┤
│ 国防次官 │
├────────────┤
│ 最高司令官 │
├──────────────┤
│ 3軍総司令官 │
└──────────────┘
```

図中構成:
- 陸軍司令部
  - 総司令官
  - 副総司令官
  - 総司令官補佐（2名）
  - 参謀長
  （以上「5虎」）
  - 副参謀長（2名）
  - 参謀長補佐（5名）

- 第1管区（中部）
  - 第1師団（首都）
  - 第2歩兵師団（プラーチーンブリー）
  - 第9歩兵師団（カーンチャナブリー）
  - 第2騎兵師団（首都）
- 第2管区（東北）
  - 第3歩兵師団
  - 第6歩兵師団
- 第3管区（北部）
  - 第4歩兵師団
  - 第1騎兵師団
- 第4管区（南部）
  - 第5歩兵師団
- 特殊戦争部隊（ロップブリー）
  - 第1特殊戦争師団（ロップブリー）
  - 第2特殊戦争師団
- 防空部隊（首都）
  - 対空砲師団（首都）
  - 砲兵師団（ロップブリー）

出所：筆者作成
注：師団については首都と近辺のもののみ所在地を記した．

図3-2　タイ陸軍部隊編成略図（実戦部隊中心）

てくることになる．

　組織の常として，上へゆくほどポストの数は減ってゆく．たとえば，参謀長補佐ポストは5つ，その上の副参謀長は2つしかポストがない．この2名の副参謀長と6名の管区司令官が5虎のポストを競うことになる．しかも，これら以外から5虎の仲間入りをするものもいる．当然のことながら，競争に敗北し

25　なお，これは総司令官へ権力が過度に集中せず，将校団内部の勢力配置がかなり多元的になっていることを前提としている．専制的に権力を行使しうる総司令官であれば，権力を温存すべく部下の分断支配を試みるであろう．

たものが出てくる．受け皿となるポストが必要である．副〜，〜補佐といったポスト，司令官付き，司令部付き，司令官事務所付き，顧問，有識者といったポストがそうである．窓際の閑職である．それでも，陸軍内部のポストである限り，再び出世コースに戻れる可能性がある．最高司令部や次官事務所といった異部局への転出はもっと深刻である．陸軍へ復帰できる可能性が乏しいからである．勝者は手強い競争相手を敗ると，体よく「島流し」にしようとする．このため，最高司令部も次官事務所も要職は3軍における敗者の「天下り」先となっている[26]．彼らは転出先での栄達を目指す他なくなる．若くして国軍最高司令部や次官事務所に勤務したものにとっては，そこで生え抜きとして頂点に上りつめることはきわめて難しい．このため，軍人は，一般に，3軍から最高司令部や次官事務所への転勤を左遷と見なして嫌う．とはいえ，最高司令部や次官事務所の要職は，3軍の要職にはひけをとっても，数多い窓際の閑職に比べれば遙かに魅力的であることも否定しえない．

3-3　陸士5期生と1992年5月の発砲

（1）陸士5期生の台頭

　1991年2月クーデタと92年5月事件の当事者は58年に陸士を卒業した5期生である．この学年には60年代の首相の息子や70年代半ばの軍最高実力者の実弟がいた．しかし70年代後半には2年後輩の陸士7期生が主要な佐官ポストを多数握って大きな勢力を誇り，5期生の影は薄かった．5期生が頭角を現すのは，81年に7期生が失脚した後のことである．
　プレーム首相の支持基盤となっていた陸士7期生が81年4月にクーデタに

---

[26] 実権の大きさは，先述の行政面の序列とは一致せず，3軍の各総司令官が頂点，次は国軍最高司令官，最後に国防次官ということになる．

失敗して勢力を失うと，鎮圧に主導的な役割を担った陸士予科5期生[27]のアーティットが頭角を現した．アーティットはプレーム首相に新たな支持基盤を提供することにより，82年10月には陸軍総司令官に抜擢されて陸軍内部に自らの権力基盤を着々と築き上げた．アーティットは対抗勢力となりかねない将校を陸軍首脳部から放逐する一方，同期の予科5期生を相次いで5虎に登用した．それを下から支えたのは，陸士の1期生，2期生，5期生らであった（表3-2参照）．

　しかしながら，アーティットがプレームに代わって首相に就任しようとする政治的野心を鮮明にしてくると，アーティット派は2つに分かれた．この分裂は，1985年に定年退役予定のアーティットの後継者争いとも絡み合っていた．後継者候補となった1期生のチャワリットはプレーム，対する2期生のピチットはアーティットと結びついた．この派閥抗争において，陸士5期生はスチンダーを介してプレーム＝チャワリット派に組した[28]．この対立は，85年9月9日クーデタとなって爆発し，翌年5月にはアーティットが解任されて，1期生のチャワリットが総司令官に就任した．チャワリットは弱冠54歳で総司令官に就任した[29]．彼の夢は軍を支持基盤としつつもクーデタにはよらずして首相になることであり，支持基盤形成を狙った人事を行った．彼は同期の1期生を5虎

27　予科7期生の次年は新制の1期生となる．

28　スチンダーは81年10月にチャワリット作戦部長の次長，82年10月チャワリットが作戦担当参謀長補佐に昇進すると後任の作戦部長，85年10月チャワリットが参謀長に昇進すると作戦担当参謀長補佐，といった具合に直近の部下として勤務していた．なお，どの学年も決して一枚岩にまとまっているわけではないので，5期生の中にもアーティット派につながるものがいた．重要なのは，同期生の中で誰が主流派を形成するかである．5期生の場合にはスチンダーが80年代前半に出世頭となり，主流派を形成した．

29　チャワリットよりも若くして陸軍総司令官に就任した事例は1963年のプラパートまで遡らなければならない．プラパート以後は60歳の定年までせいぜい3年を残して就任するのが通例となっていた．1年しか残っていないことも稀ではない．それゆえ，チャワリットのように在職予定年数が6年にもわたるのはきわめて異例なことであった．これは彼が定年を待たず勇退するというタイの軍・官庁の最高職在職者にはきわめて稀な行動をとることになる一因でもある．

表3-2　陸軍首脳人事異動(1), 1980～1991年

	1980年10月1日	1981年10月1日	1982年10月1日	1983年10月1日	1984年10月1日
総司令官	プレーム(38)[81*]	プラユット(P1)	アーティット・K(P5)	アーティット・K(P5)	アーティット・K(P5)
副総司令官	サン・C(39)[81]	サック(39)[82]	スープ(P3)[84]	スープ(P3)	ティエンチャイ(P5)
参謀長	プラユット(P1)[82]	パーモート(P3)[83]	パーモート(P3)	パンチョップ(P4)[86]	パンチョップ(P4)
総司令官補佐	アムナート(P1)[83]	アーティット・K(P5)[85]	ティエンチャイ(P5)[85]	ティエンチャイ(P5)	マーナ・R(P5)[85]
〃	ピン(39)[81]	ピン(39)[82]	パトム(P4)[85]		オンアート(P5)[85]
副参謀長	チャムナーン(P5)	スープ(P3)	プラユーン(P5)	マーナ・R(P5)	チュタイ(P5)
〃	チャルーム(P1)	パトム(P4)	パンチョップ(P5)	チャワリット①	チャワリット①
第1管区司令官	ワシン(P3)	アーティット・K(P5)	パット(P4)	パット(P4)	ピチット②
第2管区司令官	ラック(39)	パック(P5)	パック(P5)	パック(P4)	ピシット(P6)
第3管区司令官	シーマー(P1)	プローム(P1)	プローム(P1)	ティアプ(P5)	ティアプ(P5)
第4管区司令官	チュワン(P1)	ハーン・L(P5)	ハーン・L(P5)	ワンチャイ・C(P5)	ワンチャイ・C(P5)
特戦部隊司令官	−	−	−	アネーク(P4)	スントーン①
防空部隊司令官	−	−	−	−	−
第1歩兵師団長	スチン(P5)	ピチット②	ピチット②	ピチット②	イッサラポン⑤
第2歩兵師団長	アラーム(P6)	プラチュム(P7)	プラチュム(P7)	プラチュム(P7)	サン・S⑤
第9歩兵師団長	シン(P5)	ソムキット①	ソムキット①	ソムキット①	チュートチャーイ⑤
第3歩兵師団長	スワン(P4)	ブンチャイ(P7)	ブンチャイ(P7)	ブンチャイ(P7)	ソムポーン①
第6歩兵師団長	ピシット(P6)	ピシット(P6)	イッサラポン⑤	イッサラポン⑤	ブンテーン⑥
第4歩兵師団長	プローム(P1)	ルアムサック(P7)	シリ④	シリ④	シリ④
第1騎兵師団長	プラヤット(P6)	チャイチャナ①	チャイチャナ①	サートーン④	サートーン④
第5歩兵師団長	プリーチャー(P5)	パンヤー①	パンヤー①	チャープ④	チャープ④
対空砲師団長	プラサート(P4)	プラサート(P4)	ワッタナチャイ・W④	ワッタナチャイ・W④	ウィロート・S⑤
砲兵師団長				ウィロート・S⑤	プチョン⑤
第2騎兵師団長	チャイチャナ①	ウィチャート②	ウィチャート②	ウィチャート②	アーリーヤ⑤
第1特戦師団長	−	−	ウィモン⑤	ウィモン⑤	ウィモン⑤
第2特戦師団長	−	−	カチョーン⑤	カチョーン⑤	カチョーン⑤

注1：名前の後の(n)，(Pn)，○囲み数字はいずれも陸軍士官学校の期を示している。(38)は1938年入学を意味する。Pn は新制陸士発足以前の陸士予科であり，P1からP7までの7期があった。P1は1940年入学である。①は新制の陸士1期生である。①はP8に相当する。

注2：5虎については退役年を[xx]で示した。[85]は1985年9月に定年退役することを意味する。*が付いたものは定年の延長が行われたことを意味する。

注3：簡略のために名前は名字を省略している。しかし，名字が重複するものについては判別のために，名字のイニシャルを付している。たとえば，サン・Cはサン・チットパティマー，サン・Sはサン・シーペンである。

注4：表中の横罫線のうち二重線は大将，中将，少将の境界線である。−は当該ポストが未設置であったことを意味する。

に登用した他，5期生を管区司令官，次いで5虎へと徐々に昇進させた。5期生に代えて師団長に抜擢されたのは8期生や9期生であった。チャワリットは92年9月の定年を待たずに，90年3月に勇退しチャートチャーイ政権に入閣した。

　陸士5期生はチャワリットの支持基盤となり，枢要なポストを着々と握っていった。90年にチャワリットが勇退すると，5期生の指導者スチンダーが後任の陸軍総司令官に就任した。これによって5期生の主要ポスト独占は一層進む

	1985年10月1日	1986年10月1日	1987年10月1日	1988年10月1日	1989年10月1日
総司令官	アーティット・K(P5)[86*]	チャワリット①	チャワリット①	チャワリット①	チャワリット①
副総司令官	チュタイ(P5)[86]	ピシット(P6)[87]	ワンチャイ・R①	ワンチャイ・R①	スチンダー⑤
参謀長	チャワリット①[92]	ワンチャイ・R①[92]	チャルワイ①[90]	チャルワイ①	チャルワイ①
総令官補佐	カムヘーン(P5)	ピチット②[92]	ピチット②	ピチット②	イッサラポン⑤[94]
〃	アッカラポン(P5)[86]	スントーン①[91]	スチンダー⑤[93]	スチンダー⑤	アルン③[92]
副参謀長	ワンチャイ・R①	チャルワイ①	ガームポン①	アルン③	ウィロート・S⑤
〃	チャラット(P7)	スチンダー⑤	カセーム①	サプラン①	チャッチョム⑤
第1管区司令官	ピチット②	ワッタナチャイ・W④	ワッタナチャイ・W④	ワッタナチャイ・W④	サン・S⑤
第2管区司令官	ピシット(P6)	イッサラポン⑤	イッサラポン⑤	イッサラポン⑤	ウィモン⑤
第3管区司令官	ルワムサック(P7)	チャイチャナ①	シリ④	シリ④	シリ④
第4管区司令官	ワンチャイ・C(P5)	ウィシット②	ウィシット②	ウィシット②	ユッタナー・Y④
特戦部隊司令官	スントーン①	ウィモン⑤	ウィモン⑤	ウィモン⑤	カチョーン⑤
防空部隊司令官	—	—	—	—	—
第1歩兵師団長	ウィモン⑤	サン・S⑤	サン・S⑤	モンコン⑨	ワッタナー・S⑧
第2歩兵師団長	サン・S⑤	マナット⑧	マナット⑧	マナット⑧	チャイナロン⑪
第9歩兵師団長	チュートチャーイ⑤	モンコン⑨	モンコン⑨	ワッタナー・S⑧	ワッタナー・B⑧
第3歩兵師団長	ソムポーン⑤	プンテーン⑥	プンテーン⑥	パンタオ⑤	パンタオ⑤
第6歩兵師団長	プンテーン⑥	パンタオ⑤	パンタオ⑤	チェーター⑨	チェーター⑨
第4歩兵師団長	チュー⑤	チュー⑤	チュー⑤	チャムカット⑧	チャムカット⑧
第1騎兵師団長	パイロート・C⑤	パイロート・C⑤	パイロート・C⑤	リタイ⑧	リタイ⑧
第5歩兵師団長	キッティ⑧	キッティ⑧	キッティ⑧	ソムチェート⑨	バーンテープ⑨
対空砲師団長	ウィロート・S⑤	ウィロート・S⑤	ペーオ⑤	ペーオ⑤	ペーオ⑤
砲兵師団長	プチョン⑤	プチョン⑤	プチョン⑤	スウィット⑥	スウィット⑥
第2騎兵師団長	アーリーヤ⑤	アーリーヤ⑤	アーリーヤ⑤	トッサポーン⑥	トッサポーン⑥
第1特戦師団長	ワッタナー・S⑧	ワッタナー・S⑧	オーラパン⑧	オーラパン⑧	スラユット⑫
第2特戦師団長	カチョーン⑤	オーラパン⑧	スラチェート⑧	スラチェート⑧	ハーン・P⑪

ことになった．こうした要職独占は，チャワリット派を継承しつつも，8期生を中心とする「邪魔者」を最高司令部へ放逐することで可能になった．スチンダー派の中でも特に重要なのはスチンダー夫人の兄で同じ5期生のイッサラポン・ヌンパックディーであり，その親族チャイナロン・ヌンパックディーが同期会会長を務める11期生である[30]．同期閥を親族関係で補強することで，当時の軍首脳は63年12月のサリットの死後では最高の結束を誇っていた．

5期生はさらに陸軍ばかりではなく，彼らと同じく1958年に空軍士官学校や海軍士官学校を卒業したものたちとの同期会も結成した．空軍では同学年の空

---

30 イッサラポンの父親は首都警察司令官（日本の警視総監に相当）チャット警察中将である．その妹ワールニーがスチンダーに嫁いでいる．なお，ヌンパックディー一族はイッサラポンと同様に第1師団長を務めたプラユーン中将をはじめとして軍将校を何人も出している．

	1990年4月1日	1990年10月1日	1991年4月1日	1991年10月1日
総司令官	スチンダー⑤	スチンダー⑤	スチンダー⑤	スチンダー⑤
副総司令官	イッサラポン⑤	イッサラポン⑤	イッサラポン⑤	イッサラポン⑤
参謀長	ウィロート・S⑤[96]	ウィロート・S⑤	チャッチョム⑤[93]	チャッチョム⑤
総司令官補佐	アルン③	アルン③	ウィロート・S⑤	ウィロート・S⑤
〃	ウィモン⑤[95]	ウィモン⑤	ウィモン⑤	サン・S⑤[94]
副参謀長	プラモン⑥	プラモン⑥	プラモン⑥	プラモン⑥
〃	チャッチョム⑤	ターウォーン⑤	チュートチャーイ⑤	チュートチャーイ⑤
第1管区司令官	サン・S⑤	サン・S⑤	サン・S⑤	パイブーン・H⑤
第2管区司令官	パイブーン・H⑤	パイブーン・H⑤	パイブーン・H⑤	アーリーヤ⑤
第3管区司令官	シリ④	パイロート・C⑤	パイロート・C⑤	パイロート・C⑤
第4管区司令官	ユッタナー・Y④	ユッタナー・Y④	キッティ⑧	キッティ⑧
特戦部隊司令官	カチョーン⑤	カチョーン⑤	カチョーン⑤	カチョーン⑤
防空部隊司令官	—			
第1歩兵師団長	ワッタナー・S⑧	チャイナロン⑪	チャイナロン⑪	ティティポン⑪
第2歩兵師団長	チャイナロン⑪	ティティポン⑪	ティティポン⑪	パノム⑪
第9歩兵師団長	ワッタナー・B⑧	ワッタナー・B⑧	ワッタナー・B⑧	スウィナイ⑪
第3歩兵師団長	パンタオ⑧	サムパン⑩	サムパン⑩	サムパン⑩
第6歩兵師団長	チェーター⑨	プラスート⑪	プラスート⑪	プラスート⑪
第4歩兵師団長	チャムカット⑧	ソムマーイ⑪	ソムマーイ⑪	ソムマーイ⑪
第1騎兵師団長	リタイ⑧	リタイ⑧	リタイ⑧	カモン⑨
第5歩兵師団長	バーンテープ⑨	バーンテープ⑨	ウィニット⑨	ウィニット⑨
対空砲師団長	ペーオ⑤	サムパオ⑫	サムパオ⑫	サムパオ⑫
砲兵師団長	スウィット⑥	スウィット⑥	スウィット⑥	ウドム・H⑫
第2騎兵師団長	トッサポーン⑥	トッサポーン⑥	トッサポーン⑥	ユッタパン⑤
第1特戦師団長	スラユット⑫	ソムサック⑫	ソムサック⑫	ソムサック⑫
第2特戦師団長	ハーン・P⑪	ハーン・P⑪	ハーン・P⑪	ハーン・P⑪

士1期生が87年10月に総司令官に就任していた。海軍でも91年10月には同期生が総司令官に就任することが確実になっていた。それに加えて、同年に陸士を卒業して警察に入ったものたちとも親睦を深めていた。この陸・海・空軍と警察にまたがる同期会は「0143会」と自称された[31]。このように横断的な仲間集団が結成されることは稀であり、チャワリット勇退後、軍首脳部は史上稀に見る強い結束を誇っていた。

---

31 「01」は彼らが士官学校を卒業した仏暦2501年 (西暦1958年)、「3」は陸海空の3軍、「4」は3軍に警察を加えたものを指している。1981年に仲間の昇進祝いの会として始まったと伝えられている [*Khao Thai*, December 21, 1992]。なお、筆者が確認しえた限りでは、すでに88年に空軍主導で、3軍の士官学校を卒業して58年2月11日に任官された将校たちの名簿が刊行されている [*Tamniap* 1988]。

軍首脳は，入閣したチャワリットが閣僚との対立から辞職すると，チャワリットと対立した閣僚の更迭をチャートチャーイ首相に求めた．首相は応諾のそぶりを示すばかりで一向に実行に移さなかった．すっかり軽んじられ面子をつぶされた格好となった軍首脳は首相への批判的な態度を次第にはっきりと示し始めた．首相はクーデタなどもう生じないと恐らく高をくくっていたため，頗る強気であり，軍首脳更迭で対抗しようとした．危険な挑発であった．ついに91年2月23日に軍は怒りを爆発させた．国家秩序維持評議会によるクーデタである[32]．固い結束を誇る軍にクーデタを成功させるのはたやすいことであった．その後の政治にとって重要な意味を持つのは，首相の身柄拘束というもっとも重要な役割を担ったのが陸軍ではなく，空軍であったという事実である．また，欧州の冷戦が終焉を迎え，世界の潮流も軍の政治介入に否定的になっていた時期に行われたにもかかわらず，タイ国内ではクーデタへの反発はほとんど生まれず，むしろ歓迎されたという事実も銘記されるべきである[33]．

（2）陸士5期生の絶頂

5期生はクーデタ後の91年4月1日の人事異動でついに5虎ポストをすべ

---

[32] 軍は1980年代に低下した政治力を回復するために91年クーデタを行い，クーデタ当初から軍人が首相に就任することを計画していた，と分析するものが少なくない．この考え方からすると，軍は政治力回復の機会を虎視眈々と窺っていたことになる．しかし，筆者はそれに賛成しない．クーデタ当日の軍の手際の悪さは用意周到とは言いがたい突発的な行動であったことを示唆している．クーデタ後の政権構想をめぐって軍首脳の間に意見の一致があったわけでもない．このクーデタは何よりもまず首相による軍首脳解任という措置を阻止するための防衛的行動であった［玉田1992a］．クーデタの原因について，当時の首相チャートチャーイの義兄で内務大臣の要職にあったプラマーンはこう明言している．「1991年クーデタの真相はこうである．陸軍総司令官と国軍最高司令官の更迭が取り沙汰される中，［元陸軍総司令官の］アーティット・カムランエーク大将が国防副大臣に任命されたことに，軍人は不満を抱いてクーデタを行い，事後的に5項目の大義名分をでっち上げたのである」［Praman 1999: 48］．

[33] 「当初，多くのものは腐敗した文民政権の崩壊を歓迎した」［Hewison 1997: 1］．

て握った．それと並んで重要なのは11期生であった．11期生は90年10月の異動で実戦師団長ポストをそれまでの2つから5つへと急増させ，91年10月にはさらに1つ増やして6つとした．そこには第1管区の3つの歩兵師団すべてが含まれていた．しかも11期生の指導者チャイナロンは91年10月には第1師団長から第1旅団長へ昇格した．この11期生に次いで師団長ポストを多く握ったのは，12期生であった．12期生は91年10月の異動で3つの師団長ポストを握り，92年4月1日の異動では特殊戦争部隊司令官と新設の防空部隊司令官に就任した．

92年4月7日にスチンダーが首相に就任するため退役すると，総司令官補佐1名も勇退して入閣した．このため5虎に2つの空席ができて比較的規模の大きな異動が行われた．まず5虎については，副総司令官のイッサラポンが総司令官に昇格した．残る4つのうち3つは5期生のものであった．空席となった第1管区司令官には第1旅団司令官のチャイナロンが昇格した．師団長クラスでは，13の師団のうち11期生が5つ，12期生が4つを握っていた．

この陣容の持つ意味はどこにあったのであろうか．5期生については退役年度が重要である．イッサラポンは1994年であり，5虎のうち彼よりも後に退役するのはいずれも96年退役のウィロート副総司令官とプラモン参謀長の2名であった．順当にゆけば，イッサラポンの後任は5期生のウィロートであった[34]．ウィロートは5期生の最年少組であり，彼の後は後輩によって継承されることになる．管区司令官と副参謀長が最有力候補である．92年4月7日当時の

---

34 イッサラポンの後任としてウィロートと並んで有力であったのは5期生のウィモンである．ウィモンはイッサラポンとともにウィロートよりも1年先の82年10月に師団長に就任し，イッサラポンとともに86年10月には管区司令官に就任した．ウィモンは90年4月に5虎の仲間入りを果たした．それはウィロートと同時であり，イッサラポンに半年遅れていた．この経歴からウィモンの年功はイッサラポンにわずかに劣り，ウィロートよりは少し高いことになる．総司令官ポスト争奪戦において，ウィモンはイッサラポンのかなり有力な競争相手となり，ウィロートにとってもきわめて手強い相手であった．このため，ウィモンは91年10月の異動で国軍最高司令部へ副最高司令官として転出させられた．これによってイッサラポンはスチンダー退役後にすんなりと陸軍総司令官に就任しうることになり，ウィロートは安心してイッサラポンの退役に備えることが可能となった．

副参謀長はいずれも96年以前に退役を迎えることになっていた.管区司令官6名のうち2名は5期生なのでやはり96年以前に退役を迎える.それゆえ有力な候補者は4名であった.このうち第4管区司令官は8期生であり,同期生が有力ポストには皆無であるため,総司令官に上り詰める可能性は乏しかった.可能性が高いのは残る3名である.彼らは11期生と12期生であり,いずれも師団長クラスに多数の仲間を抱えていた.

彼らのうち最有力候補はチャイナロンである.彼はスチンダー首相とイッサラポン陸軍総司令官の親族である.彼が最有力候補と目されたのは,同期生に重要なポストを握る将校が多いことに加えて,こうした血縁関係があったからである.むしろ,彼は最高首脳の親族であるからこそ駆け足で出世したのであると捉えた方が正確かも知れない.そして,将来の総司令官候補チャイナロンを支えるために11期生が重要なポストに次々と抜擢されたということである.

96年に総司令官で退役を迎えるはずのウィロートにしても,このヌンパックディー一族の支援がなければ総司令官に就任し,在職のまま退役を迎えることは難しい.5期生は93年以降次々と退役を迎え,先細りが確実であったからである.同期生が少なくなれば,後輩に支持基盤を求めるしかない.その際にウィロートを支えてくれるはずなのは,11期生と12期生である.11期生はチャイナロンを指導者としていた.12期生にはサムパオ防空部隊司令官とスラユット特殊戦争部隊司令官がいた.砲兵出身のウィロートにとっては,同じ砲兵出身のサムパオが有力な頼みの綱である.サムパオがチャイナロンを押しのけて先に総司令官に就任することは困難であり,しかも必要でもなかった.というのも,3名が定年を迎えるのはチャイナロンが1999年,サムパオが2001年,スラユットが2003年だからである.サムパオはチャイナロンに先を譲っても2年が残る.総司令官就任は時期が下るにつれて不確実性が増すものの,同期生が主要な歩兵師団を掌中におさめていたチャイナロンまでは就任がほぼ確実であった.90年代に入って11期生と12期生が多数師団長に任命されたのは,こうしたスチンダー→イッサラポン→ウィロート→チャイナロン→サムパオという権力の継承ラインを整えるためであった.かつて80年代に5期生が権力を築き上げたのと同じことが今度は11期生と12期生を中心として繰り返されようとしていたのである(図3-3参照).これは,およそ10年ほど先まで陸軍内部に

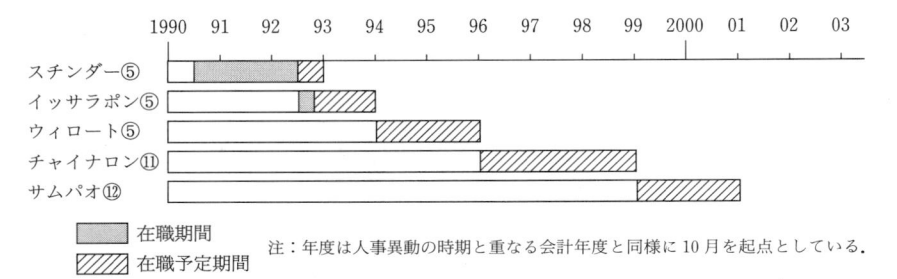

```
              1990  91   92   93   94   95   96   97   98   99  2000  01   02   03
スチンダー⑤
イッサラポン⑤
ウィロート⑤
チャイナロン⑪
サムパオ⑫
```

▨ 在職期間
▨ 在職予定期間　　注：年度は人事異動の時期と重なる会計年度と同様に10月を起点としている．

図3-3　陸軍総司令官ポスト継承構想案

おける権力継承ラインが確立されていたことを意味する．スチンダー政権の発足，首相退陣要求集会への発砲はこうした背景があって生じたことである．

（3）なぜ発砲したのか

1992年4月に首相に就任したスチンダーは，いくら批判を浴びても一向に動じる素振りを見せなかった．軍と国会からの支持のゆえに，スチンダー政権が早期に崩壊することはまずありえないと思われた．ところが，5月に入ると，チャムローンが大規模な集会を開き始めた．チャムローンは陸軍を退役して85年に民選都知事に転身し，92年3月に下院議員に初当選したばかりの政治家である[35]．彼が首都バンコクで絶大な支持を集めていたことは，90年に都知事に再選された他，自らが88年に結成し党首を務めるパランタム党が90年に都議会の56議席中50議席，区議会の220議席中184議席という圧勝をおさめたこと，さらに92年3月には首都選出の下院議員35名中32名を占める大勝利をおさめたことにあますことなく示される通りである．

チャムローンが決起した大きな理由は，前述のように軍内部で10年ほど先まで権力継承のラインが引かれていたことにあろう．スチンダー政権は軍に強力な支持基盤があるため，プレーム政権のように長期政権になる可能性が十分にあった．都知事時代に首都に支持基盤を築き，92年3月に初めて国政選挙に進

35　退役直前に少将に昇級していた．

出したチャムローンの目標は首相就任であろう．パランタム党が党勢を拡大してゆけば決して夢物語ではない．しかしながら，首相が下院議員である必要はなく，軍に支持基盤を持つことが不可欠であれば，チャムローンには夢を実現する可能性が乏しくなってしまう．陸士 7 期生のチャムローンは同期生が 81 年クーデタ以後軍での勢力を喪失していたからである．それゆえ，スチンダーを退陣に追い込むことには大きな意味があった．その際に選び取られた手法が，大規模集会による圧力であった．スチンダーを早期退陣に追い込みたいという思いは，チャワリットも共有していた[36]．陸軍総司令官在任中から首相になりたいと明言していたチャワリットの首相就任意欲はチャムローンよりも一段と強かった．それゆえ，チャワリットは集会を積極的に支援することになる．政権側はさまざまな方法で集会の妨害を試みたものの，ことごとく逆効果となり，首相退陣要求は強まるばかりであった．軍はついに 5 月 18 日未明から集会参加者への実弾発砲を始め，チャワリットを首謀者とする暴力革命謀略を打破するための対抗措置であると強弁した．発砲はその後も続き，20 日朝にかけて 90 名余りの死者行方不明者，数百名の負傷者を出した．

軍は首相退陣要求集会参加者に向けてなぜ実弾を発砲したのであろうか．軍に刃向かえば発砲されるのは当たり前だというのは暴論に過ぎる．タイでは 1973 年に学生が中心となった反政府集会により軍事政権が崩壊した（10 月 14 日政変）．政権崩壊の鍵は，陸軍の総司令官が集会鎮圧命令を拒否したことにあった．ところが，92 年 5 月には軍は政権と心中することになった．これは軍首脳と首相が，一方が倒れれば他方も倒れるという関係にあったからである．5 月 6 日から大規模な集会が始まると，軍は 1981 年 8 月に共産主義対策のため

---

[36] なお，1985 年クーデタ，91 年クーデタ，92 年 5 月事件のいずれについても，陸士 5 期生と 7 期生の対立を原因と捉える見解がある．確かにそうした対立は陸士在学中から存在していたと言われており，7 期生が大きな勢力として台頭し始めた 70 年代以後は顕在化していた．しかし，7 期生は 81 年クーデタに失敗して以降危険分子と見なされて軍の重要なポストから徹底的に排除されていた．落ちぶれた 7 期生と権力の絶頂にある 5 期生の間では力量の差が歴然としており，両期の間で対立が生じる余地はほとんどなかった．チャムローンにしてもチャワリットにしても軍出身者ゆえに月並みな政党政治家よりも大胆であったにすぎず，決して陸士の同期生集団同士の対立ではない．

に第1管区司令部に設置されていた首都防衛部隊に対策本部をおいた．首都防衛部隊では陸軍総司令官が司令官を務め，陸海空軍と警察の部隊を指揮する．陸軍部隊の指揮権は第1管区司令官にある．つまり，イッサラポンとチャイナロンが対策責任者となっていたのである．彼らが親族であるスチンダーを見捨てることは困難であった．スチンダー首相自身，政府官邸よりも第1管区司令部内におかれる首都防衛部隊司令部に詰めて軍首脳とともに対応にあたった．こうした相即不離の関係が実弾発砲という強硬手段に訴える主因となった．

　これは親族の問題にはとどまらなかった．スチンダー政権の崩壊は軍首脳部全体に影響を及ぼすことが確実であった．スチンダーが退陣した場合，もっとも有力な後任首相候補は野党第一党党首チャワリットである．スチンダー派はこの元上司を見捨てて政権を握っていた．チャワリットが政権を握れば，スチンダー派の軍首脳は早晩更迭される可能性が高かった．ウィロートらの5期生幹部，チャイナロンにつながる11期生の師団長などである．つまり，首相との距離が近すぎるため，軍首脳にとっては，首相を見捨てることは組織防衛にはつながっても，首脳部の自衛にはさほど寄与しなかったのである．さらに，前述のように，スチンダーは陸軍首脳の要請を受けて首相に就任していた．政権を支えるという約束を陸軍首脳が政権誕生からわずか1ヶ月ほどで違えるのは信義にもとることでもあった．

3-4 　1992年5月以降の人事異動

（1）事態収拾

　発砲後，軍内部でも批判の声があがった．しかし，主要なポストを独占するスチンダー派の前では無力であった．国王とて事態の収拾がすぐには不可能であった．5月20日午後には東北地方の第2管区，南部地方の第4管区，ロップブリーの特殊戦争部隊などの反スチンダー派の軍部隊が首都解放のために首都

に向けて進撃を始めたという噂も流れた[37]．どこそこの反主流派部隊が首都奪還にやってきてくれるという噂が駆けめぐっていたのは，牙をむいた軍を抑えうるのは軍しかないことが誰の目にも明らかだったからである．同時に，軍首脳部の結束が強いときにはそうした反主流派の決起は絵空事にとどまるのも厳然たる事実であった[38]．国王による事態収拾が可能となるには，軍内部で主流派に批判的な将校のネットワークが形成されるのを待たねばならなかった．国王は5月20日夜スチンダーとチャムローンを宮殿に呼び出した．仲裁の内容は喧嘩両成敗であった．スチンダーと集会指導者チャムローンの両方を叱責した．おまけに，スチンダーや軍首脳は5月23日の恩赦勅令により発砲への刑事免責を約束され[39]，翌24日夕方にスチンダーの首相辞任が発表された[40]．後日この勅令の合憲性をめぐって訴訟がなされるものの，軍に矛を納めさせるために政治的な判断により出された勅令に違憲の判断が下されることはありえなかった．

　スチンダーの辞任からほどなく，首相は下院議員でなければならないという憲法改正作業が始まり，連立与党も態度を一変させて改正に賛成したため，6月10日に与野党一致で可決された．後継首相が下院議員から選ばれることになると，連立与党は連立の枠組みを堅持したままチャートタイ党の党首ソムブンを首相候補に推そうと画策した．これは責任追及を少しでも和らげたい軍首脳

---

[37] 第2管区はプレームの忠臣が多く，さらにチャワリットに忠実なプラーン兵部隊（共産党との戦闘の最前線への投入を想定して編成された志願兵部隊）の拠点があること，特殊戦争部隊はプレーム側近のスラユットが司令官を務めていたことが，こうした憶測の根拠となっていた．反スチンダー派となりそうな部隊を探してみたときに想起される部隊である．

[38] こうした緊迫した事態の中で一部の陸士4期生は元首相で枢密顧問官のプレームを訪問した．手荒な鎮圧行動への反対を同様に表明していた第1管区副司令官ブラユーン（8期生）もプレームを激励に訪れていた[*Khao Thai*, August 10, 1992]．プレームは15名ほどの枢密顧問官の中で軍や政界とのパイプがもっとも太かった．プレームと言えば誰もが国王側近の枢密顧問官を思い浮かべ，プレームへの激励は彼の背後あるいは上に位置する国王への激励に通じていた．

[39] 5月17日から21日にかけての集会に関わる一切の行為について政府側・集会参加者側の双方の責任を免除する内容の勅令であった．

[40] テレビによるこの辞任声明は，5月22日に録画されていたと言われる[*Khao Thai*, June 1, 1992]．

の意向にも沿っていた[41]．多数の死傷者を出し，軍の刑事責任は一切問われず，しかも連立与党から後継首相が出てくる形勢となり，集会の参加者や支持者は後継首相が正式に決まるまで鬱々と過ごしていた．国王の英断によりアーナン前首相が6月10日に後継首相に任じられたときにやっと彼らは安堵し快哉を叫んだ[42]．

（2）国防大臣と人事異動

　1992年5月以後の陸軍人事異動を眺めるにあたって念頭においておくべきことを2点あらかじめ確認しておきたい．それは80年代以降の陸軍内部における派閥の大きな流れである．90年代初頭に大きな勢力をふるったスチンダー派は80年代後半の総司令官チャワリットの派閥から，チャワリット派は80年代の首相プレームの派閥から派生して発展していた．プレーム派には80年代前半には当時の総司令官アーティットに率いられる派閥も含まれていた．チャワリット派には非スチンダー派が，プレーム派には非チャワリット派が含まれていた．アーティット派はチャワリット派ともスチンダー派とも対立する派閥である．スチンダー派にとっては彼らから疎遠なものが軍首脳に抜擢されるほど

---

[41] 軍は，さらに，1980年代に国内安全保障維持本部において共産主義対策をめぐり徹底的な武力鎮圧を主張してハト派のチャワリットらと対立していたタカ派勢力（アピラック・チャクリー（*aphirak cakri*, チャクリー王家守護）と自称）を動員し，野党のチャワリットやチャムローンを批判させていた．なお，同本部の一部職員によるチャワリット批判は，路線対立の他に，80年代後半にチャワリットが共産党の壊滅を受けて同本部の大幅縮小を断行したことへの不満にも起因していた [*Lak Thai*, September 1, 1988]．

[42] 憲法の改正案は4案が91年6月10日に同時に国会で可決された．うち3案は上院の権限縮小などに関わるものであり，残る1案が首相を民選議員に限定するものであった．国会に関する3案は6月29日に公布され翌日に施行された．これに対して，首相に関する1案は公布が9月10日，施行が9月13日と3ヶ月の猶予期間が設けられていた．後継首相の任命が行われたのは憲法改正案可決と同日であり，その直後であったものの，この猶予期間を活用して民選議員ではないアーナンが任命されたのである．憲法改正の精神に反する高度な政治的判断であった．非民選首相への歓迎は政治改革論の伏線となる．

粛清の意味合いが強まることになる．

　もう1つは92年5月以後の政権とりわけ国防大臣の交代についてである．前述のように，軍の人事異動には国防相の意向がある程度反映される．国防大臣がどの程度の発言力を持ちうるかは，国防大臣の政治力とりわけ軍首脳との力関係に左右される．この時期の国防大臣と同副大臣はチュワン（在任97年11月～01年2月）以外はいずれも退役軍人であった．これらの退役軍人の中で，チャワリットの発言力は群を抜いていた．80年代に陸軍で最大の派閥を率いていた他，90年代以後も政党党首としてたびたび国防大臣に就任したからである．

（3）懲罰人事

　92年6月に成立のアーナン政権は5月事件の責任を問う懲罰人事を同年8月1日に実施した．陸軍では総司令官，副総司令官，第1管区司令官，諜報担当参謀長補佐が更迭された．現職（イッサラポン）のみならず，次とその次の陸軍総司令官候補者も（ウィロートとチャイナロン）揃って更迭されたことになる．この異動では，様々な人物が後任候補として下馬評にのぼった．総司令官候補にはスチンダー派からは遠い将官が含まれており，第1管区司令官候補はいずれもプレームやチャワリットに近い将校であった．こうした候補者にイッサラポンらが強い難色を示した［*Khao Thai*, August 10, 1992］．

　こうした抵抗のゆえに，陸軍総司令官にはウィモン国軍副最高司令官が就任することになった[43]．彼は91年10月に陸軍を逐われて国軍最高司令部へ移っていたものの，5期生の中心人物の一人である．彼は92年11月6日に，「ありとあらゆる苦難苦境の中で陸軍総司令官に就任した．……私にとって一番苦痛なのは，自分の栄達が友人たちの逆境や悲境を礎としていることだ」と語っている［*Khao Thai*, November 16, 1992］．苦境に陥ったのがスチンダーやイッサラポンであることはいうまでもない．彼が陸士5期生であることを改めて確認させてくれる思いやりに満ちた発言である．他方，第1管区司令官には9期生

43　総司令官補佐から副総司令官に昇格したサンは，同様に5期生ながら，5月17日夜の対策会議で軍投入に反対し席を立ったと報じられている［*Khao　Thai*, July 6, 1992］

表3-3　1992年8月1日の処分人事

氏　　名	前　　職	新　　職
カセート・ローチャナニン(1)	国軍最高司令官兼空軍総司令官	国軍総監
イッサラポン・ヌンパックディー⑤	陸軍総司令官	国防副次官
ウィロート・セーンサニット⑤	陸軍副総司令官	国防副次官
ウォーラナート・アピチャーリー(1)	国軍総監(元空軍総司令官)	国軍最高司令官
ピチット・クンラワニット②	国防副次官	国軍副最高司令官
ウィシット・アートクムウォン②	国防副次官	国軍副最高司令官
ウィモン・ウォンワーニット⑤	国軍副最高司令官	陸軍総司令官
サン・シーペン⑤	陸軍総司令官補佐	陸軍副総司令官
ユッタナー・イェームパン④	陸軍司令部付き	陸軍総司令官補佐
ウアム・マノーラット⑤	情報担当陸軍参謀長補佐	陸軍顧問
チャイナロン・ヌンパックディー⑪	第1管区司令官	陸軍高等研修所司令官
チェーター・ターナチャーロー⑨	第2旅団司令官	第1管区司令官
ソムポン・ピモンパン⑥	陸軍高等研修所司令官	情報担当陸軍参謀長補佐
プラユーン・ミーデート⑧	第1管区副司令官	第2旅団司令官
カン・ピマーンティップ(1)	国軍副最高司令官	空軍総司令官

注：氏名を太字にしたものが処分人事対象者．氏名の後の○数字は陸士の期，(1)は空士の期．

チェーター第2旅団司令官が任命された．チェーターはイッサラポンやチャイナロンとは旧知の間柄であり[44]［*Khao Thai*, August 17, 1992］，スチンダー派を慰撫しうる人選であった．こうしたことから分かるように，92年8月の異動は妥協の色合いの濃い懲罰人事であった．

　この異動では，軍最高首脳がかなり大幅に交代することになった（表3-3参照）．ここで大きな意味があるのは，陸士2期生2名が国防副次官から揃って国軍副最高司令官に転任したことである．とりわけピチットの異動は意味が大きかった．ピチットは80年代半ばにチャワリットと陸軍総司令官ポストを競った将校である．80年代後半に台頭した5期生の圧力を受けて89年10月に陸軍総司令官補佐から国軍副最高司令官へ左遷され，さらに91年10月には国防副次官へと左遷されていた．実質的には降格の異動を甘受させられていた彼はスチンダー派と対立する関係にあった．彼はさらに，国防省に設置された5月事件調査委員会の委員長にも任命された他，92年9月に定年退役した後には枢密顧

44　チェーターの略歴については還暦記念本が参考になる［Aphiwat 1998］．

問官にも任命される[45]．ピチットは陸軍在職中にかなり有力な派閥を形成していたため，92年10月以後の人事異動に一定の影響を与えるようになる．

このように，スチンダー派が居残る一方，非スチンダー派も抜擢され，さらに退役軍人の国防大臣からの介入も強まるという状況の中で，陸軍総司令官の指導力は，80年代以後のアーティット，チャワリット，スチンダーといった総司令官とは比べようもないほど弱体化してゆくことになる．この点について，92年8月以後の総司令官について順番に眺めてみよう．

（4）弱体な陸軍総司令官

1）ウィモン

アーナン政権下ですでに決定されていた92年10月の定期異動では，8月の第1管区に続いて，第2，3管区の司令官も交代した．もっと重要なことに，第1管区の歩兵師団長3名全員が更迭された．いずれもチャイナロンと同じ11期生であり，5月の集会鎮圧で中心的な役割を担っていた．スチンダー派の足腰となり，最盛時には6名にのぼった11期生の師団長は93年10月には皆無となる．代わって頭角を現してくるのは12〜14期生である．特に14期生は92年10月に第1師団長と第2歩兵師団長のポストを握った．

ウィモンは棚ぼた式に総司令官に就任したのであり，同期の5期生以外にはさして強い独自の支持基盤があったわけではない．5虎は92年8月には4期生1名，5期生3名，6期生1名であったが，93年10月には5期生4名，6期生1名という陣容になった．5期生が増えていることに注目しなければならない．このうちウィモンよりも若いのは，ともに96年退役の5期生パイブーン・エームパンと6期生プラモンの2名のみであった．ウィモンはパイブーンを後継者と決めて94年10月に副総司令官に任命した．他方，邪魔者のプラモンを93年10月に参謀長から総司令官補佐に「格下げ」し，94年10月には最高司令部へ左遷した．94年10月には新たに3名が5虎の仲間入りを果たした．うち2名は

---

[45] 15名ほどの枢密顧問官の中で，軍の要職を経験した軍人はプレームに次いで2人目であった．5月事件の危機を教訓として，軍を抑えるにはプレームだけでは不十分であるという判断がなされたためではないかと推測される．

表3-4　陸軍首脳人事異動(2)，1992年〜2002年

	1992年4月7日	1992年8月1日	1992年10月1日	1993年10月1日	1994年10月1日
総司令官	イッサラポン⑤[94]	ウィモン⑤[95]	ウィモン⑤	ウィモン⑤	ウィモン⑤
副総司令官	ウィロート⑤[96]	サン・S⑤	サン・S⑤	サン・S⑤	パイブーン・E⑤
参謀長	プラモン⑥[96]	プラモン⑥	プラモン⑥	パイブーン・E⑤[96]	ステープ⑤[96]
総司令官補佐	サン・S⑤[94]	ユッタナー・Y④[93]	ユッタナー・Y④	プラモン⑥	アーヌパーブ⑤[95]
〃	パイブーン・H⑤[94]	パイブーン・H⑤	チュートチャーイ⑤[94]	チュートチャーイ⑤	チェーター⑨[98]
副参謀長	ワチラー⑥	ワチラー⑥	ワチラー⑥	タワン⑦	タワン⑦
〃	ユッタナー・K⑤	ユッタナー・K⑤	ユッタナー・K⑤	チャイヤウット⑥	チャイナロン⑪
参謀長補佐(情報)	ウアム⑤	ソムポン⑤	ソムポン⑤	ソムポン⑥	ティーラワット⑥
参謀長補佐(作戦)	タワン⑦	タワン⑦	タワン⑦	ウィサーン⑧	チョークチャイ⑩
参謀長補佐(兵力)	チャイヤウット⑥	チャイヤウット⑥	チャイヤウット⑥	チャーン⑪	チャーン⑪
参謀長補佐(民活)	ルアンナーム⑦	ルアンナーム⑦	ルアンナーム⑦	ペーン⑨	ペーン⑨
参謀長補佐(補兵)	カセーム⑦	カセーム⑦	カセーム⑦	カセーム⑦	パッタナ⑧
第1管区司令官	チャイナロン⑪	チェーター⑨	チェーター⑨	チェーター⑨	バンディット⑧
第2管区司令官	アーリーヤ⑤	アーリーヤ⑤	アーヌパーブ⑤	アーヌパーブ⑤	スラユット⑫
第3管区司令官	パイロート⑤	パイロート⑤	インヨット⑥	インヨット⑥	スラチェート⑧
第4管区司令官	キッティ⑧	キッティ⑧	キッティ⑧	キッティ⑧	パーンテープ⑨
特戦部隊司令官	スラユット⑫	スラユット⑫	スラユット⑫	スラユット⑫	チャローンチャイ⑩
防空部隊司令官	サムパオ⑫	サムパオ⑫	サムパオ⑫	サムパオ⑫	サムパオ⑫
第1旅団司令官	ユッタパン⑤	ユッタパン⑤	バンディット⑧	パデット⑧	パデット⑧
第2旅団司令官	プラユーン⑥	プラユーン⑥	プラユーン⑥	タニット・Wa⑦	チューサック⑨
第3旅団司令官	インヨット⑥	インヨット⑥	スウィット⑦	パーンテープ⑨	タノーム⑨
第1師団長	ティティポン⑪	ティティポン⑪	ソムポップ⑭	ソムポップ⑭	ソムポップ⑭
第2歩兵師団長	パノム⑪	パノム⑪	ニポン・P⑭	ニポン・P⑭	ニポン・P⑭
第9歩兵師団長	スウィナイ⑪	スウィナイ⑪	ウィニット⑨	ウィニット⑨	チャローン⑪
第3歩兵師団長	レーワット⑬	レーワット⑬	レーワット⑬	レーワット⑬	レーワット⑬
第6歩兵師団長	プラスート⑪	プラスート⑪	プラスート⑪	サナン⑨	サナン⑨
第4歩兵師団長	ソムマーイ⑪	ソムマーイ⑪	ソムマーイ⑪	プラユット・T⑭	プラユット・T⑭
第1騎兵師団長	ワッタナチャイ・C⑫	ワッタナチャイ・C⑫	ワッタナチャイ・C⑫	ワッタナチャイ・C⑫	ウドムチャイ⑬
第5歩兵師団長	ウィニット⑨	ウィニット⑨	スウィナイ⑪	スラポン⑬	スラポン⑬
対空砲師団長	タクーン・M⑬	タクーン・M⑬	タクーン・M⑬	タニット・Wo⑫	タニット・Wo⑫
砲兵師団長	ウドム・H⑫	ウドム・H⑫	ウドム・H⑫	ウドム・H⑫	ウドム・H⑫
第2騎兵師団長	カモン⑨	カモン⑨	カモン⑨	チャムローン⑪	チャムローン⑪
第1特殊戦師団長	ソムサック⑫	ソムサック⑫	ソムサック⑫	プラソン⑭	プラソン⑭
第2特殊戦師団長	ブンロート⑫	ブンロート⑫	ブンロート⑫	ターリン⑬	ターリン⑬

5期生であった（表3-4参照）。5虎に空きポストができると，すでに多くが退役し先細りを続ける5期生を登用したのはウィモン総司令官の支持基盤の弱さを露呈していた。

　94年10月の異動にはもう1つ興味深いことがある。新5虎の1名は9期生チェーターである。チェーターがイッサラポンやチャイナロンと距離が遠くない将校であることは前述の通りである。この異動ではさらに，5月事件で更迭されていた11期生チャイナロンが5虎直近ポストの副参謀長に任命され，復権

	1995年10月1日	1996年10月1日	1997年10月1日	1998年10月1日	1999年10月1日
総司令官	プラモン⑥	チェーター⑨	チェーター⑨	スラユット⑫[03]	スラユット⑫
副総司令官	チェーター⑨	タワン⑦	タワン⑦	サムパオ⑫	パッタナ⑪[01]
参謀長	ステープ⑤	チャーン⑪[99]	チャーン⑪	チャーン⑪	モントリーサック⑫[00]
総司令官補佐	タワン⑦[98]	サムパオ⑫[01]	サムパオ⑫	ニポン・P⑭[02]	ニポン・P⑭
〃	バンディット⑧[98]	バンディット⑧	バンディット⑧	レーワット⑬[01]	レーワット⑬
副参謀長	パデット⑧	チョークチャイ⑩	チャトゥリット⑪	アナン⑨	ブンロート⑫
〃	ペーン⑨	パッタナ⑪	パッタナ⑪	パッタナ⑪	シナート⑫
参謀長補佐(情報)	ティーラワット⑪	ティーラワット⑪	ブンロート⑫	ブンロート⑫	ロンナチャック⑭
参謀長補佐(作戦)	チョークチャイ⑩	モントリーサック⑫	モントリーサック⑫	モントリーサック⑫	プリー⑬
参謀長補佐(兵力)	チャーン⑪	シナート⑫	シナート⑫	シナート⑫	タクーン・N⑬
参謀長補佐(民活)	チャトゥリット⑪	チャトゥリット⑪	カニット⑫	ルートラット⑱	ルートラット⑱
参謀長補佐(補兵)	パッタナ⑪	アナン⑨	アナン⑨	カニット⑫	カニット⑫
第1管区司令官	ウィニット⑨	ウィニット⑨	ニポン・P⑭	タウィープ⑭	タウィープ⑭
第2管区司令官	スラユット⑫	スラユット⑫	レーワット⑬	サナン⑪	サナン⑪
第3管区司令官	タノーム⑨	タノーム⑨	タノーム⑨	ソムマーイ⑪	ワッタナチャイ・C⑫
第4管区司令官	バーンテープ⑨	プリーチャー⑪	プリーチャー⑪	プリーチャー⑪	ナロン⑫
特戦部隊司令官	チャローンチャイ⑩	ホーム⑪	ホーム⑪	ホーム⑪	サートーン・S⑫
防空部隊司令官	サムパオ⑫	タクーン・M⑬	タクーン・M⑬	タクーン・M⑬	タクーン・M⑬
第1旅団司令官	アムポーン⑧	チャムナーン⑫	ソムタット⑭*	プラウィット⑰	プラウィット⑰
第2旅団司令官	ソムパン⑩	ソムパン⑩	サナン⑪	チラサック⑭	チラサック⑭
第3旅団司令官	サーイミット⑩	サーイミット⑩	プラワット⑨	ワッタナチャイ・C⑫	ウドムチャイ⑬
第1師団長	ソムポップ⑭	アーチャウィン⑮	アーチャウィン⑮	ノッパドン⑰	ワンチャイ・T⑰
第2歩兵師団長	アーチャウィン⑮	プラウィット⑰	ワンチャイ・T⑰	ワンチャイ・T⑰	ウドム・P⑱
第9歩兵師団長	タウィープ⑭	タウィープ⑭	ポーンチャイ⑭	サンチャイ⑯	サンチャイ⑯
第3歩兵師団長	キットクーン⑭	キットクーン⑭	キットクーン⑭	パーヌ⑮	パーヌ⑮
第6歩兵師団長	サナン⑭	プラウット・T⑫	ウィワット⑮	ウィワット⑮	ウィワット⑮
第4歩兵師団長	プラウット・T⑫	プラウット・T⑫	チャロー⑬	チャロー⑬	トーモーン⑰
第1騎兵師団長	ウドムチャイ⑬	ウドムチャイ⑬	ウドムチャイ⑬	ソムブーンキアト⑭	ソムブーンキアト⑭
第5歩兵師団長	スラポン⑬	スラポン⑬	ポンサック⑱	ポンサック⑱	ポンサック⑱
対空砲師団長	タニット・Wo⑫	アーティット・S⑮	アーティット・S⑮	アーティット・S⑮	ニポン・N⑮
砲兵師団長	ウア⑭	ウア⑭	ウア⑭	ウア⑭	チャートリー⑯
第2騎兵師団長	チャムローン⑫	チャムローン⑫	チャルームポン⑮	チャルームポン⑮	チャルームポン⑮
第1特殊戦争師団長	プラソン⑭	チャワニット⑬	チャワニット⑬	チャワニット⑬	ソンティ⑰
第2特殊戦争師団長	ターリン⑬	ターリン⑬	チャッチャワーン⑭	チャッチャワーン⑭	アマリット⑰

* ソムタットは第1師団長を務めたソムポップと同一人物である．

への足がかりをつかんだ．こうした異動は，ウィモンが5期生とスチンダー派以外には強い支持基盤を持たなかったことを示してもいる．

　ウィモンはパイブーンを後継者に指名して95年に退役した．しかし，これは国防大臣によって覆され，プラモン国軍参謀長が陸軍に戻って総司令官に就任した．これは2つの理由による．第一に，パイブーンは5虎の仲間入りをするまでの顕職が陸軍兵器製造センター所長にとどまり，これといった重要なポストを経験していないため，器量不足の感を否めなかった．これに対してプラモ

	2000年10月1日	2001年10月1日	2002年10月1日
総司令官	スラユット⑫	スラユット⑫	ソムタット⑭
副総司令官	パッタナ⑪	ニポン・P⑭	ワッタナチャイ・C⑫
参謀長	ブンロート⑫[02]	ソムタット⑭[04]	ウィーラチャイ⑭[05]
総司令官補佐	ニポン・P⑭	サナン⑭[02]	チャイヤシット⑯[06]
〃	レーワット⑬	ワッタナチャイ・C⑫[03]	シリチャイ⑮[06]
副参謀長	カニット⑫	ポンテープ⑮	タクーン・N⑬
〃	ブリー⑬	シリチャイ⑮	ルートラット⑱
参謀長補佐（情報）	ロンナチャック⑭	ルートラット⑱	パトムポン⑱
参謀長補佐（作戦）	ポンテープ⑮	プラウィット⑰	ウィブーン・S⑮
参謀長補佐（兵力）	タクーン・N⑬	タクーン・N⑬	パイロート・W⑯
参謀長補佐（民活）	ウォーラポン⑫	ウォーラポン⑫	プリーチャ⑯
参謀長補佐（補兵）	シリチャイ⑮	アムナート⑭	アムナート⑭
第1管区司令官	ソムタット⑭	ポーンチャイ⑭	プラウィット⑰
第2管区司令官	サナン⑭	チラサック⑭	チラサック⑭
第3管区司令官	ワッタナチャイ・C⑫	ウィチャイ⑭	ウドムチャイ⑬
第4管区司令官	ナロン⑫	ウィチャイ⑭	ウィチャイ⑭
特戦部隊司令官	ターリン⑬	ターリン⑬	ソンティ⑭
防空隊司令官	トンチャイ⑬	トンチャイ⑬	アーティット・S⑮
第1旅団司令官	ポーンチャイ⑭	アーチャウィン⑮	ユッタサック・R⑰
第2旅団司令官	キットクーン⑭	キットクーン⑭	タヌー⑯
第3旅団司令官	ウドムチャイ⑬	ソムブーンキアト⑭	ソムブーンキアト⑭
第1師団長	パイサーン⑱	パイサーン⑱	チラシット㉑
第2歩兵師団長	ウドム・P⑱	ウドム・P⑱	アヌポン㉑
第9歩兵師団長	マーナ・P⑱	マーナ・P⑱	マーナ・P⑱
第3歩兵師団長	フーン⑰	フーン⑰	スチット⑲
第6歩兵師団長	ウィワット⑰	ウィブーンサック⑳	ウィブーンサック⑳
第4歩兵師団長	トーモーン⑰	トーモーン⑰	ステープ・P⑲
第1騎兵師団長	ソムブーンキアト⑭	ナコーン⑰	ナコーン⑰
第5歩兵師団長	ポンサック⑱	ポンサック⑱	ウィロート・B⑳
対空砲師団長	ニポン・T⑯	ニポン・T⑯	ルーリット⑳
砲兵師団長	チャートリー⑯	チャートリー⑯	ウィブーン・N⑱
第2騎兵師団長	チャルームポン⑮	サハチャイ⑯	サハチャイ⑯
第1特殊戦争師団長	ソンティ⑰	ソンティ⑰	パントゥーン⑲
第2特殊戦争師団長	アマリット⑰	—**	—

＊＊ 第2特殊戦争師団は2001年9月30日をもって廃止された．

ンは陸軍司令部に長く勤務し参謀長や総司令官補佐を経験しており，経歴に申し分がなかった[46]．第二に，国防大臣は95年7月総選挙後に，元総司令官のチャワリットに交代していた．ウィモンはこのチャワリットに対抗しうるだけの支持基盤を持たなかった．

2）プラモン

　プラモンは任期1年にすぎず，参謀畑出身の彼を補佐できる有力な将校は同

期の6期生には皆無であった．彼はウィモンよりも一段と弱い総司令官であった．5虎の陣容は副総司令官9期生，参謀長5期生，総司令官補佐7期生と8期生となった（表3-4参照）．95年10月に第4管区に加えて，第1管区と第3管区の司令官ポストを握った9期生の副総司令官チェーターが次期総司令官の最有力候補であった．

3）チェーター

96年10月に総司令官に就任したのは順当にチェーターであった．5虎の陣容は副総司令官は7期生，参謀長は11期生，総司令官補佐は8期生と12期生であった．チェーターの98年の退役後も残るのは，ともに96年10月に5虎入りした11期生のチャーン（退役は99年）と12期生のサムパオ（2001年）の2名だけである．有力な対抗馬となりうる12期生スラユットは陸軍特別顧問という閑職へ異動させられた（表3-4参照）．

98年9月で任期が切れるチェーターの後任の総司令官をめぐって様々な憶測が乱れ飛んだ［*Sayamrat Sapdawican,* January 31, 1998; February 21, 1998; *Bangkok Post,* February 5, 1998］．1932年6月以後チェーターまでの総司令官20名全員についてみたとき，5虎（あるいはそれ相当）ポストを経ていないのは，わずか2名にすぎない．これは5虎ポストを経験していない将校の総司令官就任はきわめて困難なことを意味している．先例に照らし合わせれば，有力候補は自ずとサムパオとチャーンの2名に絞られた．サムパオはスチンダー派であり，91年クーデタに際して陸軍ではもっとも大きな役割を果たしていた．92年の虐殺には関わっていないものの，スチンダー政権発足当時には99年に総司令官に就任することが有力視されていた．これは消しがたい烙印である．同じ砲兵出

46　パイブーンは陸軍兵器製造センター所長補佐（少将，1983年），同副所長（85年），同所長（中将，89年）を経て，92年10月にウィモン総司令官付き参謀団長として大将になっていた．他方，プラモンは少将になったのは85年ながらそのポストはエリート・コース上の陸軍作戦部長であり，88年には参謀長補佐で中将，90年4月副参謀長，92年4月には参謀長に昇進して大将になっていた．両者の経歴の輝かしさには歴然とした差があった．チャワリット，スチンダー，プラモンの3名は同じ出世コースを玉突きのように歩んでいたことを想起すべきである．

身のウィロート元陸軍副総司令官が 95 年 10 月に国軍最高司令官に就任したため，その助力を得て 96 年 10 月に総司令官補佐に抜擢された[47]．他方，チャーンはそうした古傷がないものの，チャワリット首相に近すぎ，陸軍内部で人望が乏しいという弱点を抱えていた．それに加えて，両者とも陸士在学中に留学した中退組である．中退組が総司令官に就任した前例はなかった．

98 年 10 月の人事異動名簿を作成する時期にチャワリットが国防大臣であれば，チャーンが総司令官に任命されたことは間違いない．前年 10 月にチャーンを支えるべく副参謀長 2 名，管区司令官 2 名に 11 期生が配置されていたからである．しかし，チャワリット首相は経済危機の責任を問われる形で 97 年 11 月に退陣し，民主党政権が誕生して首相のチュワンが国防大臣を兼任していた．チュワンが政敵チャワリットの側近であるチャーンの抜擢に首を縦にふるはずはなかった．チェーターとモンコン国軍最高司令官は総司令官候補として 11 期生チャイナロンを推した．チャイナロンは能力があり，陸軍内部では人望もあった．92 年 5 月事件以後まとまりを失って自律性を低下させてきた陸軍を再結束させる強い指導者として最適と見なされたからである [*Nation Sutsapda*, August 6, 1998]．しかし，彼は 92 年 5 月に集会鎮圧の責任者であった．94 年 10 月に陸軍副参謀長に任命されたときには厳しい批判を招き，95 年 4 月に陸軍を逐われて以後国軍最高司令部に勤務していた．この大きな古傷をもち，5 虎経験のないチャイナロンを推挙するというのは無謀であった．これに対して，チュワンはプレームと相談の上，閑職にあったスラユットを総司令官に任命した[48]．5 虎を経験していない将校の抜擢というきわめて異例な人事であった[49]．

4）スラユット

スラユットは 12 期生であり，定年を迎えるのは 2003 年である．予定任期 5 年ということになり，70 年代以後ではチャワリットに次いで長い任期であっ

---

47 対空砲師団長が 91 年 10 月から 95 年 9 月にかけて，砲兵師団長が 93 年 10 月から 96 年 9 月にかけてサムパオと同じ陸士 12 期生であったことは，サムパオの権力基盤を支えるための人事であったと推測しうる．サムパオがスチンダー派の一員であることは，92 年 5 月事件後も毎年 8 月のスチンダーの誕生パーティーに出席していることから確認しうる．

た[50]。彼はプレーム直系の切れ者として，80年代から将来の総司令官と目されていた。総司令官就任にあたって，彼は軍事以外の質問には答えないとマス・メディアに宣言し，さらに上院議員，放送公社理事，県人会会長といった本務以外の役職から辞職した［*Matichon Sutsapda*, October 6, 1998］。政治に介入しない，クーデタをしないという発言を繰り返すことにより，政治への色気を示してきた従来の軍首脳と一線を画して，スラユットはそうした発言そのものを避けた。口先だけではなく，本音で非政治的軍人であった[51]。

　スラユットは5虎には同期の12期生を毎年1名ずつしか任じなかった。他方において，名誉職的なポストへの任命を通じて，同期生を次々と大将に昇級はさせていた。また，中将ポストに目を転じると，彼は同期生を99年4月に第4管区司令官に，99年10月に第3管区司令官と特殊戦争部隊司令官にそれぞれ任命した。副参謀長にも99年以後4名の同期生を任命した（表3-4参照）。彼はこうして同期生への配慮をしていたのである。将校垂涎の的の5虎ではなく，次善の選択肢にすぎないこれらのポストに任命した理由は次の3点に求めうる

48　スラユットは，中佐時代のプレーム政権発足直後の80年4月11日に設置された下院議員開発予算委員会に委員として加わっている［Somkhit *et al*. 1998: 58］ことに示されるように，知性派将校としてプレームの信頼が厚かった。プレームがスラユットを推したのは，旧知の間柄であり能力や人柄を高く評価していたといったことに加えて，プレーム自身の政治とも無縁ではなかろうと推察される。プレームは首相退陣後枢密顧問官となり，98年9月4日付けで枢密院議長に任命されたばかりであった（98年10月1日付け軍人事異動は9月18日に発令）。法律家や王族の多い枢密院において，プレームは家柄がよいわけでも格別裕福なわけでも法律の知識があるわけでもなく，軍や政界への影響力を最大の資源としているはずである。任期の長いスラユットを総司令官に就任させれば，陸軍への影響力を当分の間確保しうることになる。

49　この異動は新たな先例となり，今後の陸軍総司令官人事を混乱させる可能性がある。というのも，候補者が5虎（総司令官を除く4名）以外へも拡大する一方，後述のように政党政治家が人事異動に干渉する余地が大きくなりつつあるからである。

50　ただし，チャワリットは86年5月に就任し，90年3月に勇退したので在職年数は4年に満たない。スラユットは2002年8月でそれを越えることになる。

51　こうした将校が総司令官に任命されたことが軍の政治力低下の何よりの証拠であると言えよう。

であろう．第 1 に，スラユットは在任期間が長いにもかかわらず自らの権力基盤の構築という点では従来の総司令官に比べるときわめて禁欲的であった．第 2 に，スラユットは支持基盤が微弱なままに総司令官に就任し，しかも任期が長いため，5 虎ポストに比べると人選をめぐる摩擦が小さい次善ポストでそうした基盤を就任後に構築しようとした．最後に，スラユットは陸軍内での権力基盤が首相あるいは政権担当政党，国防大臣，国軍最高司令官らからの介入を跳ね返せるほど強固ではなかった[53]．

　スラユットのもとでは 5 虎は 12 期生が 2 名，11 期生，13 期生，14 期生が各 1 名という陣容で推移した．これが初めて変化したのは 2001 年 10 月の異動であった．12 期生 2 名，14 期生 3 名となった．しかもスラユットよりも定年が遅い 5 虎が初めて誕生した．14 期生のソムタット参謀長である．14 期生はこの異動で管区司令官を 1 名増やして 3 名としてもいた（表 3-4 参照）．とりわけ第 1 管区司令官は 4 名続けて 14 期生であった．在任年数は短いものの，同じ学年から 4 名続けて第 1 管区司令官を出すのは全体未聞の珍事である．管区司令官の有力な候補者となる旅団司令官も 3 名中 2 名は 14 期生であった．つまり，14 期生は 5 虎中の最大勢力となり，中将級の実戦部隊司令官の間でも最強の勢力となったのである．これはソムタットが 2003 年退役予定のスラユットのもっとも有力な後継者候補となったことを意味していた．実際のところ，後述のように異例な人事異動により，ソムタットは予定が 1 年早まって 2002 年 10 月に陸軍総司令官に任命されることになる．この異動は彼がユッタサック国防副大臣の義弟であることと無縁ではなかった．

52　軍情報に詳しい週刊ネーション誌編集長ポンサック氏によると，スラユットは陸軍内部では人気がないとのことであった．警察では部下が上司に物質的な利益を上納する仕組みになっているのに対して，軍では上司が部下に利益を提供する必要がある．スラユットは，従来の総司令官とは異なり，そうした世話をしないため好かれていないというのである．禁欲が権力基盤の脆さにつながっていたわけである．

3-5　勢力分断人事と政治力低下

　軍の政治力が低下したもっとも重要な理由は，冷戦の終焉，世界的な民主化の潮流，経済の高度成長と破綻，あるいは都市中間層からの圧力といった軍に外在的な要因でもなければ，軍人の意識の変化という捉えがたい要因でもなく，人事異動にこそにあった．92年5月以後，強い指導力を発揮しうる陸軍総司令官の登場を抑止する異動が繰り返されたということである．5月事件以後の総司令官人事を今一度振り返っておくならば，5期生のウィモンは任期3年ながら，5月事件の打撃を被ったスチンダー派を支持基盤とせざるをえず，強い指導力を発揮しえなかった．彼の弱さを何よりもよく示しているのは，彼の指名した後任の総司令官候補が却下されたという事実である．彼を継いだ6期生のプラモンは任期がわずか1年にすぎず，人事権を行使して独自の支持基盤を形成することなどおぼつかなかった．後任のチェーターも文句なしに総司令官に就任していたわけではない．前任者が後継者を決めかねて推挙した2名の候補者のうちの1人にすぎない．対立候補のタワンは81年クーデタで勢力を失った7期生の1人であり，しかも慣例上総司令官就任が困難な陸士中退・留学組である．これはタワンがさほど有力な総司令官候補ではなかったことを意味する．このタワンを圧倒できなかったというのは，チェーターの支持基盤もあまり強固ではなかったのである．そのせいもあって，チェーターは後任者の選定に手間取ることになった．スラユットは任期こそ長いものの，5虎の経験がなく，就任後に足場固めに着手しなければならなかった．しかも，異例な抜擢であったため，陸軍中枢部には不満を抱くものが少なからずいた他，恩着せがましい態度をとろうとする当時の政権与党民主党からの干渉をはねのけることに余計な神経を配る必要もあった．陸軍において実質的な人事権を握る総司令官の支持基盤がこのように弱く，強い指導力を発揮しえないため，クーデタの潜在的可能性は自ずと小さくなる．クーデタの実行を躊躇せざるをえなければ，軍の政治力は弱体化を免れない．

総司令官の指導力をこのように低下させる人事異動の発端は，5月事件に関わる懲罰人事にあった．それはスチンダー派を徹底的に粛清するものではなく，妥協の色合いが濃かった．スチンダー派の中核となっていたのは陸軍の要職から更迭されたイッサラポン，ウィロート，チャイナロン，そして彼らの同期生である5期生と11期生であった．イッサラポンは国防副次官として静かに定年を迎えるものの，ウィロートは国軍最高司令官，チャイナロンは陸軍副参謀長，国軍参謀長，国軍副最高司令官となって一定の復権を果たす[53]．他方において，チャワリットとスチンダーがそれぞれ陸軍総司令官を務めた時期に閑職に追いやられていた将校の一部は日の当たるポストへと戻ってきた．典型は1980年代半ばに第1師団と第1管区で大きな勢力をふるっていた2期生ピチットにつながる将校たちである．4期生のワッタナチャイは92年10月に国軍最高司令官に就任した．8期生のバンディット[54]は92年10月に第1旅団司令官，94年10月に第1管区司令官，95年10月に総司令官補佐と駆け足で昇進した．

　スチンダー派が残る一方，新たな派閥も台頭するという人事は，1981年クーデタを決行した陸士7期生や，91年クーデタならびに92年の流血を招いた陸士5期生を反面教師とした期を分断する人事政策に由来するところが大きい．特定の学年が要職（7期生の場合には連隊長と大隊長，5期生の場合は首脳ポスト）を独占すると，それに対抗しうる勢力が軍内部に存在せず，クーデタなどの暴走を許すことになりかねないという懸念に起因している．これは国王，プレーム，首相，国防大臣のいずれにも共通した認識であった．それゆえ，意図的に分断人事が行われてきた．特定の学年を偏重しないばかりではなく，スチンダー派，プレーム派，チャワリット派など，あるいは各兵種や各管区ごとのいろんな派閥の将校が入り乱れて重要なポストに任命されてきた．それに加えて，90

53　92年5月事件当時の第1管区の師団長ポストに在職していた陸士11期生はその後誰一人として要職に任命されていない．しかしながら，当時第1師団参謀長に在職し，鎮圧活動に関与していた17期生のノッパドンは98年10月に第1師団長に任命されている．

54　バンディットは85年9月クーデタ当時第1歩兵連隊長であり，当日政府側（反クーデタ側）の軍首脳が第11歩兵連隊司令部に集結する中，ピチットとともに第1管区司令部にとどまっていた．このクーデタではピチットは黒幕と噂されており，ピチット派の佐官の多くはその後閑職に追いやられることになった．

年代の総司令官は支持基盤が弱く，国防大臣などからの干渉を十分にはね除けられないため，多方面への配慮を欠かせず，その結果そうした分断人事に拍車がかかっている．

それと並んで，1992年以後は軍を不可欠な支持基盤とする首相がいなくなったことも見逃せない．70年代までの軍出身首相はもっぱら軍のみを支持基盤としており，80年代以後のプレームやスチンダーも国会と並んで軍に支持基盤を求めた．こうした軍人首相は軍からの支持を確実なものとするため，軍の人事異動に介入して首相支持勢力を維持しなければならなかった．そこでは，クーデタによる政権打倒を企みかねない軍内反首相派勢力の台頭を抑止しつつ，政権担当者に背や刃を向けかねない行政官僚制，政党，マス・メディア，学生といった勢力を十分に牽制しうるだけの首相支持派の涵養が重要であった．人事へのこうした介入は政権担当者にとって危険すぎない程度の強い指導力を備えた陸軍総司令官を育成するのに寄与していた．これに対して，92年以後は軍からの支持に強く依存する政権は存在しなくなった．政権の存立は軍からの支持ではなく，もっぱら国会の多数派掌握にかかるようになったからである．民主政治時代の首相は政権維持のために軍の人事異動に積極的に介入する必要がない．むしろ強力すぎる軍指導者の登場を抑制することに関心を抱く．陸軍総司令官は首相や国防大臣といった軍の外部からの力添え（たとえば80年代のプレーム）がないと，わずか数年間で強固な軍派閥を構築することが難しい．そうした外からの引きがなくなったのである．国会の多数派を占めたものが権力を握るという民主政治の定着が，軍の政治力に及ぼしたもっとも大きな影響の1つはここにある．

それをよく示すのが，92年9月以後連立政権に加わり，95年7月から97年11月まで，さらに2001年2月から翌年10月まで国防大臣を務めたチャワリットである．彼は元陸軍総司令官という経歴のゆえに，政党政治家の間では唯一軍との太いパイプを持っており，軍の人事異動に深く関与しうる能力を備えていた．それゆえ，政治家はチャワリット以外の誰もが，チャワリットと強力な陸軍総司令官の蜜月を懸念してきた．たとえば，バンハーン首相が96年の政権末期に5期生のウィロート国軍最高司令官を国防副大臣に任命したのは，手強いチャワリットを牽制するために他ならなかった．チャワリットはこうした制

約のもとで，軍を政界における支持基盤に加えようと試みた．しかし，それは軍にクーデタを実行させることでも，強い軍指導者を養成することでもなかった．チャワリットに従順であり強すぎない軍指導者がもっとも好都合であった．弱すぎては役に立たず，強すぎては危険であった．彼が信頼し，軍内部で人望もあったのは，総司令官時代に主要な師団の司令官に任命した将校たちである．こうした将校たちは有能であるがゆえに，5期生全盛時代に軒並み陸軍を逐われていた．チャワリットは国防大臣に就任して人事異動に影響力を行使しうるようになっても，こうした将校を陸軍には戻さなかった．たとえば定年が2000年のモンコンを95年10月以後に陸軍に戻していれば，80年代にすでに政財界に広い人脈を持っていたモンコンが陸軍総司令官に就任した可能性はきわめて高かった．しかしそれでは強い総司令官が誕生することになり不都合である．それゆえ，かつての有力な部下たちを国軍最高司令部や国防次官事務所に残してそのまま出世させたのである[55]．チャワリットが指導者に仕立て上げようとしたのは，チャーン参謀長のようにさほど有力ではない将校であった．それでも，軍首脳からみて，チャワリットは最悪の国防大臣ではなかった．92年以後に重要なポストの多くを握ってきたのは，旧スチンダー派であり，その母体の旧チャワリット派だからである．この首脳にすれば，非チャワリット派退役軍人の大臣就任はもっと困ったことになる．97年11月に民主党政権が誕生し，同党代議士のワッタナチャイ元国軍最高司令官が国防大臣候補になると，モンコン国軍最高司令官とチェーター陸軍総司令官がチュワン首相に直談判して首相に国防相を兼任させた理由はここにある．

　92年5月以後に強い陸軍総司令官の登場を阻む期分断人事が行われてきたことは，80年代の異動と比べると浮き彫りになろう．最高首脳である5虎，それに最短距離にある中将ポスト（管区司令官4〜6名と副参謀長2名），少将としては軍内政治でもっとも重要な実戦師団の師団長（10〜13名）に，定期人事異動が行われる毎年10月1日にどの期の卒業生が何人ずつ在職していたのかを調べてみるのである[56]．

55　モンコンは国軍最高司令官，オーラパンは国軍参謀長，ワッタナーは国軍総監，ユッタサックは国防次官といった具合である．

まず5虎在職者の内訳を見てみると，予科5期生のアーティット，1期生のチャワリット，5期生のスチンダー，イッサラポン，ウィモンらが総司令官在職中は5虎の過半数を越える3～5のポストを同期生で固めていた．これに対して，90年代の6期生のプラモン，9期生のチェーターは同期生を5虎には任命しておらず，それどころか5名全員の学年が異なっていた．12期生のスラユットも2つを占めたにすぎない（表3-5参照）．5虎に同期生が多いほど総司令官の指導力が強いと一概には言えないものの[57]，多数の期に分散している場合と比べると，一般論としては同期生が多い方が指導力を発揮しやすいことは否めない．

次に，5虎直近ポストについてみると，80年代には総司令官を近々出すことになる期が多くのポストを握っていた．たとえば80年代前半の予科5期生，80年代後半の5期生である．そこでは人数が多いばかりではなく，数年間にわたって多数のポストを握り続けるという特色があった．在職年数が長くなるほど直近の部下たとえば師団長や参謀長補佐の間に支持基盤を形成しやすくなる．これに対して，90年代には95年の9期生，99年の12期生のように特定の学年が過半数を占めることもあったものの，多数を占めたのは1年間にとどまっていた（表3-5参照）．これでは5虎ポストへの昇進を待つ間に支持基盤を強化することは難しい．

師団長についてみると，陸士1期生から4期生までは学生数が少なかったので一律には比較しえないものの，期によって輩出数に大きな違いがあることは一目瞭然である（図3-4参照）．10月1日時点での師団長在職者の累計数を見てみると，7期生は皆無であり，3期生や10期生も極端に少ない．他方，5期生は群を抜いて多い．期ごとの人数を比較すると，80年代に師団長を出していた10期生以前では5期生と8期生への集中が顕著である．これに対して11期生以降についてみると，今後新たに師団長が任命される可能性がほぼなくなった15期生以前では，11期生と15期生がやや少ないものの，10期生以前と比べる

---

56 たとえば同一人物が3年間在職しても，3名が1年ずつ在職しても値は同じになる．学年ごとの勢力を見てみようとする試みなので何ら不都合はない．
57 ウィモンの場合には同期生を5虎に任命することがむしろ彼の支持基盤の弱さを露呈していた．

表3-5 陸士期別主要ポスト占有数，1980〜2002年

期	年	1980	1981	1982	1983	1984	1985	1986	1987	1988	1989	1990	1991	1992	1993	1994	1995	1996	1997	1998
予科5	大将		1	②	②	④	④													
予科5	中将	1	③	④	④	④	1													
予科5	少将	③																		
予科6	大将							1												
予科6	中将					1	1													
予科6	少将	③	1																	
予科7	大将																			
予科7	中将						②													
予科7	少将			③	2	2														
1	大将						1	③	③	③	②									
1	中将				1	2	②	2	②	1										
1	少将	1	③	③	1															
2	大将							1	1	1										
2	中将					1	1	1	1	1										
2	少将			2	2	2														
3	大将									1	1									
3	中将								1											
3	少将					1	1													
4	大将															1				
4	中将							1	2	②	2	2								
4	少将			2	3	2														
5	大将							1	1	2	④	⑤	③	④	④	①				
5	中将						③	②	②	⑤	④	⑤	②	1						
5	少将			2	④	⑨	⑩	⑥	⑥	1	1		1							
6	大将													1	1		①			
6	中将											1	1	②	②	②				
6	少将	·			1	1	1	1	2	2										
7	大将																①	①	①	
7	中将														1					
7	少将																			
8	大将																①	①	①	
8	中将											1	1	1	②	1				
8	少将					2	5	5	⑦	⑤	2									
9	大将															1	①	①	①	
9	中将											1	1	1	④	2	1	1		
9	少将						1	1	3	2	1	2	2	1						

主要ポストは大将は5虎，中将は5虎直近ポスト（管区司令官と副参謀長），少将は師団長を指す．
各年度とも10月1日時点での在職者数．予科4期生以前は省略．
少将の⊡，中将の◯，大将の◇といった囲み数字はそれぞれ各年度の最多を示す．5虎のうち⌶は総司令官在職を示す．

138　3章　軍の政治力低下：理由と過程

表3-5　陸士期別主要ポスト占有数，1980〜2002年（続き）

期	年	1989	1990	1991	1992	1993	1994	1995	1996	1997	1998	1999	2000	2001	2002
10	大将														
10	中将						1	1	1						
10	少将		1	1											
11	大将								◇1	◇1	1	1	1		
11	中将									③	④	④			
11	少将	2	▢5	▢6	3										
12	大将								◇1	◇1	◇2	◇2	◇2	2	1
12	中将				②	②	②	②	1			⑤	③		
12	少将	1	2	3	▢4	▢5	4	3	2						
13	大将										1	1	1		
13	中将								1	2	1	1	③	③	2
13	少将				2	3	▢5	3	▢4	3	2				
14	大将									1	1	1	◇3	◇2	
14	中将								1	2	2	2	③	③	
14	少将				2	4	4	▢6	▢4	▢4	3	1	1		
15	大将														1
15	中将													2	1
15	少将							1	2	▢4	▢4	3	2		
16	大将														1
16	中将														
16	少将											1	3	2	3	1
17	大将														
17	中将														1
17	少将							1	1	2	▢4	▢4	▢4	1	
18	大将														
18	中将														1
18	少将								1	1	2	▢4	▢4	2	
19	大将														
19	中将														
19	少将														▢3
20	大将														
20	中将														
20	少将													1	▢3
21	大将														
21	中将														
21	少将														2

第1部　1992年5月事件

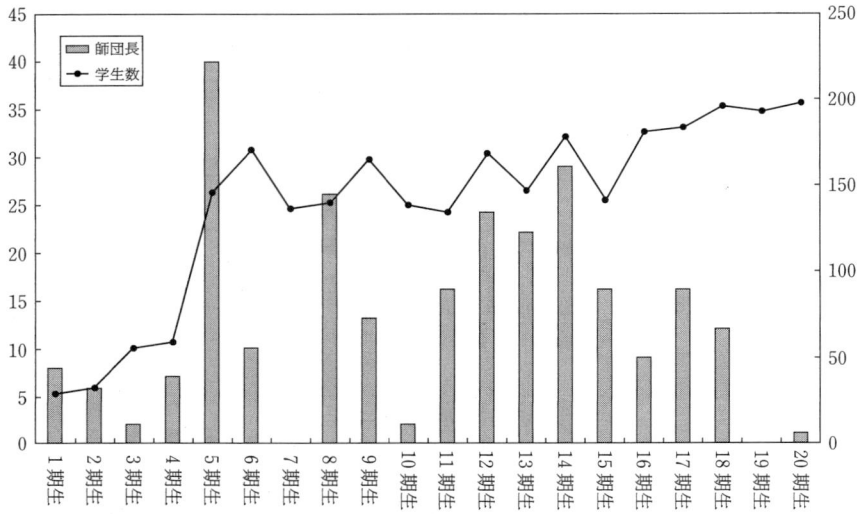

出所：師団長数は各年度の人事異動名簿より算出．陸士の学生数は創立111周年の卒業生名簿［CPR 1998: 184-222］による．

図3-4　陸士期別の学生数と師団長数，1980〜2002年

と学年ごとの均分化の傾向が明らかである．期ごとの人数の多寡に加えて，特定時点における特定学年への師団長ポストの集中度も重要である．たとえば5期生は85年には7割以上の師団長ポストを握っていた．8期生も88年には過半数を越えていた．11期生も91年には過半数に迫ろうとしていた．ところが93年以後は特定の期への極端な集中はなくなり，概ね3つの期により分かち合われるようになった（表3-5参照）．これには三つ巴による勢力均衡の効果がある．90年代には勢力分断が生じたことをよく示す一例である．

　総司令官を支える基盤の構築という観点から，師団長から5虎へと至る昇進過程を期別に眺めてみると，80年代と90年代では次のような重要な違いがあることが分かる．80年代には特定の期が師団長ポストを多数握って勢力を養い，それを足場として中将ポストも多数獲得し，最後に大方の予想通りに総司令官ポストを獲得している．下から順番にしっかりと積み上げて最後に総司令官ポストを獲得するのである．予科5期生，1期生，5期生はこのパターンで

ある．この場合には総司令官就任までに勢力涵養期間があり，総司令官は就任直後からかなり強い指導力を発揮しうる．多数の師団長ポストを長い間握っていた5期生は総司令官を6年半にわたって3名も輩出した．このパターンに習うならば，8期生や11期生も総司令官を出すはずであった．しかし，8期生は90年代初頭までには軒並み出世コースを外れ，そうした機会を逸した．代わって台頭した11期生も5月事件に連座して短期間のうちに更迭された．92年からのウィモン総司令官の時代にはかつての5，8，11期生のように多数の師団長ポストを握る期は登場しなかった．むしろ前述のように複数の期への分散が顕著であった．6期生プラモンと9期生チェーターはいずれも権力基盤の構築が不十分なまま総司令官に就任し，就任後も十分な基盤を形成しえないまま定年を迎えた．チェーターの後任は5虎直近ポストの半分を握っていた11期生から出るのが順当であった．しかし，候補者となった参謀長が野党指導者チャワリットに近すぎたため，大穴候補の12期生スラユットが任命された．スラユット自身には5虎在職経験がなく，同期生で5虎や5虎直近ポストに在職するのはライバルと目されてきたサムパオ1人であった．孤立無援の状態にあったと述べても過言ではない．

　92年以後の総司令官は既製の基盤に乗ったウィモンを別にすると，安定した基盤を持たないままに就任している．支持基盤が固まっていないため，人事異動をめぐってもめ，陸軍内部で足の引っ張り合いが起きる．大派閥ではなく弱小派閥の抗争である．国防大臣や政党政治家といった軍外部からの加勢を得ようとするものも出てくる．さらに，たとえば98年の人事異動で総司令官候補となったスラユットやサムパオの在職年数が長すぎるという批判が陸軍内部にあった．短い任期では指導力の強化は難しい．こうした声がたやすくかき消されないこと自体も強い指導力を持った総司令官の登場を阻む一因となっている．このように本命不在の後継者レースを辛くも勝ち抜いた総司令官を戴いていては，かつてのような一大派閥や二大派閥といった状況の再現は困難である．むしろ四分五裂に近い状況となって，クーデタの決行や成功はおぼつかず，陸軍の政治力が低下することは避けがたい．

　それにもかかわらず，クーデタの勃発を期待したり懸念したりする声が聞こえなくなったわけではない．とりわけ現行の1997年憲法起草作業の最終段階と

通貨危機勃発が重なった97年7月からの数ヶ月間にはクーデタの待望論が沸き上がった．重鎮の政治学者チャイアナンは，国王にすがって，3年間国会の機能を停止して非政党人に政権を担当させようとマス・メディアを通じて提案した [*Nation Sutsapda*, August 15, 1997]．議会制民主主義停止の具体的手法は軍によるクーデタであった．当時は政治家不信が渦巻いており，多くのものがアーナン政権のような選挙の洗礼を受けないテクノクラート政権の登場を渇望して，軍に不人気な議会政治家を掃き出す掃除人の役割を期待していたのである [Surachat 1998a: 165-166, 167-173, 174-181; *Athit*, August 8, 1997; August 22, 1997; Chatcharin 1998：298-304]．しかし，クーデタにより「有能なはず」の政権を誕生させても，その政権が経済問題を解決できなければ軍が責任を問われることは確実であった．クーデタはまさに火中の栗を拾うに等しい損な役回りであり，軍が引き受ける可能性は乏しかった[58]．また，2001年1月の総選挙を控えて，選挙管理委員会が選挙違反の摘発を強化し，多くの候補者の資格を剥奪するかも知れないという懸念が深まると，チャートパッタナー党の党首は資格剥奪があまりに多数にのぼり混乱が生じれば，クーデタが起きるかも知れないと発言した [*Bangkok Post*, December 15, 2000]．軍の威を借りて選挙管理委員会を牽制しようとしたのである．さらに，2002年3月には野党民主党の副党首が，タックシン政権が発足1年余りの間に軍によるクーデタを招きかねないほど失政を重ねてきたと批判した．政治家のこうした発言は，クーデタが過去の遺物とはまだ片付けられないことを示している．

　最後に，97年憲法で議会政治のルールが見直されて，比例区選挙制度が導入され，比例区議員の閣僚就任が期待されるようになった．この憲法に基づく最初の総選挙は2001年に実施された．比例区候補者名簿には退役間もない軍首脳の名前がいくつもあった[59]．国防大臣の最有力候補はこうした比例区議員であ

58　チェーター陸軍総司令官は当時こう語っている．「私にクーデタを行うよう求めないで欲しい．もし決行したとしても，できないことがあるからだ．権力を掌握しても，経済問題を解決できないということだ」[*Athit*, August 15, 1997]．それに加えて，当時の軍の最高実力者モンコンはチャワリット首相と近い関係にあったので，1980年のクリエンサック首相のようにクーデタに至る前の段階で自発的に辞職する可能性の方がはるかに高かった．別言すれば，首相と軍首脳は話せば分かる関係にあったのである．

る．90 年代の国防大臣（あるいは国防副大臣）も大半は退役軍人であった．その中には，90 年代の軍主流派からみれば非主流派も含まれていた．これに対して，比例区議員に擁立され国防相に任命される可能性が高いのは退役直前まで軍主流派に身を置き知名度のある将校である．これは軍に支持基盤を持つ政治家がチャワリット以外にも誕生することを意味する．彼らは国防大臣に就任すれば，チャワリットと同様に軍の人事異動に一定の影響力を行使しうる．2001 年 2 月成立のタックシン政権ではチャワリットが国防大臣，ユッタサック元国防次官が国防副大臣に就任した．この両者には重要な違いがある．チャワリットは自らの政党を率いていたため，政党政治家にさほど配慮することなく，もっぱら自らの利害関心を軍人事に反映させえた．やや強引ながらチャワリットと軍を一体とみなせば，人事異動はかなり自律的に行われたことになる．これに対して，ユッタサックは比例区議員であり，当選を党（端的には党首タックシン）に負っている．2002 年 10 月に国防大臣に就任したタムマラックも同様に比例区議員である．こうした比例区議員は党派色濃厚な政党政治家からの人事異動への干渉に脆弱にならざるをえない．チャワリットに倣って自前の政党を結成する軍首脳は登場しておらず，そのチャワリットは 2002 年早々に自ら党首を務める新希望の解党を決めた．今後政界に進出する軍首脳は一介の比例区議員であり，国防大臣就任が有力視されるのはそうした退役軍人である．軍に一定の支持基盤を持つものが国防大臣に就任するようになる一方，陸軍総司令官の指導力がさほど強固ではなければ，人事における国防大臣の発言力が高まることになる．これを文民統制の確立につながることと手放しで歓迎するわけにはゆかないであろう．政党政治家からの介入が増えることを意味するからである．

　タックシン政権ではすでにその傾向が顕著に現れつつある．1 つは首相の親

59　タイラックタイ党ではユッタサック元国防次官，チェーター前陸軍総司令官，タワン元陸軍副総司令官ら，チャートタイ党ではウィロート元国軍最高司令官，ホーム元特殊戦争部隊司令官，アモーン前空軍総司令官，民主党ではスラチェート元第 3 管区司令官，ナルナート工兵部長らの名前があった．軍首脳でもっとも動向が注目されたのは，2000 年 9 月に退役を迎える実力者モンコン最高司令官であった．多くの政党が迎え入れようとしたものの，彼は政界入りを断り，同年 8 月に新空港会社（ノーングーハオに建設予定のスワンナプーム空港）の理事長への任命を受諾した．

族の重用である．従兄弟で陸士16期生のチャイヤシットはタックシン政権成立直後の2001年4月に中将に，わずか1年後には大将に昇格した．しかもその半年後には，国軍最高司令部（特別顧問という閑職）から陸軍に戻り，次期総司令官を狙える総司令官補佐に栄転した[60]．別の親族ウタイ（陸士13期生）も2001年10月に国防次官事務所政策企画副部長（中将）から同部長（大将）に昇進し，翌年10月には国防副次官に昇進した．もう1つは首相の軍予科学校の同期生（予科10期生）である．首相は警察士官学校へ進学したものの，同級生の多くは陸士21期生となった．陸士21期生は2002年10月の異動で第1師団と第2歩兵師団の師団長に任命された．首相は首都の権力中枢にもっとも近い両師団を同期生に委ねることにより，クーデタの発生を懸念する必要がなくなった．

　首相はこの異動を実現するために，先例に反して2002年8月に国軍最高司令官と3軍の総司令官のみの異動を他の将官人事とは切り離して先行実施していた．二段階人事異動の口実は，後任の総司令官が前任者と相談しながら将官人事異動を行うことにより，10月1日の就任当初から信頼しうるスタッフに囲まれて効率的に軍を運営しうるようにすることであった．しかしながら，真意は，プレームという後ろ盾を持ち，首相の意のままにならないスラユットを更迭し，陸軍首脳人事への介入の余地を拡大することにあった．退任するスラユットが将官人事権を握っていては，首相の希望が反映されにくい．それゆえまず，後任の総司令官には，スラユットの意向に反して，ソムタット参謀長が任命された[61]．ソムタットは現職総司令官を差し置いて将官人事を行おうとした．すでに決定済みの総司令官を除く4名の5虎ポストを中心として激しい対立が生じて調整に手間取り，発令が例年よりも大幅に遅れて9月28日になるという異常事態を招いた．強い批判や反発を巻き起こしつつも，首相は豪腕を発揮して上記のような成果を達成しえた（表3-4参照）．しかも，2002年10月の内閣改造ではチャワリットに代わって退役軍人タムマラックという首相にとって御しやすい人物が国防大臣に任命されることになった[62]．これは軍の人事異動への介入の

60　チャイヤシットは工兵出身であり，96年10月に少将，2001年4月陸軍特別顧問として中将に昇級，同年10月に国軍最高司令部に転出して開発司令部副司令官，2002年4月国軍最高司令部特別顧問として大将に昇級したばかりであった．端的に言えば，裏口から5虎の仲間入りをしたのである．

余地がさらに拡大することを意味している．

軍は1992年5月事件以降人事の自律性を低下させてきた．この自律性は，政治改革を目指した97年憲法の成果が発揮されるようになった2001年総選挙以後，一段と低下することになった．これは陸軍総司令官の指導力の低下を意味しており，軍の政治力の縮小につながってきた．しかしながら，このように政党政治家の発言力が強まるならば，昇進のために政治家にすがろうとして各政党の色に染まる軍人が増えてくるであろう．1970年代半ばには政党政治家による強引な人事が軍の反発を招くとともにクーデタの呼び水となったことがある[63]．政党政治家の権力闘争が人事異動という軍内政治に絡むようになり，軍を政治に巻き込む可能性が頭をもたげつつあると言えよう．

61　海軍でも退役する総司令官の意向に反する後任人事が行われた．対ミャンマー（ビルマ）政策をめぐって陸軍は首相と何度も対立していたため，スラユット自身2002年10月に陸軍を離れて国軍最高司令官に就任する覚悟をあらかじめ決めていた［*Nation Sutsapda*, July 29, 2002］．ただし，将官人事に関しては慣例通り主導権を握れると信じていた［*Thai Rat*, August 9, 2002］．彼が抱いていた5虎人事構想は，総司令官ワッタナチャイ（総司令官補佐，12期生），副総司令官ソムタット（参謀長，14期生），参謀長ポンテープ（副参謀長，15期生），総司令官補佐シリチャイ（副参謀長，15期生）とチラサック（第2管区司令官，14期生）であった［*Nation Sutsapda*, August 5, 2002］．

62　国防大臣交代の理由は副首相と閣僚の兼任を廃止することにあった．国防大臣の人選ではチャワリットの意向が働いた．チャワリットは複数のタイラックタイ党比例区議員の中から，現役時代に恩義を売っておいた10期生タムマラックを選んだのである．しかし，週刊マティチョンが分析するように，タックシンとチャワリットの利害が衝突すれば，タムマラックは首相を選ぶことになろう［*Matichon Sutsapda*, October 14, 2002］．

63　1975年10月1日の定期異動で，チャートタイ党のプラマーン国防大臣は前年に陸軍副参謀長に就任したばかりのチャラートを強引に副総司令官に抜擢した．これは陸軍内部から強い反発を招き，チャラートは76年5月1日には国軍最高司令部付きへ更迭される．チャラートは77年3月にクーデタを試みて失敗し処刑されることになる．

第2部
政治改革論と新憲法

1994年5月に政治改革を要求してハンストを行うチャラート

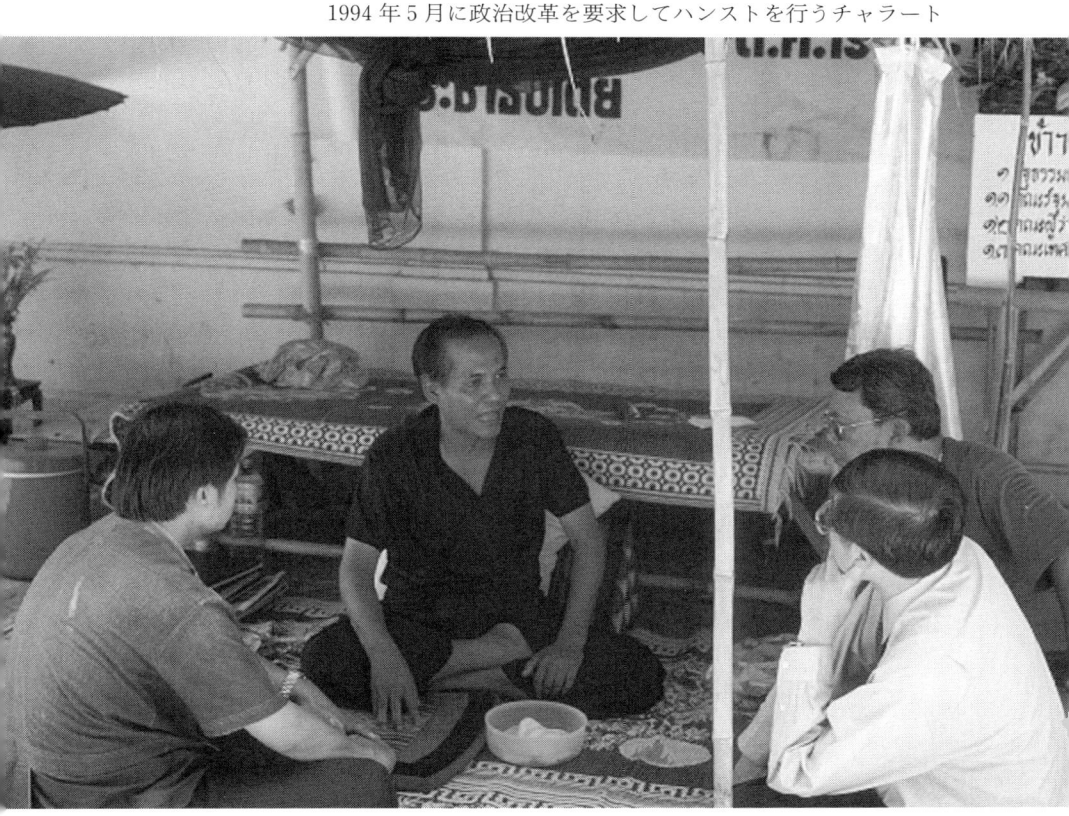

軍が政治から退き，政治が政党を中心として展開されるようになった1990年代半ばに政治改革論が登場した．政党政治の腐敗，非能率，不安定といった問題に不満を抱き，改革を求める運動である．96年になって憲法の全面改正により政治改革の実現を目指すことが決まり，97年に新憲法が公布施行される運びとなった．新憲法の効果は2000年上院議員選挙ならびに2001年下院議員選挙によって確認しうるようになった．

　1997年憲法はタイでは1932年から数えて16番目の憲法である．この憲法は憲法制定議会を国会とは別個に設置して起草された．制定議会の議員は選挙で選ばれた他，起草過程では公聴会などが何度も開催された．従来の憲法はクーデタなどにより権力を握った集団が起草していたため，起草過程にこのように広範な参加が認められるのは初めてのことであった．こうした手続き上の民主性に加えて，規定内容も権利や自由を拡大するなどして民主的なものであった．それゆえ，この憲法は「人民の憲法（*ratthathammanun chabap prachachon*）」と賞賛され，民主政治の深化に寄与するものと見なされている．つまり，97年憲法は92年5月事件により定着した政党政治の欠点を改め，政治の民主化を一層進める役割を果たしたと捉えられているのである．

　しかしながら，政治改革論や1997年憲法については吟味すべき点が多い．80年代まで実現が待ち望まれていた政党政治が実現した途端に批判にさらされるようになったのはなぜなのか．誰が批判したのか．何を根拠として批判が行われたのか．憲法にはどのような規定が盛り込まれたのか．憲法の新機軸を発効させるのに不可欠な下院議員選挙や上院議員選挙の結果，政治はどのように変化したのか．憲法は民主化にとってどのような意味を持っていたのか．

　こうした疑問を解くために，4章では政治改革論の登場から1997年憲法制定までの過程を考察する．なぜ政治改革論が登場したのか，政治改革論では何が要求されたのか，誰が政治改革論を支持したのか，なぜ憲法が全面改正されることになったのか，憲法は何をどう改革しようとしたのか，下院議員が自らの権力に掣肘を受ける憲法草案になぜ賛成したのか，政治改革論や新憲法が民主化にとってどのような意味を持っていたのか，といった点の解明を試みる．

　5章と6章では97年憲法の効果について検討する．まず5章は新憲法に基づく最初の国政選挙となった2000年上院議員選挙について分析する．当選者に官僚経験者が多かったことの理由や意味を検討する．6章では2001年下院議員選挙とそれを受けて成立した内閣について検討する．新しい選挙制度によりどのような結果がもたらされたのか，小選挙区議員を排除した組閣がどのような意味を持っているのかを考える．併せて，新憲法により可能となった政権の安定が政治の不安定の火種を宿していることも考察する．

4章　1997年憲法の起草と政治的意味

　　　　　　　　　　4-1　はじめに
　　　　　　　　　　4-2　憲法制定議会設置への道のり
　　　　　　　　　　4-3　憲法の起草
　　　　　　　　　　4-4　憲法の可決成立
　　　　　　　　　　4-5　新憲法と民主化

4-1 | はじめに

　1997年に憲法が全面改正された．1932年から数えて16番目の憲法が誕生した．新憲法制定の目的は政治改革であった．政治改革を求める声は94年に高まり始めた．96年には憲法を全面改正することが決まり，97年に実現された．政治改革論ならびに97年憲法は92年以後政治への発言力を強めた中間層主導の民主化の総仕上げと捉えられることが多い．

　1992年9月の総選挙では，5月事件当時の野党4党（民主党，新希望党，パランタム党，エーカパープ党）が360議席中185議席と過半数を辛うじて越える議席を獲得し，そこに旧与党陣営から22議席の社会行動党を加えて，第一党の民主党を中心とするチュワン政権が発足した．閣僚のほぼ全員が民選議員であり，形の上では申し分のない民主政治が実現されたことになる．しかし，誰もが満足を覚えたわけではなかった．政党政治に不満が向けられた理由はどこにあったのか．80年代まで有力であった官僚支配モデルは，軍と官僚制を民主化に

とっての主たる阻害要因であると見なしていた．行政官僚制については中央集権的な構造が最大の問題と考えられていた．軍が政治からの撤退のレールに乗った後に実施された 92 年 9 月総選挙では，多くの政党が付和雷同的に地方分権を公約として掲げた．しかし，官庁が内務省を中心として強く抵抗し，政党政治家もあまり乗り気ではなかったため，地方分権は 94 年にいったん中途半端な形で決着することになる[1]．不十分とはいえ，中央集権的行政にもメスが入ったことにより，政治への不満ははけ口を失った．そこで新たな標的として政党政治が浮上してきたと言えよう．批判の矢面に立たされてきた軍や官僚制が背景に退き始めたことにより，政治の主役となった政党や政治家に不満がぶつけられることになったのである．それに加えて，政党政治の定着により既得権益

---

[1] 90 年代前半には国家の予算や公務員数に占める地方自治体の割合は 1 割にも満たなかった．こうした中央集権的な地方統治の主軸となってきたのは県知事を筆頭とする内務省官僚であった．このため地方分権要求運動は県知事の公選化をスローガンとして掲げた．県知事を内務省官僚から公選首長に代えることで，地方分権の突破口にしようしたのである．しかしながら，県知事ポストは本省局長に相当する重要なポストであり，多くの内務官僚にとって官僚人生の上がりのポストである．内務省が頑強に抵抗するのは当然であった．さらに，地方分権は内務省のみの問題ではなく，中央政府のほとんどすべての省や局に関わっていた．内務省以外の省では，当初は危機感が乏しく，内務官僚からの監督が弱まることを歓迎する向きすらあったものの，分権の波が自らに及び始めると，地方出先機関への権限の委譲という形での地方分散 (deconcentration) で対抗しようと試みるようになってゆく．官僚に加えて，政党政治家も地方分権にさほど乗り気ではなかった．1 つには選挙時における官僚からの協力を看過しえなかった．より重要なことに，分権は大臣の権限の縮小につながり，政党政治家の利権が細ることを意味した．その結果，地方分権は全国に 7,000 ほどもある小さな行政単位の区 (*tambon*) を自治体に格上げするという形で 94 年に決着した．95 年 3 月 1 日に施行された区評議会・区自治体法である．分権化はその後も進んだ．自治体としての県は，それまで都市部（市と衛生区）以外，つまり農村部を管轄してきた．しかし，農村部全域が区自治体の区域となったため，県自治体を存続させるべく 97 年 11 月 1 日に県自治体の改組が行われる．さらに，97 年憲法が地方分権についていくつか規定を盛り込んだため，地方自治の関係法令は大幅に改正されることになる．ただし，地方自治体の予算や人員の面での規模はきわめて小さいままにとどまっている．分権へと至る地方制度の変遷については橋本の詳細な研究 [1999 a; 1999 b] を参照されたい．また，地方分権の実施過程については永井の実証分析 [2001] が参考になる．

を侵されるものが，政党政治を批判した．いずれも政治がまだ十分には民主的ではなく，もっと民主化しなければならないと主張した．それが政治改革論である．

政治改革要求に押されて，政府は94年6月に民主主義発展委員会を設置する．同委員会は翌年4月に憲法の全面改正による政治改革を提言した．95年7月の総選挙で第一党になるチャートタイ党はこの提言に沿った政治改革を選挙公約として掲げた．同党は政権発足直後に政治改革委員会を設置し，憲法改正の指針をさぐった．96年9月には憲法全面改正に向けての手続きが定められた．国会とは別個に憲法制定議会を設置するというものであった．憲法制定議会は96年12月に発足し，97年8月には新憲法の草案を完成させた．この草案は同年9月国会で可決され，翌10月には新憲法が公布施行される運びとなった．政治改革を目的とした97年憲法の成立である（表4-1参照）．この憲法は「人民の憲法（*ratthathammanun chabap prachachon*）」と呼ばれることが多い．

94年の当初にはごく一部の知識人や活動家が唱えていたにすぎない政治改革論が次第に支持者を増やしたのは，政党政治への不満が募ったからであった．政党政治のどこが問題と認識されていたのか．政治改革論ではどのような構想が唱えられたのか．政治改革の方法として憲法の全面改正が選択されたのはなぜなのか．97年憲法にはどのような規定が盛り込まれたのか．97年憲法はタイの民主化にとってどのような意味を持っていたのか，民主化にどのように寄与したのか．本章では，90年代の民主化に担い手であったと見なされる中間層に着目しながらこれらの疑問について検討してみたい．憲法は政治の基本ルールであり，内閣や国家をめぐる権力関係を規定している．その見直しは権力関係の変更につながり，利益を得るものと不利益を被るものが出てくる．政治改革論の主たる支持者となった中間層は，政党政治のどこに不満を抱き，97年憲法のどこに利害を見出していたのであろうか．言い換えるならば，政治改革論の主唱者や憲法の起草者は中間層にどのように配慮しようとしていたのであろうか．

表4-1　憲法制定議会設置への道のり

日　　付	出　来　事
1994年5月25日	チャラートが，①下院議員による憲法改正，②閣僚公選，③県知事公選，④市参事公選を求めてハンストを始める．
1994年5月30日	民主主義団体が，憲法211条改正による全面改正を提案．プラウェートは「政治改革」を提案．チュワン首相は要求を突っぱねる．
1994年6月9日	マールット下院議長が打開策として「民主主義発展委員会」を設置する．
1994年7月31日	チャラートがハンストを止める．
1994年12月13-15日	第5次憲法改正案が国会で可決される．
1995年2月10日	第5次改正憲法が施行される．
1995年4月15日	チュワンが国会を解散する．
1995年7月2日	総選挙が実施される．
1995年8月8日	政治改革委員会が設置される．
1996年2月6日	政治改革委員会が政治改革の6方針を政府に提案する．
1996年5月17日	政府は211条改正案を国会に提出し，45名からなる特別委員会を設置する．
1996年5月22日	特別委員会の会合でチャイアナンが委員長に選出される．
1996年8月29日	国会は改正案の第二読会を終える．憲法制定議会の設置，議員数99名が骨子．
1996年9月14日	211条改正案が国会で可決される．
1996年10月22日	211条改正の憲法が施行される．
1996年12月9-13日	憲法制定議会の議員立候補受付が行われる．
1996年12月15日	各県の候補者が互選で10名を選ぶ．
1996年12月26日	国会で99名の議員が選ばれる．

出所：*Nation Sutsapda*, December 27, 1996.

4-2　憲法制定議会設置への道のり

（1）民主主義発展委員会

　政治活動家チャラート・ウォーラチャットが新憲法の制定，閣僚や自治体首長の公選などを要求して1994年5月25日から国会前でハンストを始めた[2]．3

2　92年4月にハンストを行ったチャラートと同一人物である．

月31日と4月1日に政府提出の憲法改正案が国会で野党と上院の連合軍に否決されてから2ヶ月もたっておらず,チャラートの要求が到底実現不可能な大胆なものと思われたため,彼の行動はすぐに強い関心を呼び起こしたわけではなかった.しかし,6月2日にタムマサート大学法学部に学者や活動家が集まって対応を相談し,憲法制定特別委員会の設置を提案した [*Matichon Sutsapda*, June 10, 1994].同じ6月2日に著名な知識人プラウェート・ワシーも「チャラート・ウォーラチャットの死とタイの政治改革」と題する声明文を発表した[3].この声明文の要旨は次の通りである.チャラートが求めているのは政治の民主化である.タイの政治は構造に問題があり,構造を改めない限り,政権が交代してもよくならない.密輸業者,森林不法伐採者,博徒,無知蒙昧なものたちが選挙で当選し,質の悪い政治が行われ続ける.それゆえ新憲法を制定して政治の構造を改める必要がある [Prawet 1997b: 51-56].プラウェートの「政治改革」論は元法務官僚のアモーン・チャンタラソムブーンが日刊紙『プー・チャットカーン』に連載していた「立憲主義」に着想を得たものであり [Connors 2003: 155-157],ただちに反響を呼び起こした [Prawet 1997b: 52].このようにチャラートへの支持が芽生えてくると,92年5月事件以来対立関係にあった右翼組織(アピラックチャクリー)がチャラート批判活動を強め,政府も内務省を通じて政府支持集会を行うようになった [*Matichon Sutsapda*, June 17, 1994].緊張が高まり,政府は座視しえなくなり何らかの対応を迫られた.6月8日連立与党の1つパランタム党の議員たちが政府に積極的な対応を求めた.この6月8日にはチャラートの支持者が5,000名ほど国会前に集まり,要求に冷淡な態度を示す政府を批判した.事態を打開するため,6月9日下院議長で民主党議員のマールットは「民主主義発展委員会 (*khanakammakan phatthana prachathipatai*, 略称 Kho. Pho. Po.)」を設置すると発表した[4].委員会はプラウェートを委員長とし,58名の委員で構成された.委員会に委ねられた任務は,①憲法草案をまとめ上げる

---

3 プラウェートは当時マヒドン大学(医大)の副学長であった.彼は1981年にマグサイサイ賞を受賞した著名な知識人であり,政治問題や社会問題について積極的な評論活動を行っていた.憲法起草作業で中心となる役割を担った法律学者ボーウォーンサックによれば,プラウェートは「政治改革に最初に言及した人物といってよい」[Bowonsak 1999: 88].

こと，②選挙法や政党法などの草案をまとめ上げること，③国政の短期ならびに長期にわたる発展や改革のための提言を行うこと，の以上3つであった [Kho. Pho. Po. 1995: 5]．

委員会は1年後の95年4月28日に下院議長へ提言書を提出した．提言は2つの柱からなっていた．1つは経済や教育などの分野にならって，政治も発展のための委員会を設置するべきということである．もう1つは「様々な問題を解決するにはまず政治改革から始めなければならない」[Kho. Pho. Po. 1995: 6-7] ということである．委員会は下院議長宛の提言書の他に，公的な研究助成を得て，政治改革のために学術研究を行っていた．これは委員会で重要な役割を果たしていた [Prawet 1997b: 60] チュラーロンコーン大学法学部のボーウォーンサックが中心となって行った研究であった．その成果は「政治改革の提言をまとめるために民主主義発展委員会へ提出された調査報告」シリーズと題して，95年9月に研究課題ごとに分けて15冊刊行された[5]．

下院議長宛に提出された提言書は出版され，その後の政治改革に決定的に重要な影響を与えることになる．そこで，提言書の内容を少し詳しく見ておきたい．提言書は3部構成となっていた．第1部は「タイの政治システムの問題点と政治改革の必要性」，第2部は「タイの政治改革に関する考え方の枠組み提言」，第3部は「憲法起草方法」である．

1) なぜ政治改革なのか

なぜ政治改革が必要なのであろうか．「政治改革は社会の他の諸問題の改革を左右する．政治における……決定が誠実でも能率的でもないという問題を抱えているならば，自然や環境の問題にしても，警察の改革にしても，官僚制の改革にしても，教育の改革にしても，諸問題の解決はありえない．政治改革は真の改革に向けた改革なのである」[Kho. Pho. Po. 1995: 15]．政治こそ諸悪の根源であり，その政治を改革しない限り他の諸問題の解決もおぼつかないというわ

4　プラウェートによれば，6月7日午後に芸術大学で首相と同席し，政府が政治改革特別委員会を設置する予定であることを伝えられた．与党民主党は同日夕方の会議でこの予定を覆したものの，6月9日に下院議長が民主主義発展委員会の設置を発表することになった [Prawet 1997b: 57-58]．

けである[6].

　政治改革を行うにはまず,政治,経済,社会のシステムの短所や長所を理解した上で打開策を探らねばならない.短所としては,政治家や官僚の汚職,選挙違反,少数の資金提供者の支配を受ける政党,生活が苦しく政治にインフラストラクチャー整備を頼る農村部の庶民,農村部や政治家を見下し政治を信頼しない都市部住民,中央集権的な行政,法治の不徹底,仏教の衰退,学術研究

5　その15冊の書名と執筆者は次の通りである.①『憲法に基づく権利と自由』(研究者:ウォーラポット・ウィッサルットピット),②『憲法裁判所と憲法事件審議方法』(カモンチャイ・ラッタナサカーワウォン),③『顕職在職者の汚職調査制度』(ボーウォーンサック・ウワンノー),④『中立の国家機関』(ウィッサヌ・ワランユー),⑤『政府を適切に政治的に監督する方法』(スラポン・ニティクライポット),⑥『現在の選挙制度に代えて,買収が減り,善良な人々が立候補する機会が増える選挙制度』(パイトゥーン・ブンワット),⑦『清潔で公正な選挙実施を支援するための組織の設置』(パイトゥーン・ブンワット),⑧『政党制度の改善』(ブンシー・ミーウォンウコート),⑨『国会事務局を中立化する行政制度』(モントリー・ループスワン),⑩『憲法起草にあたって盛り込むべき経済・社会面の助言・相談機関の形態』(ティワー・グンユワン),⑪『憲法改正の形態と方法』(プーンサック・ワイサムルワト),⑫『国民投票のあり方』(ナンタワット・ボーロマーナン),⑬『憲法実施法』(ソムキット・ルートパイトゥーン),⑭『金融関係法を上程し審議する制度』(オーラピン・ポンスワン・サバーイループ),⑮『国会委員会の作業能率改善』(トントーン・チャントラーンス).
　14名の執筆者(2冊を担当したものが1名)は13名がチュラーロンコーン,タムマサート,ラームカムヘーンの3大学の法学者である.うち9名はフランス,2名はドイツ,1名はアメリカで法学博士号を取得している.学者以外の残る1名もアメリカで政治学の博士号を取得した内務省高官(県知事)である.これらは50頁から100頁前後の小品ではあるものの,いずれも政治改革をどのように進めるべきかを具体的に提言しており,政治改革に関心を抱くものにとっては便利な参考書となった.そして,その内容は後の憲法制定へと直接につながってゆくことになる.さらに,憲法制定議会に選出される8名の法学者のうち5名はこの13名の法学者から選ばれている.これらの研究参加者はボーウォーンサックが中心となって声をかけた人々であり,その意味ではボーウォーンサックの仲間と言えよう.

6　プラウェートによれば,貧困,交通渋滞や大気汚染,環境や資源の保護,道徳といった問題はすべて政治改革をしないと打開しえない.「それというのも,良くない政治は,社会のあらゆる制度の免疫を破壊するウィルスのごときものだからである」[Prawet 1997a: 81-82].

の貧困，営利主義のマス・メディア，など18点を列挙し [Kho. Pho. Po. 1995: 19-21]，国会には非能率，首相には指導力不足といった問題があると述べる [Kho. Pho. Po. 1995: 21-22]．

こうした現状認識に基づいて，①政治改革が不可欠である，②政治改革とは政治を清廉で能率的にすることである，③政治改革は憲法の全面改正により実現される，④国王陛下を元首とする民主政治体制を堅持する，という結論が導き出される [Kho. Pho. Po. 1995: 25]．ここに論理の飛躍があることは一目瞭然である．短所として指摘された問題点は必ずしも政治に起因しているわけではない．政治に原因がある問題にしても，清廉さや能率だけで解決しうるわけではない．憲法全面改正により政治改革を目指すという結論が最初からあり，その必要性を主張するのに好都合な口実が取り集められたと考えるのが自然であろう．

2）どう改革するのか

提言の改革構想は2本の柱からなっていた．1つは政治行政への監査の強化であり，もう1つは国会や内閣の能率，清廉，安定を目指す方策である．

①政治への監査

政治家や官僚に対する監査制度を強化するために，新設が予定されるのは憲法裁判所，行政裁判所，国会国政監査官（オンブズマン），政治関係刑事事件高等法院である．弾劾制度の強化が目指され，不正のあったものについては憲法裁判所や政治関係刑事事件高等法院で徹底的な真相究明と責任追及が目指される．これらの諸機関ならびに会計監査委員会は政治からの独立性を従来よりも大幅に高め，監査の実効性を確保する．

②議院内閣制

政治改革のもう1つの柱は議院内閣制の見直しである．タイの議院内閣制は能率が低く，監査が行き届かない時代遅れなものになっているので，諸外国の事例を参考にしながら現代的で合理的なものに改める必要がある [Kho. Pho. Po. 1995: 50]．提言書は国会，政党，選挙の仕組みの変更，続いて国会や政府の

能率改善を提言している．それらを順番に概観しておこう．

A　国会

　農村部住民にとって不可欠となっている下院議員との恩顧関係を残しながら，なおかつ清廉さや能率が保たれるようにするのはどうしたらよいのか [Kho. Pho. Po. 1995: 50-52]．提言書は国会の構成見直しに解決策を求め，二院制か三院制が望ましいとする．好ましいのは下院，良識院 (*phrutsapha*)，顧問院から構成される三院制である．下院は小選挙区議員 300 名ほどで構成される．良識院の議員は年齢が 35 歳以上，学歴が大卒以上（あるいは中堅幹部以上の官僚[7]），政党所属禁止といった条件にかなう有識者とする．閣僚への就任を禁止し，任期を 6 年とする．選挙は定数 100 名以内の比例区とする．買票が減り，資金がなくても意欲や能力のある人物にも当選の可能性が生まれると期待される [Kho. Pho. Po. 1995: 54-55]．最後に，顧問院は 2 種類の議員で構成される．1 つは，元首相，元国会議長，軍や行政の現職首脳，工業会議所会長，商業会議所会長に該当するもの全員である．もう 1 つは下院と良識院が選ぶ職能代表である [Kho. Pho. Po. 1995: 55]．顧問院議員は選挙の洗礼を受けないので，役割は助言や拒否権行使にとどまることになる．他方，二院制の場合，良識院と顧問院を合体したものが上院となる [Kho. Pho. Po. 1995: 57]．

　提言書は，三院制の方が好ましいとする．社会の各集団が政治に参加でき，互いに抑制均衡し合うからである [Kho. Pho. Po. 1995: 57-58]．三院制を提案するのは，社会の現状に照らし合わせてあらゆる人々の代表が国家の意志決定に参加しうるようにするためである．下院議員は農村部と都市部の代表であり，地元住民の要望に応えて問題の解決にあたる．良識院議員は特定の選挙区の代表ではなく，万民の代表であり，閣僚に就任できないので立法に専念する．同時に，下院議員の手本となる．顧問院は官僚制と職業団体の代表である．これは彼らの既得権益に配慮したものである．三院の議員「全員がお互いの役割を認め合い，協力することは，各集団（大半を占める農村部住民，都市部の中間層[8]，

7　C 8 以上の行政官とされている．行政官は C 1 から C 11 の階層に分類されている．事務次官が C 11，局長や副次官が C 10，大卒新規採用者は C 3 である．C 8 は本省部長相当である．

官僚制の代表，職業団体の代表）に属するものたちがそれぞれの集団の分に応じて政治に参加することに等しい」[Kho. Pho. Po. 1995: 56]．

　提言書が，三院制を「農村部住民，都市中間層，官僚制，職業団体」の代表が参加できるよう配慮した仕組みであると説明していることは重要であろう．都市中間層への配慮はどこでなされているのであろうか．下院については小選挙区制ゆえに該当しない．顧問院については医者，法律家，会計士などの専門職業団体の代表が加わることが想定されているので，ある程度都市中間層の利害を代表する面がある．しかしながら，より直接的に彼らを代表しうるのは良識院であろう．良識院の議員には比例区選挙が導入され，被選挙権が大卒以上の学歴を備えたものに限定されているからである．農村部住民とりわけ農民には大卒者は皆無に等しいので，提言書の執筆者たちが大卒規定を都市中間層優遇規定と考えていたことはまず間違いない．これに関しては，タイでは学歴こそが中間層の社会的地位を確認する要件として認知されていることが重要である．船津・籠谷 [2002：223] が「学歴主義の浸透は，『公平なチャンスが増えた』という認識とあいまって，教育を通じて成功した都市中間層が自らの恵まれた地位を正当化しやすい土壌を生み，下層もまたこうした中間層に権威を認め，現実の階層間格差が敵意に転化しにくい社会を支える価値観になっている」と指摘する通りである．この大卒条項は97年憲法に盛り込まれることになる．

B　政党

　多くの政党は少数の幹部の支配下におかれており，党の民主化を進めなければならない．方策は3つある．第一に，組織化を進める．第二に，献金者からの独立性を確保するため，政党に公的な助成金を提供する．第三に，下院議員については従来通り無所属議員を禁止するものの，各党が選挙で擁立すべき立候補者数の下限に関する規定[9] を撤廃する [Kho. Pho. Po. 1995: 58-61]．

8　都市部住民ではなく，都市中間層と限定した表現になっていることに留意すべきである．農村部住民に対比されるのは，都市中間層であった．
9　小規模な政党が簇生するのを阻止するために1978年憲法に盛り込まれた規定である．この規定は左翼政党を排除するのに役立った．

C　選挙

提言書は選挙の問題点を次のように指摘する［Kho. Pho. Po. 1995: 61，下線引用者］．

> 都市中間層は経済的社会的に自立しており，他人に依存する必要がないので，選挙における売買票を嫌っている．経済面の生活基盤（道路，電気，水など）が欠落している農村部住民とは事情が異なる．農村部住民は貧しく，基本的な問題解決のために後援や支援に「依存」しなければならない．このため，農村部の大半の住民は選挙にあたって，後援者（phu upphatham）への「お礼」という形で投票してきた．都市部と農村部では「民主政治」の理解の仕方が異なっており，それが民主政治の発展に直接影響を及ぼしている．<u>都市部住民は「声は大きい」ものの「票数は少ない」のに対して，農村部住民は「声は小さい」ものの「票数は多い」</u>．都市部住民は下院をあまり評価していない．農村部住民によって選ばれた議員が大半を占めており，農村部選出議員の大半が国家運営の「政策」や「方策」よりも物質的な社会基盤（道路や橋など）の不足に関心を向け，たとえば資源管理といった問題の解決に真剣に取り組まないからである．旧態依然たる国政運営が続いていれば，同じような問題が次々と生じると予想される．他方において，国会議員は選挙区の社会基盤の不足を補うために「県開発予算（ngop phatthana cangwat）」[10] に関心を抱いている．

提言書はこうした都市部と農村部の格差を受けて，農村部住民の恩顧制（rabop upphatham，パトロン・クライアント関係）のよい面を維持しつつ，問題を緩和する方策があるとする．1つは買票を困難にすること，もう1つは恩顧制により当選している議員の重要性を稀釈することである．具体的な方策としては次の4つが提言されている．第一は，選挙制度を従来の中選挙区に代えて，

10　県開発予算（ngop. so. so.，下院議員予算とも呼ばれる）は下院議員全員に一律に配分されてきたものであり，都市部選出議員も等しく恩恵に与った．しかも首都にのみ自治体議会としては権限も予算も格段に大きな都議会があり，都議会議員にも下院議員と同様な議員開発予算が配分されていた．それゆえ，首都住民は議員開発予算という点では農村部住民よりも恵まれていたのであり，農村部住民や農村部選出議員を批判する資格がない．農村部のみが受益者であるという言説はまったく失当であり，それを鵜呑みにするのは都市部住民の無知と奢りの反映に他ならなかった．

定員 100 名の比例区と 300 名ほどの小選挙区に変更することである．比例区は全国区ゆえに買票が困難となる．第二に，有権者の年齢の下限を 20 歳から 18 歳に引き下げたり，国外居住者に投票の機会を提供したり，有権者に投票を義務付けたりすることで有権者数を増やす．投票者が増えれば，その分買票は難しくなる．第三は，選挙運動期間を現状よりも少し短縮して 45 日とする．それに加えて，開票を投票所ごとではなく，郡や県ごとに一括して行うべきである．第四は，独立性の高い選挙管理委員会の設置である [Kho. Pho. Po. 1995: 61-66]．要するに，買票を困難にすることに主眼があり，併せて買票や有権者との恩顧関係と無縁な比例区議員を導入するということである．農村部住民への配慮は，有権者の面倒をみるべき選挙区議員を存続させることのみにとどまっていた．

D 国会の能率改善

提言書は，従来の国会の非能率ぶりを浮き彫りにするため，1957 年から 92 年にかけての時期の立法府の形態別に成立法案の平均数を比較した研究結果を引用する．国会不在の革命評議会時代，官選議会のみの時代，そして民選議会がおかれる時代の 3 種類がこの時期にはあった．各時期の 1 ヶ月あたりの成立法案数は，平均すると革命評議会 21.7，官選議会 6.4，民選議会 2.1 であった．民選議会の非能率は歴然としているので，立法専用の会期を設けるべきであると提言するのである [Kho. Pho. Po. 1995: 69-71]．

提言書は民選議会時代に成立法案数が少ない理由には触れていない．この違いは制度に由来している．革命評議会時代とはクーデタ直後の国会不在時つまり官選議員すら任命されない時期を指す．審議も承認も一切不要であり，法官僚による起草速度が成立法案数を左右している．その時期に成立法案数が多いのは当たり前である．官選議会の時代もほとんどの議員が政府支持者であって実質的な審議が行われないので成立法案が多くなるのは当然である．これに対して与野党議員が入り乱れる民選議会時代には審議に時間がかかる．こうした説明を抜きにして，成立法案数に 10 倍もの開きがあると指摘するのは，民選議員による審議過程に価値をほとんど認めていないことの裏返しであろう[11]．

E　政府の安定や能率

　提言書は内閣の安定や能率のために5項目の提案をしている．まず首相の選出方法である．密室審議ではなく，下院の多数決で決める．下院議員以外のものにも首相就任の可能性を残す．また，国会で過半数に達しない少数派の代表にも首相就任の可能性を与える [Kho. Pho. Po. 1995: 75-77]．第二は首相の指導力強化である．従来，政府は否決を恐れて大胆な改革法案の提出を尻込みしてきた[12]．ドイツにならって[13]，立法緊急事態措置を導入する．政府提出法案が否決された場合，首相が否決法案を重要法案（予算案を含む）と見なせば，立法緊急事態宣言を行う．宣言後，法案を上院（民選である必要）に提出し，可決されれば成立するというものである [Kho. Pho. Po. 1995: 77-78]．第三は，不信任案の制限である．不信任案を提出しうるのは，国会の2回の会期のうち1回のみ（年間1回のみ）とする．閣僚への不信任案には下院議員の5分の1以上の賛同者が必要ながら，首相不信任案については2分の1以上に引き上げ，ドイツにならって[14] 後任首相候補者を提案しなければならないことにする [Kho. Pho. Po. 1995: 78-79][15]．

　改革の主旨は首相の指導力を強化することにある．しかし，タイの民主化の歴史に照らし合わせると，大変興味深い提案が盛り込まれている．それは下院議員以外の人物にも首相就任の門戸を開くという点である．下院議長が候補者を決めるという従来の方法に代えて，下院議員の多数決という「透明性が高く，民主的な」首相選出方法を用いることにすれば，「首相は下院議員でなければならないという規定を憲法に盛り込む必要はなくなろう」というのがその理由で

11　これ以外に，財政支出を伴う法案提出の容易化や，予算案原案作成への下院議員の参加 [Kho. Pho. Po. 1995: 71-73] も提言していた．
12　たとえば中央省庁局の大幅な改組は民選議会不在時に行われることが多かった [玉田 1996：73-775]．
13　ドイツ連邦共和国基本法81条に規定されている [阿部・畑編 1998：268]．
14　ドイツ連邦共和国基本法67条 [阿部・畑編 1998：265]．
15　これら以外にも2つ提案されていた．第四は議員質問の制限である．無駄な質問を減らし，大臣には答弁能力が要求される [Kho. Pho. Po. 1995: 79]．第五に，行政組織改組は，局以下の組織の改組で新設を伴わない場合に限っては，政令で行えるように改める [Kho. Pho. Po. 1995: 79]．

あった [Kho. Pho. Po. 1995: 76]．恐らく多少気後れするところがあったため，候補者が下院議員の場合には秘密投票も可能ながら，下院議員以外の人物の場合には記名式の投票とするという違いを選出方法に設けている．さらに同様な理由で，上院議員も首相に就任可能とすることを提案している．92年5月事件では首相を下院議員に限るかどうかが大きな争点であった．わずか3年後には，下院議員でなくてもよいと提案しているのである．これは下院議員への信頼の低さを物語っている．

3）新憲法の制定に向けて

政治改革の手段である新憲法起草は,「直接の利害関係者から構成される現在の国会では困難である」[Kho. Pho. Po. 1995: 83]．それゆえ，現行憲法（1991年憲法）を改正し，憲法起草特別委員会を設置するべきである．この特別委員会による起草作業は次の5つの原則に基づいて行うことにする．第一に，特別委員会は首相経験者や専門委員で構成される15名から20名程度の小規模なものとする．第二に，下院議員は憲法草案について意見や提言を述べうるものの，決定権を付与されない．第三に，起草過程を透明にするため，新憲法草案，草案の要点解説書，下院議員の意見の以上3点を印刷して公開する．第四に，現行憲法（改正の余地あり）を使い続けるかどうか，新憲法草案に賛成するかどうか，この2点について国民投票を実施する．第五に，特別委員会が設置されてから1年4ヶ月以内に起草作業を終えなければならない．新憲法の公布施行から90日以内に総選挙を実施する [Kho. Pho. Po. 1995: 83-85]．下院議員が起草過程から排除されているのが大きな特色である．

民主主義発展委員会の提言はかなり反響を呼び，95年4月に出版された1,000部に続き，同年6月には増刷が行われた[16]．提言は政治改革への関心を喚起し,「政府のテクノクラートや官僚，知識人，出版界，進歩的政治家，開発NGO，政治活動家の間に普通ではありえない」支持者連合を生み出した [Connors 1999: 211]．

提言の内容がすべて新憲法に盛り込まれるわけではない．しかしながら，こ

---

16 さらに1997年12月に3,000冊の増刷が行われる．

の提言により政治改革実現に向けた一本道が整備されたと述べても過言ではない．第一に，政治改革の必要理由が，政治が社会全体の諸悪の根源となっているからとされた．第二に，政治改革とは政治を清廉で能率的で安定したものにすることであると確認された．第三に，政治改革の手段が憲法の全面改正であることが既定路線となった．その際に新憲法起草過程への下院議員の関与を極力減らすことも確認された．第四に，民主主義発展委員会の中核メンバーがその後の政治改革で指導的な役割を果たしてゆくことになる．委員長のプラウェートは政治改革論のオピニオン・リーダーとなり，委員のボーウォーンサックは仲間の法律家とともに憲法起草作業で中心的な役割を担うことになる．

　プラウェートは，委員会の作業終了直後に『政治改革』と題する小著を出版していた．これはアモーンの『立憲主義』と民主主義発展委員会の提言書をプラウェートなりに要約したものである．彼はまず巻頭でアモーンとボーウォーンサックを政治改革に関する二大公法学者と称えた上で，政治改革の必要性や方法を簡潔に説明している．政治改革が必要なのは，①金権政治，②少数者による政治の独占，③善良なものの政界進出を阻む障壁，④腐敗，⑤国会による独裁（*phadetkan thang ratthasapha*）[17]，⑥権力抗争と不安定，⑦非能率，⑧指導力の欠如，といった問題があるからである [Prawet 1995: 3-11]．こうした問題を解決するには憲法の全面改正により政治制度全体を改革しなければならない．目標となるのは清廉で安定し能率的な政治である [Prawet 1995: 12-13]．具体的な対処法は，選挙制度の改革，監査と弾劾の仕組み整備，政党の民主化，政党への公的資金援助，国会と政府の関係見直し，首相の地位強化，国会の運営方法の変更である [Prawet 1995: 14-17]．ここで注目すべきは，民主主義発展委員会の提言書にみられた農村部や弱者に配慮する視点がすっぽりと抜け落ちて，アモーンら保守派の視点が前面に出ていることである．政治改革論のオピニオン・リーダーとして発信を活発に続けたプラウェートにとっては，政治改革の眼目は自由や権利の拡大ではなく，政党政治家の権力を一定の枠に押し込めることにあったと言えよう[18]．

---

[17] 軍が1991年2月クーデタの口実の1つとして掲げて有名になった言葉である．
[18] プラウェートは別のところで，政治改革とは政治を清廉で能率的にすることであると述べている [Prawet 1997a: 25, 38-39]．

（２）政治改革委員会

　1995年7月の総選挙では政治改革を公約に掲げた[19] チャートタイ党が第一党になり[20]，同党党首バンハーンが首相に選出された．政府の施政方針の冒頭には政治制度の発展と政治発展計画の策定が盛り込まれた．具体的には次の2点である．①国家の行政や政治の監査に人民が参加できるように政治改革を実施する．②民主主義発展委員会の提言を参考にしながら，91年憲法211条を改正すること[21] を支持する［*Nation Sutsapda*, July 28, 1995］．つまり民主主義発展委員会の提言通り，91年憲法の改正により憲法全面改正への扉を開いて政治改革を目指すというのである．バンハーンはこれに則って95年8月8日に政治改革委員会（*khanakammakan patirup kanmuang*）を設置し，35名の委員を任命した．委員会設置当初には与野党ともに憲法改正に真剣には取り組んでおらず，せいぜい他党に出し抜かれることを恐れているだけのように思われていた［*Matichon Sutsapda*, August 15, 1995］．しかし，「歩くATM（現金自動支払機）」と揶揄され，もっとも淘汰されるべき政治家と見なされていたバンハーンが首相に就任したからこそ，政治改革を求める声は一段と強まることになる．

　バンハーン政権の不人気度と政治改革圧力は比例していた．政権は発足当初から様々な批判を浴びていた．スワンドゥシット師範学校は95年8月8日から

19　バンハーンは95年6月12日には「チャートタイ党は，人民が憲法改正に参加するべきであり，それゆえ委員会を設置して憲法211条を改正するべきであるという民主主義発展委員会の提言に賛成である」と語り，6月26日には「私はプラウェート医師の指針に基づいて政治改革を行うことが必要不可欠であると考えており，憲法211条を改正いたします」と主張していた［*Matichon Sutsapda*, August 8, 1995］．7月2日にも「政権を担当できれば，政治改革実現のために憲法211条を改正します」と述べていた［Nikon 2000: 23］．バンハーンは政治改革が必要な理由として，「今時の政治には多額の金が使われている．政治改革をしないとやってゆけなくなってしまう」と漏らしていた［Nikon 2000: 22］．

20　この公約は同党の勝利に寄与したわけではなかった．

21　211条の改正が必要なのは，1991年憲法が部分改正しか想定しておらず，合憲的に全面改正を行うにはそのための手続きを定めなければならなかったからである．

16日にかけて首都圏の8,397名を対象に政治改革について世論調査を実施した．その結果，84.9％が政治改革を望んでいることが判明した．また，72.1％のものは与野党とも政治改革に真剣ではないと考えていた［*Matichon Sutsapda*, August 22, 1995］．直後の95年8月23日には，92年5月以後政治への介入を控えてきた軍でさえも，陸軍管轄下の国内安全保障維持本部文民活動部のラジオ放送サヤーマヌッサティが，「我々タイ人は強い社会管理者（*phuborihan sangkhom*），果敢な社会運営者（*phucatkan sangkhom*），公平な社会を築き上げる気概を備えた人物をさほど遠くない将来に得たいものだといまだに願っている．そうなれば，理不尽な物価高もなくなることは間違いない」と放送して，クーデタの可能性をにおわせ，物議を醸した［*Matichon Sutsapda*, August 29, 1995］．

政権不人気の一因は首相とマス・メディアの関係が円滑ではなかったことにある．これにはいきさつがあった．95年11月17日に首相副書記官は首相府広報局の官邸記者が東京でのAPEC会議に出席する首相一行に同行して取材することを禁止した．理由はこの記者が野党民主党支持者だからであった．11月20日には首相に不躾な質問をぶつけていたテレビ局の官邸記者を配置転換するよう要請した．11月21日には聴取者に政府批判の機会を提供しているからという理由でFMラジオ放送の政治番組を打ち切るよう提案した．年が改まって96年2月11日にはテレビの人気番組「いろんな考え方（*mong tang mum*）」が圧力を受けて自主的に放送打ち切りとなった．5月23日公安警察は首相が国会での不信任案討論を回避したことをめぐって不適切で安寧を乱す報道をしたという理由で5つの日刊紙と1つの週刊誌に警告書を送った［*Matichon Sutsapda*, August 20, 1996］．政権発足当初から批判を浴びていたバンハーンはマス・メディアに制限を加えようとし，却って批判に油を注いでいたのである．

バンハーンの苛立ちは96年8月の次の発言によく示されている．「政府指導者への信頼については，私は日々解決に努めている．しかし正直なところ難しい．信頼するかどうかは，バンコクの住民だけに尋ねるのではなく，それ以外の60以上の県の住民にも尋ねなければならない．バンコクはタイではない．私は60以上の県を訪問し，住民が希望するものをかなり提供してきた．農村部住民にも信頼するかどうかを尋ねなければならない．バンコクでの私への信頼がどのように損なわれてきたのかについて，私は言いたくはない．一部の事柄に

ついては事実に反することが書かれている．たとえば妻チェームサイ・シンラパアーチャー［の募金問題］についてどうして［批判的に］書けるのか．これは善意の活動である．ところが，信用を傷付けようと絶えず手ぐすねを引いており，針小棒大な報道が行われている．こうした状況が続くならば，正直なところ，首相は続けられない．……記事では事実と異なることが書かれている．……記者が勝手に作り話を書いているのである．我が国があまり発展していないのは，マス・メディアが公平ではなく，よいことにスペースを割かず，毎日のように攻撃に精を出し合っているからだ．……単刀直入に言えば，アーナン［元首相］が首相であっても，こんなことが続けば，首相を続けることは100％できないと請け合える．［政府の］仕事に過ちはつきものだ．しかし，こんな風にニュースを書かれると，事実に反することを書かれると，政府への信頼が低下するのは当然だ．……政府はよいことをたくさんしている．それはニュースにならない．喧嘩や対立のことばかり報道していれば，信頼が失われ，民主主義は実現しない」［*Matichon Sutsapda*, August 20, 1996］[22]．マス・メディアが政権の不人気に大きく寄与していたことは明らかであった．そして，その不人気が政治改革圧力を高めていたのである．

　91年憲法211条の改正作業の進捗状況の悪さも改革圧力を高めていた．95年11月11日民主連盟のウェーンは連盟が政治改革委員会から委員を引き上げると発表した．政府や政治改革委員会の熱意や真意が疑わしいことが一因であった．政治改革委員会は96年2月6日に政府に政治改革の6方針を提案したものの，政府の腰は重かった．このため，96年5月2日にも政治改革委員会の委員5名が4月30日付の辞職を発表した．辞職理由の1つはここでも，首相が政治改革に対する熱意を欠いていることであった．こうした委員の辞任もまた政府への批判を煽ることになった．

　批判が高まる中，政府はやっと96年5月17日に91年憲法211条改正案を国会に提出した．重要な点は4つあった．①専門家や学者によって構成される憲

---

[22] この発言で特に興味深いのは次の2点である．1つは首都と地方農村部では政治への見方が大きく異なっているという事実である．もう1つはアーナン元首相はマス・メディアや首都では大いに好感を持たれていたということである．実のところ，バンハーンとアーナンは好対照な人物と理解されていた．

法起草委員会を設置する．②政治の安定や能率を高める．③新憲法草案の承認にあたっては国民投票を行う．④国王陛下を元首とする民主政治体制を堅持する［Decho 1998: 89-90］．この政府案が提出されると，憲法211条改正増補検討特別委員会が国会に設置された．委員長に就任したのは，アモーンとともに「立憲主義」による政治改革を唱えていた著名な政治学者で官選上院議員のチャイアナンであった．この特別委員会は6月20日に憲法制定議会方式を採用し，99名で構成されることを決めた．どういう形で憲法制定議会の議員を選出するかをめぐっては激しい議論が戦わされた．それは政権を大きく揺るがす事件が相次ぐ時期と重なっていた．

96年8月8日には法務大臣チャルームが，新銀行設立認可をめぐって1行あたり7.5億バーツの贈賄が行われたという爆弾発言を行った．8月14日にはパランタム党が連立与党から離脱した．それは予算案の採決が行われる時期と重なっていた．こうした中，特別委員会の憲法211条改正案をめぐる審議（第2読会）が8月22日に行われ，次のように決定された［*Matichon Sutsapda*, August 27, 1996］[23]．起草機関は議会方式，議員に国会議員は加わらない，議員は国会による間接選挙で選出されるということになった．憲法草案に国会の承認を必要とするかどうかについては，必要（否決された場合には国民投票実施という条件付き）306名，不要90名となり，国会の承認が必要とされた．起草議会議員は県代表76名，学者23名の計99名，資格要件として学歴が大卒以上，年齢が35歳以上ということも決まった．

ここまでは比較的すんなりと決まったものの，県代表の選出方法をめぐっては意見が対立した．チャイアナンは総会方式を提案した．有資格者が人数無制限に立候補し，全国の立候補者全員が一堂に会して228名を互選で選び，この228名から国会が76名を選び出すというものである．228名への絞り込みの段階ではどの県の代表であるかを問わないというのが味噌である．全員が首都バンコクの住民となる可能性もあった．バンコクは有資格者数，候補者の人数，候補者の知名度，候補者の能力などで他県を圧倒しているからである[24]．

---

23 この案に至りつく前に政府側と委員会側からそれぞれ案が出されており，いずれも様々な批判を浴びていた［*Nation Sutsapda*, August 23-29, 1996］．

これに対して，政府側委員は住民票のある（住民登録をしている）県で立候補し，立候補者たちと県内の各自治体（県自治体，市自治体，衛生区，区自治体・区議会[25]）ごとに 1 名の代表が集まり，立候補者の中から 3 名を選び出し，国会が各県 3 名の候補者から 1 名を選ぶという方式を提案した．野党委員は政府案に反対した．主たる反対理由は，自治体は各県に 100 ほどあり，立候補者数よりも多いかも知れず，しかも自治体代表は内務省の影響力下におかれており中立性を確保しえないと懸念されることであった．とりわけバンハーン首相自身が内務大臣を兼任していたため，懸念が一層強まった．こうした対立のゆえに，国会の委員会は 8 月 29 日に改めて審議することになった．

　8 月 29 日には委員会は審議（第 2 読会）を終えた．専門家 23 名は，公法学者 8 名，政治行政学者 8 名，政治行政法務実務経験者 7 名という構成となった．県代表は各県で候補者同士が 10 名を互選し（各自は 3 名しか選べない），その 10 名から国会が 1 名を選ぶという方式に落ち着いた［*Matichon Sutsapda*, September 3, 1996］．議員選出に国会が関与することになったことに不満を感じるものがいた．政府にとって好都合な人物ばかりが選ばれると懸念されたのである．ある週刊誌は，「誰もが願ってやまないこと，たとえば下院議員が利権追求のために閣僚就任に汲々とするという問題を解決するために，立法権と行政権の分離や，政治家の行動を規制する『鉄則』の確立，こういったことの実現可能性は遠のいた」と批判的な論評を掲載している［*Matichon Sutsapda*, September 3, 1996］．ここでいう「立法権と行政権の分離」とは，下院議員の閣僚就任を禁止することに他ならない．下院議員への嫌悪は議院内閣制の否定につながりかねないほど強烈だったのである．

　野党はこの時期にはすでにバンハーン首相への不信任案を提出していた．その討論は 9 月 18 日から始まることになっていた．そうした荒波を目前に控えた 9 月 14 日に 1991 年憲法第 6 回改正案の採決が行われた．この改正案は一部の

24　この点については，県代表 76 名と学者 23 名のうち，学者 23 名は地域代表ではないものの，あえてどこかの地域を代表するとすれば，彼らに共通の学びの場であり生活の場である首都バンコクの代表と言えるはずである．

25　区は順番に自治体に格上げされつつあったものの，一部の区は従来通りカムナンを長とする区議会にまだとどまっていた．

欠席者と 2 名の棄権者[26] を除く全員 604 票という圧倒的多数で可決された
[*Nation Sutsapda*, September 20, 1996]．

　9 月 18 日に始まった不信任案討論が 20 日夜まで続き，与党チャートタイ党で最大派閥を率いるサノと連立与党第 2 党新希望党の党首チャワリットは不信任案を否決する代わりに，辞職するよう首相に迫った．首相はこの要求を呑み，9 月 21 日 11 時に 1 週間以内に辞任すると発表した．直後に不信任案は否決されたものの，首相は期限の 9 月 27 日になると前言を翻して国会を解散した．91 年憲法第 6 回改正案はこの 9 月 27 日に施行され，新憲法起草への道筋が固まった．

　1996 年 11 月に実施された総選挙では，サノ派を迎え入れた新希望党が第一党になり，党首のチャワリットが首相に就任した．チャワリット政権下の 96 年 12 月 15 日に全国 76 県でそれぞれ 10 名の候補者を選び出す選挙が実施された．全国で 19,329 名もの立候補者がおり，そこから各県 10 名ずつ合計 760 名が選出された．彼らの職業の内訳は弁護士，実業家，官僚の順となっていた[27]．12 月 26 日には国会が憲法制定議会の議員を選出した[28]（図 4-1 参照）．

26　棄権したのはシット・チラロートとミーチャイ・ルチュパンである．シットは前述のように 91 年に不正蓄財政治家の調査委員会の委員長を務めた人物であり，ミーチャイはプレーム政権とチャートチャーイ政権の「顧問弁護士」である．また，セーリータム党は政治改革の実現可能性への懐疑から欠席していた．
27　県代表 760 名の職業内訳

職業	人数［名］	割合［％］
弁護士	270	35.5
実業家	174	22.9
官僚	148	19.5
被雇用者	88	11.6
農民	35	4.6
政治家	9	1.2
その他	36	4.7

出所：*Nation Sutsapda*, December 20, 1996

```
民主主義発展委員会  94年6月9日
        ↓
政治改革委員会  95年8月8日
        ↓
       国会
        ↓
1991年憲法211条改正  96年9月14日
憲法制定議会設置決定
        ↓
76県代表選出  96年12月15日
        ↓
99名選出  96年12月26日
```

┌─ 憲法制定議会 ─────────────────────┐
│   │
│ 本会議 (ウタイ議長) 97年1月7日   │
│   ↓   │
│ 草案起草委員会 (アーナン委員長)   │
│   ↓   │
│ 基本構想策定 97年2〜3月   │
│ 意見聴取 → 草案起草   │
│   97年5月7日   │
│   ↓   │
│ 本会議 → 公聴会   │
│ 97年5月8日   │
│   ↓   │
│ 草案修正委員会 (アーナン委員長)   │
│ 97年7月2日   │
│   ↓   │
│ 本会議   │
│ 97年7月30日 第2読会   │
│ 97年8月15日 第3読会   │
└────────────────────────────────────┘
            ↓
         国会 → 公布施行 97年10月11日
         97年9月27日
            ↓
        国民投票

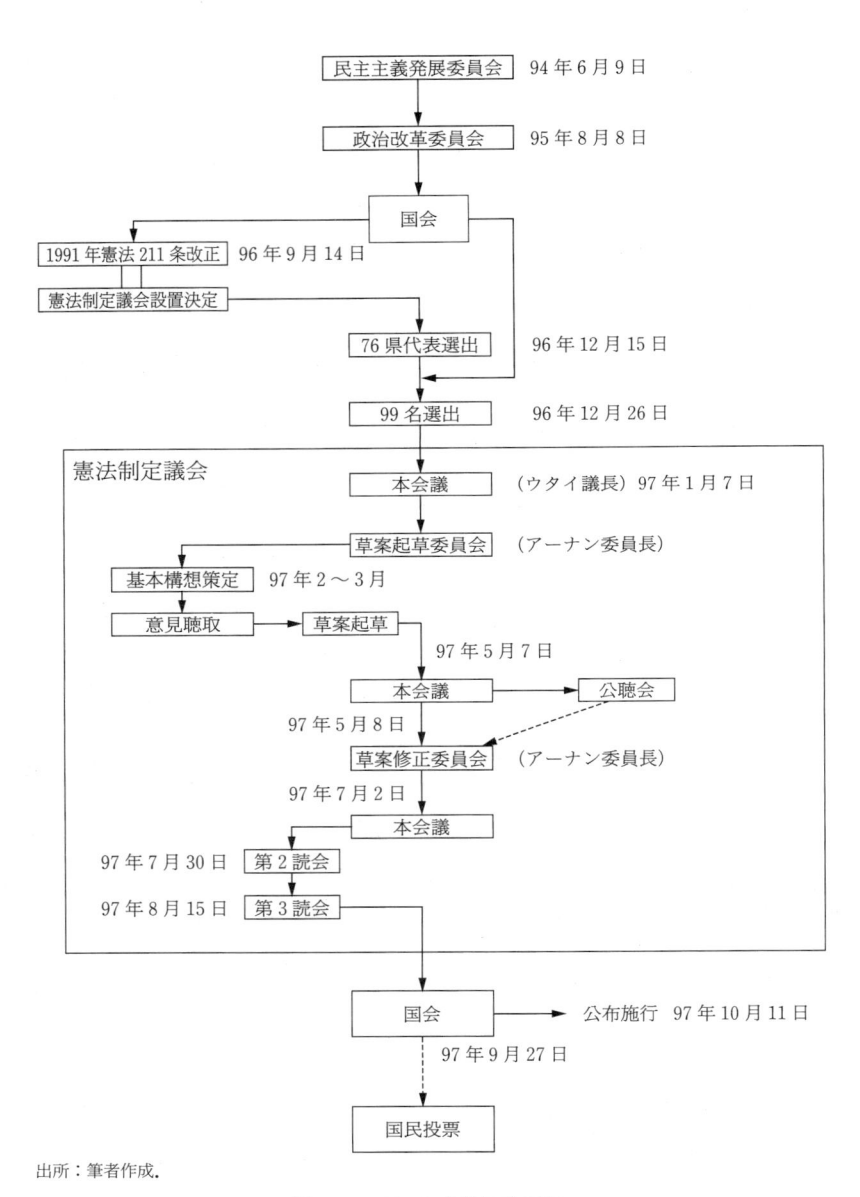

出所：筆者作成．

図4-1　1997年憲法起草過程

4-3 憲法の起草

(1) 新憲法制定の手順

　憲法制定議会は 1997 年 1 月 7 日に第一回会合を開き,議長を選出した.元下院議長ウタイ・ピムチャイチョンが第一回投票で 44 票,決選投票で 65 票を獲得し,同 27 票と 30 票の元首相アーナンを破って議長に就任した.憲法制定議会には 5 つの委員会が設置された.憲法草案起草委員会,広報委員会,学術・情報ならびに憲法関連法起草方針研究委員会,議事録委員会,意見聴取・公聴会委員会の 5 つである.このうちもっとも重要なものは草案起草委員会である.そして草案が完成すると,今度は憲法草案修正委員会が設置された[29].

　憲法制定議会は制定手続きを規定した 1991 年憲法 211 条に記された人民の意見を盛り込むという基本方針に基づいて各県に意見聴取・公聴会特別委員会

28　当時上院議長であったミーチャイは憲法制定議会議員の 9 割は政府の意向に沿って選出されたと指摘する [Michai 2001: 21].ただし,彼らは政府の思惑通りに行動したわけではなかった [Connors 1999: 214].

　なお,プラウェートはこの時期に新憲法制定を通じた政治改革が生死に関わる重大事と述べて支持を煽り立てている.政治改革を行わず「放置していればいずれ流血の事態を迎える.[政治改革が始まっても] 改革がうまくゆかず対立するならば同様に流血になる.」「タイは仏教国であり,住民の 9 割以上が仏教徒である.しかし,倫理欠落という問題に直面している.……政治家は汚職をし,商売人は搾取をする.誰も信用できない.政治家は信用できず,官僚も信用できず,医者でさえ信用できない.誰も信用できない国になっているのだ.」「政治改革が首尾よく終わったら,他の制度を改革しなければならない.しかし [憲法改正が終われば] そうした改革は容易になる.……今回の政治改革には国の生死がかかっている.もし成功すれば,祖国は飛躍的によくなる.だが,成功しなければ,祖国は暴力的な事態へ至るだろう」[*Nation Sutsapda*, December 27, 1996].対立が激しくなると 92 年 5 月のような流血の事態を招くと脅して,反対派に妥協を迫るという論法を彼はたびたび用いている.

を設置した．こうした作業と並行して，草案起草委員会は基本構想の策定に着手した．基本構想は(1)権利義務，(2)国家権力行使の監査，(3)政治制度の3つの柱からなっていた．これらの構想は憲法制定議会において96年2月4日，2月18日，3月4日にそれぞれ順番に承認されるのを待って［Montri *et al.* 1999: 32-33］公表され，改めて意見の聴取が行われた[30]．

政治制度に関する起草を行う小委員会は5名の委員で構成され，うちボーウォーンサックを含む3名の公法学者は1994年設置の民主主義発展委員会において15冊の研究書を執筆したメンバーであった．残る2名は学究肌の政党政治経験者である．生粋の学者3名はいずれも思想面で民主主義発展委員会と多くを共有していたと強く推測される．この委員会が作成した構想案では，下院は選挙区400名，比例区100名とされた．上院は任命や間接選挙ではなく直接選挙とされた．上院議員は大卒以上という学歴要件が盛り込まれた．下院議員は閣僚の兼任が禁止された［*Nation Sutsapda*, April 18, 1997］．最終的な産物である97年憲法の規定はこれと非常に近いものとなる．

これらの基本構想と人民の意見に基づいて，草案起草を行うため，3月24日に3つの小委員会が設置された．これらの小委員会は4月1日から10日の間に草案を完成し，4月13日から16日にかけて首相府法制委員会（法制局に相当）

29　草案起草委員と草案修正委員の顔ぶれはかなり重複していた．憲法制定議会は99名の議員から構成されていたので，委員がある程度重複することは避けがたい．しかし，草案起草委員29名のうち12名が草案修正委員になっている．草案修正委員33名中12名が草案起草委員であったことになる．さらに，起草委員会と修正委員会の委員長はいずれもアーナンであった．草案を作成したものが，修正委員会でそれに異議を唱える可能性は低いので，基本的に草案への賛成派であったと考えてよいであろう．つまり，修正委員の3分の1強は最初から賛成派だったのである．しかも，修正委員会には民主主義発展委員会の研究会の仲間となっていたものが新たに2名加わっている．この2名も賛成派と見なしうる．そうなると，賛成派は44％を越えていたことになる．それゆえ，草案が一度作成されてしまうと，修正委員会は単なる手続き上の一段階にすぎず，草案に抜本的な修正を加える可能性が低かったと思われる．

30　意見を表明したものは，手紙によるもの20万497名，口頭などその他の方法によるもの60万873名であったとされる［Montri *et al.* 1999: 35］．各地での意見聴取はセミナー，討論会，説明会，アンケートなど様々な方法で行われた．

が3つの小委員会案の調整を行った．続いて，草案起草委員会，3つの小委員会，意見聴取委員会の代表からなる作業部会が4月17日から20日にかけてバンコクのホテルで憲法草案の叩き台を作成した．4月21日から27日にかけて，草案起草委員会はパッタヤーのホテルで草案の仕上げ作業を行った．起草委員会の委員ではない憲法制定議会の議員も出席を認められたものの，時間節約のために発言権は認められなかった [Montri et al. 1999: 35-37]．そこで完成された339条からなる第一次草案は5月7日に憲法制定議会に提案され，翌日に賛成91，棄権1，欠席7という圧倒的多数で採択された．これを受けて，憲法制定議会には草案修正委員会が設置された．憲法制定議会議員は5月8日から6月7日にかけての30日間に修正動議を提出することが認められた．提出された動議は55，対象となる条文は224条に及んだ [Montri et al. 1999: 39-40]．また，意見聴取委員会は2部構成の冊子を80万部印刷して配布した．第1部は憲法の草案である．第2部は憲法制定議会で事務局長を務めた法律学者ボーウォーンサックの手になる「新憲法は人民に何をもたらしてくれるか」という説明書であった．この冊子は官民の様々な組織やマス・メディアによっても広く紹介された．これに基づく公聴会実施のために5月9日から11日にかけて全国の意見聴取特別委員会の委員を首都に集めて会合が開かれた．この後各県では5月15日から30日にかけて，地域（東部，東北部，中部，南部，北部）ごとには5月16日から25日にかけて計5回，全国レヴェルでは6月10日に国会で1回の公聴会が開催される [Montri et al. 1999: 38-39][31]．

憲法草案修正委員会は公聴会などにおける意見を参考にしつつ，修正動議について審議し，6月27日に第二次草案を完成させ，7月2日に憲法制定議会に提出した．憲法制定議会は7月3日からほぼ1ヶ月を費やして，7月30日に336条からなる最終草案を完成させた．15日後の8月15日に憲法制定議会で投票が行われ，賛成92，棄権4，欠席3の圧倒的多数の支持を得て採択された．同日中に国会へ上程された（表4-2参照）．

---

31 各県での意見聞き取りに参加したものは629,232名，県と地域での公聴会に参加したものは県が122,584名，地域が3,828名，アンケートに答えたものが87,912名，合計すると843,556名であったとされている [SR 1997: 100]．

表4-2　憲法制定議会の作業日程

1997年1月7日	憲法制定議会の第一回会合，議長を選出．
1997年1月14日	5つの委員会の設置決定．草案起草，意見聴取，広報，学術，記録．
1997年1月20日	草案起草委員会（アーナン委員長以下29名）が第一回会合．作業は4月30日まで．
1997年5月8日	憲法制定議会は，憲法草案起草委員会の草案を5月7日と8日に審議の後採択し，草案修正委員会（アーナン委員長以下33名）を設置．委員会は5月13日〜7月2日の間作業．
1997年7月30日	憲法制定議会は修正草案の第二読会（条文ごとの検討作業）を終了．採決までの15日間に全国で広報活動．
1997年8月15日	草案が憲法制定議会の第三読会を通過（可決）．賛成92，棄権4，退席1，欠席2．
1997年9月4日	9月4日から9月10日かけて，国会で草案を検討
1997年9月27日	国会で憲法草案が可決される．賛成574，反対16，棄権17．
1997年10月11日	新憲法の公布施行．

出所：筆者作成．

（2）権利と自由

　1997年憲法は「人民の憲法」と自画自賛されてきた．憲法制定議会議員が意見聴取のために1997年3月までに仕上げた基本構想にはすでに「人民版憲法起草の基本構想（*krop buangton ratthathammanun chabap prachachon*）」という名称がつけられていた［Decho 1998: 96］．これが美辞麗句の発端のようである．この賛辞はこれまでになく多数の人民に起草過程への参加の機会が提供されたことに由来する［Wanmuhamatno 1998: (19); Khanin 1998: 272］．これは97年憲法の起草手続きを定めた91年憲法211条の3に，人民の意見を尊重しなければならないと記されていたからである．まず，憲法制定議会には各県の代表が議員として加わった．次に，基本構想や草案について各地で意見聴取会や公聴会を開いた．各県に意見聴取や公聴会のための委員会が設置された．各県のものに加えて，経済団体，職業団体，マス・メディア，教育機関，政党などを対象にしても実施された．タイの憲法制定ではこれほど多くの人々の考え方が汲み取られたことはなかったので，「正真正銘の人民の憲法」だというのである［Decho 1998: 107］[32]．さらに，草案が国会で否決された場合には国民投票が予定されてもいた．従来の憲法と比べると，起草過程への参加が格段に広く認められていた

ことは間違いない．

　だがしかし，人民による憲法が人民のための憲法であるとは限らない．広く人民に恩恵をもたらす憲法であるかどうかは規定内容に照らし合わせて冷静に見極める必要がある．当時の国会議長は「人民の権利や自由が大幅に拡大された」と賞賛した［Wanmuhamatno 1998: (18)］．起草者のボーウォーンサックも「これまでになく市民の権利や自由を拡大した」と主張し，権利，自由，平等に関する規定は91年憲法には30条しかなかったものが，新憲法では53条に増えていると述べる［Bowonsak 1998: 52-53］[33]．確かに，教育，医療，高齢者や身体の不自由な人々への扶助といった社会権は目新しいものである．民主主義発展委員会の提言に盛り込まれていた地域共同体の権利が，具体的な意味内容不明な玉虫色のままながら，憲法に盛り込まれたことも注目に値する．こうした権利や自由は新憲法の売り物である．こうした点は起草議会が97年8月に配布した宣伝冊子にも詳しく述べられている．しかし，社会権などの権利規定が従来貧弱であったという背景ゆえに際だっていたという面も多分にあった．また，義務も増えていることは見逃されがちである．義務については条文は10から5へと半減し，減らされたかのように思われるものの，実際には91年憲法の7つの条文を新憲法では1つの条文に詰め込んだ結果生じている錯覚にすぎない．新憲法では従来の10の義務を残しつつ，投票義務と公務員の義務という2つの義務が新たに追加されている［Bunloet 1998: 210-216］．

　権利や自由と並んで強調されるのは政治参加の拡大である．ボーウォーンサックは①5万人の署名による法律制定要求，②5万人の署名による大臣や国会議員などの罷免要求，③国民投票，④上院議員を官選から民選に変更，の4点を指摘する［Bowonsak 1998: 60-62］．しかし，法律制定要求についてはいくつかの制限がある．署名簿のみならず法案を準備しなければならない．しかも対象となるのは，権利や自由に関わるものか，憲法に明記された国家の基本政策[34]

32　起草過程では公聴会や意見聴取会が開催されたものの，それらは「体のよい広報活動」であり，あらかじめ準備された青写真を概ねなぞるにとどまっていたと指摘する研究者もいる［Connors 1999: 217］．

33　65条では，非立憲的な権力奪取（軍事クーデタを指す）に平和に抵抗する権利が規定されている．

に関わるものに限られている．国民投票については，規定を設けるのかどうか，結果に拘束力を持たせるのかどうかをめぐって議論が戦わされた．過去にタイの憲法で国民投票を規定したのは1974年憲法のみであり，それは憲法制定あるいは憲法改正に限られていた．しかも，一度も実施されたことはなかった．97年憲法の起草過程では，一部のものは一切規定すべきではないと主張した．その論拠は，どの争点を国民投票に付すかという判断を仰ぐのは国王を煩わせることになるからであり，また国民投票が実施されると国王は裁量の余地なく裁可せざるをえないかも知れないからであった．何度も議論が行われ，国民投票の結果は内閣への助言にすぎず拘束力を持たないという限定をつけた上で規定を盛り込むことになった［Khanin 1998: 269-270］．

　この決定が最終的に行われたのは1997年7月22日の憲法制定議会である．どのような議論を経て，拘束力を持たせないという結論に至ったのかを議事録から確認しておこう．草案修正委員会の拘束力なしという原案に対して，ブンルート議員は，助言という効果しかないのはおかしい，結果は国政に反映されるべきだと発言した［RPSR 24, 179 (88/1)］．また，スニー議員は，実施手続きが煩雑で本当に実施可能かどうか疑わしく，やっと実施できたとしても結果に拘束力がないのでは誤魔化しにすぎず，いっそのこと規定しない方がよいと述べた［RPSR 24, 180-182 (88/2-89/20)］．下院議員経験が長いサワット議員はこう批判した．助言を求めるだけというのなら，国民投票を実施する必要などない．カムナンや村長，県知事や郡長，マス・メディアからでも聞ける．国民投票には莫大な費用がかかる．前回の総選挙では55,000万バーツがかかった．現況では支出を節約すべきだ．上院と下院の国会議員がおり，内閣は国会に相談したら十分だ．人民に相談しても人民には分かりはしない．政府が相談したいのは難しい問題に決まっている．内閣や国会に分からない問題が人民に分かる

34　1949年以降の憲法には「国家の政策方針」という節が設けられてきた．当初は19条であったものの，次々と追加されたため，91年憲法では35条にも増えていた．この結果，憲法に規定される国家の政策方針は各政権の政策方針と似通ったものになっていた．憲法に微細な規定を盛り込むことはふさわしくないので，97年憲法では「基本」という文言を付け加えて「国家の基本政策方針」と改め，重要なもののみを厳選して盛り込むことにした［Kramon 1998: 217-218］．

はずがない［RPSR 24, 183-186 (90/1-91/2)］．百戦錬磨の政治家らしい皮肉たっぷりな批判であった．

　こうした批判を受けて，草案修正委員会委員の政治学者スチットが説明をした．国民投票には２種類ある．１つは国会が判断に迷い，国民の意見を求める場合である．この場合，結果には拘束力があり，法律と同じことになる．カトリック国における離婚や中絶などの問題である．もう１つは政府が判断材料にする場合である．この場合には立法には直結しない．「タイでは国民投票には問題がつきまとうという事実を見据えなければならない．国民投票が新機軸であり準備が整っていないので，制限を設けておかないとある種の法律が成立してしまう可能性がある．特定の法律を制定させようとして国民投票を実施するよう圧力をかけることがありうる．我が国の安全保障を脅かしたり，我が国にふさわしくない結果を招いたりするかも知れない[35]．」それゆえ，とりあえずは内閣への助言程度にとどめておき，立法の効果を持たせないのが適切と思われる．賛否両論を巻き起こした法案への意見を求めるだけにとどめておくべきだ．さらに，我が国には下院があり，政府も選挙で選ばれている．政府は人民に代わって意思決定で大きな役割を果たしている．いろんな問題についていちいち国民投票を実施する必要はない．「というのも，<u>人民は明確に理解して周到に決定を下しうるとは限らないからだ</u>［RPSR 24, 182-183 (89/2-90/1)，下線は引用者］．国王への配慮と愚民観を色濃くにじませた説明である．そして当日の採決結果は，原案に賛成27名，反対15名となり，結果に拘束力を持たせないことが決まったのである．憲法起草者たちは「人民の憲法」を口にして人民の参加拡大を謳いながらも，その実人民を愚民と見なしその数の力を恐れていたのである．

　それゆえ人民の憲法という美辞麗句を鵜呑みにすることなく，1997年憲法の条文を吟味する必要がある．その際に忘れてはならないのは，32年以後15の憲

35　好ましくないと想定されているのは，何よりもまず，王制を損なう法律である．憲法起草過程では首相直接公選制を求める意見が非常に強かった．憲法起草者はその否定に躍起となった．国民投票の結果に拘束力を持たせるならば，そうした制度が導入される可能性がある．立憲君主制に代えて共和制を採用する可能性も皆無ではない．それゆえ，拘束力を認めることは断じてできなかったのである．

法を起草するにあたって（改正にあたっても）いつも最大の焦点となってきたのは権力関係をめぐる規定であったという事実である．それは統治機構，とりわけ国会と内閣をめぐる規定である．誰が首相や閣僚に就任しうるのか，現職の軍人や行政官が入閣しうるのか．民選議員は入閣しうるのか．内閣は国会の監督をどこまで受けるのか．国会の構成をどうするのか．一院制か二院制か．官選議員のみなのか，民選議員のみなのか．官選議員と民選議員を併存させるなら，人数の割合をどうするのか，それぞれの権限をどう差別化するのか．民選議員をおくならば，選挙制度をどうするのか．議院内閣制の根幹に触れるこれらの点に起草者の利害がもっとも強く反映されてきた．そこで，97年憲法についてもこれらの点がどのように規定されたのかを検討してみなければならない．

（3）清廉な政治：権力関係の変更

憲法起草にあたっては，汚職を減らして政治を清廉にするという目的を掲げて，選挙制度や国会と内閣の関係が変更され，政治家への監査制度が整備された．まず選挙からみてゆきたい．従来の選挙制度の問題点として繰り返し指摘されていたのは，買票によって当選した議員が派閥の力学（派閥の議員の数）に応じて閣僚に就任し，不正な資金回収に勤しむということであった．この問題を解決すべくいくつかの方策が新憲法に盛り込まれた．

1）選挙制度

これまで官選であった上院が民選となった[36]．下院議員が独占してきた選挙によって選ばれたという正当性を稀釈し，下院に対抗しうる可能性を秘めた上院が誕生することになった．この「上院のもっとも重要な任務は監査と罷免である．言い換えると，監査議会に他ならない」[Bowonsak 1998: 77][37]．上院議員に特有の権限は，選挙管理委員，国会国政監査官，国家人権委員，憲法裁判所判事，行政裁判所判事，国家汚職防止取締委員などの選出ならびに閣僚や下院議員の罷免を行うことである．上院議員に罷免権が付与されるのは，選挙区が下院議員よりも広い，閣僚に就任できないという2つの理由による，と説明されている [Bowonsak 1998: 77]．上院の議員定数は200名であり，県を1つの選

挙区とし，各県には人口に比例した定数が配分される．また選挙については，選挙運動が禁止され，再選も禁止されている．これは下院議員と同様な選挙運動が許されると，買収が行われ，当選後にその投資を回収すべく汚職に走りやすいと想定されたからである．上院は下院とは期待される役割が異なるので，議員の資格要件などが異なる．在職中ならびに任期が切れてから1年以内は閣僚への就任が禁止される．政党への所属も禁止される．下院議員の任期が切れてから1年以上経過しないと上院議員選挙に立候補できない．監査対象となる閣僚や政党との関係を絶つことにより，監査を行いやすくするためである．被選挙権を持つのは大学卒業以上の学歴を備え，年齢40歳以上のものとされている．年齢が下院議員の25歳よりも高いのは，監査役にふさわしい知識や経験を備えた人物を期待しているからである．

　他方，下院は比例区100名，小選挙区400名と変更された．従来の下院議員選挙は1選挙区あたりの定員の上限を3名とした中選挙区制度で行われてきたので[38]，これは大きな変更である．比例区は拘束名簿式である．政党があらかじめ順位をつけた候補者名簿を作成し，有権者は政党を選ぶ．各党の得票率に応じて名簿の順位が上のものから順に当選者となる．ボーウォーンサックは拘束名簿式比例代表選挙導入の狙いを次のように説明する．①全国区なので買票が難しい，②死票が少なくなる，③政党の強化につながる，④有能であっても，選挙運動が不得手な人物に政界進出の門戸を開く，⑤全国的な視野を持った人

36　従来上院が官選とされてきた口実の1つは職能代表を取り込むことであった．起草議会議員カニンはこう述べる．職能代表は情報グローバル化の時代には意味を失った．そもそも職能代表といっても従来は建前だけにとどまっていた．実際には特定の職業の代表が3分の1を占めていた．国民の多数を占める農民や労働者の代表はせいぜいのところ2〜3名が選ばれていたにすぎない [Khanin 1998: 237-238]．官選時代には軍人や行政官が多数を占めていたのは事実である．しかし，農民や労働者の代表が任命されていたことも事実である．情報グローバル化と職能代表不要論の間には何の因果関係もなかろう．しかも97年憲法では大卒規定が盛り込まれた結果，農民や労働者は立候補が事実上ほぼ不可能となった．民主主義発展委員会の提言では（恐らく既存の官選上院議員への配慮を第一の理由として）職能代表制を残そうとしていたので，それと比べると大きく後退している．

37　デーチョーも「監査専用の議会」と述べている [Decho 1998: 117]．

物が下院議員に加わる，⑥政党が閣僚候補者を名簿上位に並べることが期待され，そうなれば有権者自身が閣僚候補者を間接的に選べることになる［Bowonsak 1998: 64］．ボーウォーンサックは小選挙区にもいくつかの長所があるとする．①どこに居住していても1人1票と平等になった[39]．②有権者と下院議員の関係が密接になる．③買票が減るので，有能ながら貧困なものが当選できるようになる［Bowonsak 1998: 66］．

　小選挙区制の導入が買票の減少に直結すると確信するものも恐らくいなかったであろう．むしろ期待されていたのは別の効果であった．1つには，ボーウォーンサックが指摘するように，選挙区が小さくなることにより，有権者と議員（あるいは立候補予定者）の関係が緊密になる．資金力ではなく，きめ細かな面倒見の良さゆえに当選するものが出てくる可能性がある［Khanin 1998: 234］．

　もっと重要なのは，下院議員経験の長い憲法制定議会議長ウタイが主眼はこれだと指摘する「親分（*luk phi*）の撃退」である．ウタイによると，従来の中選挙区制度では選挙区が広すぎて，候補者は知名度が行き渡らないため，地元の影響力者（これが親分である）に頼らねばならず，さらに買票もしなければならなかった．この点について，ウタイは実在の人物を登場させて分かりやすい架空の話をしている．ソンクラー県の商業会議所会長のチャーン・イッサラは地元ハートヤイの町では有名な実業家である．ところが，町から3kmも離れると誰も知らない．選挙区が広いため，影響力者に頼らなくてはならない．適任なのは違法な私設宝くじ（*huai taidin*）の元締めである．売人を配下にかかえ，その下には顧客がいる．選挙になると，売人は特定候補者への投票を条件として顧客に500バーツずつを配る．顧客はこの金を宝くじ購入に使っても，そっくり

38　各県の人口に比例して議員の定数が配分される．1選挙区あたりの定数は3名が上限である．県に配分された議員数が4名以上の場合には選挙区が2つ以上になる．その際可能な限り1人区は避けられてきた．ある県の定数が3名なら3人区が1つ，4名なら2人区が2つ，5名なら3人区と2人区が1つずつ，6名なら3人区が2つ，7名なら3人区が1つ，2人区が2つという具合になる．また，県の人口が総人口を議員総数で割った値に達しない場合には1名の定数が配分された．

39　有権者は定数分だけ候補者を選ぶことができ，1人区なら1名にとどまるのに対して，3人区では3名を選べるという不平等があった．

懐にしまいこんでもよい．いずれにしても，顧客は特定の候補者に投票しなければならない．売人と顧客の間には信頼関係がある（さもないと商売が成立しない）．売人が何人に配ったかによって票を計算できる．このため胴元は誰が当選するのかを決めることができる．誰を支援するか，誰が大臣になるのかを決めるのは影響力者である．政治家はもし影響力者の意向に沿わなければ次の選挙では支援を受けられず当選できない．これはひとえに，従来の広い選挙区では，自力で集票を行うことが難しいためである [Uthai 1998: 25-26][40]．小選挙区になればそうした親分に頼らなくても済むようになり，さらに買収の必要性も低下

---

40 影響力者が当選者も大臣も決めるというのは，ソンクラーではなく，ウタイの選挙区チョンブリー県の実話である．ウタイは選挙でそうした影響力者と戦い，何度か勝利をおさめたこともあったものの，92年9月総選挙を最後に勝てなくなっていた．

　なお，非合法宝くじの利用はしばしば行われている．胴元と候補者の関係は必ずしも胴元が優位というわけではない．マティチョン紙が2001年1月総選挙に関してモデル・ケースを報じているので紹介しておこう．政府が毎月2回発売する宝くじに合わせて，違法な私設宝くじが各地で販売されている．候補者はこうした違法宝くじの胴元を利用する．小選挙区への変更に伴い，当選するには2万票から2.5万票を獲得すれば足りることになった．有権者1人あたりの買収に1,000バーツを投じても総額は2,000〜2,500万バーツにすぎない．どうしても当選したい候補者にとっては決して大きな金額ではない．この金額を胴元に渡せばよい．通常の違法宝くじと同様に売人を通じて1枚10バーツで販売する．賭の対象になるのは，候補者の番号である．たとえば，5番の候補者が当選すれば1枚につき1,000バーツの払い戻しが受けられるということにして，有権者に販売する．購入した有権者は掛け金が100倍になって戻ってくる当選賞金が欲しいのでこぞって5番の候補者に投票する．そればかりか家族や友人にも5番に投票するよう働きかける．購入者が多くなるほど当選の可能性が高まるので1名が購入しうるのは2枚に制限しておく．胴元や売人の収入は1枚あたり10バーツの販売代金である．手数料目当ての売人も一生懸命売ろうとする．要するに，この違法な選挙宝くじがたくさん売れれば売れるほど当選の可能性が高まるという仕組みである．何枚売れたかによって，候補者は開票前から自分の得票を予想しうる．候補者は胴元が勝手にやったことであり，自分は無関係であると言い逃れが可能であり，選挙違反に問われることはない．他方，胴元は常日頃から「保護」されており，罪を問われることはない [*Matichon*, November 14, 2000]．なお，候補者に当選の可能性が皆無と思われている場合には，購入者が見つからないので，この宝くじ方式は成功しない．

するというのである［Uthai 1998: 25-26］．

　議員を支配する「親分」は舞台裏にとどまる影響力者よりも派閥ボスの方が典型的である．従来は中選挙区であり，有権者は定数分だけ候補者を選ぶことができた．定数は１名，２名のこともあったが，たいていは３名であった．その結果，有力議員の場合には，いわばおまけのような無名候補２名をチームに加えて３名全員を当選させることが困難ではなかった．有力議員はその時点ですでに３名の小派閥のボスである．有力な議員の場合にはさらに同一県内や隣接県の別の選挙区でもそうした配下の候補者を何名も当選させてきた．他方，1991年憲法では下院の議員定数は400名弱であり，閣僚数の上限は46であった．連立与党議員が230名とすれば，議員５名あたりにつき１つの閣僚ポストという計算になる．このため，自選挙区の３名に２名を加えて５名の派閥を抱えていれば，行政能力や適性とはほとんど無関係に閣僚に就任しえた．小選挙区になれば，各候補者がそれぞれに一定の人気や知名度を要求されるようになるため，子分候補の当選が難しくなり親分議員の入閣が減ると期待されたのである．これに関しては，97年憲法では下院議員の人数が増える一方，閣僚の人数の上限が10名ほど減らされて36名となったことも見逃せない．

　新しい選挙制度の意味は下院議員が閣僚に就任すると議員資格を喪失するという新機軸と重ね合わせると明瞭になってこよう．新憲法では下院議員は閣僚の兼任を禁止された．過去に軍政下の1968年憲法で下院議員は首相や閣僚に就任することを禁止されたことがあった．それと比べた場合，97年憲法では首相は下院議員でなければならないし，下院議員は閣僚に就任することもできる[41]．しかし，就任したら議員資格を喪失するのである[42]．下院議員が閣僚に就任した場合，小選挙区議員であれば補欠選挙が実施され，比例区議員の場合には同一政党の名簿上の次順位候補が繰り上げ当選することになっているからである．

41　就任前に下院議員でなければならないと規定されているのは首相のみである．それ以外の閣僚は下院議員である必要がない．極論すれば，首相以外は全員が下院議員以外のものであってもよいのである．たとえば日本国憲法が国務大臣（首相以外の閣僚）の過半数は国会議員でなければならないと規定しているのとは大きく異なる．

42　これと関連して，閣僚には国会での議決権がない［Khanin 1998: 264-265］．

これには小選挙区議員の閣僚就任欲に対する歯止め効果がある[43]。もし閣僚に就任した場合には，補欠選挙で対立候補が当選してしまうと，次回の総選挙では事実上の現職候補者が複数存在することになって激戦必至である。しかも，閣僚に就任しても汚職や能力不足のゆえに更迭されれば，下院議員には復職しえず選挙浪人となってしまう。憲法は選挙区の利害を濃厚に代弁しがちな小選挙区議員に閣僚就任を思いとどまらせ，比例区議員の閣僚就任を促しているのである。ボーウォーンサックによれば，比例区議員は全国的な視野を持った有能な人物が多くなるはずであり，比例区選挙では買収が減るはずであった。

閣僚兼任禁止規定と比例区導入に加えて，「新憲法は買票を減らし一掃する多くの措置を講じた」[Bowonsak 1998: 63]。具体的には，①投票者を増やして買票を困難にするために，投票の義務付け，海外居住者の投票，不在者投票の便宜，白票の容認（誰も選ばないという選択を認める）といった方策を盛り込んだ。②内閣による不正な介入を防止するために，国会解散後に選挙管理委員会の承認なく官僚の人事異動を行うことを禁止した。③公平を期すため，政府が選挙運動を一定程度支援することにした。④選挙管理委員会を設置した。⑤開票を投票所ごとではなく，選挙区ごとに1カ所にまとめて実施することにした。ボーウォーンサックが挙げる5つの措置のうちで特に重要なのは選挙管理委員会の設置であり，それに続くのは開票方法の変更である。従来内務省が担当してきた選挙実施業務は，新設の選挙管理委員会に任されることになった。国会からも内閣からも独立した選挙管理委員会には大きな権限が付与された。

開票方法の変更については，ウタイは金権選挙の予防に役立つと指摘する。一昔前には「有権者は……［電化を願って］電柱に目を奪われていると批判されていた。」これは開票が投票所ごとに行われ，投票所ごとの開票状況が把握できたためである。候補者は，もし投票してくれれば，寺院本堂を建立したり，溜

---

[43] 同様な趣旨の規定が184条にもある。それは大臣に対する質問に関する規定である。質問が国会議長を通じて文書で行われると，大臣は当日のうちに国会の議場において口頭で答弁しなければならない。この規定のゆえに，大臣は自分の管轄範囲については宿題をこなし熟知して，答弁の準備をしておく必要がある。他の大臣に代理答弁してもらうわけにはゆかないからである［Khanin 1998: 255］。この規定は，より適格な人物の大臣就任を促すという効果を持つはずである。

め池を作ったり，ピックアップ・トラックを購入したりしてやると集票請負人に約束し，約束通りの票が出ればその公約を果たしてきた．このため，有権者の側もせっせと投票していた．今では，学校の教師も，学校の集会室，図書室，給食室などが欲しいばかりに投票している．こうしたことを防止するために，新憲法では開票を郡ごとにまとめて行うことにした．投票所ごとの票の内訳は分からなくなるので，候補者も有権者も約束を守らなくてよくなる［Uthai 1998: 29-30］[44]．それに加えて，投票所ごとに開票が行われる場合には，候補者が担当職員を買収したり脅迫したりすることがあった．開票が一括して行われれば，そうした不正行為も防止しやすくなる．

　新憲法は別の面での買収の予防も狙っていた．タイの選挙においては4段階の買収が行われてきた．①実業家が政党を，②政党が候補者を，③候補者が集票請負人を，④集票請負人が有権者，という4段階である[45]．政治改革論においてもっとも問題視されたのは最後の2つであり，選挙管理員会の設置，比例区導入，下院議員の閣僚兼職禁止によりある程度規制されることになった．政党や政治家への献金については，政治家の不正蓄財への監査強化，政党への献金の透明化，政党への公的助成金によりある程度縛りがかけられることになる．政党が選挙前に現職議員を買い漁るというもう1つの問題については，新憲法は下院議員に政党所属を義務付けた上で，一方で立候補届出の日よりも90日以上前から特定の政党に所属していなければならないと規定し，他方で投票は国会の任期満了から45日以内あるいは国会解散から60日以内に実施されねばならないと規定することにより，現職議員が総選挙直前に所属政党を変更する可能性をなくした[46]．

44　ただし，郡単位で多数の票を請け負う親分の場合には，個別の投票所の開票状況が分からなくても郡全体で何票と約束しただけの票を集めることが引き続き可能なはずである．

45　この指摘を新聞から引用したマレー自身の表現では，「権力集団が政党を買い，政党が政治家やチャオ・ポーを買い，下院議員とチャオ・ポーが集票請負人（とりわけカムナンと村長）を買い，集票請負人が票を買ったり無理強いしたり整えたりする」［Murray 1996: 89］となっている．資金の源泉となる「権力集団」は，1992年3月総選挙における国家治安維持評議会を唯一の例外として，実業家に他ならない．

選挙制度などのこうした変更は買収の減少に寄与し，それが当選者による利権追求も減らすことにつながると期待されていたわけである．それに加えて，当選者や閣僚に対する監査制度が整備された．それに目を向ける前に，選挙制度に関する重要な変更点をもう1つ見ておきたい．それは閣僚，上院議員，下院議員，一部独立監査機関の委員（判事）はいずれも大卒以上の学歴を備えていなければならないという大卒条項である．

2）なぜ大卒なのか

新憲法には，国会議員や閣僚は大卒以上の学歴を備えていなければならないという新機軸の規定が盛り込まれた．パースックらの概算では，成人人口の90％，農村部に限ると95％，農業従事者では99％が無資格者となった［Pasuk and Baker 2000: 118］[47]．1990年時点では，総人口のうち大卒以上の学歴を備えるものはわずかに5％にすぎず，この少数者にのみ被選挙権が付与されるというのは，世にも稀な，そしてきわめて厳しい制限選挙である（表4-3参照）．

周知のように，世界の選挙制度の歴史を振り返ると，参政権が納税額により男性富裕者に限られる制限選挙から，財産制限の撤廃，男女差別の撤廃により，普通平等選挙へと発展してきた．民主主義の根幹をなす平等原則が実現されてきたのである．タイでは国王専制支配に対するクーデタにより代議制が導入された当初から普通平等選挙が実施されていた．民選議会が廃止されたことはあっても，民選議会が設置される時期に貧富差や性別により参政権に制限が設けられたことはなかった．1997年憲法はタイに初めて制限選挙を導入したのである．97年憲法が人民の憲法と宣伝され，民主化に寄与すると宣伝されていたこととは著しく背反している．不自然であるからこそ，この憲法の基本的な性格をよく示していると言えよう．

---

46 後述のように，1997年憲法に定められた経過措置により，この規定は憲法公布施行後最初の総選挙には適用されなかった．

47 内務省地域開発局のデータ［Mahatthai 1995: 497］によれば，1994年の農村部集落の住民2,379万人中最終学歴が初等義務教育にとどまるものが2,056万人を占めており，高等教育の修了者は43万人（1.8％）にすぎない．ここでの高等教育は高校よりも上の教育を受けたものという意味であり，専門学校や短期大学（準学士）も含まれている．大卒者となるとさらに一段と少なくなる．

表4-3 大卒者が人口に占める割合 [%]

	無し	初等	中等	大学
1960年	38.1	58.4	3.0	0.5
1970年	26.4	68.0	4.9	0.7
1980年	16.0	72.4	9.4	2.2
1990年	10.7	70.7	13.6	5.0

出所：首相府統計事務所のホームページに掲載されるデータ (http://www.nso.go.th/thai/stat/pop-hou/tab6.htm) より。

　なぜ大卒でなければならないのか。数多く出版されている1997年憲法解説書には説得力のある説明を見出せない[48]。ボーウォーンサックは教育研究の自由拡大の一例として，国会議員や閣僚の大卒条項に言及している [Bowonsak 1998: 53]。大卒条項の盛り込みが高等教育の普及に寄与するというのである。これは政治家になりたければ大学へ行けばよいと語っているに等しい。すでに就学年齢を越えてしまった世代にとってはほとんど意味のない話である。小学校や中等学校に就学中の生徒にとっても，高等教育を受けたいのはやまやまながら，費用や時間の面で困難が大きいという現実を軽んじた説明である。

　大卒条項はいかなる根拠に基づいて導入されたのであろうか。その経緯や理由を探ってみよう。上院議員については民主主義発展委員会の提言以来一貫して大卒という条件が盛り込まれていた。下院や内閣などへの監督という特別な役回りを期待されていたからである。しかし，閣僚と下院議員については起草過程の途中でこの条項が盛り込まれた。憲法制定議会の議事録を読んでみると，大卒条項が盛り込まれたのは，下院議員は1997年7月15日の憲法制定議会本会議，閣僚は7月22日の本会議であった。そこではいったいどのような議論が行われたのであろうか。会議の議事録から探ってみたい。まず7月15日の議論である。

---

48 1997年憲法は起草過程がイヴェント化し，しかも規定内容に斬新さがあったため，話題性が大きく，従来の憲法に比べると格段に数多くの解説書が出版されている。

①下院議員

　7月15日の会議で大卒条項を盛り込むよう提案したのはカモン（シンブリー県選出）である．県での意見の聞き取りやいろんな世論調査によれば，「大半の人民は大卒の下院議員を望んでいる．一定の知識や能力のある人物を望んでいるからである．……[1991年]憲法211条には憲法起草にあたっては人民の意見を尊重しなければならないと規定されている．」第二に，学歴条件を盛り込むことは政治にとって何ら損失とならずむしろ益となる．下院議員になるものを選別することができる．「ある人物に知識や能力があるかどうかを判断するのに使えるのは学士の学歴である．」起草中の憲法は政治改革を目的としている．学歴要件は不可欠である．というのも，改革とは現在や将来の変化に適応できるよう改善することだからである．とりわけ今のようなグローバル化の時代には，善良で知識を持った人物が必要とされている．第三に，下院議員の権限である．法案を審議する権限しか持たない上院議員について大卒条項を盛り込んだ．公明正大な選挙の実施を担当するにすぎない選挙管理委員会についても，大卒の学歴要件を設けた．国会で審議中の法案でも，県会議員に大卒の学歴要件を盛り込むべきと提案している下院議員がいる．それゆえ，下院議員についても大卒条項を盛り込むべきである．下院議員は権限が大きく重要である．下院議員は善良で知識や能力を備え，広い視野を持った人物でなければならない[RPSR, 19, 81/1-81/2, 82/1]．

　ターウォーン（ブリーラム県選出）も同様な修正提案をした．「学歴は事実を物語っている．大学以上の教育を受けると，いろんな哲学や分野の知識を習得し，社会や人間の様々な問題を知ることができる．初等4年あるいは中等の教育を受けたものは，勉強したといっても程度が知れており，国政を担当できるほど深く問題を理解することができない．……昔は大卒者が少なかったので，こうした大卒条項を盛り込むことは適切ではなかった．現在では大学卒業者が多くなっている．しかも，[憲法草案では]義務教育を12年間にするとも規定した．これからの人間は学歴が上がってゆく．これがもっとも大きな理由である．……大学を出ていなくても知識や能力の優れた人物はいる．この点は否定しない．しかし，知識や能力をつけることはできても，大学を出たものには及ばないことは確実である」[RPSR, 19, 84/1-84/2, 85/1]．パンヤー（ナコーンラーチャシー

マー県選出）の修正案も学歴条項を含んでいた．有能な人物が得られるというのが理由であった［RPSR, 19, 87/1-87/2］．

　政治学者のアモーン・ラクサーサット（専門家議員）は，被選挙権をめぐる議論にこう水を差した．フランス，日本，イタリア，ドイツ，スイス，オーストラリア，カンボジア，オランダ，これらの国は選挙権を持つものと被選挙権を持つものの資格要件について年齢以外には違いを設けていない．資格要件の規定を多くすればするほど，「有権者の選択の幅を狭めるばかりであり，候補者を人民から遠ざけることになる」［RPSR, 19, 88/1-88/2］．

　ルアム（スリン県選出）は焦点のぼけた発言を長々と行い，議長から何度か促されて，「今ここに座っている我々は，憲法211条に基づいて大卒者が座っている．今ここに座っている我々は大卒者である．まことに素晴らしい考え方だ」と述べて，再び議長から論点をはっきりとさせるよう求められると，「憲法に基づいて大卒者が憲法制定議会に集まっていることを支持したい．私は賛成する」と述べた［RPSR, 19, 89/1-89/2, 90/1-90/2］．

　サナン（ナコーンナーヨック県選出）は学士以上という要件を加えるべきと主張した．「委員会の草案には学歴要件はまったく規定されていない．小学校4年修了以上とか読み書き能力とかといったことさえ規定されていない．私はとても危険だと思う．なぜならば，国会議員になる，人民の代表になるというからには，一定の知識が必要だからである．私は以前に初等4年，中等3年，中等6年といったいろんな学歴の人々に，彼ら自身の学歴と国会議員に期待する学歴についてアンケート調査をしたことがある．初等4年，中等3年，中等6年の学歴の人々の大半は学士という学歴要件を希望していた．学士のものは修士，修士のものは博士を希望していた．……学歴要件を明確に規定しておく必要がある．実際のところは，中等6年，学士，修士のいずれでも学歴要件が規定されていれば構わない．国会議員が一定の学歴要件を満たしていれば安心できる．しかし驚くべきことに，草案には何も規定されていない．山地民のメオ族がまったく教育を受けていないにもかかわらずアヘンの取引で儲けて富裕になり，有権者を買収して下院議員に当選するということもありうる．そんなことになったら，国はどうなるだろうか．敬愛する委員のみなさんにお願いしたい．栄えある下院議員には最低でも学士以上の学歴が必要という規定を盛り込んでいた

だたきたい．これは国のため，人民のため，全体のためであり，特定の個人のためではない」[RPSR, 19, 94/1-94/5 (193-194)]．

　法律家のポンテープ（サムットサーコーン県選出）は，「公聴会では一定の学歴要件を求める意見が多くあった．学歴が高くなるほど，下院議員の質がよくなると信じているからである．」委員会はこの学歴要件問題について慎重に審議し，学歴要件を規定しないと決めた．その理由は3つある．「人民の大半は大学教育を修了していない．もし下院議員選挙立候補者が大卒でなければならないと規定したならば，大半の人民を排除し，大半の人民から国会議員になる機会を剥奪することになってしまう．」第二に，「教育を受ければ知識が増え，質が高まり，執務能率がよくなるといっても，教育は学校だけに場が限定されているわけではなく，学士号や修了証書をもらうための教育だけに限定されているわけでもない．学校以外の場所での教育，つまり経験による学習や日常の仕事からの学習を通じても人材を開発することは可能である．」第三に「もう1つ重要なのは，有権者にどんな人物を下院議員に選びたいのかという選択の権利を委ねるべきではなかろうか．我々は投票を義務と規定している．しかし有権者には誰を選ぶかという権利があるはずである．有権者からこの機会を奪ってよいものだろうか．」下院議員の学歴は少しずつ上昇してきている．大卒者は当初は少なかったものの，増えつつある．修士号や博士号の取得者もいる．草案修正委員会ではこうした点を十分に熟慮のすえ，学歴条項を設けず人民に幅広い選択の権利を与えようということにしたのである[RPSR, 19, 95/1-95/2 (195-196)]．

　こうした議論の後，挙手による票決が行われた．賛成者は33名，反対者は26名であった．トンチャートが，僅差なのでもう一度採決をして欲しいと要望した．賛同者がいたため，もう一度票決が行われた．賛成者は35名，反対者は27名であった [RPSR, 19, 98/1-98/2 (201-202)]．こうして下院議員には大学卒業以上という学歴要件が盛り込まれることになった．

②閣僚
A　6月21日の草案修正委員会での議論
　閣僚についてはまず6月21日の草案修正委員会での議論を委員会議事録か

ら振り返っておこう．原案には大卒条項はなかった．その席上，教育省官僚出身（局長）のデーチョー（スラーターニー県選出）が大卒条項の追加を提案した．憲法制定議会が標的としているのは下院議員であるが，失政の原因としては立法のみを担う下院議員よりも国政を担当する閣僚の方が重要である．ところが奇妙なことに，上院議員に学士以上の学歴という条件を設けて閣僚の資格要件よりも厳しくしている．

公聴会や意見聴取会では人民は閣僚の資質として2つのことを要望していた．第一は知識能力（khunnawutthi）である．幅広い知識があり，いろんな言語が話せる人物，つまり専門人であることを強く求めていた．第二は道徳であり，誠実であり正直なことである．この2つの資質を一言で述べれば学士つまり大卒の学歴を備えることである．我が国の教育政策は一貫して学力と道徳の両立を重視してきた．大学を卒業した学士は哲学者のような知識と持戒者のような品行を兼ね備えた人物であることを目的としてきたのである．それゆえ，学士以上の学歴を資格要件としたい．さらに，学士相当は認められない．あくまでも大学を卒業していなければならない．社会が容認しないような大学の卒業者も認められない［RPKP, 21 mithunayon 2540, 2/4-2/6］．

トンチャート（ナコーンシータムマラート県選出）がこの提案を支持する発言を行った．我々は政治改革を行おうとしているのであり，広く認知される高い能力や知識を備えた人物に国政を担当させたいのである．それゆえ，閣僚は少なくとも我が国の教育制度において見識があると太鼓判をおされた人物でなければならない．それは学士ということである．第二に，新憲法は閣僚が比例区議員から選出されることを狙っている．各党の比例区候補者名簿に掲載されるのは，全国的な知名度のある人物であろう．全国的な知名度があるということは，見識があり，大半のものから信頼されているということである．そうした人物の条件として，大卒という条件を設けるのは適切である．最後に，公聴会や意見聴取会では人民はこぞって閣僚は大卒以上であるべきと表明している［RPKP, 21 mithunayon 2540, 2/6］．

さらに，サーマート（チェンラーイ県選出）が基本的には賛成しつつ，学士相当の語句も加えるべきという修正意見を提案した．下院議員の資格要件として大卒以上の学歴を求める一部の人民の声に反して，下院議員については大卒以上

という規定を設けていない．これは下院議員が人民の代表であり，人民の実状を反映するからである．大学を卒業していなくても，人民の問題を汲み取る知識や能力を備えているかも知れないからである．それゆえ下院議員の資格要件には大卒以上の学歴という条件を盛り込まなかった．しかしながら，閣僚ということになると，一定の学歴が必要であり，実務経験も必要である．私の手元には公聴会の結果が2つある．1つは憲法制定議会が各県で行った公聴会の結果をまとめたものである．それによると，閣僚は少なくとも学士以上であることを求めるものが多かった．それどころか首相となると，修士以上で，しかも外国語を1つは話せることという意見が多かった．もう1つの師範学校による世論調査も似たような結果になっている．閣僚は学士，首相は修士というのである．それゆえ，閣僚の学歴要件として学士とするのが適切である［RPKP, 21 mithunayon 2540, 2/7］．

　これに対して，学者のカセーム（専門家議員）が反論した．大卒条項を設けることは，「能力も倫理も優れていながら，学士教育を受ける機会を逸した人物を排除することになる．教育の機会を逃しても，経験，能力，倫理を備えた人々がおり，こうした人々は閣僚に就任できなくなってしまう．」イギリスの例をひけば，メージャー首相やチャーチル元首相といった人々はタイの首相には就任できないことになってしまう．こうした傑物に機会をまったく与えないのである．」農民指導者や労働指導者はたとえ有能であり善良であっても大学を卒業していないという理由ですべて除かれてしまう．私は県選出の憲法制定議会議員ではないので，「人民が何を求めているといったことは言えない．県代表議員の意見を拝聴しなければならない．県代表議員が我が県の人民はこう望んでいると仰れば，県のない私はそれに従うしかない．それでも，私は……こうした規定を盛り込むことは，教育の機会を逸した傑物が政治上の要職に就任する機会を奪ってしまうことになると述べておきたい」［RPKP, 21 mithunayon 2540, 2/8］．

　続けて，ポンテープも反対論を唱えた．これまでの政治を振り返れば人々の気持ちはよく分かる．大学教育を受けていない閣僚がいた．そうした閣僚の仕事ぶりは芳しくなかった．しかしながら，学士，修士，博士の学位を持った閣僚とて同様に不評な例はたくさんあった．「教育というのは大学で4年間学ぶこ

とだけではない．大学で 4 年間学んでも頭が空っぽのものもいる．大学以外のところで……10 年 20 年学べば，大学で学んだものよりも遙かに多くの実務経験を積むことができる……他ならぬタイにも実例がある．手広く商売をしているタイの実業家は，外国にまで進出しているが，その多くは初等教育しか受けていない．」「我々は能力のある人物から機会を奪い，首相適任者の選択肢を狭めすぎているのではなかろうか」[RPKP, 21 mithunayon 2540, 2/8-3/1]．

　ピンティップ（ソンクラー県選出）もこうした反対論を受けて次のように述べた．善良で有能な人物を求めて学士という規定を盛り込もうとしているけれども，善良で有能な人物は学士に限られるわけではない．求められているのは，善良で誠実で倫理的な閣僚である．それゆえ，学歴ではなく，倫理，識見，誠実さが明白な人物と規定すべきである [RPKP, 21 mithunayon 2540, 3/1]．

　採決では，賛否とも 12 票となり（棄権 4）同数であった．そこで委員長は先例に倣って原案に 1 票を投じることにした．これにより，反対意見が 1 票上回ることになり，大卒規定は盛り込まれないことになった [RPKP, 21 mithunayon 2540, 3/2-3/3]．

B　7 月 22 日の本会議での議論

　しかしながら，下院議員の被選挙権に大卒条項を盛り込んだ 1 週間後の 7 月 22 日の憲法制定議会本会議での審議により，閣僚についても大卒条項が盛り込まれることになった．その議論を議事録から見てみよう．

　トンチャートが口火を切った．学士以上の学歴という条件を追加したい．「というのも，内閣や閣僚は相応な学識や知識を備え，国政を担当しうるだけの能力を備えており，少なくとも学士以上の知識を持つべきであるという意見を多くの人民から聞いているからである．これは意見を表明した同胞たちの見解である．」また，下院議員について学士以上の学歴要件を追加した．「それと符合させるためにも，閣僚も大卒以上であるべきだ．」それゆえ修正を提案する [RPSR, 24, 71/2 (145)]．

　元下院議員のプラトゥアン（ナコーンサワン県選出）は，大卒以上という学歴条件に加えてさらに，大臣にふさわしい「職業，倫理，道徳，品行，知識能力の面での素晴らしい経歴のあるもの」という条件を入れて欲しいと要望した

[RPSR, 24, 71/2 (145)].

　ピンティップは，明らかに学識，道徳，誠実さにすぐれたもの，という条件を付け加えたいと要望し，次のように主張した．「大臣に求められているのは，能力があり道徳的に問題がなく，少なくとも正直な人物ということである．能率的に仕事をこなせる人物である．この点を規定に盛り込むべきだと思う．実現困難と仰る方もあろう．しかし我々が求めているのはそうした資質を備えた大臣なのだ」[RPSR, 24, 72/1 (146)]．

　デーチョーは，大臣になるものの資格要件は下院議員よりも厳しくなければならず，大卒相当という語句を省いて，「大卒以上」とすべきであると述べた[RPSR, 24, 72/1 (146)]．サーマートは，「相当」という語句を付け加えるべきであると主張した．下院議員が大卒あるいは相当以上と規定されており，下院議員に閣僚就任を認めているので「相当」の語句が必要だというのである[RPSR, 24, 72/1-72/2 (146-147)]．アムヌワイ（プラチュワプキーリーカン県選出）は，行政公務員委員会が認定する学士以上と提案した[RPSR, 24, 72/2 (147)]．

　こうした議論の後，「学士あるいは相当以上」という条文を追加する案について採決が行われた．大半のものが挙手し，閣僚について学歴条項が加えられることになった[RPSR, 24, 72/2 (147-148)]．

③大卒条項が加えられた理由

　以上に見たように，大卒条項の盛り込みを要求した憲法制定議会議員たちの論拠は主として3つあった．一番の根拠は意見聴取や公聴会で人民の多くが大卒を要求したからということであった．それに次いで多いのは，清廉で能率的な政治を実現するには倫理的かつ有能な人物が必要不可欠であり，それは大卒者に限られるという理由であった．第三は，上院議員が大卒だから下院議員も大卒，下院議員が大卒になったから閣僚も大卒という理屈であった．いずれも軽佻浮薄であり，説得力に乏しい．

　最大の論拠となった人民の意見については，憲法制定議会は必ずしも人民の意見を最大限に尊重していたわけではないことを確認しておくべきである．首相直接公選を求める声が非常に強かったにもかかわらず，憲法制定議会はそれを断念させるために懸命の説得を行っていたからである[Uthai　1998: 32-35;

Connors 1999: 217][49]．次に公聴会や意見聴取会に積極的に参加するのは学歴の高い知識人つまり大卒が中心であったことを指摘しうるであろう．そこには学歴の低い庶民はほとんど出席しておらず，たとえ出席していても積極的には意見を表明しなかったと思われる．第三に，年齢，経歴，容貌などの諸条件が同一の候補者が複数おり，その中で学歴の高いものと低いもののいずれがよいかという質問を受けた場合，あえて学歴の低い人物を選ぶ理由はない．学歴が低くてもよいという選択はあっても，低い方がよいという選択はありえないはずである．望ましい学歴に関する調査はこのように実施された可能性が高い．最後に，憲法制定議会の議員たち自身が大卒であった．憲法制定議会議長ウタイは「これは人民の多数派の意見に従ったものである．起草者たちが大卒だから大卒という条件を設けたわけではない．大卒のアーナンさんも大卒ではなくてもよいと述べていた」と記している [Uthai 1998: 12-13]．しかしながら，起草者たちは自らが大卒であるがゆえに大卒条項の痛みに鈍感であったはずである．それどころか，大卒条項が盛り込まれると，大卒者は少数であるがゆえにこそ選挙で断然有利となる．彼らが個人的利害を斟酌すれば大卒条項に積極的に反対する理由は存在しない．それゆえ，国民の大部分から被選挙権を奪ってしまうことになるというアモーンやポンテープらの警告に真摯に耳を傾けるものは少なかった．

次に，汚職の少ない清廉な政治のためには倫理観にあふれる政治家が必要であり，そうした倫理観を備えるのは大卒者に他ならないという主張は根拠のない思い込みにすぎない．それというのも，第一に，先に紹介した議論に示されるように，大卒者のみからなる憲法制定議会議員の中には知性がまことに疑わしいものが多々含まれていたからである．より重要な証拠は，下院議員当選者に占める大卒者の推移である．その割合は 1983 年には 52.5%，86 年には 60.8%，88 年には 63.0% であった [Manut 1986: 382-384, 493-495; SLR 1989: 228]

---

49 当時教育大臣であったチンチャイは 97 年 9 月にこう批判している．「憲法制定議会が行った公聴会では首相直接公選を求める声が 9 割にも達していた．どうしてやらないのか．どうして憲法に規定を盛り込まないのか．」また，多くのものが下院議員に「学士以上の学歴を望んでいたというのなら……いっそのこと博士とすべきだろう」と皮肉っている [*Athit*, September 19, 1997]．

表4-4　近年の下院選の候補者と当選者の学歴

	1992年3月		1995年7月		1996年11月	
	候補者	当選者	候補者	当選者	候補者	当選者
学士未満	55.28%	30.97%	42.12%	27.37%	50.56%	26.46%
学士	35.32%	48.86%	44.86%	47.06%	38.05%	44.78%
修士	5.89%	15.34%	8.43%	17.39%	8.14%	21.12%
博士	2.74%	4.83%	3.63%	6.14%	2.81%	7.12%
その他	1.72%	2.27%	0.97%	2.05%	0.43%	0.51%
	100.00%	100.00%	100.00%	100.00%	100.00%	100.00%

出所：Kromkanpokhrong [1992；1995；1996] より作成．

ものが，1990年代には表に示されるようにさらに増えて7割を越えるようになっていた（表4-4参照）．こうした大卒議員の増加は大卒閣僚の増加に直結していた．他方において，多くのものの印象によれば，汚職は1988年発足のチャートチャーイ政権以後目に余るようになった．大卒の下院議員や閣僚が増えるにつれて腐敗が増えたわけである．学歴の高いものほど清廉潔白というわけではなく，むしろ汚職に長けていることを示している．学歴と政治倫理が比例するという主張はまったくの空理空論であった．先の表4-4が教えてくれるもう1つ重要な事実は，当選者は7割が大卒であっても，立候補者の半数は学歴が大卒に満たなかったということである．学歴要件を満たさないものは，無試験入学大学にでも入学して学士号を取得しない限り，新憲法下の選挙では立候補できないことになる．

　最後に，第3の理由はまったく非論理的である．上院議員に大卒以上の学歴という条件が当初から設けられていたのは，いわば「有能でも倫理的でもない」下院議員や閣僚といった政治家の監査という大役が期待されていたからであった．つまり，下院議員や閣僚とは一線を画するための資格要件であった．ところが，それを忘れ去り，役割と権限を混同して，上院議員よりも権限の大きな下院議員，さらに下院議員よりも権限の大きな閣僚には，上院議員に劣らぬ学歴条件が必要であるという本末を転倒した議論が行われたのである．何名もの制定議会議員がこの理由を挙げたのは，彼らの理性欠乏もしくは健忘症を示している．

大卒条項がこうした浅薄で軽率な議論を経て盛り込まれたのは，先に紹介した国民投票に関する議論に現れていたように，起草者たちの多くが民衆への不信感や嫌悪感を抱いていたからであろう．こうした不信感と傲慢さのゆえに，すでに下院議員の大半が大卒であるという事実を軽んじて，大卒者ならば政治が倫理的で能率的になると論じていたのである．彼らが断罪したのは下院議員よりもむしろ低学歴の有権者であったと言えよう．その背景には，金権腐敗政治の責任は立候補者たちばかりではなく，買収される無学で貧困で野卑な庶民にもあり，そうした庶民連中には国政を任せられないという意識があった．庶民蔑視は起草者のみならず，政治改革を支持していた知識人やマス・メディアさらに都市部住民の多くに共通する態度であった．たとえばプラウェートは憲法制定作業が始まろうとする 1996 年 12 月の段階で，憲法の成立に国民投票は実施不要であると主張していた．彼によれば，起草過程で人民の意見聴取が行われるならば参加が十分に実現されたことになり，国会は草案を速やかに可決するべきである．「制定過程の最終段階に予定される国民投票は不要である．人民はすでに参加済みだからである．」もう 1 つには，「国民投票が実施されることになれば，タイ社会の未熟さゆえに問題が生じるかも知れない」からであった［Prawet 1997a: 125-126］．プラウェートは明言しないものの，「問題」とは否決を指している．人民大衆に判断を委ねると否決されてしまうことを恐れたのである．そもそも彼が制定過程への参加を期待するのは，「学者，マス・メディア，開発 NGO，地域共同体指導者……実業界（*phak thurakit*）」からなる「公衆（*satharana*）」であった［Prawet 1997a: 81］[50]．農民や労働者といった庶民は抜け落ちている．他方において，プラウェートはタイ政治の「大きな対立は都市部と農村部の間にある．貧しく恩顧制のもとにある農村部は現状のような下院議員を選ぶ．政治家は合法的に選ばれたと主張しているものの，マス・メディアや都市部住民からは好感を持たれていない」と述べて［Prawet 1997a: 95］，都市部と農村部の対立を指摘している．彼は対立の存在を認めながら，憲法起草をもっぱら都市部住民の問題と考え，農村部住民には参加を期待していないので

---

[50]　原文中の「選挙監視団」は省略した．別の箇所では，「官僚」が加えられている［Prawet 1997a: 96］．

ある．大卒条項盛り込みに対する批判は起草者ばかりではなく，政治改革を支持してきた知識人やマス・メディアからもあまり聞かれなかった[51]．

3）監査制度

新憲法は政治家を監査する機関をいくつか設置することを規定した[52]．上述の選挙管理委員会はその1つである．選挙管理委員会は選挙の実施のみならず，当選の確定や取消，選挙違反の有無の確認などを行う．もっとも期待されるのは買票の防止や摘発である．委員会は5名で構成される．被選出資格要件は学歴が大卒相当以上，年齢が40歳以上であり，一切の兼業を禁止される．委員の任期は7年，再任禁止となっている．憲法裁判所所長と高等行政裁判所所長の2名の他，国立大学長全員が互選で選んだ4名，政党代表4名の合計10名で構

---

51 これは1978年憲法で，父親が外国籍のものについては参政権に学歴条項が設けられると厳しい批判を招いたのと対照的である．78年憲法（92, 94条）と79年選挙法（18, 19条）では二世は中等前期教育を修了（中卒）して選挙権，中等後期教育を修了（高卒）して被選挙権を取得するとされた．ただし，選挙権は80年の法改正で初等義務教育修了と改められた．91年憲法では二世の選挙権に関する学歴条項はなくなり，二世の被選挙権については高卒以上という条件が残った（109, 110条）．また，97年憲法では二世の学歴制限が全廃される（105, 107条）一方，有権者全員に大卒条項が盛り込まれた．制限としては97年憲法の方が格段に厳しい．反応に違いが見られるのは，20年ほどの時差に加えて，被選挙権の制限を自らの痛みと感じ取る知識人の質や量の問題とも関連していよう．言うまでもなく，知識人には中国系タイ人が多い．

52 独立機関の多くには監査の他にもう1つの政治的意味があると思われる．かつて1992年までは首相の人選にあたって，国王は一定の影響力を行使しえた．首相は民選議員である必要がなく，必ずしも国会の多数派の代表である必要もなかったからである．ところが，92年のアーナンの任命を最後として，国王は首相の人選に発言力を行使しえなくなった．首相が国会の多数決により選出されると規定された97年憲法下においてはなおさらのことである．独立機関はこの穴を埋める役割をある程度果たしうるように思われる．委員や判事の人選は一種の密室で行われるため，そこには介入の余地がある．人選ばかりではなく，憲法裁判所や国家汚職防止取締委員会などの判断にも影響力を行使しうるはずである．この意味においては，政治家の上に君臨する監査機関が設置されることは国王にとっては好都合であった．もっとも国王が実際にそうした影響力を行使するか否かは別問題である．

成される委員候補者選定委員会が委員候補者を推薦し，上院が承認した後，国王が任命する．

　2つ目は国家汚職防止取締委員会である．同委員会は政治家の資産申告の真偽を調査したり，不正蓄財の有無を調べたりする．虚偽申告と判断すれば，憲法裁判所に送付して5年間の公民権停止の決定を求める．不正蓄財の疑いがあれば，最高裁政治家犯罪部に審査を委ねる．また，首相や国会議員など[53]に汚職や不正蓄財の嫌疑があるとの訴えが下院議員の4分の3以上あるいは5万人以上の有権者から上院議長に対して行われた場合に，調査を行い，嫌疑があれば，上院に連絡して罷免手続きに入り，同時に検察に送検する．検察は最高裁政治家犯罪部（政治家の場合）か通常裁判所（政治家以外の場合）に起訴する．これは政治家の汚職に対する厳しいお目付役の機関である．

　同委員会は9名の委員で構成される．委員の選出方法は，候補者選定委員会が推薦した候補者から上院が選び，国王が任命するということになっている．候補者選定委員会は15名で構成され，最高裁長官，憲法裁判所長官，高等行政裁判所長官の3名，国立大学長全員が互選で選ぶ7名，そして国会に議席のある政党の代表が1名ずつ集まり互選で選ぶ5名である．国家汚職防止取締委員会の委員となりうるものは，年齢が45歳以上である．任期9年ながら，一切の兼業禁止つまり無職でなければならず，70歳の定年と重ね合わせると，60歳の定年前後の行政官や大学教授が自ずと委員の有力候補となる．

　3つ目は最高裁政治家犯罪部である．従来は軍人を除くと文民は皆一律に三審制の通常裁判所で裁かれてきた．結審までにかなりの時間がかかり，とりわけ国会議員の場合には国会からの許諾がない限り会期中には審理が中断するので時間がかかった．そこで97年憲法では政治家の犯罪を専門に処理する裁判所として最高裁に政治家犯罪部を設置した．不正蓄財，職権濫用，汚職といった事件を扱う．最高裁の判事9名が判事となる．控訴を認めない一審制なので，結審までには1ヶ月か2ヶ月で足りるだろうと期待されている［Phongthep 1998: 317-318］．上述のように，国家汚職防止取締委員会で不正蓄財の疑いがあ

53　政治家の他に，最高裁長官，憲法裁判所長官，高等行政裁判所長官，検事総長，選挙管理委員，国政監査官，会計監査委員，憲法裁判所判事，通常裁判所判事，検察官，高級公務員も対象とされる．

ると判断された政治家の事件はここで審理されることになる．

　4つ目は憲法裁判所である．同様な機関は過去の憲法にも規定されていた．1946年，49年，52年，68年，74年，78年，91年の7つの憲法である．しかしながら，判事の選出が国会によって行われるなど政治からの独立性が十分に確保されてこなかった．そもそも憲法裁判所の判断は1946年以後91年までの間に合計13回しか下されていない．そこで，97年憲法では独立性の確保に努めた．判事15名の構成は最高裁判事5名，高等行政裁判所判事2名，法学有識者5名，政治学有識者3名とされた．選出はそれぞれの分野に応じて，最高裁長官，法学部と政治学部の学部長4名，政党代表4名が行う．有識者には閣僚，独立監査機関委員，局長以上の官僚，大学教授の経験者も含まれる．年齢が45歳以上とされる有識者代表についてはそれぞれ定員の2倍の候補者名簿を作成し，上院が定員人数分に絞り込む．任期は9年であり，再選は禁止される．定年は，国家汚職防止取締委員と同様に，60歳定年制の官僚にお誂え向きの70歳である[54]．

（4）安定と能率：強い首相を求めて

　政治は清廉であることに加えて，安定していなければならない［Bowonsak 1998: 73］という認識に基づいて，首相の指導力を強化するためにいくつかの措置が講じられた．まず第一に，首相への不信任案の提出を困難にした．一般の閣僚の場合には下院議員の5分の1の同意を得れば提出可能なところ，首相に限っては5分の2以上の同意が必要と改めた．しかも，首相への不信任案を提出する場合には，後継首相候補者を提案しなければならない［Khanin 1998: 256-257］．下院の議員定数は500ゆえに与党議員が300名を越えると首相への不信任案提出は困難となる．

　第二に，従来は密室で行われてきた首相の選出を国会の投票で決めることにした．投票は記名方式で行われる．国会議員は党議に拘束されず自由に投票で

54　独立の監査機関にはこれら以外にも，国会国政監査官，国家人権委員会，会計監査委員会があるものの，政治家の不正監査を直接の目的とした機関ではない．

きる．こうした投票で選ばれれば，首相の正当性は高まり，指導力が強まると期待された [Likhit 1998: 293-298]．

　第三に，下院議員が閣僚に就任する場合には議員資格を喪失することになった．監督する下院議員と監督される閣僚を明確に分離して監督がしやすいようにするためである [Bowonsak 1998: 74][55]．また，重要なことに，閣僚の規律を強化するために，閣僚は失職した場合，下院議員には戻れないことになった．内閣改造で閣僚ポストを失ったものは閣僚でも議員でもなくなるという牽制は，「閣内での首相に対する圧力を低下させるものと思われ」[Likhit 1998: 306]，下院議員に対する首相の統制力を強化して政権を安定させることにつながると期待されている．

　第四に，比例区と小選挙区の併用により，政党は閣僚候補者を比例区に立候補させることが期待されている．派閥の規模さえ大きければ能力や適性を度外視して閣僚に就任しうるという悪弊を打破しうる．政党が閣僚候補者を比例区名簿に掲載するようになれば，有権者は間接的に閣僚を選べることになる．また，比例区名簿の掲載順位は首相候補者となる各党党首が実質的には決定することになる．この意味で首相（と連立与党党首）は閣僚を選ぶ自由が拡大することになる．加えて，比例区名簿のおかげで小選挙区でも政党自体の集票力が高まると期待される．そうなれば，政党が安定し，所属議員への統制力も強まり，政権の安定に寄与する．

　第五に，国会での法案可決を人質にして，下院議員が首相と取引をするのを防止しようとしている．政府提出法案が否決されれば首相辞任あるいは国会解散に直結するという問題を緩和するための措置である．当該法案が施政方針演説に関連するものである場合あるいは憲法関連法案である場合であって，なおかつ反対票が下院の過半数を越えていない場合に限って，政府は両院の合同総会に当該法案を再度提出しうるようにした [Khanin　1998: 247-248; Bowonsak 1998]．

　こうした規定により，首相は従来よりも地位が安定するであろう．その首相

55　あまり説得力のある説明ではない．分離の真の狙いは小選挙区議員の閣僚就任阻止にあった．

が安定しすぎて専横な振る舞いに及ぶことを阻止するための規定も準備されている．第一に，首相不信任案討論中には国会を解散することが禁止された．不信任案の審議や可決を免れるための解散を禁止したのである．第二に，有権者5万人以上あるいは下院議員の4分の1の同意があれば，首相の罷免を要求でき，刑事訴追もできることになった．第三に，連立与党から離脱した政党が野党とともに不信任案を提出し，しかも離脱した政党の党首や野党の党首を新しい首相候補として提案できるようにした [Bowonsak 1998: 73-76]．

内閣ばかりではなく，国会の能率を高めるための規定も工夫された [Bowonsak 1998: 73-78]．まず国会の会期が延長された．会期あたりの日数を90日から120日へ延長した．2つの会期があるので年間合計240日となる．第一会期は通常国会であり何でも審議しうるものの，第二会期は法案の審議や罷免しかできない立法専用の会期である．成立法案数を増やすことが目的である [Khanin 1998: 241]．第二に，法案が審議未了のまま国会の任期切れを迎えた場合，新内閣は同じ法案を国会の同意があれば継続審議できることになった．第三に，不要不急の質問で時間を無駄にしないために，下院議員の大臣質問を週1回に制限した．第四に，議員に鞭を入れるための規定も盛り込まれた．起草過程では定足数を3分の1に減らして会議を開きやすくしようという提案がなされたものの，採決のときに人数が少なすぎるのは不都合であり，さらに議員に欠席を促すことになるということで，従来通り2分の1になった [Khanin 1998: 240]．しかし，上下両院とも議員は4分の3以上の出席日数が必要になった．それと関連して，国会での採決にあたって国会議員がどのように行動したのかをすべて記録し公開するすることになった．第五に，下院議員の法案提出がやや容易になった．78年憲法や91年憲法では法案提出には所属政党の党議，ならびに20名以上の賛同者が必要ということになっていた．小政党議員にも道を開くために，20名は複数政党にまたがっていてもよいことになった．しかし，78年までのように縛りをなくしてしまうと法案があふれかえって国会審議が滞るので，それは防止されている [Khanin 1998: 243-244]．

4-4 憲法の可決成立

　憲法草案は政治家不信を強くにじませていた．草案には，憲法の施行細則となる関連法（*kotmai prakop ratthathammanun*, organic law）のうちいくつかについては，一定期限内に公布施行しなければならないと明記されている．選挙法，政党法，選挙管理委員会法の3法は憲法施行後240日以内，国会国政監査官法，汚職防止取締委員会法，政治家刑事訴訟法，会計監査委員会法，国民投票法の5法は2年以内に制定しなければならないとされている．特に最初の3法が240日以内と急かされたのは，政治改革の主眼である政治家監督に直結していて格別に重要であり，憲法の効力発揮に不可欠な総選挙の速やかな実施を想定していたからである．期限の設定は国会による関連法制定の遅延を許さないという強い意志の表明であった[56]．これらの8法とは対照的に，憲法で設置が予定された国家人権委員会や国家経済社会諮問会議の設置法については期限が明記されていない．同様に，自由権や社会権についても，「法律の定めるところにより」と規定されるものの，法律の制定期限は明記されていない．8法が格別重視されていたことは明白である．制定期限の設定に加えて，憲法起草者は関連法の内容にも立ち入っている．たとえば国会議員選挙立候補者の資格要件を選挙法に委ねることなく，憲法で年齢や学歴などについて事細かに規定している．国会での立法に委ねると国会議員の利害関係が反映されてしまうと懸念しているからである．また，選挙管理委員会，憲法裁判所，国家汚職防止取締委員会といった政治家の監査に必須と見なされた機関については委員の資格要件や選出方法などが憲法で事細かに規定されているのに対して，そうした目的を伴わない国家人権委員会などについては大まかな規定にとどめられている[57]．国会

56　なお，5法のうち2法は公布施行が1999年11月となり，2年以内という期限に間に合わなかった．当時の民主党政権は憲法違反を犯したことになる．新憲法に基づく総選挙の実施に民主党政権が踏み切ったのも，1年以内という当初の予想から大きく遅れて4年後になったことも付け加えておくべきであろう．

議員の利害に抵触する政治家監査機関については，国会による換骨奪胎を許さぬよう予防線が張られたのである．憲法起草者は権利や自由の拡大よりも政治家への監査を重視しており，政治家への不信感ゆえに関連法の制定期限や規定内容に細かな指示を与えたということである．

　下院議員の権限の削減に主眼をおいた新憲法草案は1997年7月30日に完成され，8月15日に国会へ上程された．下院議員ばかりではなく，上院議員も官選から民選への変更により既得権益を脅かされていた．それゆえ，国会では反発が予想された[58]．しかし，まったくの偶然ながら，7月に通貨危機が勃発していた．

　7月2日に大蔵省と中央銀行は通貨バーツの管理フロート制への移行を発表した．通貨危機・経済危機の発生である[59]．その原因としては様々な要因が指摘されているものの，政府がドル・ペッグ制を維持しつつ，準備不十分なままに経済の自由化に乗り出して外資の流入を招きバブル経済を演出したことが大きな原因であった［高橋・関・佐野1998］．97年11月に発足したチャワリット政権

57　国会国政監査官や会計監査委員会も政治家の監査を直接の目的とはしていないので，憲法では詳細な規定は省かれている．また，97年憲法により要請された司法制度の改革については今泉の研究［2002］を参照されたい．

58　ソムチャーイは，国会議員を排除した憲法起草手続きはフランスの1958年憲法に範をとったものであると指摘する［Somchai 1997］．この1958年憲法草案は国民投票において投票率85％，賛成79％という圧倒的多数の支持を受けた．この点について，フランス政治史研究の専門家は，「有権者のほとんどは，憲法草案の中身そのものに関心を抱いていたわけではなく，反左翼の意思表示，あるいはアルジェリア政策への支持表明，あるいはまたドゴールその人への支持の意思表示として，『賛成』の票を投じたというのが実態だったとしても，圧倒的多数によって承認されたというこの事実によって，政府は新憲法の高い正統性を主張することが可能になった」と指摘している［森本1997ｂ：185］．当時フランスでは，アルジェリア駐屯軍によるクーデタ計画が進行しつつあり，ドゴール将軍が平和に解決する能力を持った人物であると宣伝し，議会や政党が問題解決能力のなさを自覚してドゴールを受け入れつつあった［森本1997ａ：181］．97年当時のタイにおいては，通貨危機はアルジェリア問題と，新憲法草案はドゴールと似通った役割を果たすことになる．

59　通貨危機については，末廣の一連の研究［1998ｂ；1998ｃ；1999；2000：3章］を参照されたい．

の対応が鈍く，危機を増幅したことは間違いない．しかし，経済の自由化に大きく踏み出したのは 91 年のアーナン政権であった．その政策を継承したのは 92 年 9 月から 95 年 5 月まで政権を担当した民主党政権であった．外国から多額の借り入れを行って巨額の債務を抱え込むことになったのは政府ではなく民間企業であった．経済の不振はすでに 96 年には明らかになりつつあった．それにもかかわらず，批判はチャワリット政権に集中した．

　一攫千金を夢見て多額の借金をし，成功すれば自分のおかげ，夢破れれば他人のせいにしたいのはごく自然な感情である．経済危機の打撃を受けた人々は口々に政府や政治家を非難した．「危機の直撃を受けたのは企業家である．従業員も不幸に見舞われた．解雇された下層労働者がもっとも強く反発したのではないかと思われるが……強く反発したのは下層労働者ではなく，英語でいうところの『ホワイトカラー労働者』……タイの日常表現では『中間層』に他ならなかった．」中間層が企業家と並んで政治に不満を抱いたのは，タイの歴史上中間層がこれほど大量に解雇された事例は 1930 年代まで遡らないと見あたらないからである[60] [Surachat 1998a: 156-157]．経済危機に見舞われ途方に暮れる人々は不満のはけ口を政府に求めたのであった．

　こうした不満に拍車をかけ，危機打開には憲法草案可決による政治改革が必要という確信を強めさせたのは，マス・メディアを通じて表明される政治改革推進派の主張であった．たとえば，アーナン元首相は 1997 年 8 月 6 日に企業家向けの講演を行って，タイ人が IMF の救済と介入を歓迎したのは自国政府よりも IMF の財政管理能力を信頼しているからであり，新憲法を成立させて能率的で清廉な政治を実現しなければならないと指摘した．彼は翌 8 月 7 日にはチュラーロンコーン大学法学部で討論会に参加し，経済危機を招いた一因は非能率な政府にあると批判した [*Matichon Sutsapda*, August 12, 1997]．通貨危機に見舞われた他の「アジア諸国では歓迎されなかった IMF の介入を，大方のタイ

---

[60] 1930 年代の中間層とは政府官僚であった．世界恐慌と財政赤字のゆえに政府は多数の官僚を解雇しており，それが 1932 年 6 月 24 日政変の主たる理由の 1 つとなっていた．それ以後のホワイトカラー労働者の増加は，官民を問わず，ゆっくりとしていたため，大量解雇が行われることはなかった [Surachat 1998a: 157]．

人が大歓迎した」[Surachat 1998a: 164] のは政党政治家の経済運営能力への不信感のゆえであり，藁にもすがろうとする気持ちの表れであった．そうした藁の1本がIMFであり，もう1本が新憲法であった．多くのものは「新憲法が成立し，政治が一新され強化されれば，経済も強化される」と期待した．「経済危機で絶望の淵に立たされたものにとって，憲法草案は最後の頼みの綱だった」のである [*Matichon Sutsapda*, September 9, 1997]．草案に規定される内容がいかなるものなのかはさほど重要ではなかった．336条とタイの憲法史上格段に長大な憲法草案をいかほどの人々が通読していたかはまことに怪しい．大切なのは新憲法が経済と政治を危機から救い出す魔法の杖と見なされたことである．このように新憲法可決が経済危機からの脱却のための特効薬のごとく見なされるようになると，憲法問題が経済問題ともなった．憲法改正が成功しなければ経済危機が一層深刻になると思われたからである[61]．

　国会議員は憲法草案の全体あるいは一部条項に不満を感じたとしても，修正提案を許されず，その不満を理由として草案全体を否決するか，あるいは不満を押し殺して原案通りに可決するかの二者択一しか許されなかった．衣服にたとえるならば注文服ではなく，既製服であり，しかも仕立て直しも許されなかった．あれこれと難癖をつけることはできても，買うか買わないかの二者択一だったのである．経済危機が勃発していなければ憲法草案は国会で否決され，国民投票に付された可能性が高い．しかしながら，経済危機という神風が吹いた．その風速をさらに上げたのは憲法制定議会である．アーナンが先頭にたって[62]，緑色をシンボルカラーに定め，憲法草案を大量に無償配布して，可決のための運動を展開した．当時上院議長であったミーチャイはこう振り返っている．「憲

61　政治経済学者のソムチャーイが「憲法制定議会の憲法草案が成立するか否かは，今後のタイ政治の方向を規定する点で重要であるにとどまらず，今日ならびに今後のタイ経済の存亡にとっても影響がある．……憲法草案が否決された場合はもちろん，可否の決定が先延ばしされるだけでも，政治を不安定にし，経済危機に悪影響を及ぼすことは避けがたい．それゆえ憲法草案は経済危機の解決にとっても重要なのである」と述べていた通りである [Somchai 1997]．

62　アーナンは1997年7月10日にマグサイサイ賞の受賞が決まった．タイ人では16人目である．この受賞がアーナンの名声を一層高め，新憲法成立の追い風になったことは否定しえない．

法草案が国会に上程されると，憲法制定議会は圧力を一段と高めた．デモ行進を組織した．緑色の旗を立てたり，緑色の鉢巻きを巻いたり，ステッカーを貼ったりするよう人民に要請した．支持の強さを誇示し，国会に可決させるためである．さらに，国会が否決すれば，暴力的な事態を招くことになると直接間接に脅した．憲法制定議会は憲法草案支持論を喚起するのに大成功をおさめたと認めざるをえない」[Michai 2001: 23]．マス・メディアも可決を強く主張した．国会議員はインタヴューなどの公の場で草案や推進派への批判を口にするやたちまちにマス・メディアから集中砲火を浴びせられた．このため，国会議員は草案への反対や批判を封じられるようになっていった．経済危機の打撃が日増しに深刻となり，新憲法が経済危機からの脱出に不可欠と見なされるようになったため，与党議員あるいは上下両院の議員全員にとって憲法草案は経済危機打開への意欲の有無を問われる踏み絵となった．そこにはもはや否決の余地はなかった[63]．チャワリット首相は9月2日には草案に賛成すると発言するに至った．

　それでも，9月4日から10日にかけて国会で行われた憲法草案審議では草案に対する批判が相次いだ．数例のみを挙げると，9月5日には下院議員チャルーンが「この憲法草案は学士の，学士による，学士のための憲法草案である．草案は人民を2つの階級に分けている．1つは学士以上の支配階級である．」下院議員も上院議員も閣僚も大卒以上でなければならないと規定されている．それでいながら，被支配階級に対して「投票を義務付けている．支配者になる人物，支配してくれる人物を選ぶために投票に行けというのである．こんな憲法草案はお話にならない」[RPRS, khrang thi 3: 85]．また，下院議員カウィーが同じく大卒条項を批判した．「これは人間の尊厳に関わる．……農民は大学に通えないし，学士号を取得することもできない．農民には人間としての尊厳が認められ

63　たとえば，「経済の苦境は，新憲法草案の可決に必要な刺激を提供した．普通の状況であれば，草案が上院と下院の賛同を得られる可能性は乏しかったであろう．草案に含まれる一部の劇的な変革は両院の現職議員に打撃を与えるからである」[Chai-anan and Parichart 1998: 166-167]とか，「たいていの政治家が権力削減につながるがゆえに反対していた憲法は，財政・経済危機への反発のおかげで最終的に成立を見た」[Callahan 2000: 165]とかと指摘される通りである．

ないのか．どうしてこんな差別をするのか．」世界中の憲法を探してもこんな規定はないだろう．タイでもこれまでの15の憲法にはこんな規定はなかった［RPRS, khrang thi 3: 115-116］．彼はまた「草案に賛成すれば同胞を裏切ることになる．総人口6,000万人のうち大卒者は200万人にすぎない．残りの5,800万人は権利を喪失し，処刑されるに等しい」とも述べている［RPRS, khrang thi 3: 119］．9月8日には下院議員セークサンがこう述べた．「憲法制定議会は……最初から間違っていた．……憲法制定議会議員への立候補資格が」大卒者に限定されていた点である．……「法律を制定する階級は自分たちの階級のために制定するものだ．」……農民は頭が悪いために学歴が低いわけではない．生まれついた境遇のせいで［大学教育を受けられないので］ある．……この憲法を「私は階級版憲法と呼びたい．農民を見捨てているからである．」……従来の政治では「資本家が政党を支援してきた．資本が政党を支援すると，いろんな法律，規則，利益は人民のためではなく……資本家のためのものになった．この資本家は……学歴の高いものばかりであり，そうした利権を享受してきたのは学歴の高いものばかりである」［RPRS khrang thi 4: 51-53］．

憲法草案可決と経済危機打開が一体化したとき運命はすでに決していた．国会議員からの批判はガス抜きにとどまった．議員からの批判に比例して可決圧力は一段と高まった．そうした圧力を受けて，9月27日の採決では出席者（上下両院議員）全員に1人ずつ順番に賛否が問われ，賛成者578名，反対者16名，棄権者17名という圧倒的多数で可決されることになった［RPRS khrang thi 7: 91］．国会での可決を受けて，国民投票は不要となり，10月11日に公布施行される運びとなった．新憲法は選挙法，政党法，選挙管理委員会法の3法を新憲法施行から240日以内に施行しなければならないと規定し，新憲法に基づく総選挙の早期実施を想定していた．それゆえ多くのものは国会の早期解散を予想していた．たとえば，チャイアナンたちは「関連法の整備が整ったら，新憲法に基づく最初の総選挙が実施されることになる．恐らく1998年前半であろう」［Chai-anan and Parichart 1998: 167］と予想していた．

しかし，97年10月20日に内外の一流企業が社屋を連ねるタイ随一のビジネス街シーロム通りで5,000人規模の首相退陣要求集会が開かれた他，連立与党内部の足並みの乱れと合わせるように[64] 通貨バーツの価値が下落を続けたた

め，チャワリット首相は 11 月 6 日に辞職した．11 月 9 日に野党民主党のチュワンが強引な多数派工作に成功して後継首相に就任すると[65]，国会の早期解散圧力は弱まった．やや乱暴に言えば，チャワリット政権時代には経済政策よりも政治改革が優先されていた．憲法改正をめぐる熱狂は経済危機を忘れさせるほどのお祭り騒ぎとなっていた．しかし，政権が交代すると，そうした熱狂は冷めて経済危機への対処が最優先されるようになった．憲法改正への圧力は政府への退陣圧力とほぼ同義であったのかも知れない．

4-5 新憲法と民主化

　チャイアナンは，かつて，「憲法は起草した集団の権力を維持するための主たる手段として利用されてきた．タイが経験してきたのは立憲主義や立憲政府とは異なる体制であった．その体制は対立勢力との力関係に応じて行政府と立法府の制度的関係を調整したり再調整したりするのであった」[Chai-anan 1990: 320] と述べた．チャイアナンは，それとは対照的に，「1997 年憲法は国家権力の獲得を目指して競合する権力集団がゲームのルールの規定者とならなかった最初の憲法である．それというのも憲法改正の方法や過程を一変させて，人民が広範に参加できるようにし，新しいコンセンサスを生み出したからである」と絶賛する [Chaianan 2000: 58]．97 年憲法はそれまでの 15 の憲法とはまったく異なるというわけである．憲法制定議会が仕上げた草案を掲載して 97 年 8 月に配布した宣伝冊子にも「各県の代表と有識者から構成される憲法制定議会という

64　チャワリットは 97 年 10 月 24 日に内閣改造を行った．彼は速やかに憲法関連法を制定し，年末に国会解散，98 年 1 月に総選挙という青写真を描いていた．しかし連立与党チャートパッタナー党のチャートチャーイ元首相は内閣改造に不満を抱き，自ら首相に復帰しようと画策した．こうした動きへの批判が強まる中，ついにチャワリットは辞職を決意するに至った [*Matichon Sutsapda*, November 11, 1997]．

65　民主党はチャワリット政権の連立与党の 1 つプラチャーコーンタイ党を連立維持派 5 名と民主党支持派 13 名に分裂させた．

政治的な利害得失関係のない人々によって憲法が起草されるのはタイの歴史上初めてのことである」[SR 1998: 117] と誇らしげに記されている．

　これに対して，チャイ・ウンパーコーンは次のように真っ向から反論を加える．1997年憲法の規定内容を調べてみると，資本家が盗み去って起草したものであることが分かる．貧民，労働者，農民は起草作業に加わらなかったばかりか，起草者の選出にも関わらなかった．大卒者同士が起草者を互選で選び出したからである．確かに今回の起草作業では「公聴会」が開かれたものの，著名な資本家や政治家が加わった制定議会は労働者や農民が提起した重要な提案を草案にまったく盛り込まなかった．憲法起草者の基本目標は統治体制の安定の確保と自由な市場経済の防衛の2点であった．選挙に関する規定は大規模政党に有利なものになっている．これは政府を安定させ，連立政権の混乱を避けるためである．これに対して，民衆の利益も反映されている，たとえば自由や権利が拡充され，政治参加も増えている，という反論があるかも知れない．しかし人民の憲法というからには，人口の8割を占める労働者や農民の利害がもっと反映されている必要がある．新憲法は民衆の利益になることは何も規定していない．残念なことに，NGOや労働組合など多くのものが憲法に規定された抽象的な権利や自由の「虚飾」に惑わされ，それを理由に憲法を支持した．この憲法では下層階級は被選挙権を剥奪される一方，投票を義務付けられている．被選挙権は大卒者に限定されているからである [Cai 2000: 64-66]．チャイは人民による憲法でも人民のための憲法でもないと批判するのである．

　たとえ起草者に利害得失がないとしても，規定内容は一部のものに有利な結果や不利な結果をもたらさずにはおかない．タイで頻繁に憲法の全面改正が繰り返されてきたのは，チャイアナンが指摘するように，クーデタなどの非立憲的方法で権力を握ったものが憲法を自らに都合よく新調してきたからである[66]．1997年憲法では選挙制度や下院と内閣の関係が大幅に変更された．このように権力関係を規定するという点で97年憲法も従来の憲法と何ら異なるところは

66　過去における憲法の部分改正は，1991年憲法が6回，32年憲法と47年暫定憲法が3回，78年憲法が2回，74年憲法が1回である [Decho 1998: 86-87]．91年憲法は改正の頻度がきわめて高かったと言える．憲法の部分改正よりも全面改正の方が頻度が高いのがタイの特色である．

ない．権力関係の変更は利害得失を生み出す．利益を得ると期待する勢力が新憲法を支持するのは自然なことである．新憲法を支持したのは誰だったのか．

　憲法全面改正の発端は政治改革論であった．政治改革論が登場したのは，政治の現状に不満があったからである．不満の所在に応じて，パースックらは政治改革を要求した勢力を2つに分けている．1つは政党政治に不満を抱く保守派勢力である．この勢力を代表するのは日刊紙『プーチャットカーン』に「立憲主義」という評論を連載し，1994年に単行本にまとめて出版していたアモーンである．彼は1979年から90年にかけて首相府法制委員会事務局長（内閣法制局長官に相当）を務めた法務官僚であり，保守派勢力を代表する人物である．彼は国会の権力が強すぎる上に，議会政治が非能率で不安定なことが問題であると指摘し，三権分立により国会の権力を掣肘しうる憲法を制定してそうした問題を解決しなければならないと主張した．この勢力は政党政治家の権力を削いで官僚制を復権することを目指していた．もう1つは社会的公正や住民参加に配慮しない政治に不満を抱くNGOや一部知識人といった勢力である[67]．1992年と94年にハンストを行ったチャラートはこの勢力に属する．彼らにとっては政党政治は軍政や官僚支配よりもはるかに好ましいものの，弱者への配慮が依然として不足していた [Pasuk and Baker 2000: 111-112]．

　この2勢力は火付け役である．政治改革論が新憲法へと結実するには強力な応援団が必要であった．それは都市部住民であった．憲法起草で重要な役割を果たしたボーウォーンサックはこの点を強く意識していた．彼は新憲法草案可決直後にこう説明している．タイにはパトロン・クライアント関係が蔓延っている．顕著なのは農村部住民と下院議員の間の関係である．都市部住民は下院議員の75%を占めるこうしたパトロン型議員を毛嫌いしている．しかしながら，パトロン・クライアント関係は都市部にも少数ながら存在している．一部の都市中間層は政治家に依存して，政府契約，名誉ある地位，勲章などを得ている．都市部住民の大半が政治家をパトロンとしていないのは，パトロン・クライアント文化と無縁だからではなく，政治家との接点を持たないからにすぎ

67　河森の表現を借りると，「所得格差という経済問題」[1997：180]の解消に関心を抱く勢力である．

ない.そうした接点を見つけられれば,農村部住民と異なるところがない.憲法はこうした農村部住民や一部の都市中間層と政治家との間のパトロン・クライアント関係を打破しえない.そこで憲法が目指したのは,独立の監査機関を設置することにより,パトロン・クライアント関係の拡大を阻止することである.これは政治家との接点を見出せない人々に監査の機会を提供することである[Bowonsak 1997][68].人民を議会政治家のクライアントと非クライアントに区別し,憲法起草では非クライアント層に配慮したという説明である.換言すれば,政党政治の受益者と非受益者である.彼が受益者層の一部と見なす都市中間層とは実業家であろう.非受益者層は,ホワイト・カラー,専門職,商店主,知識人といったところになる.普通の用語法における都市中間層とほぼ重なる.ボーウォーンサックは起草にあたってこの階層の利益に配慮していたと主張するのであり,なおかつこの階層に政治改革への支持者を見出そうとしていた.

　ボーウォーンサックによると,政治改革の狙いは次の3つであった.第一は,市民の権利や自由を拡大し,代議制民主政治を市民参加型民主政治に変えることによって,政治家の政治を<u>市民の政治</u>に変えることである.第二は,すべての権力行使を市民が能率的に監督する権利を強化することにより,政治制度と行政制度における権力行使を<u>誠実で正当な</u>ものにすることである.第三は,諸問題をちゃんと解決できるよう政府を安定させ,首相に指導力をつけさせ,国会を能率的にすることである[Bowonsak 1998: 52,下線部は原文では太字].ボーウォーンサックは「新憲法は市民が政治の主役と考えて,政治を市民に近付けようとした[Bowonsak 1998: 52]と述べている.彼にとっては市民と人民は同一

68　都市中間層と農民はともに議会政治の恩恵をさほど受けてこなかったものの,中間層はこれを政治論議を支配することで埋め合わせているのに対して,農民はデモや集会といった効果の乏しい手段しか持たない[Pasuk and Baker 1997: 35, 37].人数は多くても,サトウキビ栽培農民などをごく一部の例外として[山本1998：218-222；山本2000：186-205],組織化がほぼ皆無の農民の声が国政に反映されることはまずない.下院議員の多くは農村部選出ながら,ほぼ例外なく地方都市部の住民である.農村部住民が選挙政治から得たものは,売票代金と薄く広くばらまかれる公共事業にとどまる.それゆえ,都市中間層と対比して,農民が議会政治の受益者と見なすボーウォーンサックの主張はきわめて一面的である.

ではない。それは彼が「新憲法が所期の成果を達成しうるかどうかは新憲法の支持者である人民が，市民（citizen）意識に目覚め，都市（city）の事柄が自分の事柄と同じくらい大事であると考えるようになるかどうかにかかっている」と述べている［Bowonsak 1998: 79, 括弧内の英語はタイ語原文のまま］ことから窺い知りうる。市民とは大衆や群衆ではなく，市民意識に目覚めた人々であった。それは政党政治の恩恵にあずかれない都市部住民の中に見出されるべきであり，育成されるべきものであった。そうした市民の権利や自由を拡大し，農村部選出下院議員による政治支配に歯止めをかけることが政治改革の大きな狙いの1つであった。その具体的方策は比例区選挙の導入であり，監査機関の設置であった[69]。ここには都市部と農村部の利害対立が色濃く反映されていた[70]。

そうした都市部と農村部の対立を鮮やかに描き出したのは，1990年代に内外のタイ政治研究の先頭を疾走したアネーク・ラオタムマタットである。彼は政治改革論が頭をもたげようとする時期に，都市部住民と農村部住民の政治観がまったく異なっていると指摘し，その分析を試みた［Anek 1996; Anek 1995］。彼によると，「1980年代半ば以後の民主政治をめぐる問題の根底には，農村部の農民と都市中間層の間の対立がある」［Anek 1995: (11)］。都市中間層は2つの勢力から成り立っている。1つは企業人・専門職であり，もう1つは社会改革家である。前者は企業などの管理職，経営者，技術者や医者，看護婦，弁護士，建築家，技師といった専門職などから構成される。後者は学生，教師，進歩的学者，開発NGOの活動家などから構成される。前者は能率的な政治や自由な経済活動を求め，後者は権利・自由の拡大や経済的公正を求める［Anek 1995: 10］。両者はいずれも政治に政策，理想，倫理，能力を求め，選挙では義理やしがらみに縛られず独立独歩である［Anek 1995: 7］。これは，日頃世話になっているものや買収してくれたものに投票する農村部住民とは好対照をなしている。民主

---

69 もっとも，監査機関の委員などに就任しうるのは学者を筆頭とする少数の知識人に限定されているので，主たる受益者は都市中間層よりもさらに限定された都市部知識人ということになろう。言うまでもなくボーウォーンサックはその代表的人物であった。

70 浅見［2002］は都市中間層と農民の対立軸を念頭におきながら1960年代以後のタイ現代政治を手際よくまとめている。

化が進むと人数で圧倒的に勝る農村部住民が選挙結果を左右し，農村部住民好みの政治家が政治権力を獲得するようになった［Anek 1995: 9］．都市中間層は農村部住民が選ぶ下院議員を毛嫌いし，そうした議員による民主政治を買票と腐敗にまみれていると批判するようになった［Anek 1995: 8, 9］．

　こうした不満や批判には歴史的な背景がある．19世紀末から20世紀初めにかけて中央集権的な統治構造が確立されて以後，首都を頂点とする都市部は農村部を支配し続けてきた．都市部住民は農村部住民よりも一段高みに位置していると自負してきた．農村部住民は「二級市民」[71] であった．都市部と農村部の対立が表面化するのは，タイ共産党が農村部で勢力を拡大した1960年代半ば以後であった．共産党は農村部が都市部を包囲する戦術をとり，農村部住民の間で勢力を拡大しようとした．それに対抗して政府も農村部開発に力を入れるようになり，軍は80年代に入ると首相府令66/2523[72] に基づいて農村部の民心をつかもうとするようになった．共産党と軍による人民争奪戦である．共産党が80年代前半に壊滅すると，都市部は農村部への防波堤として軍を必要としなくなり，軍に代わって政党政治家が農村部住民の中へ浸透し始めた．民主政治においては選挙が重要であり，選挙では数が物をいう．総人口に占める割合は首都人口が1割，都市部人口が3割である．有権者の7割は農村部に居住していることになる．下院議員の大半が農村部選出であり，そうした農村部選出議員が閣僚の大半を占めるようになるのは自然の成り行きであった．これら農村部選出議員は実際にはほとんどすべてが地方都市部住民であり農村部住民ではないものの，票の大半を農村部で獲得しているため，そうした票田に公共事業実施などの恩恵を施さねばならない．こうした農村部議員による国政支配が顕著になるのは88年成立のチャートチャーイ政権以後のことである．農村部代表による国政運営は王政時代にも軍政時代にも生じたことがなかったため，首都住民にすれば主と従の交代，やや大げさに言えば植民地宗主国が植民地住民によ

71　1992年9月総選挙に向けたチャートタイ党の地方集会で演説者は，「我々は二級市民（*phonlamuang chan thi song*）だ」と発言し，聴衆の快哉を浴びた．農村部住民自身が首都住民よりも下に位置付けられてきたと自覚している証拠である．
72　本書1章3節参照．

り支配されるようなものなのである．首都住民がこれに不安や反発を覚えるのもまた自然なことであった．首都住民はこうした逆転現象をもたらした政党政治に不満を抱いた．その不満が政治改革論への支持という形をとって登場した．

この都市部と農村部の対立において，攻めているのは一方的に都市側である．政治改革論は，農村部選出議員中心の政党政治に不満を抱く都市部住民にとって頗る魅力的であった．批判の論理を提供し，是正の方向を示してくれたからである．1995年に成立したバンハーン政権は政治改革に弾みをつけた．まず同政権は政治改革を施政方針に盛り込んで政治日程にのせることにより，政治改革への関心を喚起した．第二に，同政権時代には80年代後半からの空前の好景気に翳りが見え始め，実業界や都市部住民が政府に対応を求めるようになった [*Matichon Sutsapda*, August 20, 1996]．彼らは政府が有効な対策を講じられないことに苛立ちを覚え，政治改革の必要性を実感するようになった [Pasuk and Baker 2000: 112-115]．96年総選挙で主要政党が政党政治家に代えて，専門家 (*nak borihan mu achip*，具体的には経済官僚や大企業経営者) からなるドリーム・チームに経済運営を委ねると訴えたのはそうした空気を反映していた．閣僚就任欲の強い下院議員を抑えてまでも，実業家や都市部住民に配慮せざるをえなかったのである．

第三に，政権担当能力だけではなく，政党政治家そのものを批判する論調も強まった．政党政治家の間では重心が1980年代以後農村部選出政治家へと移り始めていた．閣僚や主要政党の幹部に就任するものが首都政治家から農村部選出政治家へと交代したのである[73]．88年成立のチャートチャーイ政権でも92年成立のチュワン政権でも閣僚の大半はそうした農村部選出議員であった．バン

---

[73] 閣僚に占める農村部選出議員の割合が増加した最大の理由は，閣僚に占める下院議員の割合が1980年代に増加したことにあった．それに加えて，主要政党の幹部が首都人から農村部選出議員に交代した．社会行動党ではクックリット，シット (党首，いずれも首都選出)，ブンチュー，ポン (幹事長，いずれも地方選出ながら首都の大企業経営者) らに代わってモントリーが幹事長から党首になった．チャートタイ党では1947年から10年間権勢を誇ったラーチャクルー一族 (党首を務めたプラマーンとチャートチャーイ) に代わって，バンハーンやサノが幹事長となり大きな勢力をふるうようになった．民主党でもサナンが幹事長として勢力を持ち始めた．

ハーン政権もそうした傾向を踏襲していた．3名の首相はいずれも選挙区が首都以外にあるものの，バンハーンは選挙区への利益誘導が群を抜いて悪名高かった．彼の選挙区スパンブリー県は不似合いなまでに立派な国道の整備で全国に鳴り響いていた．バンハーンは農村部選出議員の象徴もしくは鑑と見なされる存在であった．彼の首相就任により，国政を動かしているのは農村部選出議員ばかりであることが浮き彫りになったのである．「首都住民はこうした地方ボス型政治家を経済繁栄や民主政治に対する脅威と見なし」[Pasuk and Baker 2000: 138]，そうした政治家に国政を任せてはおけないという気運を高めた．

　政党政治家を誹謗するのに好都合な言葉があった．チャオ・ポー（*cao pho*）である．チャオ・ポーは1980年代から頻繁に用いられるようになった言葉である．それが指し示していたのは地方の名望家やボスではなく，違法性が顕著な権勢家であった．密輸，賭博，森林無許可伐採などの違法性が歴然とした事業を営み，敵対者の殺害も辞さない人々である．チャオ・ポーは地方有力者のごく一部にすぎない[74]．しかし，90年代にはこの言葉が濫用され，農村部選出の，とりわけ有力な政治家は軒並みチャオ・ポーの烙印を押されるようになった[75]．チャオ・ポーは違法性を中心的な属性の1つとするため，悪いイメージがこびりついた言葉である．代議士はこう呼ばれた瞬間に違法性を帯びさせられたり確認されたりし，退治されるべき存在となった[Pasuk and Baker 2000: 135-136, 231]．チャオ・ポー呼ばわりするのは，国会議員の違法性が増したからではない．国会議員を断罪するのに都合のよい言葉だったからである[76]．選挙で当選したという民主的な正当性を主張する下院議員に対して，怪しげな事業や汚職で稼いだ資金を投じて農村部有権者を買収して当選しているにすぎず，当選後には汚職により資金回収に勤しんでいるという批判である[77]．こうした批判は見事に効を奏して，首都住民は国会議員の権力削減に主眼をおく政治改革論を強

74　ウィエンラット[1997]は，臨地調査に基づく実証的な研究により，印象論的なチャオ・ポー論に批判を加えており，大いに参考になる．

75　パースックらは違法事業に関する研究書で，違法性が著しい事業を営む国会議員は20～30名であると述べている[Pasuk, Sungsidh and Nualnoi 1998: 262]．

76　下院議員を出すほどの地方有力者の多くは，子弟を内外の一流大学で学ばせ，官界にも送り込んでいる．その社会的経済的境遇は首都の中間層を凌いでおり，名望家と呼ぶにふさわしい．

く支持するようになった[78].

都市部住民は農村部議員ならびその背後の農村部住民を攻撃するとき強力な武器を備えていた．世論である．新聞や雑誌の主たる購読者は都市部住民である．とりわけ質のよい活字メディア[79]の読者はもっぱら都市部住民である．他

---

77 政治改革論では汚職は政治家の専売特許のように見なされがちであったものの，それは事実に反している．憲法起草議会議長ウタイはこう述べている．国家予算は，政府から民衆へ与えられるアイスクリームのようなものである．省庁で舐め，県で舐め，郡で舐め，区長（kamnan）が舐めた後，住民へ届いたときには，溶けた汁が串にわずかに残っているのみであり，蟻にたからせるしかない．ウタイは続けて次のようにも述べている．真偽はともかく，次のように指摘するものがいる．政府の予算は県で15％，郡では10％，区では5％が減り，さらに受注業者が20％を利益としてとる．住民に届くのは，ひどい場合には，30〜40％にすぎない［Uthai 1998: 30-31］．前述のように，行政構造がきわめて中央集権的であるため，中央官庁は地方自治体よりも格段に大きな予算を執行する．執行者は国家公務員である．予算をアイスクリームのように舐めるのは首都でも県でも郡でもそうした国家公務員である．

78 政治改革論をめぐっては，資本家の内輪もめと捉える視点もあった．そこでは資本家は地方の資本家と首都の資本家に分けられる．民主化により国会の多数派を制したもの，つまり地方資本家の代表が権力を獲得するようになった．外国資本と協調する首都の大規模資本家は，これに不満を抱き，政党政治家を「選挙屋（nak luaktang, 英語で言えばelectoralist）」と批判し，専門的経営者こそが首相をはじめとする閣僚に就任し国政を担当するべきと主張するようになった．たとえば，アーナンは1997年8月に「比例区が必要なのは，選挙屋ではないものが必要だからだ」と述べた［Matichon Sutsapda, August 18, 1997］．

サネーはこの二分法を辛辣に批判する．工業を偏重し，都市と農村の経済格差を拡大し，ついに経済危機を招いたのは専門的経営者に他ならない．地方と首都に分けてみても，どちらも資本家にすぎず，庶民が無視されている．世界中どこでも地方こそが民主政治体制の基盤であり，それを軽んじようというのは道理に反している［Sane 1997: 398-410; Sane 1998: 1-32］．サネーの批判は正鵠を射ているものの，バンハーン政権以後政党政治家の経済運営能力に批判的な意見が強まり，ドリーム・チーム待望論が都市部住民の間で高まっていたのは事実である．そこにおける対立は資本家同士の対立というよりも，都市部住民と農村部選出下院議員の対立であろう．

79 具体的には，英字紙のBangkok PostとThe Nation，経済紙のPhucatkanやKrungthep Thurakitなど，高級一般紙のMatichonなど，週刊誌ではMatichon Sutsapda, Nation Sutsapda, Sayam Rat Sapdawicanなどである．

方，ラジオやテレビといった放送メディアの場合，消費者には農村部住民も多数含まれるものの，番組の生産者は活字メディアと同様に一部の都市部住民であった．つまり，都市中間層は「世論の重要な消費者であり生産者だった」のである [Anek 1995: 11][80]．このため，マス・メディアはもっぱら都市部住民の意見を世論として報道するようになった．しかも，活字メディアも放送メディアも発信拠点は首都に集中している．たとえば新聞の場合地方紙には見るべきものがなく，全国紙には地方版がほぼ皆無であった[81]．このため，都市部住民の意見は首都住民の意見とほぼ同義であった．英字紙が見出しに「都市（city）」と掲げるときにはいつもバンコクを指していることがそれをよく物語っている．政治改革をめぐる論議ではそれが顕著であった．

都市部住民の意見が世論として罷り通るようになった背景には別の要因もあった．1つは1990年代に入って「世論調査」が盛んになったことである．80年代までは社会調査と言えば首相府統計事務所の独擅場であった．とりわけ84年から89年まで所長を務めたニヨム・プラーカムは社会調査や世論調査の第一人者として君臨していた．しかしながら，90年代に入るとマス・メディアや教育機関が盛んに世論調査を行うようになった[82]．そうした調査は，特に90年代前半までは，調査範囲が首都のみに限定されていたり，首都にいくつかの地方都市を加えるにとどまっていたりするのが通例であった．農村部での調査は費用がかかり，信頼に足るサンプリング台帳が不備であることも手伝って，全国から無作為抽出で調査対象を選び出すことは少なかった．そこに，利用者がき

---

80 浅見 [2002：50] は，「[19] 80年代後半以降，企業の多くが中間層を主たる購買者とする商品の販売に力を入れるようになった．新聞や雑誌もその主たる購読者は中間層であり，また新聞や雑誌，さらにはテレビに広告を出す企業の多くにとっても中間層が重要な顧客となったのである．80年代後半には新聞や雑誌の創刊が相次ぎ，中間層が好むような記事やコラムを競うようにして掲載するようになった」と述べて，マス・メディアが都市中間層の意見を色濃く代弁するようになるのは経済の高度成長が始まる80年代後半からであると指摘している．
81 経済紙『プーチャットカーン』は顕著な例外である．
82 総選挙の結果について，政府機関，教育機関，マス・メディアが世論調査に基づく予測を競って行うようになったのは1992年9月総選挙が最初である．

わめて限定されるインターネットによる調査も加わった．これらの調査は都市部住民の意見に著しく偏っているにもかかわらず，いずれもポーン（*phon*, 英語の poll に由来）として結果があたかも世論であるかのように報じられた．

それよりもさらに一層重要なのは 1992 年 5 月事件が都市中間層による民主化運動であったという解釈が定着したことである．92 年 5 月事件が軍を政治の表舞台から退場させ，政党政治の定着に寄与したことは間違いない．事件の担い手は民主化の英雄として称えうる．そして，都市中間層が担い手であったという解釈が定着した．これにより民主的であるというお墨付きを得た都市中間層は一目をおかれ，その意見が格別に傾聴に値すべきものとなった．このため，マス・メディアを通じて表明される都市中間層の意見は，農村部住民との関係においては少数派意見にすぎないにもかかわらず，正論であり世論であると堂々と主張しうることになったのである．民主主義発展委員会の提言書に記された「都市部住民は『声は大きい』ものの『票数は少ない』のに対して，農村部住民は『声は小さい』ものの『票数は多い』」という指摘 [Kho. Pho. Po. 1995: 61] は，都市部住民の意見が世論として罷り通っている現実を余すところなく伝えている．

そのことをよく示す逸話を 1 つ挙げておこう．97 年 8 月にサノ内務大臣は憲法制定議会が「人民」を錦の御旗のように振りかざすことに水を差す発言を行った．これに対して，週刊マティチョン誌に連載中の評論家はこう反論を加えた．サノの発言の真意は「憲法制定議会議員は公聴会や意見聴取会を何度も行ってきたものの，知性の高いものや中間層を相手に行ってきたにすぎない．農村部の人民の大半は意見を表明したことなどありはしない．有り体に言えば，憲法のことなど分かってはいない．それゆえ憲法制定議会議員はこうした人民の大部分を引き合いに出すべきではない」ということであろう．この評論家によれば，サノの「発言にいかほどの真実があろうとも，まずもって理解しておかねばならないのは，下院議員にも上院議員にも憲法草案を受諾するかしないかを決める特権はないということである．受諾するか否かを決めるのは，マス・メディアを含めて様々な経路を通じて表明される世論なのである．人民は下院議員の味方であり，下院議員が賛成しなければ，人民も賛成しないのだと短絡的に結論を下すのは大間違いである．人民は選挙のたびに票を売っているかも知

れないが，愛国心や魂まで売り渡しているわけではない．」さらに続けて評論家は次のように言う．「公聴会や意見聴取会」あるいは視聴者参加型のテレビ番組で「意見を表明してきた中間層に限って言えば，彼らは政治の現状にもはや我慢がならず，政治改革を切望している．この少数派の人民は農村部の多数派の人民よりも恐ろしい．信じがたいというのなら，記憶の糸を手繰ってみるとよい」[Yunyat 1997]．「記憶」とは 1992 年 5 月事件を指している．評論家は，中間層こそが民主化の担い手であり，たとえ少数派であっても中間層を中心とする都市部住民の意見こそが世論であると自負心過剰なまでに主張し，その世論を蔑ろにすれば中間層が再び蜂起すると警告しているのである．

　実はこれは世論が政治過程を大きく動かした最初の事例であった[83]．都市中間層の意見がマス・メディアを通じて声高に正論のように報じられることに政治家は苛立ちを募らせていた．バンハーンが首相時代に首都だけではなく全国で意見を聞くべきであるとマス・メディアを批判したのはその一例である．また，憲法草案の採決が間近に迫った 1997 年 9 月 17 日に，チャワリット首相は政府官邸へ激励にやってきた東北地方住民代表を前にして，「大部分の人々にはこの祖国を気にかける権利も権限も役割もある．この国の所有者はみなさんだけです．他のものたちはこの国に居住しているだけです．連中（man）は損失を被ると，望みのものが得られないといって騒ぎ立てる」と語った．「連中」とは「野党，都市部住民，中間層，マス・メディア」に他ならなかった[84]．しかし激高した記者から翌日「連中とは誰のことか」と問いつめられると，チャワリットは「ジャガイモじゃないか」ととぼけて [*Matichon Sutsapda*, September 23, 1997]，一層批判を招いた．他方，マス・メディアの側が，97 年 8 月から 9 月にかけて新憲法草案批判派が首都に集まったり，地方住民が政府激励に訪れたりすると，「農村が都市を包囲する」戦術であるとヒステリックな反応を示した

83　ある週刊誌は，株主や経営者の分析を通じて，マス・メディアは 1992 年以後政権に対する是々非々の立場を捨て去り，特定の利益集団に荷担して政権交代などの政治変化を目指すようになったと指摘する [*Athit*, September 24, 1997]．

84　man というタイ語には三人称代名詞（人間に使う場合には蔑称になる）の他，名詞としては芋や脂肪という意味がある．チャワリットは本音では「連中，奴ら」という意味で用いたのであるが，記者から問われると英語で「potato」ととぼけてみせたのである．

[*Matichon Sutsapda*, September 16, 1997; *Matichon Sutsapda*, September 23, 1997] のは，マス・メディアが代弁する都市部住民が少数派であることを自覚していたからであろう．

　こうした対立を背景として高まった政治改革論において，中間層，マス・メディア，学者知識人は「『自分たちだけの目先の利益だけにとらわれて』，『農村部住民の気持ちや生活には目もくれない』という狭量」さを露呈していた，と政治学者サネーは辛辣に批判する［Sane 1998: 4］．権力重心を首都から農村部に移動させる政党政治に都市中間層が不満を抱くようになったのは，政党政治が定着し始めたからに他ならない．彼らが理想とするのはアーナン政権である［Anek 1995: 9］[85]．それは民選議会が不在という非民主的な政権であった．都市中間層は安定や能率をいたずらに追い求める余り，民主政治を否定しかねないほどであった．政治改革論では，たとえば立法府と行政府の分離，つまり民選議員の閣僚就任禁止という主張もみられた．議院内閣制をこのように（少なくとも部分的に）否定した場合，閣僚に就任するのは官僚（現職・退職を問わず）か著名企業の経営者である．前者は1980年代までのほとんどの時期にわたって閣僚の大半を占め，後者は90年代に入ってから少しずつ閣僚に加わりつつあった．いずれも官界か実業界の成功者である．タイでは両世界での成功の場は首都しかない．

　首都代表による政治につながるそうした提案は否定されたものの，1997年憲法には，比例区選挙の導入，議員や閣僚の資格要件としての大卒条項，政治家への監査機関の設置，国会議員と閣僚の兼職禁止といった措置が盛り込まれた．このうち大卒条項は，大卒者の3人に1人が首都に，7割が都市部に居住しているので，明らかに都市部住民に有利な規定である．また，比例区導入と下院議員の閣僚兼職禁止は下院議員を一等議員と二等議員に分けたに等しい．閣僚に難なく就任しうる比例区議員が一等議員，入閣困難な小選挙区議員は二等議員である．選挙区の利益ではなく国益を代表すると想定される比例区議員は全

85　アーナンにとっての理想は，「Good　Governanceあるいは道徳的国家（*thammarat*）」である．それは「正直で誠実で道徳的で多数者の利益を考えて行動し，透明性の高い制度を構築し，説明責任を伴う政府あるいは支配者」であった［Anan 1998: 45］．

国的な知名度のある人物である[86]．タイではそうした著名人はほとんどが首都住民である．地方に居住しながら全国区のマス・メディアにたびたび登場する人物は（たいてい悪名高い）有力政治家かチャオ・ポー以外には見出しがたいからである．それゆえ，比例区議員 100 名のうちかなりの部分はバンコク地方区議員に等しく，首都は人口とは不釣り合いに多数の下院議員を生み出すことになる．こうした比例区議員は閣僚の有力な候補者であるがゆえに，閣僚には首都代表が自ずと増えることになる．それに加えて，各種の政治家監査機関の委員もたいていが官僚や学者であり，首都住民である．政治改革論や 97 年憲法はこのように都市部とりわけ首都が国政における主役の座を農村部から奪い返す役割を果たした［Pasuk and Baker 2000: 238, 250］．新憲法は，歓呼をもって迎えられたことに示されるように，政党政治家と農村部住民に犠牲を強いることにより，都市中間層の不満を宥めたのである．97 年憲法の意義は，批判や不満の的となっていた代議政治の存続を可能にし，民主政治の定着を助けたことにあったというべきであろう．

　それに加えて，政治改革論が中間層以外のもう 1 つ有力な勢力を代議政治から離反させなかった点も見逃せない．議員として，議員への支援者として，政党への献金者として，政党政治で大きな役割を果たしてきた実業家である［玉田 1988］．1970 年代以後のタイの政党政治は地方実業家が下から，首都の規模の大きな実業家が上から支えてきた．政治改革論では金権政治が大きな問題と見なされた．各国の憲法や政治制度を比較検討した起草委員が政治資金規正の重要性や方法を知らなかったはずはない．しかしながら，97 年憲法と 98 年政党法は①政党への公的な資金助成制度を新設し，②政治献金の公表の 2 点を規定したにとどまる．公的な助成は実業家の献金負担の軽減につながり，献金公表義務違反の処罰対象とされるのは政党側のみであり献金者を含まない．これは裏献金を規制しうるものではない．また，政治腐敗に関して監査の対象とされたのは収賄側の政治家のみであり，贈賄側は一切問題にされていない[87]．他方において，自由や権利の拡大を求める勢力に対しては地域共同体の権利や公平な所

86　パースックらは「国益」とは「首都益」であると揶揄する［Pasuk and Baker 2000: 118］．

得分配といった規定を盛り込む一方，私有財産の所有権や相続権を明記したり (48条)，「市場メカニズムに基づく自由経済制度」の堅持 (87条) を謳ったりすることにより，過度な分配圧力への防壁を準備して実業家など富裕層の不安を払拭している．この意味でも新憲法は民主政治の定着に寄与していたのである．

　それと並んで，短期的には，経済危機に伴う大混乱に際して憲法改正が国民の目を憲法改正に注がせることにより，政治体制の動揺には結びつかなかった点も頗る重要である．通貨危機が発生したときには，国会を停止し特別政権を樹立しようという構想がいくつも提案された．もし憲法改正が争点となっていなければ，そうしたクーデタ型の非民主的政権が樹立された可能性が十分にあった．しかし偶然ながら，憲法が争点となっていたため，そうした混乱が回避された．新憲法起草と時期が重なったのはまことに僥倖といわねばならない．

87　そもそもタイの刑法は，贈賄側の刑罰は5年以下の懲役または10,000バーツ以下の罰金または両方（刑法144条）と規定する一方，収賄側については5年〜終身の懲役かつ2,000〜40,000バーツの罰金または死刑という厳罰を規定している（刑法149条）．日本では収賄側は5〜7年の懲役，贈賄側は3年以下の懲役または250万円以下の罰金（刑法196, 198条）とされていることに比べると，タイの処罰規定が厳しいことが分かる．もっとも，タイにおいて収賄側が摘発される例は少なく，贈賄側についてはさらに少ない．

5章　2000年上院議員選挙：なぜ公務員議会の再現なのか

5-1　上院議員選挙の意義
5-2　上院議員選挙の手続きと特色
5-3　勝ち抜け方式の選挙
5-4　どんな人々が当選したのか
5-5　なぜ公務員が多いのか
5-6　政治改革にとっての意味

5-1　上院議員選挙の意義

　1997年憲法に基づく上院議員選挙が2000年3月に実施された[1]．選挙時期が2000年となったのは，91年憲法に基づいて96年3月22日に任命されていた上院議員の4年の任期が2000年3月21日をもって切れることになっており，選挙を実施しないと上院議員不在という事態を迎えるため，選挙を実施せざるをえなかったからである．また，97年憲法に基づく最初の下院議員選挙は早期実施という憲法制定当初の予想に反して，2001年1月まで先延ばしされたため，この上院議員選挙は97年憲法に基づく初の国政選挙ともなった．この意味では，政治改革を目的に掲げた97年憲法にとって最初の試金石であったと言える．
　これはタイ史上初の上院議員選挙であった．それまでは上院議員は官選議員

1　上院の改革については加藤［2000］が詳しい．

とほぼ同義であった．タイの国会は新憲法が制定されるたびごとに改編され，一院制になったり二院制になったりしてきた．一院制期には議員の全員あるいはほぼ半数が官選議員であった．また，二院制期には，民選の下院議員が1946年5月26日に選出した上院議員を唯一の例外として（この上院は47年11月8日クーデタにより解散させられた），上院議員は全員が官選議員であった．

　官選議員の人選を行ってきたのはたいてい内閣である．内閣が政権維持にとって好都合な人物を上院議員に選ぼうとするのは自然なことである．過去にどのような職業のものが選ばれていたのかをみてみると，すべての時期にわたって公務員（*kharatchakan*，国家公務員であり，文官と武官の両方を含む）が全体の過半数を占めてきたことが分かる（図5-1参照）．民選議員（下院議員）が不在時に任命された上院議員は9割以上が公務員であることも普通であった．民選議員からの入閣者が増えていた1980年代でも上院議員の8割は公務員であった．閣僚のほぼ全員が民選議員から構成されていた時期つまり政党内閣の時代には，公務員の割合はやや低下した[2]．政党政治が定着するようになっていたと見なしうる96年3月に任命された260名についてみると，公務員の割合は53.1％まで下がっていた［SLW 1996: 154］[3]．減少した公務員の穴を埋めたものの多くは実業家であり，実業家の割合は96年には30.4％を占めるに至っていた[4]．政党内閣の時代にこのように実業家の割合が増えるのは，政党が実業家から提供される政治資金に依存しており，実業家を支持基盤としているからである．以上のことは政党政権か軍事政権かを問わず，政府が官選議員の任命にあたっていつも政権支持者を優先してきたことをよく示している[5]．

2　1933年から88年にかけての時期の官選議員の職業別内訳についてはランサンがまとめた表を利用した［Rangsan 1989: 174-178］．なお，75年の上院議員は政党内閣が任命したのではなかった．

3　現職85名，退職53名である．なお，改選前の95年6月時点では公務員は現職110名，退職84名であり，267名の上院議員の72.7％を占めていた［SLW 1995: 166］．

4　実業家は，95年6月には14.2％にとどまっていた（92年3月に国家秩序維持評議会により任命され，その後死亡や辞職により生じた欠員の補充が行われている）のに対して，96年3月に政党内閣が任命した上院議員では30.4％へと倍増している［SLW 1995: 166; SLW 1996: 154］．

```
□ その他
■ ビジネス
▨ 行政官
▢ 軍人
```

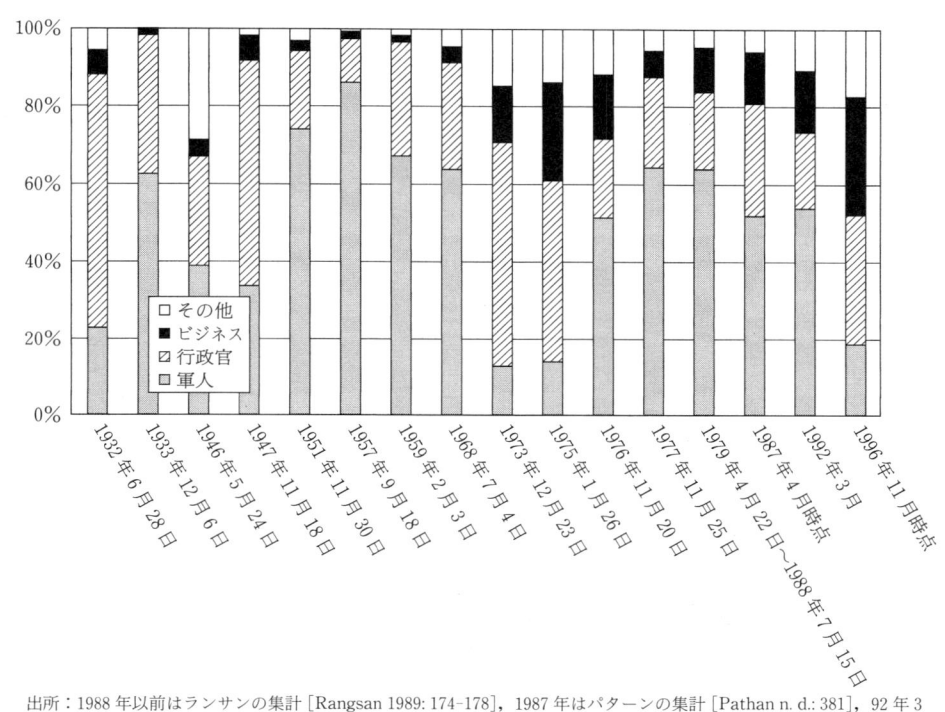

出所：1988年以前はランサンの集計［Rangsan 1989: 174-178］，1987年はパターンの集計［Pathan n. d.: 381］，92年3月は内務省地方行政局作成の上院議員名簿［Kromkanpokkhrong 1992: 25-92 より筆者算出］，96年は上院事務局の統計［SLW 1996: 154］による．
注：ランサンのデータは1977年以前については任命当初の数値を示しているものの，79年から88年にかけては500名全員の職業内訳を示している．また，パターンのデータは87年4月22日時点の在職者260名の内訳を示している．

図 5-1　官選議員の職業別内訳，1932〜1996年

　このように時期によって変化はみられるものの，公務員は割合が5割未満になったことは一度もなく，絶えず過半数を占めてきた．この意味で，官選時代

5　もう1つ興味深いのは，ほぼ一貫して行政官を上回ってきた軍人の割合が2割以下へと際立って低下するのが，73年以後ならびに96年以後ということである．たとえば，将官以上の軍人は92年3月には上院議員270名中147名（54.4％），95年6月には267名中141名（52.8％）もいたのに対して，96年11月には260名中51名（19.6％）へと激減している［Kromkanpokkhrong 1992; SLW 1995; SLW 1996の名簿より筆者算出］．これは政権にとっての軍の重要性，裏を返せば軍の政治力が低下したことを反映している．

第2部　政治改革論と新憲法 ｜ 225

の上院は公務員議会であった．これは1980年代までタイ政治研究の通説となっていた官僚政体モデル[6]が厳しく批判した点であった．首相を筆頭とする閣僚の大半を占めた公務員たちは，立法府に一人でも多くの政府支持派を増やすべく官選の上院議員には軍隊や行政官庁の幹部を選んできた．それは軍人であれば5虎から師団長に至る要職に在職する将官（佐官の連隊長が含まれることもあった），行政官であれば局長以上の幹部職員が多かった．これらの幹部職員はある意味では部局の代表であり，上院を足場として組織の利益を守ってきた．彼らは組織の利益を代表できない場合にも，少なくとも勤務先の給与とは別に上院議員の手当を増額されることにより所得を増やせた．こうした上院議員が，自らを選んでくれた政府に反旗を翻す可能性は乏しかった．当然のことながら，こうした官選の上院議員，とりわけ現職の軍人や行政官に，行政府に対するチェック機能を期待することは難しい．むしろ，内閣の意にそぐわない法案を民選の下院が可決した場合に，任命者である内閣に荷担して否決する可能性を秘めていた．チャイアナンは軍と行政の幹部が多数派を占める上院を官僚制の「インフォーマルな政党」や「立法府機関」と呼んでいる [Chaianan 1989: 333, 334]．官選の上院は官僚制の権益を守り増進する役割を果たしてきたというわけである．

　こうした公務員議会は民主化の阻害要因の1つとして批判を浴びてきた．そこで，1997年憲法の起草にあたっては，一部の強い反対意見を押し切って，上院は民選に変更された．しかしながら，官選から民選への変更それ自体が民主化に寄与するという論理に基づいて変更されたわけではないことに注意しておく必要がある．政治改革は下院議員への監督の強化に主眼をおいていたため，上院にも下院統制の役割が期待されることになった．下院を統制しようとすれば，選挙で選ばれたという下院議員の民主的な正当性に対抗するために，上院議員も民選に変更する必要があったのである．しかも，下院議員を監査監督す

6　官僚政体は，実は，軍隊が行政官僚制の協力を得ながら支配する体制である [Girling 1996: 25]．上述のように，上院議員に占める軍人の割合は大きく低下しても，その代わりに行政官の割合はむしろ増えたため，軍人と行政官の合計でみれば，低下率はさほど際立っていない．これは政党政治家にとっても，行政官僚制は不可欠な協力者であることを示してもいる．

るにふさわしい人物に当選して欲しいという願いを込めて，被選挙権を含めた選挙制度は下院議員とは異なった規定が設けられた．

1997年憲法では上院議員選挙に関してはどのような規定が設けられ，そしてそれがどのような結果につながったのであろうか．かつて批判の的になっていた官僚議会とは異なった上院が誕生することになったのであろうか．本章では政治改革が上院をどう変えたのかを検討したい．これにより政治改革の一面が浮き彫りとなろう．

5-2　上院議員選挙の手続きと特色

（1）定数

1997年憲法では下院は比例区100名，小選挙区400名の合計500名となっている．これに対して上院の定数は200名と規定されている．91年憲法では上院の定数は下院の3分の2とされていたので，縮減されたことになる[7]．上院議員選挙では県が1つの選挙区となり，県ごとの定数は選挙実施前年末時点の人口に比例して配分される．タイの総人口は6,000万人余りなので，人口30万人あたり1名という定数になる．もっとも多い首都は18名である．県の人口が30万人に満たない場合には1名の定員が配分される．こうした定数の配分方式は従来の下院議員選挙を踏襲したものであり，そこには定数不均衡問題は存在しない．

7　上院の議員定数は，民選議員不在時には国会議員全部ということになるものの，民選議員が存在する時期には下院と同数を最高に，4分の3とされたり，3分の2とされたりしてきた．また，具体的な数字で規定されることもあった．いずれにしても，1997年が規定する下院の5分の2というのは少ない数字である．

第2部　政治改革論と新憲法

（2） 立候補資格

　被選挙権は，憲法 125 条に次のように規定されている．(1)出生時からタイ国籍を持つもの．つまり，帰化による国籍取得者は除かれるということである．(2)選挙当日に満年齢 40 歳以上であるもの．(3)学士（大学卒業）以上の学歴を備えているもの．年齢の規定以外は下院議員選挙立候補者と同一である．

　また同条においては，立候補しうる県（選挙区）については次のいずれかに該当することと規定されている．(1)当該県に 1 年以上住民票があるもの．(2)当該県においてこれまでに下院議員，自治体議員，自治体首長の経験があるもの．(3)当該県で出生したもの．(4)当該県の学校に 2 年間以上在学したことのあるもの．(5)当該県に 2 年間以上，公務員として勤務したことのあるもの，あるいは住民票をおいたことのあるもの．この規定も下院議員と共通である．

　また，126 条では被選挙権のないものについて規定されている．そこには政党人や現職公務員が含まれている．政党関係者については，政党の党員や役員，下院議員離職後 1 年未満のものが無資格者として規定されている．これは政党への所属を義務付けられる下院議員とは対照的に，上院では政党の影響を遮断しようとするものである[8]．また現職の上院議員も除外されており，上院議員には再選の道が閉ざされていることになる．他方，公務員については辞職すれば即座に立候補可能となっている．

（3） 選挙方法

　上院議員選挙の最大の特色は選挙運動の禁止である．買収や供応はもちろん，政党の関与も禁止される．候補者ならびに運動員に許されるのは，候補者の紹

---

[8] ただし，下院議員と無縁であったわけではない．下院議員の経験者は立候補者の中に 100 名余り，当選者には 29 名を確認しうる．さらに，下院議員の親族も多数見出しうる．たとえば選挙後初代の上院議長に選出される人物は現職下院議員の実兄であった．さらに，ほとんどの当選者はいずれかの政党への色分けが可能でもあった．

介のみである．選挙管理委員会は公平を期すために候補者の紹介を次のように行った．(1)ポスターを掲示する所定の場所の準備，(2)候補者を紹介する冊子の印刷ならびに配布，(3)候補者紹介の場所の準備，(4)テレビならびにラジオでの政見放送の準備，である．

　候補者の紹介（ビラ，ポスターなど）は次の項目に限定される．(1)候補者の経歴（候補者本人の写真あるいは候補者が配偶者や子と一緒に撮影した写真をつけてもよい），(2)候補者の学歴，(3)候補者の職歴，(4)候補者の立候補番号，である[9]．ここで重要なのは，公約や政策などは一切記載しないということである．従って，候補者の集票手段は，有権者の買収をしない限り，もっぱら知名度ということになる．

5-3　勝ち抜け方式の選挙

　上院選の投票は2000年3月4日に行われた．1,522名が200議席を争った．投票率は72.08％であった．憲法により投票が義務付けられた[10]にしては低いと言えるものの，過去の国政選挙を上回る高い数字であった[11]．

　選挙管理委員会は3月8日から3月20日にかけて選挙区ごとの当選者を順番に発表し，122名の当選を確定した［Kho. Ko. Tho. 2000a］．定員の200名に78名足りないのは，多数の県で当選圏の得票者にレッドカード（*bai daeng*）やイェローカード（*bai luang*）が出され，当選者が確定しなかったためである．当選圏の得票者とは，たとえば定数が3名の県の場合には得票数が上位3名以内に入っているものである．2種類のカードは名前の通りサッカーに由来する．レッドカードを受けるのは明らかな選挙違反があった候補者であり，選挙戦からの即時退場を命じられる．イェローカードは不正の疑いがあるものの，明確な証拠は存在しない候補者であり，再選挙への参加が認められる．

9　当時選挙管理委員会のウェブサイトで公表されたデータ［http://www.ect.go.th/newthai/senate/］による．

残る78議席については再選挙が実施されることになった．初回の投票と同様に，得票数が当選圏に入っており，しかも不正がなかったもののみ当選が確定し，残りの議席がすべて確定するまで選挙が繰り返された．その際には2つ注意しておくべきことがあった．1つは再選挙にあたっては新たな立候補は受け付けられず，当初から立候補していたもののみが立候補者とされたことである．立候補辞退も認められなかった[12]．2つ目は，レッドカードを1枚受けたものと，イェローカードが2枚になったものは退場処分となり，候補者名簿から削除されたことである．これは勝ち抜け方式に他ならない．

　78議席をめぐる再選挙は35県で4月29日に実施された．これにより66名の当選が確定した．投票率は20%近く下がって53.85%になっていた．この選挙では7名がレッドカードを受けて退場処分となった．さらに，6月4日に残りの9県12議席をめぐる3回目の投票が実施された．8名の当選が確定し，4

10　憲法で規定された有権者の投票義務付けがどのようにして実効性のあるものとされるのかについては大いに注目を集めた点であった．投票を怠った有権者にいかなる制裁を科すのかを決めるのは歓迎される仕事ではなく，選挙管理委員会も国会もお互いに責任を押しつけあおうとした［Sombat 2002: 206］．最終的には1998年選挙法23条を改正し（1999年11月17日公布），あらかじめ届け出ることなく投票を怠ったものについては以下の8つの権利を剥奪することになった．①国会議員や地方議員の選挙に関する不服申し立てを行う権利，②カムナンや村長の選挙に関する不服申し立てを行う権利，③国会議員や地方議員への立候補権，④カムナンや村長への立候補権，⑤法律制定要求への署名権，⑥条例制定要求への署名権，⑦上院に対する不正政治家罷免要求への署名権，⑧地方議員の罷免要求への署名権，以上8点である．この剥奪措置は，次の選挙で投票するまでとされている．2001年総選挙ではこの規則に基づいて立候補資格を否定されたものがいた．それゆえ，無意味な規定ではない．しかし，国政選挙での被選挙権を剥奪されている大半の有権者にとっては投票権の剥奪を伴わないため，さほど厳しい制裁とはならない．投票権の剥奪が規定されていないのは，投票義務付けという眼目に反するからである．

11　投票率はおおむね微増傾向にあり，1995年総選挙は62.0%，96年総選挙は62.4%であった．

12　初回の投票で惨敗が明らかになり，以後何度再選挙を繰り返してもわずかばかりの得票しか得られないことが分かっていても，辞退はできなかった．とりわけ大将や県知事といった要職の経験者にとっては，さらしものとされるに等しかった．費用の無駄遣いであることは言うまでもない．

名が退場処分となった．投票率は 41.23%へとさらに 10%下がっていた．

4 県の 4 議席をめぐる第 4 回投票については，6 月 18 日に実施が予定されたものの，憲法裁判所が 6 月 15 日にイエローカード方式を違憲と判断したため[13]，2 回目と 3 回目の投票でイエローカードが 2 枚目に達して退場させられていたもの 4 名が 4 回目の選挙に立候補しうることになった．この決定を受けて，まず 6 月 24 日にウボンラーチャターニー県のみで 1 議席をめぐる投票が行われた．続いて，7 月 9 日に 3 県で 3 議席をめぐる選挙が実施された．これら 4 県の選挙ではウボンラーチャターニー県のみ当選者が確定しなかった．そこで同県では 7 月 22 日に第 5 回目の投票が実施され，やっと 200 議席すべてが確定することになった．1 回目の投票から数えてすでに 4 ヶ月以上が経過していた（表 5-1 参照）．

勝ち抜け方式は当選者全員が確定するまでに多数の日数を要したのみならず，一部の立候補者から不服が申し立てられたように，1 人 1 票という平等原則に反するところがあった．5 回もの投票が繰り返されたウボンラーチャターニー県の事例から見てみよう．同県の定数は 6 名である．最初の投票では得票順位が上位 5 名はいずれもイエローカードを受け，6 位の 1 名のみの当選が確定した（表 5-2 参照）．

2 回目の投票では，得票上位 3 名がイエローカードを受けて，4 番目と 5 番目の 2 名の当選が確定した．1 回目の得票が 1 位であった候補者ウィチャイは 2 回目には得票を半減させたものの，辛うじて 5 番目の得票を得て当選したことになる．1 回目に 2 番目の得票を得ていたマリワンはやはり得票数が半減し，当選圏内に入れなかった．他方，1 回目に 7 番目であったアモーンが 2 回目には 1 位，10 番目であったウィラーワンが 3 位となったものの，彼らはいずれもイエローカードを受けた．また，1 回目 3 位，2 回目 2 位の得票を得たアディサックはレッドカードを受けて退場することになった．1 回目とさほど得票数が変化することなく 2 回目に勝ち抜けたのはウィーラサックであった[14]．3 回

---

13 憲法裁判所決定 2000 年 24 号 [http://www.concourt.or.th/decis/y2000d/d002443.html]．
14 1 回目の得票が 9 位であったニティサックは選挙期間中に死亡し，3 回目以降の投票では被投票資格を失った．

表5-1　上院議員選挙，2000〜2002年

投票日	有権者数[人]	選挙区(県)数	定員[人]	当選確定者数[人]	立候補者数[人]	投票率[％]	無効・白票率[％]
2000年3月4日	42,557,583	76	200	122	1,532	71.8	6.3
2000年4月29日	26,877,074	35	78	66	1,054	53.8	7.2
2000年6月4日	8,001,267	9	12	8	255	41.3	7.2
2000年6月24日 2000年7月9日	3,479,800	4	4	3	124	30.8	6.9
2000年7月22日	1,177,323	1	1	1	54	31.4	4.4
2001年4月21日	5,537,209	8	11	10	78	41.4	5.2
2001年5月26日	994,482	1	1	1	12	46.0	3.5
2002年2月24日	711,564	1	1	1	13	31.8	3.0
2002年8月4日	1,037,713	1	1	1	17	52.7	3.1

出所：選挙管理委員会のウェブサイト [http://www.ect.go.th/english/national/senate/nat1.html および http://www.ect.go.th/thai/senate/result/0400845/result.html] より筆者作成．
注：2001年以降は補欠選挙である．

表5-2　ウボンラーチャターニー県における5回の投票の上位得票者

名前	1回目	2回目	3回目	4回目	5回目
ウィチャイ	81,034	○38,152			
マリワン	77,866	36,928	○50,527		
アディサック	60,066	54,534			
ウィーラサック	48,393	○42,551			
サニット	42,303	29,844	44,523	50,532	48,162
ニラン	○41,926				
アモーン	39,523	59,890	○52,607		
マイトリー	39,443	25,943	66,914	69,382	39,578
ニティサック	39,015	28,371	—		
ウィラーワン	33,634	48,964	27,917	105,077	○102,167

出所：選挙管理委員会が各投票ごとに発表した数値を筆者が集計．
注：太字は最終的な当選確定者の名前ならびに当選圏内の得票数，斜線はイェローカード，×印はレッドカード，得票数の前の○は当該選挙での当選確定を示す．

目の投票では，2回目の得票を2倍以上に増やしたマイトリーが最高得票を得たもののイェローカードを受けた．1回目2位，2回目6位となっていたマリワンは2番目の得票を得て勝ち抜けた．また，1回目7位，2回目1位のアモーンも2位の得票を得て勝ち抜けた．他方，2回目に3位の得票を得ていたウィラーワンは得票を大きく減らして，当選圏には遠く及ばなくなった．残る1議席を争う4回目の投票では，マイトリーは3回目とほぼ同じ多数の得票を得たものの，10万票を越える大量得票をして1位となったウィラーワンには及ばなかった．そのウィラーワンはイェローカードを受けたため当選を認定されなかった．5回目の投票では再び10万票を越える大量得票をしたウィラーワンがやっと当選を認定された．

1回目の得票は買収などの不正行為により得られたものである可能性がある．2回目以後は投票率が低下したので，各人の得票数は減ってもおかしくない．しかし，一部のものは得票を増やしている．これは不正行為の他[15]，勝ち抜け組の票をもらっているからである．アモーンがその典型である．彼が2回目に得票を増やし，3回目にもその水準をほぼ維持したのは，勝ち抜け組の票が流れたからであることはほぼ間違いない．同県の元県知事マイトリーが3回目に得票を大きく伸ばした主因も同様であろう．

生真面目に毎回投票所へ赴いた有権者は実質的に1人4票（当選者が出なかった4回目も数えれば5票）を行使しえたことになる．その中には，たとえば1回目はニラン，2回目はウィーラサック，3回目はアモーン，5回目はウィラーワンといった具合に4名もの当選に寄与したものもいたはずである．このように2回目以降には勝ち抜け組の票が他の候補者へ流れる結果，本来ならば落選していたはずの候補者が敗者復活戦で当選を果たすという事例は多数の県でみられた．たとえば定員18名のバンコクでは2議席について再選挙が実施され，1回目には10,351票と最下位当選者の22,925票の半分にも満たず35位にとどまっていたチョットチョーイが2回目には82,579票と得票数を8倍にも増

---

15 バンコク・ポスト紙は，上院選挙で観察された全国的な傾向として，1回目の選挙では金がものをいったものの，4月29日の2回目の選挙では権力，影響力，パトロン・クライアント関係が重要であったと報じている［*Bangkok Post*, May 17, 2000］．

やして当選を果たした．2回目に当選が確定したもう1名の候補者は1回目には50,322票で7位であり，2回目の得票は92,515票にとどまっていた．チョットチョーイは1回目の得票が彼女よりも多かった17名の候補者を牛蒡抜きにして2位になったのである．1回目に勝ち抜けたものの票の多くがチョットチョーイに流れていたことは明らかである．定員8名のナコーンラーチャシーマー県でも1回目に3名が勝ち抜けた結果，2回目の投票では1回目の得票が3.1万票と10位のものが5.3万票の最高得票，8位のものが2位，2位のものが3位，9位のものが4位といった大幅な順位変動の結果当選を果たした．

不平等は投票所へ赴きうる回数の多寡のみではない．特定の嗜好を持った集団（たとえば環境保護に関心を寄せる人々）甲が特定の類型（たとえば環境保護活動家）乙の候補者を選好するとすれば，甲は選挙の回数だけ乙タイプの候補者に投票し当選させる可能性がある．これは明らかに平等原則に反していよう．

5-4　どんな人々が当選したのか

この上院議員選挙ではどんな人々が立候補し，当選したのであろうか．官選時代との異同はいかほどであろうか．幸いなことに，この上院議員選挙では選挙管理委員会が候補者や当選者の経歴を詳しくホームページで紹介した[16]．候補者ならびに当選者についてこうしたデータに依拠しながら，職業の内訳を見てみよう．その検討に取りかかる前に，全国一位の得票数をバンコクで得たプラーモートの例を示しておきたい（図5-2，5-3参照）．図表中の左欄はタイ語原文からの転載，右欄は翻訳である（転載にあたって，住所番地や電話番号などは伏

16　選挙当時，選挙管理委員会はホームページで候補者全員の個人別データ[http://202.183.254.190/report/]やそれよりもさらに詳しい当選者の個人別データ[http://202.183.254.190/information/show_senate.asp]を公開していた．たとえば当選者については両親の国籍さえもが公表された．しかしながら残念なことに，そうしたデータは後に非公開となり，さらに2001年の下院議員選挙では候補者ならびに当選者に関する経歴情報の公開量が格段に減少した．

เอกสารแนะนำตัวผู้สมัคร จังหวัด กรุงเทพมหานคร หมายเลขผู้สมัคร เบอร์ 151 คำนำหน้าชื่อ / ยศ นาย ชื่อ ปราโมทย์ นามสกุล ไม้กลัด อายุ 59 บ้านเกิดจังหวัด กรุงเทพมหานคร ระดับการศึกษา ปริญญาโท 　　ปริญญาตรีจากสถาบัน 　　วิศวกรรมชลประทาน เกษตรศาสตร์ 2506 　　ปริญญาโทจากสถาบัน 　　วิศวกรรมศาสตร์(วิศวกรรมชลประทาน) 　　ม.แคลิฟอร์เนีย,สหรัฐอเมริกา 　　ปริญญาเอกจากสถาบัน อาชีพ / ความเชี่ยวชาญ 　　การจัดการทรัพยากรน้ำและทรัพยากรเกษตร ประสบการณ์ 　　อธิบดีกรมชลประทาน 　　รองปลัดกระทรวงเกษตรและสหกรณ์	候補者紹介書 　　県　バンコク 　　候補者番号 151 敬称・階級　氏 名　プラーモート　　氏　マーイクラット 年齢　59　　出生地　バンコク 学歴　修士 　　学士　農業灌漑工学校 1963 年 　　修士　カリフォルニア大学（水利工学） 職業・専門 　　水資源や農業資源の管理 経歴 　　灌漑局長 　　農業・協同組合省副事務次官

図 5-2　立候補者紹介（プラーモート・マーイクラットの例）

せ字とした）．

（１）候補者の多数を占める公務員経験者

　立候補者は当初 1,532 名であった．しかしこのうち 10 名は立候補者の資格要件を満たしておらず，実際の候補者は 1,522 名となった．さらにもう 1 名が投票日までに死亡して 1,521 名となった．まず，バンコク・ポスト紙が選挙管理委員会公表値として報じた候補者の職業分類を紹介しておこう［Bangkok Post, March 2, 2000］．それによると，1,522 名の候補者のうちほぼ 4 割にあたる 600 名は公務員（軍人・行政官の退職者）である．それに続くのは，実業家の 318 名（20.1%），法律家の 259 名（17.0%）であった（表 5-3 参照）．

　この分類は候補者が自己申告した情報に基づいているものと思われる．選挙管理委員会がウェブサイトで公開した候補者全員の個人別データには「職業・

ประวัติสมาชิกวุฒิสภา จังหวัดกรุงเทพมหานคร	上院議員の経歴 バンコク
คำนำหน้าชื่อ/ยศ นาย **ชื่อ** ปราโมทย์ **นามสกุล** ไม้กลัด **เพศ** ชาย **เลขที่บัตรประชาชน** x-xxxx-xxxxx-xx-x **จังหวัดที่เกิด** กรุงเทพมหานคร **วันเกิด** 12/12/1929 **สัญชาติ** ไทย **ชื่อ บิดา** กฤษณา **สัญชาติ บิดา**ไทย **ชื่อ มารดา** ปิ่น **สัญชาติ มารดา**ไทย **จังหวัดที่เกิด** กรุงเทพมหานคร **ภูมิลำเนาเดิม** xx หมู่ที่ x แขวงบางประกอก เขตราษฎร์บูรณะ กรุงเทพมหานคร 10140 **ที่อยู่ปัจจุบัน** xxx ซอยประชาชื่น xx ถนนประชาชื่น แขวงบางซื่อ เขตบางซื่อ กรุงเทพมหานคร 10800 **ที่อยู่ที่ติดต่อ** 220 ซ.ประชาชื่น 37 ถ.ประชาชื่น บางซื่อ กทม. 10800 **โทรศัพท์** xxxxxxx **FAX** xxxxxxx **อาชีพ/ความเชี่ยวชาญ** ข้าราชการบำนาญ **ระดับการศึกษา** ปริญญาโท **ปริญญาตรีจากสถาบัน** วิศวกรรมชลประทาน เกษตรศาสตร์ 2506 **ปริญญาโทจากสถาบัน** วิศวกรรมศาสตร์(วิศวกรรมชลประทาน) ม.แคลิฟอร์เนีย,สหรัฐอเมริกา **ปริญญาเอกจากสถาบัน** **ประสบการณ์ทำงาน** อธิบดีกรมชลประทาน รองปลัดกระทรวงเกษตรและสหกรณ์ **คะแนนเสียงที่ได้จากการเลือกตั้ง** 421,515 คะแนน	敬称・階級　名プラーモート　氏マーイクラット 性別　男　国民 ID　x-xxxx-xxxxx-xx-x 出生地　バンコク　誕生日　1929 年 12 月 12 日 国籍　タイ 父　クリッサナー　国籍　タイ 母　ピン　国籍　タイ 出生地　バンコク 本籍　〒10140　バンコク県ラートブーラナ地区バーンプラコーク区第 x 村 xx 番地 現住所　バンコク県バーンスー地区バーンスー区プラチャーチューン通りプラチャーチューン xx 筋 xxx 番地 連絡先　バンコク県バーンスー地区バーンスー区プラチャーチューン通りプラチャーチューン xx 筋 xxx 番地 電話　xxxxxxx　ファクス　xxxxxxx 職業・専門　退職公務員 学歴　修士 　学士　農業灌漑工学校 1963 年 　修士　カリフォルニア大学（水利工学） 職業・専門 　水資源や農業資源の管理 職歴 　灌漑局長 　農業・協同組合省副事務次官 得票数　421,515 票

図 5-3　当選者紹介（プラーモート・マーイクラットの例）

表5-3　2000年上院選立候補者の職業内訳

職業	人数［人］	割合［%］
公務員	600	39.42%
政治家	21	1.38%
農民	56	3.68%
法律家	259	17.02%
実業家	318	20.89%
労働者	61	4.01%
その他	207	13.60%
	1,522	100.00%

出所：*Bangkok Post*, March 2, 2000.

専門」欄と「経歴」欄があり，とりわけ前者の記載の仕方には大きな個人差が（県ごとの差も）ある．前掲のプラーモートの場合には候補者紹介では職業・専門欄に「水資源や農業資源の管理」とされているのみである．これでは職業は不明である．こうした場合には当該人物が何者であるのかを探るには経歴欄を参考にするしかない．プラーモートの場合には「灌漑局長」と記されているので，公務員であったことが判明する．しかしながら，経歴欄には年月の記載がないため，たとえば県知事と書かれていても立候補直前までのことなのか，10年以上も前のことなのか分からない．こうした職業分類の曖昧さや特定困難さのゆえに，選挙管理委員会自体の分類にも揺らぎがみられる．たとえば，選挙管理委員会が上院議員選挙後に刊行した報告書には，公務員が1,532名中601名（39.2%）とも［Kho. Ko. Tho. 2001a: n. p.］，1,521名中571名（37.5%）とも記されている［Kho. Ko. Tho. 2000d: 12］．いずれにしても公務員が最大集団を占めることは間違いない．1997年憲法下では現職公務員の立候補が禁止されているので，「公務員」と分類されているのはほぼ全員（570名余り）が年金生活者（*kharat-chakan bamnan*）である．こうした元公務員たちは普通の表現をすれば「無職」ということになる．無職であるにもかかわらず，たとえば民間企業退職者などとは区別してことさらに元公務員と分類されるのは，タイの社会において国家公務員という職業の持つ意味や価値が高いからである．

　それに加えて，職業が明確に記載されていても，額面通りには受け取りがたい例が少なくない．たとえば南部のサトゥーン県で当選したハーン退役大将の

職業は「自営業」となっている．彼が何か事業を営んでいるのは事実であろう．しかし，彼が当選したのは自営業者だからなどではなく，南部地域を管轄する第4管区の司令官時代に当時の陸軍総司令官アーティットの嫉妬を招くほど，共産党対策や治安回復でめざましい成果をおさめたからに他ならない．彼はこの功績のゆえに退役後下院議員に当選し入閣も果たしている．彼の政界での成功はひとえに軍人時代の名声に負っているのである．同様にカムペーンペット県で当選したスントーンは職業が「法律家」となっている．「法律家」の多くは弁護士である．しかし彼は同県出身で地裁判事や高裁判事を歴任して定年退職した人物である．彼が当選したのはこうした判事としての経歴のおかげに他ならないはずである．

「元公務員」以外に分類されているものの中にも元公務員が多数含まれている．しかも，上記のハーンやスントーンのように，そうした公務員としての経歴のゆえに当選を果たしたものが少なからず含まれているものと強く想像される．そこで，これまでの職歴を重視しながら，職業を分類し直してみたい．職を転々としたり，複数の職業を兼業したりしているものが少なくないので，この分類は必ずしも厳格なものではないことをあらかじめ断っておかねばならない．すると，1,521名のうち，872名（57.3%）は公務員の経験者であることを確認しうる．これに対して公務員を経験していないものは415名（27.3%），公務員経験の有無が不明のもの234名（15.4%）となる．上記の選挙管理委員会による分類の40%弱よりも公務員の割合がかなり増える．この公務員について内訳を調べてみると，初等中等教員が328名（21.6%）と多数を占めている．これらの教師に次いで多いのは内務省官僚98名，警察官[17] 64名，大学教官54名，公衆衛生省官僚46名，農業・協同組合省官僚22名といった順になる．また，こうした行政公務員とは別に軍人が86名立候補しており，その内訳は陸軍61名，

17　警察は軍隊の政治力が強い国では国防省の管轄下におかれることが多い．タイでは軍隊が大きな政治力を久しく持ってきたにもかかわらず，警察は19世紀末の近代的な官僚制整備当初から内務省の所轄であった．警察官は行政官である．ただし，1998年10月施行の政令により，警察局は内務省から分離し，国家警察事務所という独立局になった．上院議員選挙に立候補した警察官の中には内務省時代しか経験していないものも含まれている．しかし，2000年には内務省から分離していたので，ここでは内務官僚とは別個の範疇とする．

表5-4　2000年上院議員選挙の候補者と当選者の職業別内訳

	候補者		第1回		第2回		第3回		第4回		当選者計		当選率
総数	1,521	100.00%	122	100.00%	66	100.00%	8	100.00%	4	100.00%	200	100.00%	13.14%
公務員	872	57.36%	71	58.20%	32	48.48%	4	50.00%	4	100.00%	111	55.50%	12.71%
内務省	98	6.44%	16	13.11%	6	9.09%	2	25.00%		0.00%	24	12.24%	24.49%
警察	64	4.21%	8	6.56%	6	9.09%					14	7.14%	21.88%
大学	53	3.48%	8	6.56%	3	4.55%			2	50.00%	13	6.63%	24.53%
初等・中等教員	328	21.56%	6	4.92%	6	9.09%	1	12.50%			13	6.63%	3.96%
公衆衛生省	46	3.02%	6	4.92%			1	12.50%			7	3.57%	15.22%
農業省	22	1.45%	3	2.46%	1	1.52%					4	2.04%	18.18%
法務省	5	0.33%	2	1.64%							2	1.02%	40.00%
首相府	8	0.53%	2	1.64%							2	1.02%	25.00%
大蔵省	8	0.53%			2	3.03%					2	1.02%	25.00%
運輸通信省	8	0.53%			1	1.52%					1	0.51%	12.50%
陸軍	61	4.01%	12	9.84%	3	4.55%			1	25.00%	16	8.16%	24.59%
空軍	9	0.59%	1	0.82%							1	0.51%	11.11%
海軍	16	1.05%	1	0.82%							1	0.51%	6.25%
国営企業	34	2.24%	3	2.46%	1	1.52%					4	2.04%	11.76%
不明・その他	112	0.53%	3	2.46%	3	4.55%			1	25.00%	7	3.57%	5.36%
公務員以外	649	42.67%	51	41.80%	34	51.52%	4	50.00%	0	0.00%	89	45.41%	13.71%
小計	415	27.28%	30	24.59%	19	28.79%	2	25.00%	0	0.00%	51	26.02%	12.29%
実業家	170	11.18%	11	9.02%	13	19.70%	2	25.00%			26	13.27%	15.29%
弁護士	164	10.78%	10	8.20%	4	6.06%					14	7.14%	8.54%
農民	5	0.33%	1	0.82%							1	0.51%	20.00%
ジャーナリスト	16	1.05%	1	0.82%							1	0.51%	6.25%
NGO	16	1.05%	6	4.92%	1	1.52%					7	3.57%	43.75%
宗教関係	8	0.53%	1	0.82%							1	0.51%	12.50%
医者	5	3.29%			1	1.52%					1	0.51%	20.00%
不明	234	15.38%	21	17.21%	15	22.73%	2	25.00%	0	0.00%	38	19.39%	16.24%

出所：選挙管理委員会公表の立候補者に関する個別情報［Kho. Ko. Tho. 2000b；Kho. Ko. Tho. 2000c］から筆者作成．
注1：「大学」には大学庁管轄の教育機関ばかりではなく，師範学校や高等専門学校といった教育省管轄の高等教育機関の教員も含めている．
注2：「医者」は公衆衛生省勤務が確認しえないもののみである．公衆衛生省勤務の医者は公衆衛生省官僚に分類している．国立大学医学部卒業生は一定期間内の官庁勤務を義務付けられている．
注3：第5回目の当選者は4回目に含めている．

海軍16名，空軍9名となっている．他方，公務員以外で人数が多いのは実業家170名，弁護士164名となっている（表5-4参照）．

（2）当選者の多数を占める公務員経験者

当選者の職業内訳についてはどうであろうか．まず選挙管理委員会による分

表5-5　2000年上院議員選挙当選者の職業内訳

職業	選挙管理委員会集計		筆者集計	
	人数 [名]	割合 [%]	人数 [名]	割合 [%]
公務員	73	36.50	111	55.50
政治公務員	1	0.50	―	―
農業	10	5.00	1	0.50
法律	25	12.50	14	7.14
医療	5	2.50	―	―
専門職	4	2.00	―	―
自営業	35	17.50	26	13.27
商業	14	7.00		
給与所得者	8	4.00	―	―
政治家	6	3.00	―	―
無職	10	5.00	―	―
その他	9	4.50	48	24.00
合計	200	100.00	200	100.00

出所：選挙管理委員会の数値［Kho. Ko. Tho. 2001a］と，同委員会ホームページ掲載の個人データに基づき筆者が集計したもの．

類を見ておこう．それによると，当選者200名の職業内訳は元公務員73名（36.5%），自営業49名（24.5%），法律家25名（12.5%）といった順番となっている（表5-5参照）．これ以外には農民と無職各10名，給与所得者8名，政治家6名，医療関係者5名などとなっている[18]［Kho. Ko. Tho. 2001a: n. p.］．委員会の分類では公務員は候補者のほぼ40%を占めていたので，公務員出身者はそれ以外のものよりも当選率が低いことになる．

当時選挙管理委員会のウェブサイトに掲載されていた候補者ならびに当選者の個人データから独自に集計してみると，公務員経験者は111名（55.5%）（国営企業職員経験者4名を含む），それ以外51名（26.0%），不明38名（19.4%）[19] とな

18　この選挙管理委員会による分類には奇妙な点がいくつもある．無職や農業が10名と非常に多いことはその1つである．当選者のうち誰をこの範疇に分類しているのか首をひねる他ない．また，医者は独立した分類となっているものの当選者5名全員が国立病院長経験者であり，公衆衛生省官僚である．62歳の1名を除く4名は年齢が定年退職年齢の60歳以下なので選挙前まで現職であったと想像される．これ以外に法律家の中には判事，検事，国立大学教官といった公務員経験者が含まれている．

る．公務員の内訳は，内務省 24 名，陸軍 16 名，警察 14 名，大学と初等中等学校の教員が各 13 名，公衆衛生省 7 名といった順番になっていた．

　公務員経験者 53.5％というのはどんな意味合いがあるのであろうか．それを探るために，官選時代の上院議員の職業内訳と比較してみよう．官選時代には公務員が多いとたびたび指摘されてきた．確かに，1973 年以前には官選議員の 9 割以上を公務員が占める時期が長かった．しかしながら，政党政治期に任命された官選の上院議員についてみれば，46 年には 6 割余りにとどまり，75 年も 6 割ほどにとどまっていた．しかもそうした時期には同じ公務員とはいえ，軍人に代わって行政官の割合が増えるという傾向が顕著であった．さらに，70 年代末以後も公務員の割合は徐々に低下し，代わって実業家の割合が着実に増えていた．最後の官選議員任命が行われた 96 年についてみれば，公務員の割合は 52.3％（軍人が 18.9％，行政官が 33.5％）となっていた．これに対して実業家代表は 30.1％にも達していた．依然として公務員が過半数を越える公務員議会であったものの，公務員色は薄まっていた．

　2000 年に実施された初の上院議員選挙での当選者に占める公務員経験者の 55.5％という割合は，96 年任命分と比べるとまったく遜色のない公務員色を保っていると言えよう．もちろん，この数字を官選時代のものと同列には比較しえない．何よりもまず官選時代には退職者ではなく現職の公務員が多数を占めていた．たとえば 95 年 6 月時点では公務員は上院議員 267 名中 194 名であり，現職者が 110 名，退職者が 84 名であった．96 年 3 月には公務員は 260 名中 138 名であり，現職者が 85 名，退職者が 53 名であった［SLW 1996: 154］． 6 対 4 ほどの比率で現職者の方が多かったのである．それに対して 97 年憲法下では現職公務員の立候補が禁止されているため，公務員といえども全員が退職者である．第二にさらに重要なことに，55.5％という数字は公務員経験者というきわめて広義な公務員を包括する数値であり，退職後もっぱら年金だけで暮らすものに限定されてはいない．公務員経験者という同じ尺度で選び出したならば，官選時代には「公務員」と分類されるものの割合がさらに増えたに違いない[20]．

19　公務員経験の有無が上記個人データからは判然としないものが 38 名いる．有無がはっきりとしている 162 名に限定して眺めると， 3 分の 2 以上を占めることになる．55.5％は控え目な推計値であることに留意されたい．

こうした重要な留保にもかかわらず，公務員経験を有するものが民選時代も上院議員の多数を占め続けているのは否定しえない厳然たる事実である．選挙管理委員会自体の分類でも公務員経験者は上述のように 36.5％を占めており，職業別では最大の集団をなしている．もう 1 つ重要なのは，次に述べるように，公務員経験のある当選者の多くが公務員であったという経歴に当選を負っている，つまり公務員だったからこそ当選したという事実である．上院は民選になったとたんに官選時代とはすっかり様変わりしたのではなく，一部の公務員経験者に有利に働く選挙制度のおかげで相変わらず公務員色の濃い議会となったのである．

（3）際だって高い当選率を示す一部の公務員

今度は当選率を調べてみよう．まず 1,522 名中 200 名であるから全体では 13.1％である．公務員経験者は立候補者 838 名中 107 名が当選したにとどまるので当選率は 12.8％であり，立候補者全体の平均値 13.1％を下回っている．しかしながら，公務員は所属官庁ごとに当選率が大きく異なっていることに注目しなければならない．初等中等教員は立候補者全体の 21.6％，公務員候補者の 39.1％を占めたにもかかわらず，当選者は 13 名（6.6％）にとどまった．その当選率は 4％にも満たない．初等中等教員を除外すると，公務員経験者は立候補者の 33.5％（510 名），当選者の 47.0％（94 名）を占め，当選率は 18.4％となる．公務員経験のないものあるいは経験が不明なものの当選率 13.6％に比べるとかなり高いことが分かる．

次に，省別に当選者を見てみると，内務省が 24 名ともっとも多く，以下国防省 18 名，警察 14 名，初等中等教員 13 名，公衆衛生省 7 名，農業・協同組合省 4 名といった順になる．これを当選率でみると，法務省 40.0％，首相府と大蔵省が各 25.0％，陸軍 24.6％，内務省 24.5％，大学 24.1％，警察 21.9％といっ

---

[20] たとえば 1996 年 3 月に任命された上院議員について各自の経歴をやや詳しく眺めてみると，局長などの要職経験がありながら，職業を公務員や元公務員としていないものを 10 名ほど見出しうる [SLW 1996: 1-133]．これ以外にも若くして官を辞したものが含まれていたはずである．

た順になる．

　比較的当選者数が多い省についてもう少し詳しく見てみよう．内務省については，98名の候補者の中に県知事経験者を33名見出せる．このうち当選者は14名であり，当選率は42.4%である．どこの県知事を務めたのかを選挙管理委員会のウェブサイトで確認しうるものは9名いる．この9名中5名が当選しており，当選率は55.6%と一層高まる．同様に高官としての勤務経験がある県で当選したものが多いのは地方国立病院長である．立候補者の中には該当者が7名見出せ，実にそのうち5名が当選を果たしている（当選率71.4%）．県警本部長経験者についても同様なことが言える．該当者は17名おり，うち10名が当選している（同58.8%）．この中でも勤務県と立候補県が一致している11名については実に8名が当選している（同72.7%）[21]．陸軍については，候補者61名中大将は30名である．このうち10名が当選している．33.3%の当選率である．同じ大将でも海軍は5名の候補者がいて当選者はゼロ，空軍は6名中1名である．同様なことは中将でも見られる．中将の候補者は陸軍13名，海軍3名，空軍2名であり，このうち当選者は陸軍の3名だけである．

　軍人に関しては，首都バンコクと地方では顕著な違いが見られた．先に見たように陸軍大将は全国で30名が立候補して10名が当選していた．バンコクでも7名の陸軍大将が立候補していたものの当選者は皆無である．しかも得票が1万票を越えたものは皆無という惨敗であった．空軍と海軍の大将も2名ずつ立候補したもののいずれも落選した．逆に言えば，地方では陸軍大将は23名の立候補者中半数近い10名が当選したことになる（当選率43.5%）．陸軍大将はバンコクでの不人気とは対照的に地方では高い人気があったのである．しかも，地方での当選者たちは必ずしも勤務経験のある県で立候補したわけではない．むしろそれは少数派である．たとえば92年5月事件当時第2歩兵師団長であった陸士11期生パノムがスコータイで立候補したように半数の5名は出身県で当選している．軍の高官は地方では郷土の英雄と見なされているのであろう．

21　警察では組織ぐるみの選挙運動が行われたとも言われている．元上司のために部下たちが集票を行ったということである．

5-5 なぜ公務員が多いのか

　候補者の57.4%，当選者の53.5%は国家公務員経験者であった．このように公務員経験者が多いのはなぜであろうか．理由は1997年憲法と社会構造に求めえよう．
　まず97年憲法は被選挙権を大卒以上の学歴を備えたものに限定した．国家統計事務所が実施した2000年人口住宅調査結果の速報値によると[22]，同年の6歳以上人口は5,525万人であり，このうち大卒以上の学歴（学士，修士，博士）を備えたものは311.4万人にとどまり，5.6%を占めるにすぎない[23]．
　こうした大卒以上の高学歴者は全国に万遍なく散らばっているわけではない．311.4万人のうち219.6万人（70.5%）は都市部（nai khet thetsaban）に居住しており，農村部（nok khet thetsaban）居住者は91.9万人（29.5%）にすぎない．都市部のうち首都バンコクには105万人が居住しており，首都を除く都市部の居住者は114.6万人にとどまる．高学歴者の33.7%は首都に，首都以外の都市部に36.8%，農村部に29.5%が居住しており，ほぼ三等分されていることになる．しかしながら，これは人口比とは著しく食い違っている．6歳以上人口5,525万人のうち，農村部には3,782万人（68.5%）が居住し，首都以外の都市部には1,152万人（20.8%），首都には591万人（10.7%）が居住するにすぎないからである[24]．このため，3地域ごとの6歳以上人口に占める高学歴者の割合は首都17.8%，首都以外の都市部9.9%，農村部2.4%となり，大きな格差がみられる（表5-6参照）．また，国家統計事務所による1997年の人口移動調査結果[25]から

22　同事務所のホームページ［www.nso.go.th/pop2000/table/tadv_tab5.xls］に掲載されたデータ．
23　2000年の総人口6060.6万人の5.1%にすぎない．
24　国家統計事務所のホームページ［www.nso.go.th/pop2000/table/tadv_tab6.xls］に掲載されたデータによる．
25　国家統計事務所のホームページ［http://www.nso.go.th/thai/stst/migrat/tmigra.htm］に掲載されたデータによる．

表5-6 2000年における高学歴者（大卒以上の学歴を備えたもの）の分布

	全国	区域別			地域別				
		都市部		農村部	首都	中部(除首都)	北部	東北部	南部
		首都	首都以外						
6歳以上人口(千人)	55,253.2	5,913.7	11,517.6	37,821.9	5,913.7	2,968.8	10,415.8	18,711.1	7,243.9
高学歴者人口(千人)	3,114.5	1,049.8	1,145.7	918.9	1,049.8	774.6	393.1	616.4	280.5
学士	2,880.4	918.3	1,071.5	890.5	918.3	727.4	368.5	595.2	271.0
修士	217.8	122.7	68.6	26.6	122.7	43.2	23.3	19.2	9.5
博士	16.3	8.8	5.6	1.9	8.8	4.0	1.4	2.1	0.1
各域人口÷総人口	100.0%	10.7%	20.8%	68.5%	10.7%	23.5%	18.9%	33.9%	13.1%
高学歴者に占める各域の割合	100.0%	33.7%	36.8%	29.5%	33.7%	24.9%	12.6%	19.8%	9.0%
各域人口に占める高学歴者の割合	5.6%	17.8%	9.9%	2.4%	17.8%	6.0%	3.8%	3.3%	3.9%

出所：政府統計事務所の公表値［www.nso.go.th/pop2000/table/tadv_tab6.xls］に基づき筆者作成．

推計すると，首都は居住者のみならず，出身者でも高学歴者の37%を占めている．こうした数値は国会議員選挙で被選挙権を有するもののうち3分の1以上が首都の居住者や出身者であることを示している．大卒者のこうした分布を反映して，上院議員選挙ではバンコクでの立候補者が264名と立候補者総数1,522名の17.3%を占めた．立候補者が多いのは，定員が18名ともっとも大きいことだけが理由ではない．その証拠に定員が8名と2番目に多いナコーンラーチャシーマー県の立候補者は54名，定員6名のウボンラーチャターニー県は61名，定員5名のチェンマイ県は51名，ナコーンシータムマラート県は48名，ウドーンラーチャターニー県は34名にとどまっていた．有資格者が群を抜いて多いバンコクでは競争率も際だって高かったのである[26]．

こうした稀少な大卒者がどんな職業に就いているのか正確には分からない．しかしながら，国家公務員がかなりの割合を占めていることは間違いない．それというのも，行政公務員委員会（人事院に相当）の公表数値[27]によれば，1999年の国家公務員（定員内常勤職員）の総数（実員）は120.9万人であり[28]，このうち63.2%に相当する76.4万人が大卒以上の学歴を備えているからである．国

---

26 バンコクは過去の国政選挙でいつも投票率が低かったので，今回の上院議員選挙で立候補者が多かったことは，政治意識の高さの反映とは言いがたい．
27 行政公務員委員会のホームページ［http://www.ocsc.go.th/PersPoli/manpower/manth/slide7.htm］に掲載されたデータによる．

表5-7　公務員の人数，学歴，勤務地（1999年）

種別	人数 [人]	学士割合 [%]	勤務地 中央 [人]	勤務地 地方 [人]	地方勤務割合 [%]
国家公務員					
一般	394,814	51.4%	108,770	286,044	72.5%
教職	527,682	88.9%	20,543	507,139	96.1%
大学	51,083	79.8%	51,083	—	0.0%
国会	1,397	52.3%	1,397	—	0.0%
判事	2,455	100.0%	850	1,605	65.4%
検察	1,677	100.0%	761	916	54.6%
警察	229,515	20.3%	52,984	176,531	76.9%
小計	1,208,623	63.2%	236,388	972,235	80.4%

出所：行政公務員委員会の公表値 [http://www.ocsc.go.th/PersPoli/manpower/manth/slide8.htm] より筆者作成．
注：大学職員については，地方大学が存在しないわけではない．しかしながら，いずれも本省（大学庁）直轄であり，地方勤務とは見なされていないものと思われる．
また，地方公務員91,117人から都庁職員29,643人をさし引いた6万人余りは地方勤務である．

家公務員に加えて，地方公務員も9.1万人おり，うち57.7%の5.3万人は大卒以上の学歴を備えている．両者を合計すると大卒以上の学歴を備えた現職公務員は81.7万人となり，大卒人口のほぼ4分の1を占めることになる（表5-7参照）．こうした定員内常勤職員の他に，定員外常勤職員も30万人ほど存在しており[29]，そこにも大卒者は少なからず含まれている．行政官庁の他に，軍隊にも大卒に相当する士官学校の卒業生が多数将校として勤務している．さらに，行政官庁と軍の退職者もかなりの人数に達するものと想像しうる．

この121万人ほどの国家公務員の勤務地を調べてみると，実に8割が地方勤務となっている．とりわけ人数が52.8万人と群を抜いて多い初等中等教員は96.1%が地方勤務である．しかもそうした教職公務員の88.9%は学士以上の学

28　行政公務員委員会のホームページ [http://www.ocsc.go.th/PersPoli/manpower/manth/slide2.htm，---/ slide3.htm] によると，定員は国家公務員が124.5万人，地方公務員が9.3万人となっている．

29　行政公務員委員会の公表値として紹介されたデータ [http://www.infonews.co.th/CSC/stat/gvszp_t.htm] によると，1997年には中央政府29.9万人，地方自治体4.5万人の34.3万人であった．

歴を備えている[30]．このため，前述のように，上院議員選挙で教職公務員経験者の立候補者が 330 名ほどときわめて多数にのぼったのはごく自然なことであった．それに加えて，教職公務員以外の国家公務員も首都よりも地方での勤務者が多いことは重要である．たとえば一般の行政官庁も 72.5％が地方勤務である．地方公務員も加えると，公務員はほぼ 100 万人が首都以外で勤務している．彼らのほぼ 6 割つまり 60 万人は大卒以上の学歴を備えている．首都以外に居住する大卒人口はほぼ 200 万人なので，公務員はおよそ 3 分の 1 を占めていることになる．彼らは首都よりも競合相手が少ない地方で立候補しうる余地が大きい．年齢制限を度外視すれば，首都以外の地域における上院議員 182 議席について被選挙権を有するものの 3 名のうち 1 名は現職の公務員なのである．

それに加えて，97 年憲法は上院議員選挙の立候補資格要件として年齢 40 歳以上と規定した．選挙が実施された 2000 年時点で年齢 40 歳以上といえば，たいていは 1980 年よりも前に大学を卒業した人々ということになる[31]．その 80 年には，大卒者は 2000 年よりも遙かに少なく総人口のわずか 2.2％にとどまっていた[32]．このように稀少な大卒者は 80 年以前にはもっぱら官庁に就職していた．それゆえ，年齢 40 歳以上の大卒者という条件が設けられると，正確な数値は不明ながら，公務員経験者は有資格者の過半数を優に越えていたものと推定しうる[33]．

しかも，憲法は上院議員選挙では選挙運動を禁止した．許可されたのは，横並びの運動のみであった．こうした制約が設けられると，従来の下院議員選挙で多数の立候補者や当選者を出してきた実業家は資金力の優位を生かしにくくなる[34]．逆に，公務員経験者は資金力が劣るという弱点を露呈しなくても済むようになる．選挙運動の禁止は，さらに，勝敗が資金力よりも知名度に大きく左

---

30 行政公務員委員会のホームページ [http://www.ocsc.go.th/PersPoli/manpower/manth/slide7.htm] による．
31 中等教育を修了して社会人になった後，無試験入学大学，放送大学などを通じて大卒の資格を取得したものもいる．しかしながら，そうしたものはさほど多くはないと思われる．
32 国家統計事務所のホームページ [http://www.nso.go.th/thai/stat/pop-hou/tab6.htm] に掲載されたデータによる．
33 公務員に続いて多いのは，民間企業従業員や弁護士などである．

右されることを意味する．政府機関の県事務所の長つまり県知事，県警本部長，国立病院長などの県の要職を経験した公務員であれば，知名度は抜群である．この点に関して，バンコクの大きな特徴の1つはテレビなどのマス・メディアに頻繁に登場した人物が格段に多くの票を獲得したことである[35]．首都には事務次官や局長といった官庁の最高幹部が集中しているものの，こうした高官は知名度の点では画面上や紙面上の寵児に劣っている．これに対して，地方にはそうしたメディアの寵児はほとんど居住していない．地方で知名度の高い人物となると，県事務所の長が上位に位置するのである．

それに加えて，憲法が上院議員の閣僚就任を禁止したことも重要である．従来，実業家は民選の下院議員の最大部分を占めてきた．1983年以後の下院議員の職業分類で「政治家」とされるものは現職議員を指しており，実は大半が実業家である．90年代にはそうした「政治家」が下院議員の半分以上を占めるようになった．アーナン元首相が97年8月6日に「タイの政治の問題点は不正な選挙により権力を獲得し資金の回収を図るところにある．……彼らが［選挙に］投資をするのは下院議員になるためではなく，閣僚になるためである」と語ったように［*Matichon Sutsapda*, August 12, 1997］，下院議員の最大の目標は閣僚就任であった．閣僚に就任して，選挙運動に投資した資金を回収しうるからこそ，実業家出身の下院議員の割合が70年代以後増えてきたのである［Rangsan

---

34　パースックらは，選挙運動の規制の結果，当選者の多くは退職公務員か政治家あるいはその一族であったと指摘する［Pasuk and Baker 2000: 235］．政治家も知名度が高いのは事実であり，一族が多い場合には下院議員と並んで上院議員選挙にも1名を立候補させている．しかしながら，後述のように，政治家にとっては上院議員は下院議員ほどの金銭的な魅力に欠けていることを看過してはならない．

35　全国トップの42.2万票を得たのは水利に関心を寄せる国王の側近として頻繁にメディアに登場した元灌漑局長（プラーモート・マーイクラット）であった．38.8万票で2位，19.7万票で3位になった人物（ダムロン・プッターンとチュームサック・ピントーン）はいずれも人気テレビ番組の司会者である．16.3万票で4位になった人物（ソーポン・スパーポン）も環境問題に関心が強い国営企業経営者としてメディアを通じて著名な人物であった．5位の当選者の得票が7.1万票と4位の半分以下になるのは，上位4名がメディアをにぎわす有名人であったことによるものと思われる．

1993: 61-76]．しかし，閣僚就任の可能性がなくなると，実業家にとっては上院議員は下院議員ほどの魅力が乏しい．それゆえ，当選の可能性があっても立候補を見送ったものが多いはずである．このことは，実業家以外のもの，たとえば公務員経験者には有利に働いた．

　小さなことながら，憲法にはもう１つ公務員経験者に有利な規定がある．それはどの県（選挙区）で立候補しうるかを定めた規定である．普通は住民票のある県もしくは出身県である．例外の１つは過去に国会議員や地方自治体の首長や議員を務めたことのある県である．それはたいてい居住県のはずである．それ以外に２つ例外があった．学生として２年間以上居住したことのある県もしくは公務員として２年間以上勤務したことのある県という条項である．住民票をそこに移している必要はなかった．公務員として２年間以上勤務したことのある県というのは，公務員経験者のみの特典である．国家公務員の多くは２年から４年程度ごとに全国の県や郡を転々とする．こうした公務員経験者はいざ上院議員選挙に立候補しようとする場合，多数の県から１つもっとも当選可能性の高い県を選びうる．その際には，県事務所の長を務めた県で立候補するのが自然な選択であろう．これに関しては，県知事，県警本部長，国立病院長などの経験者の中でも，長を経験した県で立候補した場合には高い当選率を記録していたことが想起されるべきである．バンコクも例外ではなく，県事務所所長が本省局長（７名が立候補し３名が当選），県警本部長が首都警察司令官（１名が立候補して当選）に置き換わっているにすぎないと見なしうる．

5-6　政治改革にとっての意味

（１）大卒条項の威力

　上院議員の立候補者の資格要件に大卒条項が盛り込まれていなければ，政党の公認が不要であり，費用もさほどかからないという好条件ゆえに，今回より

も遙かに多種多様な人々が立候補しえたはずである．それというのも，表4-4に示されていたように，近年の下院選では，92年3月には55.3%，95年には42.1%，96年には50.6%の候補者は学歴が大卒に満たなかったからである．これは政党公認という条件下における選挙であった．上院選のように政党公認という条件が外れれば，誰でも立候補が可能になり，こうした学歴の低い候補者はさらに増えていたに違いない．しかも，資金力の勝負ではないため，下院議員選挙よりも高い当選率を記録しうる可能性が十分にあった．しかし，民主化を目指したはずの97年憲法には大卒条項が盛り込まれたため，そうした低学歴者はすべて選挙戦への参入の機会を奪われることになった[36]．官選時代の上院にはかすかながら職能代表の色合いがあり，労働者や農民の代表も議員に含まれていたことを思い起こすならば，大卒条項が民主化に逆行する規定であることは明らかである．

　また，憲法制定議会は，大卒条項盛り込みの理由として，有権者が公聴会や意見聴取会で学歴のより高いものを求めていたからであると主張していた．今回の上院選において，有権者はそうした意向を投票に反映させたのであろうか．立候補者は学士が59.3%，修士が32.7%，博士が8.0%であった．有権者が少しでも学歴の高いものを望んでいたのが事実であるとすれば，修士や博士の学位を持つ候補者は当選率が高かったはずである．しかし，当選者の学歴は学士が57.5%，修士が35.0%，博士が7.5%であった（表5-8参照）．立候補者と当選者の間には顕著な差は見られない．学歴別に当選率を比べても，1,522名全員では13.1%のところ，学士が12.7%，修士が14.1%，博士が12.4%となっており，修士号取得者はやや高いものの，博士号取得者の当選率はむしろ学士号取得者を下回っている．それゆえ，憲法制定議会の言い分とは裏腹に，有権者は一概に高学歴志向であったとは言えない[37]．論より証拠である．憲法制定議会

36　憲法制定議会議員と上院議員選挙立候補者の名簿を比較対照してみると，憲法制定議会議員99名からその半数近い47名もが上院議員選挙に立候補したことが分かる．大半は県代表議員ながら，専門家議員5名も含まれていた．選挙方法を規定したのは彼ら自身なので，お手盛りの方法で当選を目指そうとしたものが多かったことになる．なお，47名中当選者は11名にとどまり，レッドカードを受けたものも1名いた．

表5-8　上院議員当選者の学歴別内訳

学歴	候補者		第1回当選者		第2回当選者		第3回当選者		第4回当選者		小計		当選率
	人数	割合	人数	割合	人数	割合	人数	割合	人数	割合	人数	割合	
学士	903	59.33%	71	58.20%	36	54.55%	6	75.00%	2	50.00%	115	57.50%	12.74%
修士	498	32.72%	41	33.61%	26	39.39%	2	25.00%	1	25.00%	70	35.00%	14.06%
博士	121	7.95%	10	8.20%	4	6.06%	0	0.00%	1	25.00%	15	7.50%	12.40%
総数	1522	100.00%	122	100.00%	66	100.00%	8	100.00%	8	200.00%	200	100.00%	13.14%

出所：選挙管理委員会のホームページ[http://201.183.254.190/report]に掲載された立候補者全員の略歴データより，筆者作成．

による公聴会などで多数派を占めたとされる高学歴志向派は，たとえ特定集団にとっては多数意見であったとしても，有権者全体からみれば多数派ではないことが分かる．

（2）公務員議会

2000年の上院議員選挙はタイの歴史上初めての上院議員選挙であり，有権者にとっても立候補者にとってもまったくの新機軸であった．それゆえ，立候補者の中には手探り状態で立候補したものが少なくなかったものと思われる．憲法起草者たちが上院議員適格者としてもっとも期待していたのは知識人であっ

37　4章で78年憲法に学歴条項が盛り込まれていたことを紹介した．外国人を父親とするものが立候補するには高校を卒業していなければならないという規定であった．そのときには，強い反発が起きた．これは当時顕著になりつつあった中国系実業家の政界進出に一定の歯止めをかけようとする狙いがあったと解釈されている．2000年の上院議員選挙では，選挙管理委員会のウェブサイト[http://202.183.254.190/information/show_senate.asp]で，2回目までの当選者188名中に父親が中国国籍であるものを16名（母親も中国国籍であるものは11名）確認しえた．2001年の下院議員については両親の国籍についての情報を未確認であるものの，実業家の立候補者が上院選よりも多いのはほぼ確実なので，上院議員以上に中国系タイ人（二世）が多数含まれている可能性が高い．学歴条項に関して，78年には批判を招き，97年には批判が乏しかったのは，対象者つまり被害者の境遇が異なるからであろう．中国系住民は実業家のみならず知識人の世界にも多く，規制を身近な問題と感じて反発した．農民にはそうした代弁者がいないということである．

た.しかし,実際に選挙が行われてみると,たとえばNGO関係者で当選した7名中4名や,大学教師の当選者13名中4名がバンコクでの立候補者であったことに示されるように,必ずしも知識人が全国で当選しえたわけではなかった.むしろ各県で強かったのは公務員経験者であった.

　公務員経験者に多数の当選者が出たという結果が憲法の規定に由来していることは重要であろう.学歴と年齢に関する一定の条件,さらに資金力のあるものの意欲を阻喪させる閣僚就任禁止ならびに選挙運動禁止といった憲法の規定は,公務員経験者に有利に働くことになったからである.憲法にこうした規定を盛り込んだとき,起草者たちはこうした結果をある程度予測しえたはずである.そこでは80年代までの官僚支配批判の論調は影をすっかり潜めていた.上院議員に公務員経験者が多いことはもはや批判や懸念の対象ではなくなっていたのである.88年にチャートチャーイ政権が誕生したときには,軍人に代わって政党政治家が首相に就任したのは民主化への大きな前進として手放しに歓迎されたものである.97年憲法起草の中心人物ボーウォーンサックはチャートチャーイ首相の顧問団の一員でもあった.ところが,90年代に政治改革論を主導した人々の間では,民主政治の敵は軍人や行政官ではなく,政党政治家であった.悪役が交代した結果,下院議員と対立関係にあった公務員は善玉陣営に迎え入れられたのである.

　同様な文脈で,97年憲法に規定されるいくつかの監査機関の委員にはその資格要件から公務員が想定されていたことを指摘しておくべきであろう.実際のところ,憲法裁判所の初代判事13名の顔ぶれは最高裁判事5名,大使2名,大学教官2名,首相府官僚(法制委員会と予算事務所)2名,検察官1名,軍法務官1名であった.他方,選挙管理委員会の5名の委員は最高裁判事3名,大学教官1名,内務省局長1名であった.最高行政裁判所の判事15名は行政官庁高官6名(大蔵省局長,内務省副事務次官,労働・社会福祉省副事務次官,農業・協同組合省局長,行政公務員委員会副事務局長,予算事務所副所長),最高裁判事4名(うち最高裁事務局長1名),大学教官2名,検察官,軍法務官,中央銀行副総裁(判事出身)が各1名であった.全員が国家公務員(退職者)である.政党政治家が標的と明確に定められたとき,公務員は最適任の監査役となったのである.先述のように,上院も政党政治家への監査を期待されていた.

公務員経験者が上院議員の多数を占めるという傾向は2001年4月21日に実施された8県11議席をめぐる再選挙でも確認された．淫行が露呈したスラーターニー県選出上院議員への辞職圧力が高まる中，2001年3月13日に選挙管理委員会は上院議長を含む10名の上院議員について前年の上院議員選挙で買収などの不正があったとして失職させる決定を下した．淫行議員も翌日辞職した[38]．このため8県11名の選挙が一斉に実施されることになったのである[39]．前職で立候補を見送ったのはスキャンダルで辞職した1名のみである[40]．

　8県の立候補者78名の内訳をみると，公務員経験者が44名であり，56％を占めている（表5-9参照）．公務員に次いで多いのは実業家の16名，政治家の8名となっていた．8県の平均投票率は41.37％にとどまっていた．11名の当選者の内訳は公務員経験者6名，実業家3名，政治家と弁護士1名ずつとなっている．公務員経験者は55％を占めたことになる[41]．公務員経験者が占める割合が立候補者の56％，当選者の55％という数値は，2000年の上院議員選挙とほぼ同一である．相変わらず公務員議会である．上院議員は公務員経験者にお誂え向

38　不名誉なことに，彼は2002年9月に一審で懲役16年の判決を受けることになる．

39　各県ごとの立候補者はコーンケーン9名，パヤオ8名，アユッタヤー9名，ラノーン8名，ロップブリー12名，シーサケート13名，ウボンラーチャターニー9名，スラートターニー10名であった．これらのうちシーサケート県は4月21日選挙では当選者を確定できず，5月26日に再選挙が実施された．

40　当選者には前職は2名しか含まれていない．8名の前職が落選したのである．

41　今回の上院議員再選挙は，最初の上院議員選挙との間に下院議員選挙を挟んでいた．このため，政党所属禁止規定の形骸化と政党の脆さの両方が浮き彫りになった．それは次の2例から窺える．コーンケーンで159,170票を得て当選した人物は2001年1月総選挙で同県2区においてチャートパッタナー党から立候補し23,576票を獲得したものの，当選者の29,721票には及ばず次点で落選していた．また，ロップブリーでの当選者は2000年上院議員選挙では30,290票を得て第3位の次点となり落選していた．定数2の同県において第2位の当選者の得票は69,463票であり，彼の倍以上であった．彼は2001年1月の総選挙で同県4区で民主党から立候補したものの，同区での当選者の49,692票には遠く及ばない10,611票しか得られなかった．政党との関係を絶ってから1年以上という立候補資格に照らし合わせるならば，両県の当選者はいずれも総選挙直後に党との関係を断ち切っていたことになる．

表5-9 2001年4月上院議員再選挙における公務員経験者の割合［名］

県	議席数	立候補者数	公務員の人数	
			立候補者	当選者
コーンケーン	1	9	5	0
ウボンラーチャターニー	2	9	2	2
シーサケート	2	13	6	1
ロップブリー	2	12	8	1
アユッタヤー	1	9	4	0
パヤオ	1	8	7	1
ラノーン	1	8	5	0
スラートターニー	1	10	7	1
小計	11	78	44	6

出所：選挙管理委員会公表データより筆者集計．

きの職業の1つと述べても過言ではなかろう．公務員は上院選が公務員に有利なことを2回の上院選で十分に学習したはずである．もはや手探り状態ではない．上院は下院と異なり，解散がないため，選挙時期があらかじめ決まっている．じっくりと選挙に備えることが可能である．定年が近い公務員は定年後の「天上がり先」として上院を目指すものが増えてくることであろう[42]．

それに加えて，有権者からの異議申し立てに基づいて選挙違反行為の有無を審査し，選挙から1年近くも後になってから違反があったと認定したことも重要である．勝ち抜けて当選していた上院議員の中には選挙違反を犯しても当選が確定してしまえば勝てば官軍よろしく順風満帆と心得ていたものが多いはずである．それが後になって遡及的に当選無効決定を下され，しかも議員給与の返還を求められたことは，選挙違反に対する厳しい警告となった．違反行為の

---

42 もっとも，当選の取り消しと再選挙が不定期に繰り返されるならば，そうした再選挙への立候補の備えは困難となる．また，下院議員（落選者）からの転身組も公務員の有力な競争相手となる．たとえば，2001年5月のシーサケート県の当選者は実業家（彼女は1995年以来シーサケート県で2億バーツ以上を仏教行事に寄付してきたと豪語して憚らない［*Krungthep Thurakit*, November 2, 2002］），2002年2月のサムットプラーカーン県の選挙での当選者は同県で9期も下院議員を務めた実業家，同年8月のナコーンシータムマラート県での当選者は公務員から政界に転じて下院議員に6回当選したことのある人物であった．

多くが資金力にものを言わせた買収であったことからすれば，次回以降の上院議員選挙では買収に一層慎重にならねばならない[43]．それは公務員経験者にますます有利な状況を作り出すことになろう．

---

43 これは2001年下院議員選挙の当選者にも言えることである．下院議員が当選取り消しという不安定さを緩和するために，法律の改正に乗り出す可能性もあろう．

6章　2001年総選挙：政治はどう変わったのか

6-1　2001年総選挙
6-2　政党は変わったか？
6-3　選挙は変わったか？
6-4　政権の安定と政治の不安定

　政治改革論や1997年憲法が目指したのは，清廉で能率的で安定した政治であった．憲法に盛り込まれた規定の効果を確認するには，97年憲法に基づく下院議員選挙，それを受けての組閣を待たねばならなかった．憲法施行直後の97年11月に発足した民主党政権は，議員も閣僚も旧来の制度に基づいて選出されていたからである．民主党政権は任期満了直前の2000年11月9日になってやっと国会を解散した．憲法起草者の意図に大きく反して，97年憲法施行から3年以上がたっていた．新憲法に基づく最初の総選挙は2001年1月に実施され，新制度による組閣が行われた．

　本章では，政治改革の狙いが選挙，政党，組閣などに関していかほど実現されたのかを考察してみたい．憲法には制度変更に伴う経過措置が盛り込まれており，この最初の総選挙についてはいくつかの規定の適用が免除されたため，憲法の効力は十分には発揮されていない．政治改革の実現度を測るには，さらに数回の選挙を経験する必要があろう．しかしながら，おおよその傾向や方向は推しはかりうる．政治改革の主眼は，選挙に関しては買票の一掃，候補者よりも政党を重視する選挙，二大政党制の実現など，組閣に関しては比例区候補者からの閣僚任用，閣内における首相の強い指導力，政権の安定などにあった．立法者が意図したこうした目標がどれほど実現されたのか，あるいは実現され

そうなのかを考察することが本章の目的である．

　結論を先取りするならば新憲法の狙いはかなり実現された．買票が一掃されたわけではなかったものの，明確な政策を公約に掲げる政党が登場し多数の議席を獲得した．組閣にあたっては小選挙区議員からの入閣者はなかった．首相は強い指導力を発揮し，安定した政権が登場した．しかしながら，政権の安定は政治体制の不安定の芽を内包してもいる．

6-1　2001年総選挙

（1）選挙の実施

　1997年憲法は下院議員選挙を従来の中選挙区方式から小選挙区400名，比例区100名に変更した．小選挙区は各県に人口に比例して定数が割りあてられる．比例区は各党があらかじめ順位をつけて準備した候補者名簿に投票する方式である．全国での得票数に応じて各党の議席数が決まる[1]．その際得票率が5％に達しない政党には議席が配分されない[2]．有権者は小選挙区と比例区の2つの投票をする．下院議員は上院議員とは異なり政党への所属を義務付けられている．

　1月6日実施の総選挙に向けて，立候補の届出は11月の中旬から下旬にかけ

1　選挙管理委員会は比例区選挙についてこう説明している．各党は100名以内の候補者に順位をつけて名簿を提出する．名簿に掲載される候補者は小選挙区の候補者や他政党の候補者と重複してはならない．さらに各地方の人物を公平に盛り込まねばならない．バンコクのみあるいは特定の地方の人物のみであってはならない．名簿には政党ごとに番号が割り振られる [http://202.183.203.226/neo/new/mp/newect12.html]．この番号は小選挙区における各党の番号と同じである．たとえば民主党は2001年総選挙では比例区も小選挙区も16であった．

2　周知のようにドイツが5％条項を盛り込んだのは極右政党の登場を阻止するためであった．これに対して，タイの5％条項は左翼政党の除外を意図している．

て行われた．比例区では37,小選挙区では39の政党が候補者をたてた．比例区で定員一杯の100名を擁立した政党は新希望党，民主党，チャートタイ党，チャートパッタナー党，タイラックタイ党の5党であった [Kho. Ko. Tho. 2001b: 22]．小選挙区で400名の候補者をたてたのはタイラックタイ党1党のみであった．民主党は398名とわずかに及ばず，チャートパッタナー党は320名，新希望党は311名，チャートタイ党は257名にとどまっていた．過半数の200名以上を擁立したのはこれらを含めても8党にすぎなかった [Kho. Ko. Tho. 2001b: 151]．

11月中に選挙管理委員会は立候補者の資格を審査し，資格が欠けるものの立候補を取り消した．当初2,782名いた小選挙区候補者のうち22県の37名が資格なしと判断された．その理由は27名が上院議員選挙の投票棄権，6名が学歴不備であった[3] [*Bangkok Post*, December 3, 2000][4]．選挙戦が始まってからも，投票日以前に4名が選挙違反を理由に選挙戦から退場させられた．

他方，有権者の側は，有権者名簿に記載されながら投票を棄権するものは，12月29日までに理由を選挙管理委員会に申し立てなければならなかった．12月中には外国に居住するタイ人有権者の投票が65カ国で実施された[5]．12月29日と30日には国内で不在者投票が実施された．そしていよいよ1月6日に総選挙の投票日を迎えた．

3　彼らの所属政党は主要政党では民主党4名，新希望党1名，チャートタイ党2名，チャートパッタナー党2名，ラーサドーン党1名であった．

4　比例区候補にも資格なしとされたものがいた．たとえば，92年4月にスチンダー首相退陣要求集会の口火を切り，94年5月に政治改革論の導火線に点火したチャラートは，パランタム党の比例区第一位候補となったものの，前年の上院議員の再選挙（彼が立候補していたバンコクでは2回実施された）で投票しなかったことを理由として立候補資格を剥奪された．

5　65カ国112の投票所で実施された．70万人のうち6％の42,445名が有権者登録をした．上院選の26,058名よりも63％の増加であった．しかし，12月3日から30日の間に投票したのは14,989名にとどまる．上院選の10,302名よりも45％増えただけであった．費用は上院選が2,700万バーツ，今回は2,200万バーツであった [*Bangkok Post*, December 28, 2000, January 4, 2001]．ミーチャイはこの制度を理念としては賞賛しつつも，逼迫する国家財政への負担が重すぎると批判している [Michai 2001: 40-41]．

1月6日選挙では，小選挙区で69.94%，比例区で69.95%という高い投票率を記録した．前年の上院議員選挙よりも少し低かったものの，下院議員選挙としては史上最高の数字であった[6]．同時に，比例区では2.49%，小選挙区では10.01%という大量の無効票が出た（ただし，不在者投票分を除く）[Kho. Ko. Tho. 2001b: 22][7]．無効票は95年総選挙では2.89%，96年総選挙では2.63%にとどまっていたので，この選挙では際だって多かったことが分かる[8]．

　選挙管理委員会は1月6日選挙の結果を順次公表し，1月23日になって小選挙区候補者のうち8名にレッドカード，54名にイェローカードを出した［*Bangkok Post*, January 24, 2001］．レッドカードを受けた候補者（各選挙区の最高得票者）はタイラックタイ党5名，新希望党2名，チャートタイ党1名であった．こ

6　総選挙の投票率，1933～2001年

回	実施年月	投票率[%]	回	実施年月	投票率[%]
1	1933年11月	41.45	11	1976年4月	43.99
2	1937年11月	40.22	12	1979年4月	43.90
3	1938年11月	35.03	13	1983年4月	50.76
4	1946年1月	32.52	14	1986年7月	61.43
5	1948年1月	26.54	15	1988年7月	63.56
6	1952年2月	38.76	16	1992年3月	59.35
7	1957年2月	57.50	17	1992年9月	62.02
8	1957年12月	40.10	18	1995年7月	62.04
9	1969年2月	49.16	19	1996年11月	62.42
10	1975年1月	47.17	*	2000年3月	72.08
			20	2001年1月	69.95

出所：Chaowana［1998：121］
注：2000年3月は上院議員選挙．

7　無効票が20%を越えた選挙区はチェンマイ8区の28.41%を筆頭に6つあった．無効票の他に，白票は比例区で1.77%，小選挙区で3.35%あった．白票はチェンマイ1区の11.37%を筆頭に10%を越える選挙区が4つあった［Kho. Ko. Tho. 2001b: 22, 113, 117］．小選挙区では一部の知識人がふさわしい候補者なしということで白票を投じるよう促す運動を行っており，それが白票を増やす一因となっていた．

8　1月6日の選挙において開票作業中に投票者と票の数が一致しないなどの不手際が発覚した2県の投票所では1月13日に再投票が実施された．それはマハーサーラカーム県4区の2投票所，同県5区の4投票所，カーンチャナブリー県1区の7投票所，同県4区の1投票所であった．

表6-1　レッドカードならびにイェローカードを受けた政党別候補者数と再選挙当選者数

	初回当選無効者			再選挙当選者	増減
	赤	黄	小計		
タイラックタイ党	5	27	32	24	−8
新希望党	2	6	8	9	1
チャートパッタナー党	0	8	8	10	3
民主党	0	7	7	7	0
セーリータム党	0	3	3	4	1
チャートタイ党	1	2	3	5	1
ラーサドーン党	0	1	1	2	1
ティンタイ党	0	0	0	1	1

出所：選挙管理委員会のウェブサイト [http://202.183.203.226/sorsor/report6jan44/newvote.html] に掲載されたデータより筆者集計．

れにより，これら62名の選挙区で再選挙が1月29日に実施されることになった．その際には投票は小選挙区のみとされ，比例区は1月6日投票分で確定とされた．再選挙では，イェローカードの54名中7名が敗北したにとどまり，残る47名は再び最高得票を得て当選を果たした（表6-1参照）．

（2）選挙の結果

　1月29日の再選挙によりすべての議席が確定した[9]．400の小選挙区における政党別の獲得議席数はタイラックタイ党が200とちょうど半数を占め，以下民主党97，チャートタイ党35，新希望党28，チャートパッタナー党22，セーリータム党14，ラーサドーン党2，ティンタイ党と社会行動党が各1となった（表6-2参照）．
　第一党になったタイラックタイ党は南部地方を除く全国各地域で万遍なく議席を獲得している．南部では1議席しか獲得しえなかったものの，中部地方と東北地方では定数のちょうど半分ほどを獲得し，北部では7割，首都ではほぼ8割の議席を占めた．第二党になった民主党は1980年代から地盤としてきた南部の議席の9割近くを占めた．南部における48という獲得議席数は同党当選者97名の半数近くに達している．また，中部，北部，首都では定数の2割ほどを

表6-2 小選挙区における各党の地方別当選者数

	中部地方	北部地方	東北地方	南部地方	首都	合計
タイラックタイ党	47	54	69	1	29	200
民主党	19	16	6	48	8	97
チャートタイ党	21	3	11	0	0	35
新希望党	3	1	19	5	0	28
チャートパッタナー党	4	2	16	0	0	22
セーリータム党	0	0	14	0	0	14
ラーサドーン党	1	0	1	0	0	2
ティンタイ党	0	0	1	0	0	1
社会行動党	0	0	1	0	0	1
選挙区数計	95	76	138	54	37	400

出所:選挙管理委員会のウェブサイト [http://202.183.203.226/sorsor/numbermp.html] で公表された2001年2月2日時点の数値.

占めたものの,138議席と最大の議席数を誇る東北地方では4%ほどにとどまっていた.この2大政党以外では,チャートタイ党は中部地方,新希望党,チャートパッタナー党,セーリータム党は東北地方で比較的多くの議席を獲得している.民主党と同様に,これらの政党は従来からの地盤をある程度維持したと言えよう[10].

9　1997年憲法の規定により,立候補するには大卒以上の学歴が必要となった.過去に下院議員あるいは上院議員の経験のあるもののみがこの学歴条項の適用を除外される.このため,大卒の学歴を備えないものが一定数含まれている.しかし当選者についてみると,小選挙区では4割以上,比例区では実に6割が修士以上の学歴を備えていることが分かる.

立候補者と当選者の学歴

	小選挙区		比例区	
	候補者	当選者	候補者	当選者
人数	2,782名	400名	940名	100名
学士未満	4.71%	16.00%	3.83%	6.00%
学士	67.61%	41.00%	59.36%	34.00%
修士	24.80%	40.75%	26.70%	43.00%
博士	2.88%	2.25%	10.11%	17.00%
	100.00%	100.00%	100.00%	100.00%

出所:選挙管理委員会のデータ [Kho. Ko. Tho. 2001b: 29, 40, 150, 159] より作成.

表6-3　過去4回の選挙との獲得議席数比較

総選挙年	2001年	1996年	1995年	1992年9月	1992年3月
総議席数	400	393	391	360	360
タイラックタイ党	200	—	—	—	—
民主党	97	123	86	79	44
新希望党	28	125	57	51	72
チャートタイ党	35	39	92	77	74
チャートパッタナー党	22	52	53	60	—
セーリータム党	14	4	11	8	—
ティンタイ党	1	—	—	—	—
ラーサドーン党	2	—	—	1	4
社会行動党	1	20	22	22	31
プラチャーコーンタイ党	0	18	18	3	7
パランタム党	0	1	23	47	41
サーマッキータム党	—	—	—	—	79
その他	0	11	29	12	8

出所：各選挙結果統計に基づき筆者が集計．

　今回の選挙における各党の獲得議席数を1990年代の4回の総選挙と比較してみよう（表6-3参照）．従来からの政党について見るならば，民主党は92年3月が44議席，92年9月が79議席，95年が86議席，96年が123議席と変化してきており，今回は97議席と少し減った．しかしながら，95年以前と比較すれ

10　比例区は全国区であり，特定の県や地域の代表ではない．各党は比例区候補者を特定の地域に偏ることなく全国から万遍なく擁立するよう求められていた（本章脚注1参照）．参考までに比例区候補者の住所の分布を概観しておきたい．人口に比例している小選挙区と対比すると，比例区の当選者は中部在住者に偏っていることがよく分かろう．中部の中でも首都に偏っていることは想像にかたくない．

2001年下院議員選挙当選者の地域別割合

	比例区		小選挙区
	候補者	当選者	当選者
中部	51.8%	64.0%	33.0%
南部	10.2%	10.0%	13.5%
北部	14.8%	6.0%	19.0%
東北部	23.2%	20.0%	34.5%

出所：選挙管理委員会の数値［Kho. Ko. Tho. 2001b: 30-31, 151, 161］より算出．

ば敗北とはおよそ言いがたい水準を十分に維持した．新希望党は92年3月72議席，92年9月51議席，95年57議席，96年125議席と変化してきており，今回は28議席と惨敗を喫した．チャートタイ党は92年9月77議席，95年92議席，96年39議席，今回35議席であり，前回とは大差がない．チャートパッタナー党は92年9月60議席，95年53議席，96年52議席，今回22議席であり，前回の半分以下へと落ち込んでいる．セーリータム党はチャートパッタナー党から有力議員を引き抜いて装いを新たにしたことが効を奏して議席数を増やした．92年9月以後ほぼ20議席を維持してきた社会行動党は1議席へと激減した．90年代前半に首都で多数の議席を獲得していたパランタム党はついに議席数ゼロとなった[11]．

他方，新機軸の比例区で得票率が5％を越えた政党は5党である．この5党の得票数を合計し，それで各党の得票数を割ることにより議席数が決定された[12]．各党の獲得議席はタイラックタイ党48，民主31，新希望党8，チャートパッタナー党7，チャートタイ党6となった（表6-4参照）[13]．5位のチャート

---

11 パランタム党では異端派仏教宗派サンティアソークを中心とする寺院派（*sai wat*）とそれ以外の在家派（*sai ban*）の対立が根強かった．調整役の党首チャムローンが政界を引退したことも手伝って，在家派の有力者（ウィナイ・ソムポン，ブンチュー・ローチャナサティエン，タックシン・チンナワットら）が相次いで離党し，在家派のスダーラットが96年総選挙の唯一の当選者であった．そのスダーラットがタイラックタイ党に移ってついに議席を失うことになったのである．今回タイラックタイ党からバンコクで立候補したものにはかつてのパランタム党議員が多数含まれている．

12 比例区の議席数は次の方式で算出される．比例区の有効投票総数をAとする．Aの5％に満たない政党は議席を配分されない．得票数が5％を越えた政党の得票数を合計してBとする．Bの100分の1を1議席に必要な得票数とする．当選者は各党の獲得議席に応じて名簿順位の上位のものから選ばれる．これにより総数が100名に達しない場合には，端数（余り）が多い政党から順番に議席を配分し，100名に達するようにする．

13 当選者の職業については，小選挙区では過去の総選挙と大差がない．新機軸の比例区では政治家43％，実業家22％，官僚18％，法律家6％，（前記以外の）給与所得者2％，その他9％であった［Kho. Ko. Tho. 2001b: 148, 157より算出］．なお，選挙管理委員会の分類のうち，国営企業職員と地方公務員は官僚，自営業者と商人は実業家，政治職公務員は政治家とした．

表6-4　政党別獲得議席数
（比例区と小選挙区の合計）

	比例区	選挙区	合計
タイラックタイ党	48	200	248
民主党	31	97	128
チャートタイ党	6	35	41
新希望党	8	28	36
チャートパッタナー党	7	22	29
セーリータム党	0	14	14
ラーサドーン党	0	2	2
ティンタイ党	0	1	1
社会行動党	0	1	1
合計	100	400	500

出所：選挙管理委員会のウェブサイト［http://202.183.203.226/sorsor/numbermp.html］で公表された数値．

タイ党の得票数1,523,807は得票率では5.32％であり，同党は辛うじて比例区の当選者を出すことができた[14]．

　タイラックタイ党は小選挙区で200議席，比例区で48議席の合計248議席を獲得した．過半数にはわずかに及ばなかったものの，過半数に近い議席を獲得している．タイの総選挙において特定の政党が過半数を越える議席を獲得したことは1957年2月選挙におけるセーリーマナンカシラー党の1例のみである．同党はプレーク・ピブーンソンクラーム首相が結成し，政府の権力を総動員して必勝を期した政党であった．この選挙で同党は160議席中83議席（52％）を獲得し，辛うじて過半数を越えた［Murashima *et al*. 1991: 131］．同党の勝利は大がかりな不正に負うところが大きく，同年9月のクーデタの遠因となった．同様に首相在職者が結成した政党に，69年総選挙に備えてタノーム・キッティカチョーン首相が結成したサハプラチャータイ党がある．同党は選挙では219議席中75議席（34％）しか獲得しえず，過半数には遠く及ばなかった[15]．こうした「政府党」［藤原1994］以外では，1976年総選挙で民主党が279議席中114議席（41％）を獲得したのがこれまでの最高の数値である［Murashima *et al*. 1991:

14　チャートタイ党に次ぐのは807,902票のセーリータム党であった．これは得票率では2.82％にとどまった．

131]．こうしたタイの憲政史に照らし合わせてみると，タイラックタイ党は稀にみる圧勝をおさめたことがよく分かる．この圧勝の理由については，後述したい．

6-2 政党は変わったか？

1997年憲法の起草者たちは政党制度の発展を1つの目標として掲げていた．一般有権者を党員に取り込んだ大衆政党化，党運営の民主化，議員の規律強化などである．そうした狙いは，同憲法に基づく最初の総選挙までにどの程度実現されていたのであろうか．

（1）党員と支部の拡充

政党は選挙時にどの程度の支部や党員を擁していたのかを，選挙管理委員会の公表データから確認してみよう．主要政党の党支部数は1999年6月時点で民主党が130であったものの，それ以外の政党は10にも達していない[16]．選挙戦に突入していた2000年12月時点についてみるならば，民主党が163に増加し，新希望党も207へと急増していた．しかし，チャートパッタナー党は6から33へと増えたにとどまり，チャートタイ党は5支部が6支部へと1つ増えたにとどまっていた．さらに，過半数近い議席を獲得することになる新党タイラックタイ党はわずか4つの支部しかない（表6-5参照）．全国の県の数は76である．支部の数が県の数を上回っていたのは新希望党と民主党の2党にすぎないこと

15　タイでは行政構造がきわめて中央集権的であり，その中核を担う内務省を握れば，選挙ではきわめて有利であると指摘されることが多い．しかし，69年選挙は内務省の集票能力もまた限られていることを実証した．それ以降の選挙でも，内務大臣ポストを握った政党が必ずしも勝利をおさめてきたわけではない．

16　2001年総選挙当時の状況は確認しえていないものの，従来は所属議員の個人事務所に党地方支部の看板が掲げられることが多かった．当該議員が所属政党を変更したとたんに別の政党の支部に衣替えすることになった．

表6-5　主要政党の支部と党員の数

	1999年6月		2000年12月20日		2001年2月1日		2001年6月1日		2002年6月15日	
	支部	党員	支部	党員	支部	党員	支部	党員	支部	党員
タイラックタイ党	−	na	4	1,031,088	4	6,249,777	4	6,249,777	8	13,826,203
民主党	130	na	163	740,516	164	3,729,633	166	3,729,633	191	3,762,436
チャートタイ党	5	na	6	42,383	6	1,590,606	6	1,590,606	17	2,045,977
新希望党	5	na	207	2,112,140	207	3,081,449	192	3,081,449	−	−
チャートパッタナー党	6	na	33	152,908	33	3,581,142	34	3,581,142	35	3,688,423
セーリータム党	7	na	na	na	13	604,936	13	604,936		

出所：選挙管理委員会のウェブサイト［http://www.ect.go.th/doc/num-party.xls, http://202.183.203.226/neo/new/party/newparty/, http://202.183.203.226/neo/new/party/mainparty.html, http://www.ect.go.th/newthai/election/party/newparty/, http://www.ect.go.th/newthai/party/newparty/］で随時公表されてきた数値に基づき筆者作成．
注：新希望党は2002年の解党後，新しい党が名称のみ継承した．この新党は従来のものとはまったく別物なので，2002年6月の欄は空欄とした．

になる．党組織の整備が遅れていることは歴然としている．

　投票が目前に迫った2000年12月20日時点の党員についてみるならば，新希望党は200万人，タイラックタイ党は100万人を越えていたものの，民主党は74万人，チャートパッタナー党は15万人，チャートタイ党に至っては4万人にとどまっていた（表6-5参照）．ところが，選挙後の2001年2月1日時点の数字をみると，タイラックタイ党は625万人，民主党は373万人，チャートパッタナー党は358万人，新希望党は308万人，チャートタイ党は159万となっており，短期間の間に党員数が激増していることが分かる．2月1日時点での各党の党員総数は1,986万人である．申し分のない立派な数字である．院内会派に等しかった政党がごく短期間のうちに大衆政党に変貌を遂げたかのように思われる．しかしながら，この選挙での有権者総数が4,288万人，投票者が2,993万人であったことと比較してみると，2,000万人という党員数は過大である．この異様としか言いようのない党員激増は，選挙期間中に各党が党費と引き換えにではなく，現金を提供して有権者に入党を勧誘したと報じられていること［*Bangkok Post*, December 1, 2000; *Bangkok Post*, January 16, 2001］と無関係ではなかろう．党員獲得が有権者の買収の一手段として利用されたのである．また後述のように，党員数は政党への公的助成金配分の際に積算根拠の1つとなるため，助成金獲得のために名目だけの党員集めが行われた可能性も大いにある．総選挙直前が異常な状態にあったことは，2002年6月の数値比較すると明らか

となる．タイラックタイ党は新希望党とセーリータム党を吸収合併したこともあって党員数を大きく増やしており，チャートタイ党も党員数や支部数をかなり増やしているものの，民主党やチャートパッタナー党は2001年2月の数値とほとんど変化していない．こうした選挙前の動と選挙後の静は，各党の大衆基盤の強固さではなく，支部数の少なさとも相まってむしろそうした基盤の脆さ，つまり張り子状態を露呈していると捉えるべきである[17]．このことは次に述べるように各党の財政における党費の比重を調べると再確認しえよう．

（2）政党助成金

　1998年政党法により，政党への公的助成金制度が新設された他，従来闇の中にあった政党への献金の公表が義務付けられた．前者は政党開発基金（kongth-un phua kanphatthana phakkanmuang）を設置して国家予算を充当し，そこから政党へ助成金を配分する制度である．各党への配分額は所属議員数，比例区での得票数，党員数，党支部数に基づいて算定される．助成額は1999年度に1億800万バーツ，2000年度には2億バーツ余りであった[18]．政党別に2000年の配分額をみると，新希望党が6,372万バーツ，民主党が5,882万バーツ，チャートパッタナー党が1,391万バーツとなっている（表6-6参照）．議員数の多い主要政党が上位に並ぶものの，議員数の他に党員数や支部数も加味されるため，議員数とは若干ずれている．

　2001年総選挙により比例区の得票数が初めて明らかになったことを受けて，議員数35％，比例区得票数30％，党員数20％，党支部数15％という規準に基づいて配分が行われることになった．議席獲得政党9党のうち8党[19]，無議席政党35党の計43の政党が受給資格を持っていた．主要政党ではタイラックタイ

17　ちなみに，環境問題重視の都市型政党として数多くの選挙区に候補者を擁立したティンタイ党は，2000年12月20日時点で支部数が7，党員はわずか16名にとどまっている．この数字は2月1日時点でも変化していない．見せかけだけの党員を，なりふり構わず集めたりしなければ，党員数はこの程度にとどまることをよく示す事例であろう．

18　選挙管理委員会が公表したデータ［http://202.183.203.226/neo/new/party/p2-1.html ならびに http://202.183.203.226/neo/new/party/p2-2.html］による．

表6-6　主要政党への公的助成金，1999年と2000年（バーツ）

政党	1999年（26党）	順位	2000年（29党）	順位
新希望党	33,403,400	2	63,727,200	1
民主党	34,075,400	1	58,822,900	2
チャートパッタナー党	6,719,700	3	13,916,200	3
チャートタイ党	4,480,000	5	8,866,000	4
社会行動党	5,072,900	4	8,311,300	6
プラチャーコーンタイ党	3,362,400	6	5,905,400	8
タイラックタイ党	649,400	19	4,389,500	9
カーオナー党	1,336,500	13	3,700,300	10
パランタム党	1,627,600	8	2,990,500	12
ラーサドーン党	1,525,400	11	2,815,100	13
エーカパープ党	1,538,800	10	2,805,700	14
セーリータム党	1,425,740	12	2,565,000	16
その他諸政党	12,770,175	−	37,184,900	−
合計	107,987,415		216,000,000	

出所：選挙管理委員会のウェブサイト［http://202.183.203.226/neo/new/party/p2-5.html，および http://202.183.203.226/neo/new/party/p2-3.html］で公表されていた数値から筆者算出．
注：たとえば2000年の5，7，11，16位のように金額が大きくても，無議席の場合には，「その他諸政党」に含めた．

党8,946万バーツ，民主党5,792万バーツ，新希望党2,732万バーツ，チャートパッタナー党1,945万バーツ，チャートタイ党1,249万バーツ，セーリータム党659万バーツ，ラーサドーン党304万バーツ，社会行動党171万バーツとなった．また無議席政党の中にも助成金額が100万バーツを越える政党が6党あった．その中には14名の下院議員を擁するセーリータム党よりも金額が大きな政党が2党含まれていた[20]．

助成金は各党の財政にとっていかほどの意味を持っていたのであろうか．1998年と99年に各党が届け出た収支報告書を参照してみよう．助成金導入前

19　ティンタイ党は政党法に規定される要件を満たしていなかったため，助成金の受給資格を認定されなかった．
20　選挙管理委員会が公表したデータ［http://www.ect.go.th/newthai/election/party/funda1.html］による．なお，政党開発基金に配分された予算額は2000年度の3.0億バーツが，2001年度には3.5億バーツへと増えている．これに伴い政党への配分額も2.16億バーツから2.52億バーツへ増えている［http://www.ect.go.th/newthai/party/fund.html］．

表6-7 主要政党の収入内訳，1998年と1999年

党	民主党		新希望党		チャートタイ党		タイラックタイ党	
年	1998	1999	1998	1999	1998	1999	1998	1999
党費	6,258,100	7,451,920	0	0	7,022,723	2,433,420	0	0
寄付	5,846,690	13,679,592	6,400,000	22,647,802	0	5,461,600	32,264,498	12,318,395
助成	0	34,075,400	0	33,016,868	0	4,480,000	0	649,000
その他	5,206,573	1,198,587	59,620	0	8,333	0	46,061	3,017,829
	17,311,363	56,405,499	6,459,620	55,664,670	7,031,057	12,375,020	32,310,559	15,985,224

出所：選挙管理委員会刊行の政党年次活動報告書[Kho. Ko. Tho. 1999: 97, 116, 190, 252; 2000e: 154, 193, 265, 342]より作成。

には各党の収入源は寄付，党費，その他（たとえば利子）であった（表6-7参照）。98年には与党第一党の民主党は1,731万バーツの収入があり，そのうち党費が626万バーツ，寄付が585万バーツ，その他が521万バーツであった。野党第一党の新希望党は646万バーツの収入のうち640万バーツが寄付であり，党費は皆無であった。助成金導入初年度の99年に民主党が配分された3,408万バーツの助成金は前年の総収入の倍額であった。新希望党への助成額は前年収入の5倍以上にも達していた。チャートタイ党の場合も，助成額は前年収入の3分の2ほどに達していた[Kho. Ko. Tho. 1999: 97, 116, 190, 252; Kho. Ko. Tho. 2000e: 154, 193, 265, 342]。そもそも党費の実態が党員が支払ったものなのか，あるいは党幹部が一括して拠出したものなのか明確ではないものの，98年1月1日時点で169万人，翌年1月1日時点で171万人の党員を擁していた新希望党は党費が2年とも皆無である。同時期に党員がほぼ3.3万人と安定していたチャートタイ党は党費が99年には前年よりも激減している[Kho. Ko. Tho. 1999: 114, 185]。この2年間について他の政党の収支報告書をみても，党費はほとんど計上されていない。このように党員に頼れない場合には，主たる収入源は寄付とならざるをえず，そこへ助成金制度が導入されたのは多くの政党にとっては大変幸運なことであった。

（3）政治献金

政党は1998年政党法に基づいて，献金を受けた場合には，献金提供者の氏名，日付，金額などを届け出なければならなくなった。従来は闇に包まれてい

た政党への献金が選挙管理委員会を通じて公表されるようになった。これは大きな変化である。

　主要政党について1998年から2000年にかけての3年間の献金額を見ると，総選挙を間近にひかえた2000年には多くの政党で金額が前年よりも一桁以上も増加していることが分かる。もっとも多額の献金を集めたタイラックタイ党の場合には，98年に3,111万バーツであったものが，99年には1,227万バーツへと減少するものの，2000年には29,941万バーツへと前年の20倍以上に増加している。3年間の総額は34,280万バーツとなり，2位のチャートタイ党の18,193万バーツの倍近い金額となっている（表6-8参照）。

　公表された献金者は様々な個人や企業である。政党と献金者の関係はどうなっているのであろうか。献金者の中には各党の幹部やその家族あるいは下院議員が多数含まれている。2000年についてみると，もっとも多くの献金を集めたタイラックタイ党の最大の献金者は党首タックシンの夫人ポッチャマーンであり，献金総額は7,500万バーツにも達している。同党への献金のほぼ4分の1を夫人1人で担っていたことになる。新希望党の場合，献金額3,221万バーツのうち，副党首のスッカウィット・ランシットポンが2,300万バーツを占めていた。チャートパッタナー党の9,330万バーツのうち945万バーツを幹事長スワット・リッパタパンロップとその家族が占めていた。セーリータム党の最大の献金者は党首のプラチュワプ・チャイヤサーンであり，3,486万バーツのうち1,000万バーツを献金していた。さらに，タイラックタイ党の場合，2001年の献金総額は14,007万バーツであり，このうちポッチャマーンが12,000万バーツと86％を占めている[21]。

　しかし，献金者は党の幹部や国会議員だけには限らない。憲法制定議会議

21　選挙管理委員会は全政党の1998年からの4年間の献金額を示したウェブサイト［http://www.ect.go.th/newthai/party/give/41-44.htm］では，タイラックタイ党の2001年の献金総額を7,193万バーツとしている。しかし，政党別の献金者と献金額を詳細に示した同委員会の別のウェブサイト［http://www.ect.go.th/newthai/party/amout/44/trtp44.html,-/trtp2.html］に掲載されるタイラックタイ党の数字を計算すると，ほぼ倍の14,007万バーツとなり，ポッチャマーンは2001年1月3日と1月29日にそれぞれ6,000万バーツずつ合計12,000万バーツを献金したことになっている。

表6-8　主要政党への献金額，1998年～2000年（単位：バーツ）

	1998年	1999年	2000年	3年間合計
タイラックタイ党	31,111,630	12,273,995	304,409,954	347,795,579
民主党	1,074,300	12,195,758	148,942,702	162,212,760
チャートタイ党	0	5,461,600	151,472,000	156,933,600
新希望党	0	22,647,802	32,210,000	54,857,802
チャートパッタナー党	1,500,000	6,000,000	54,100,000	61,600,000
セーリータム党	0	1,160,340	37,858,500	39,018,840
ラーサドーン党	0	0	22,130,000	22,130,000

出所：選挙管理委員会のウェブサイト［http://202.183.203.226/neo/new/party/p2-7.html;http://202.183.203.226/neo/new/party/month/dec43.html］；http://ect.go.th/party/give/41-44.htm］で公表されていたデータより算出．

　長ウタイは，「政権を担当したい政党は，選挙運動が不得手ながらも下院議員にふさわしい能力を備えた人物を［比例区候補者］名簿に掲載することになる．たとえば，チョットチョーイのような人物である」と述べていた［Uthai　1998:23］．チョットチョーイはバンコク銀行財閥所有者のソーポンパニット家の一員である[22]．彼女のような金持ちは快適な暮らしに慣れているため，日差しを浴び汗水を垂らさねばならず，目下の庶民に投票を請わねばならない小選挙区での選挙運動には耐えられない．しかも，有権者から際限なく金品をせびられる．それゆえ比例区で立候補するのが適切だというのである．

　政党の側からすれば個人的な知名度や人気が格別高く大きな集票力を発揮する人物や抜群の政治行政手腕を備えて閣僚に最適の人物ならばいざ知らず，そうでなければ名簿掲載の見返りを求めたいところである．楽をして下院議員になりたい金持ちと資金が欲しい政党，この両者の利害に折り合いをつけるのが政党への献金である．それゆえ，比例区候補者名簿には党への大口資金提供者が掲載されると予想されていた．

[22]　なお，チョットチョーイは前述のように2000年の上院議員選挙にバンコクで立候補し，再選挙で当選を果たした．上院議員選挙は選挙運動が禁止されており，汗水を垂らす必要がない．92年9月総選挙で，当時タイ有数のホテル会社であったインペリアル・グループの所有者アーコーンが辻説法のような選挙戦を展開したとき多くのものは驚いた．彼が94年に小規模な3ヵ所を除いてホテルを売却したとき，その規模は10ヵ所3,000室以上であった．彼のような富豪にはそうした選挙運動は似つかわしくないと受け止められたのである．

各党の比例区名簿と献金簿をつきあわせてみると，実際のところ，政党への大口献金者には比例区候補者名簿に名前が掲載されることになる実業家が少なくなかった．小口の献金者が多い民主党にあっては，タイ農民銀行財閥の所有者ラムサム家のポーティポンが2,506万バーツと際だって大口の献金を行って比例区名簿順位27位で当選した[23]．また，コカ・コーラのタイ法人など手広く事業を営むサーラシン一族の総帥ポンの息子ポーンウットが100万バーツの献金しており，名簿順位30位となっている[24]．275万バーツを献金したソーポンパニット一族からは社会（慈善）活動家として名高いカンラヤーが名簿順位19位である[25]．松下電器産業のタイ合弁会社シウ・ナショナル社のポーンセーク・カーンチャナチャーリーは360万バーツを献金し，名簿順位26位となっている．チャートタイ党では同党の古くからの資金提供者であり元下院議員でもあるデート・ブンロンが15口に分けて合計2,548万バーツの献金を行っており，同党の比例区名簿3位に掲載された．また，2,500万バーツと大口の献金を行ったカーオピンヨー社はサワット・ホールンルアンが実質的な所有者である．サワットは経済危機で巨額の不良債務を抱え込んだNTS製鉄社の所有者であり，彼の企業はこれ以外にも4社が64万バーツの献金を行っている［*Matichon Sutsapda*, December 18, 2000］[26]．このサワットはチャートタイ党の比例区名簿の9位に掲載された[27]．献金額順位と比例区名簿順位は必ずしも一致しないものの，献金が名簿掲載と密接に関連していることは想像にかたくない．

23　ポーティポンはチョートに連なる本家筋ではなく，チョートの弟チュリンの息子である．

24　サーラシン一族は先年亡くなったポットが1957年に首相を務めた他，ポットの息子は長男ポンが実業家で下院議員や閣僚の経験がある他，次男パオが警察局長，三男バンディットが大蔵事務次官，四男アーサーが外務事務次官を務めた．パオとアーサーもアーナン政権に入閣した．

25　チン・ソーポンパニット死後一族の総帥となった次男チャートリーが60万バーツ，長女で上院議員に当選したばかりのチョットチョーイが15万バーツ，そして四男チョートの夫人カンラヤーが200万バーツである．

26　カーオピンヨー社は外国企業ではないかという疑惑から政治問題になった．政党法では外国人が株式の25％以上を所有する企業からの献金を禁止しているからである．しかし実際には，サワットが巨額の債務を抱えながら，政治献金のトンネル会社として利用したことの方が重要な問題であった．

政党あるいは政治家への献金がこうした公表されたもの以外にも存在することは間違いない[28]。チャートタイ党の党首バンハーンは総選挙を控えて同党議員を引き留めるために一部の議員に1人あたり400から500万バーツを配ったにもかかわらず、他の政党へ移ってしまったものがいるとこぼしている［*The Nation*, November 18, 2000］。チャートタイ党の96年当選者は39名であった。仮に20名に500万バーツを配ったとすれば1億バーツである。この引き留め料のみで同党の2000年の献金額の半分以上が費消されてしまうことになる。所属議員の引き留めや他政党議員の引き抜きはほとんどの政党が行っていることである。選挙にあたっては、こうした議員買収費用の他に、ポスターなどの印刷費、テレビやラジオによる宣伝費などの費用もかかる[29]。たとえば、チャートパッタナー党は7区からなるペッチャブーン県での運動費用として12,000万バーツを投じたと報じられている。軍資金を一括して受け取ったのは1区で立候補した同党幹部パンチャであり、これは各候補者に1,500万バーツずつ配分される予定となっていた［*Bangkok Post*, December 31, 2000］[30]。こうした巨額の選挙費用が公表された献金のみでは到底賄えないことは明らかである。また、タックシン政権の閣僚には、有能な人物（たとえばソムキット大蔵大臣）や多数の

27 　各党の比例区名簿に掲載された実業家についてはプラチャーチャート・トゥラキット紙など［*Prachachat Thurakit*, November 13-15, 2000; *Matichon Sutsapda*, November 20, 2000］を参照。これらの記事によると、タイラックタイ党の名簿にはMグループ社のウィーラチャイ・ウィーラメーティークン、学校経営者のポンサック・ラックタポンパイサーン、BMWの輸入代理店のシリコーン・マニーリンなどがいる。新希望党はインスタント・ラーメンの「マー・マー」で有名なタイ・プレジデント社社長のピパット・パニエンウェート、チャートタイ党はタイ・ソニー役員のタムマー・ピンスカーンチャナらがいる。

28 　公表されたものの中にも怪しげな献金が含まれている。民主党が2000年10月25日付けで報告したカーンチャナブリー県の木材業者スントーン・ラッサミールークセートからの60万バーツの献金については、後日これが違法な事業から獲得された資金であるという疑惑が持ち上がっている［*Bangkok Post*, December 17, 2000］。

29 　法定の選挙運動費用の上限は100万バーツであった。

30 　パンチャがこの運動資金を配分しなかったため、他の候補が不満を抱き、表面化した事例である。同党はこれだけの資金を投入したにもかかわらず、同県ではパンチャを含めて誰も当選できなかった。

議員を配下に抱える派閥の幹部（たとえばソムサック首相府大臣）と並んで，プラチャー・マーリーノンやアディサイ・ポーターラーミックといった著名な資本家も加わっている．こうした資本家閣僚はタイラックタイ党への献金者名簿には登場しないものの，配下に下院議員を抱えているわけでも，閣僚としての手腕が格別優れているわけでもないので，党への資金面での貢献が閣僚任命の理由と想像してよかろう．これは政党への資金面での貢献が公表された献金のみには限られていないことを意味してもいる．

6-3 選挙は変わったか？

　1997年憲法の狙いは，有能で清廉潔白な候補者が当選しうるようにすること，金権選挙を一掃することであった．この目的はどの程度達成されたのであろうか．

（1）地方の王国は崩壊したか？

　新憲法により選挙制度が一新された．従来の中選挙区に代わって，小選挙区と比例区の併用となった．議員数は1996年の393名が今回の小選挙区では400名となっており，ほぼ同一と述べても過言ではなく，競争が格別熾烈になったわけではない．しかしながら，小選挙区に変更された結果，各候補者とも選挙区が大きく変動し，対応を求められることになった．従来は1つの選挙区の定員は通常3名であり，有権者は3名の候補者を選ぶことができた．同一政党の候補者ばかり3名を選ぶことも，別々の政党の候補者を選ぶことも可能であった．この方式ではたとえ最高得票を得られなくても，2位か3位の得票をすれば当選可能であった．それが小選挙区に変更されたため，最高得票の1名しか当選しえなくなった．

　それに加えて，旧来の集票方法を困難にする要因も生じた．1つは選挙運動に不可欠な集票請負人が，特定の候補者の専任となったことである．従来の3

人区の場合，集票請負人は特定の政党の候補者ばかりではなく，複数の政党の候補者を同時に支援することも可能であった．集票を約束した個別の候補者に投票するよう有権者に促せばよかったのである．小選挙区に変更された結果，こうした二股や三ツ股をかけた集票は不可能となり，特定の候補者のためだけに集票をしなければならなくなった．効率的に集票を行える請負人は無尽蔵に存在するわけではないので，候補者の側は有能な集票請負人との専任契約を結ぶべく，熾烈な集票請負人獲得競争を迫られることになった．もう1つ大きな変化は開票が投票所ごとではなく，選挙区ごとに1カ所でまとめて行われるようになったことである．投票所ごとに開票が行われれば，集票請負人や候補者は各投票区ごとの開票状況を的確に把握しうる．さらに，開票担当者を買収することもさほど厄介ではない．しかし，開票が1カ所で行われるようになると，それぞれの村の住民が約束通りに投票をしたのかどうかの確認が難しくなった．要するに，候補者は集票請負人の獲得が，集票請負人は集票が困難になったのである．それに加えて，選挙管理委員会が買収などの不正行為への監視を強化したことも重要である．

　従来の中選挙区制度では特定の一族が3議席を独占したり，特定の地方有力者が複数の選挙区の候補者と当選者を事実上決定したりする例が見られた．そうした有力者は地方議会でも大きな勢力を振るっていた．地方の王国と言えよう．新憲法に基づく総選挙ではそうした王国が崩壊した事例がいくつかあった．たとえばバンコクの南側に隣接するサムットプラーカーン県である．ここではワッタナーに率いられるアッサワヘーム一族が多数の議席を握ってきた．96年総選挙ではワッタナーのグループが同県の6議席を独占した．そのうち3名はアッサワヘーム一族であった．それに加えて，ワッタナーの兄はサムットプラーカーン県の県会議長であり，息子の1人はサムットプラーカーン市長でもあった．彼らは今回の選挙ではラーサドーン党から立候補し，6名のうち一族の2名を含む4名が比例区に回った．6つの小選挙区には一族からワッタナーの息子2名と息子の夫人1名の計3名の候補者を擁立した［*Bangkok Post*, January 8, 2001］．しかしながら，同党は比例区では得票率が5％に達せず議席ゼロ，小選挙区でも1議席を獲得したにとどまった．この結果アッサワヘーム一族の議員はゼロとなった．北部のチェンマイ県では前職のタワットウォン・ナ・チェ

ンマイと夫人の他に，娘1名が新たに立候補した．しかしながら，3名とも落選の憂き目にあった．バンコクに隣接するパトゥムターニー県ではハーンサワット一族が95年総選挙では3議席を独占し，96年には2名が当選し1名が次点に泣いた．今回はタイラックタイ党に所属して，3名のうち1名が比例区に移り，残る2名が小選挙区で立候補した．小選挙区では2名とも落選の憂き目を見，比例区に移ったものも名簿順位が95位であったため落選となり，一族から下院議員は消えることになった[31]．

　こうした一族の他に，自分自身には集票能力がないものの，同一選挙区の3人チームのリーダーに依存して当選を果たしてきた政治家も当選が困難となった．1人区ではもはやリーダーに頼れず自助努力を求められるからである．具体例を1つ見ておこう．96年総選挙でのウボンラーチャターニー県2区である．トゥン・チンタウェートとパンヤー・チンタウェートの兄弟（新希望党）が1，2位，チャートリー・ピリヤキットパイブーン（チャートタイ党）が3位でいずれも当選を果たした．今回は小選挙区に分かれた結果，兄弟（チャートタイ党）は9区と11区，チャートリー（タイラックタイ党）は11区で立候補した．表6-9に示したように，96年選挙ではチャートリーに3万票近い差をつけてトップ当選を果たしていたトゥンは11区で今度は3,000票ほどの差で次点となった．他方，9区のパンヤーはわずか9,000票足らずの得票しか得られなかった．パンヤーの惨敗は選挙区の変更と兄トゥンの集票力を頼めなくなったことに主たる原因があることは明らかである[32]．こうした事例からは新しい選挙制度が大きな変化をもたらしたと思われなくもない．

　しかしながら，かねてから中選挙区の全域で圧倒的な強さを誇ってきた候補者や，中選挙区のうち新たな小選挙区とほぼ一致する特定の区域に強い地盤を持つ候補者にとっては，この変更はさほど深刻な意味を持たず，後者の場合に

---

31 ただし，比例区で落選したチューチープは，タイラックタイ党にあってサノ派の中心人物の1人であるため，サノの力添えにより農業大臣に就任した．
32 他方，トゥンの得票がチャートリーを下回った一因は所属政党の集票力の差にあった．新11区における比例区の得票を，トゥンは1万票以上上回り，チャートリーは1万票以上下回っていたからである．ちなみに3人区が1人区に変更されたので，当選者の得票数もほぼ3分の1になっている．

表6-9 選挙制度変更の影響を被った事例

候補者名	1996年		2001年	
	選挙区	得票	選挙区	得票
トゥン・チンタウェート	旧2区	106,938	新11区	27,501
パンヤー・チンタウェート	旧2区	88,339	新9区	8,927
チャートリー・ピリヤキットパイブーン	旧2区	77,139	新11区	30,738

出所：2回の選挙結果から筆者作成．

はむしろ好都合となる．さらに，小選挙区に変更された結果，人口規模が10万人前後とやや大きめの郡では郡が1つの選挙区となった．県会議員の選挙は郡を選挙区として実施されてきており，特定の郡に基盤を持つ県会議員にとっては総選挙への立候補が容易となった．このため多数の県会議員が下院選に立候補した．さらに，そうした郡では郡役所の所在地が市（thetsaban）となっていることが多い．市には市議会があり，市会議員の互選で選出される市長がいる．それゆえ市長も小選挙区制度においては重要な候補者として浮上してきた．一部の県ではそうした県会議員や市会議員の人脈を動員した選挙が行われた．たとえば，タイラックタイ党はラートブリー1区，ソンクラーの2区と3区，ペッチャブーン4区では市長やその親族を擁立した．

　特定の一族が従来から指定席としてきた下院議席を確実に守り，さらに増やした事例も少なくない．東部のチャチューンサオ県には1969年から下院議員を務めてきたアナン・チャーイセーンの一家がいる．86年からは長男のチャートゥロンが，92年9月を除いて下院議員に連続当選してきた．次男のコンラユットは85年にチャチューンサオ市の市会議員となり，95年からは市長を務めていた [Caturong et al. 1996]．さらに三男のウッティポンは96年総選挙に兄とともに立候補して惜しくも次点となったものの，同年末に行われた憲法制定議会議員選挙では当選を果たした．そして今回の総選挙では，アナンとウッティポンが4つからなる同県の小選挙区から当選し，チャートゥロンはタイラックタイ党の比例区15位の候補者として当選を果たした．これにより一族の下院議員は3名となった．東部のチョンブリー県はかねてからソムチャーイ・クンプルーム（通称カムナン・ポ）というチャオ・ポーが選挙の結果を左右することで有名であった．96年総選挙では長男のソンタヤーが率いる候補者7名全員を当選

させていた．今回の選挙ではカムナン・ポが支援した候補者は 6 名が当選した．小選挙区に分かれた結果，海軍の基地がおかれ海軍軍人が多いサタヒープ郡の選挙区では取りこぼしたのである．しかしながら，彼の息子は長男がチャートタイ党の比例区候補者として当選した他，小選挙区では別の息子 2 名が当選した．これにより一族の下院議員は 1 名増えて 3 名となった．もう 1 つスコータイ県のリムパパン一族の例を見ておこう．この一族は祖父ペーンが 1946 年に下院議員に当選したことがある他，サワンカローク市長を務めたことがあった．ペーンの次男プラパートは，96 年には落選したものの，何期も下院議員を務めてきた．三男のソムチャートは現職のサワンカローク市長である．今回の選挙では一族はチャートパッタナー党に所属し，プラパートは比例区で当選した．小選挙区の 3 区ではソムチャートの息子でサワンカローク郡選出の県会議員ソムチェート，4 区ではプラパートの息子ピヤワットが立候補した．後者は落選したものの，前者は当選を果たした．

　同様に前職議員の比例区転出で空いた席に一族を立候補させた事例は非常に多い．上院選への出馬を予定しながら 2000 年 3 月に不帰の人となった元下院議員のアーコーン・フントラクーンは憲法起草中の 97 年 6 月に，下院議員と閣僚の兼職禁止規定が盛り込まれると「党の有力者は閣僚に就任する自らの代わりに妻子や資金提供者を下院議員に仕立て上げる」という特権を得ることになると批判していた［Akon 2000: 140］．その通りのことが生じたのである．たとえばサラブリー県のアディレークサーン一族である．プラマーンはチャートタイ党の初代党首であり，1952 年以来久しく同県選出の下院議員を務め，閣僚を歴任した．92 年 3 月と 95 年には長男ポーンポンと揃って当選した．96 年にはプラマーンが引退し，息子 2 名が当選していた．チャートタイ党幹事長を務めていたポーンポンが今回は党首バンハーンとの対立からタイラックタイ党に移って比例区候補者になると，代わりに別の弟が立候補して当選した．これにより一族は下院議員が比例区 1 名，小選挙区 2 名となり，従来よりも 1 名増えることになった．東部のサケーオ県ではサノ・ティエントーンの一族が 96 年総選挙で 3 つの議席を独占していた．今回の選挙ではサノが比例区に回ったものの，一族は引き続き 3 つの小選挙区の議席を独占した．一族の下院議員は 3 名から 4 名に増えたことになる．南部でも比例区に転出した民主党幹部のスリン・ピッ

スワンやステープ・トゥアクスバンが親族を小選挙区で代理当選させている．

(2) 買収はなくなったか？

　1997年憲法に基づいて選挙管理委員会が内務省に代わって選挙を実施するようになり，有権者への物質的な利益提供に従来よりも厳しい監視の目を光らせるようになった．上院選がそうした厳しさを実証済みであった．たとえばバンコク北部のバーンケーン地区の「住民はこれまでは選挙が多いほどうれしかった．選挙は金品を受け取る好機だった．しかし今回は違う」と語っている．監督が厳しくなり，そうした利益を期待できなくなったというのである［*Bangkok Post*, December 31, 2000］．これを額面通りに受け止めるならば，候補者は集票のために資金力ではなく，政策や実績で勝負しなければならないことになる．

　与党議員とりわけ閣僚の場合には選挙区の開発の実績を強調して選挙戦を戦った．たとえば，チャートタイ党党首バンハーンはチャイナート市役所前で開かれた3,000名ほどの選挙集会で演説をし，道路，電話，水道，電気が欲しければチャートタイ党候補者を選びましょう，チャイナートは隣県スパンブリーのように発展すべきです，と述べた［*Bangkok Post*, December 22, 2000］．彼の選挙区があるスパンブリー県はインフラストラクチャー整備が過剰なほど進んでおり，近隣諸県住民には羨望の的となっていた．

　しかしながら，買票つまり有権者の買収が姿を消したわけでは決してなかった．各地で対立候補が有権者を200バーツから500バーツほどで買収しているとの非難の応酬が行われた．現金の直接授受以外にもいろんな不正が行われた．米，調味料，衣服，時計などの配布はほとんどの県で行われており，無料で旅行や食事に招待する事例も少なくなかった［*Thai Post*, November 26, 2000］．プレー2区の民主党候補者は，対立候補者が生産者から通常100バーツの布を300バーツから500バーツで買い上げていると批判した［*Bangkok Post*, December 7, 2000］．チェンラーイ1区ではチャートパッタナー党候補者の夫であるチェンラーイ市長が福祉名目に物品を配布し選挙管理委員会から注意を受けている［*Bangkok Post*, December 22, 2000］．チェンラーイやメーホーンソーンでは

覚醒剤を配布する事例も報告されている［*Thai Post*, November 26, 2000］．伝統的な手法として非合法宝くじの利用も行われた．

　多くの選挙区で保険掛け金代理支払いが行われたとも報じられている．候補者が 1 人あたり 400〜500 バーツのグループ保険の掛け金を支払い，保険証書を有権者に渡すという方法である．選挙が激戦になったナコーンラーチャシーマー，ピチット，ブリーラムといった県では選挙運動員に生命保険がかけられた[33]．生命保険会社によると，ナコーンラーチャシーマー県ではタイラックタイ党とチャートパッタナー党が有権者にグループ保険をかけていた．「会社は政党の保険は受け付けないことにしている．しかし，政党はたいてい有権者をクラブ（*samoson*）や職業団体にまとめて保険をかけており，受取人は政党ではなく家族になっている．会社には掛け金を支払うのが政治家かどうか分からない場合がある．県保険事務所［商業省保険局の県事務所］は選挙期間中は政治家の保険を受け付けないように命じている．」同県では掛け金を安く済ませるために，職業が同じ有権者を 100 名以上まとめて保険に加入させていたのであった．ブリーラムではチャートタイ党とタイラックタイ党が集票請負人に選挙期間中限定の保険をかけていた．ピチット県選出の前職議員で商業副大臣でもあったパイトゥーンはこう語っている．「自分は同県の民主党支持者 1,000 名から 2,000 名ほどに不慮の事故により死亡あるいは高度障害が生じた場合に保険金が支払われる保険に加入しようとしたことがあった．しかし，選挙管理委員会が厳しい規則を作っているので，このグループ保険構想は断念した．今どきは保険会社が政治家に保険加入を勧誘している．大事な点は，掛け金をどの程度割り引いてくれるのか，保険金の受け取りが困難かどうかだ．選挙が終わるのを待って，党の運動員たちに保険をかけてやるつもりだ．掛け金は大したことがなく，事故や死亡の場合には保険金を受け取れる」［*Krungthep Thurakit*, December 11,

---

33　集票請負人は対立候補者陣営により襲撃されることがある．たとえばある新聞は 92 年 3 月総選挙前には 20 名，92 年 9 月総選挙前には 18 名が殺害され，これ以外にも村長や県会議員といった地方政治家が総選挙に関連して数十名殺害されたと報じている［*Prachachat Thurakit Kanmuang*, September 13-16, 1992］．もっとも，集票請負人を引き受けるものの中には，選挙とは関係なくに生命を狙われかねない人物も少なからず含まれているので，殺人をすべて選挙に関連付けることはできない．

2000]³⁴．保険の利用には，有権者の買収の他，運動員への報償や事故への備えといったいろんな事例があることが分かる．

　コーンケーン県1区では5トンほどの肥料が運び込まれた建物が崩壊するという事件が起きた．肥料はある候補者が有権者に配布するために1,530袋も運び込んでいたものであった．この事件はある県会議員が肥料の所有者であると名乗り出，建物の再建費用を負担すると申し出たため，候補者自身は責任を免れることになった［*Bangkok Post*, December 25, 2000］．肥料や稲収穫機械の無償あるいは低価格での提供は複数の県で報告されている．東北地方のスリンやブリーラムでは，女性や青年に50名ほどの組合を作らせ，銀行口座を開設させた．開発事業計画を作成させ，それを提出した組合には国営の農業・協同組合銀行を通じて45,000バーツが振り込まれた．たとえばスリン県サンカ郡の同銀行支店には100組合向けに450万バーツが振り込まれた［*Bangkok Post*, December 18, 2000, *Bangkok Post*, January 4, 2001］．これは農業・協同組合省の補助金が買収目的に利用された事例である．

　こうした事例，とりわけ資金力にものを言わせた金権選挙の事例は枚挙にいとまがない．チャイは「新憲法が買票を阻止しえなかったことは明らかである」と述べる［Cai 2002: 197］．コーンケーン県のある運動員は，もっとも多くの資金を投入した候補者が当選するのであり，対立候補の動きを注視しながら資金を投入する，と語っていた［*Bangkok Post*, January 3, 2001］．民主党党首のチュワンは選挙資金が足りなかったとこぼしていた．また同党幹部のアーティット・ウライラットは，タイラックタイ党が巨額の資金を投入し買収が横行したことが民主党の敗因であると述べている［*Bangkok Post*, January 17, 2001］．民主党よりも資金力がさらに劣る新希望党の幹部は，選挙管理委員会が候補者にどんどんレッドカードを出すことを期待していた．タイラックタイ党やチャートパッタナー党といった競合政党の候補者が退場させられれば，同党候補者の勝算が高まるからであった．このように有権者に提供しうる利益の多寡が勝敗を左右したというのは，実質的に従来と変わりのない選挙戦が行われていたこと

34　言うまでもなく，こうした利益供与が選挙違反に問われるのは選挙期間中のみである．

を示している．

（３）タイラックタイ党の勝因

　憲法起草者は二大政党による安定した政治を理想としていた．タイラックタイ党はそうした二大政党の1つとして忽然と登場した．タイラックタイ党はなぜ圧勝をおさめえたのか．タイラックタイ党は従来の政党とは異なる特色を何か備えていたのであろうか．

1）魅力のある党
　新党タイラックタイ党の圧勝はいくつかの要因によるものであろう．①準備期間の長さ，②既存政党への飽き，③北部地方から首相を出そうというスローガン，④党首タックシンの人気や知名度，⑤資産隠し疑惑摘発への同情，⑥魅力的な政策，⑦新選挙制度への巧みな対応，⑧豊富な資金力，⑨有力候補の買い漁り，といったところである．最後の⑨は候補者に負うところが大きく，ここでは党の貢献と見なしうる①から⑧の要因についてまず概観しておきたい．
　第一に，タイラックタイ党は1998年7月に結成された新党ながら，97年憲法に基づく最初の総選挙に周到に備えていた．その一端は，先に見たように同党への献金の多さ，2000年12月時点での党員の多さに垣間見ることができよう．
　第二に，今回の総選挙では，与党民主党は当初から苦戦が予想されていた．民主党政権が最大の課題としてきた経済危機からの再生という課題について，99年からすでに回復の足取りが鈍っていた．政権への居座りを決め込んで選挙が2001年までずれ込むと，もはや掲げるべき実績がなくなっていた．それに加えて，長期政権に由来する飽きも日増しに明らかになりつつあった．民主党以外の政党を見回してみても，第一党の新希望党は2000年にはすでに離党予定者が相次いでおり，それ以外の政党も魅力に乏しかった．有権者にとってはタイラックタイ党が新しい選択肢として浮上してきたのである．
　第三に，タイラックタイ党は北部出身のタックシンを首相にというスローガンを北部では掲げた．北部地方から首相というスローガンが掲げられるのはこれが初めてのことであり，北部地方の有権者には訴えかけるものが大きかった．

そのことはタイラックタイ党が北部の7割以上の議席を獲得したことに示されている．とりわけタックシンの出身地チェンマイを中心とする狭義の北部7県[35]では33議席中28議席と圧倒的な強さを発揮した．

　第四に，タックシンの人気は北部地方だけには限られなかった．彼はチェンマイではなく，バンコクに出て一代で巨富を築き上げた実業家であり，実業家としての手腕を広く認められている．実業界において目覚ましい成果を達成した彼ならば，国家の運営とりわけ経済運営にも能力を発揮するであろうと期待するものが多かった．彼が電気通信業界の大物であり，党の売り込みに卓抜な宣伝手腕を発揮したことも見逃せない．

　第五に，選挙戦が始まってから，国家汚職防止取締委員会はタックシンが97年にチャワリット政権に入閣したときに申告した資産には漏れがあると判断し，憲法裁判所に参政権剥奪の決定を求めた[36]．タックシンは遺漏があったのは悪意によるものではなく，軽微な過失にすぎないとして憲法裁判所に不服を申し立てた．憲法裁判所が資産隠しと認定すればタックシンは被選挙権を喪失することになる．汚職防止取締委員会は，他方において，チュワン首相とバンヤット内務大臣の申告漏れには違法性がないという決定を下していた．資産申告から3年以上がたってからの選挙期間中の決定であり，しかも与党閣僚については正反対の決定を下していたため，少なからぬものがこの決定に政治的な思惑を感じ取り，中にはタックシンに同情するものもいた．政権担当政党民主党から嫌がらせを受けるタックシンというイメージである[37]．

　第六に，タイラックタイ党は魅力的な政策を掲げた．従来タイの政党は公約により得票を増やすことにあまり熱心ではなかった．いずれの政党も保守政党であり，空疎で曖昧な政策を付和雷同的に掲げてきた．蔵相経験のある経済学者が「我が国の主要政党の経済金融政策はいかがなものですかと問われても答

35　狭義の北部とはチェンマイ，チェンラーイ，ラムプーン，ラムパーン，メーホーンソーン，プレー，ナーンの7県からなる上北部地方である．この地域は19世紀末からの中央集権化によりバンコクの支配下に取り込まれた．これに対して，ナコーンサワン以北の下北部では住民の間に上中部意識が強く，北部から首相をというスローガンへの共鳴が弱かった．

36　タックシンは97年11月，同年12月，98年12月の3回の資産申告で合計45.4億バーツの申告漏れがあったとして告発された．

えようがない．有り体に言えば，諸政党には政策などないからであり，仮にあったとしても私も含めて誰も関心を抱かないような政策ばかりだからだ」と記している通りである［Wiraphong 2001: 137-138］．しかし，タイラックタイ党は今回の総選挙で大票田の農村部住民に恩恵がきわめて分かりやすい政策を掲げた．それは農民が抱える債務の返済を3年間猶予するという政策であり，全国7万余りの村落ごとに100万バーツの開発基金を設立するという政策である．自分の債務返済が3年間猶予される，自分の村に開発資金が提供されるというのは，誰にでも分かりやすく，しかもきわめて魅力のある政策である．病院への通院1回当たりの治療費30バーツという政策も同様な魅力を備えていた．こうした政策を打ち出したことがタイラックタイ党の圧勝に少なからず寄与していたことは間違いない．それに加えて，実業界向けにも，不良債権処理のために資産管理機構設置構想などの積極的な財政政策を掲げた［Wiraphong 2001: 148-149］．

　第七に，タックシンは新機軸の比例区で賢明な作戦を用いた．主要政党は，チャートタイ党を除いて，比例区名簿に党幹部，前職下院議員，閣僚候補者となりそうな学者，官僚，軍人を散りばめていた．この点はタイラックタイ党も同様である．同党の特色は，名簿の上位ばかりではなく，下位にも著名人を並べた点である．前職下院議員が名簿に加わる場合にはたいてい当選の可能性が高い上位に掲載されていた．ところがタイラックタイ党の場合には当選の可能性が乏しい51位以下にも5名もの前職下院議員が含まれていた[38]．さらに，退役して間もない3軍や警察の大将も80位以下に6名も含まれていた．実業家候

37　政権与党幹部であっても，民主党の幹事長で内務大臣を務めていたサナン・カチョーンプラサートが2000年に同様な資産隠し疑惑により公民権を5年間喪失した事例があるではないかという反論があるかも知れない．しかし，この事件は民主党主流派幹部が望んだ結果であったといわれている．民主党は1980年代以後南部が安定した地盤となり，それに次ぐのは気まぐれな有権者に翻弄される首都であった．党の幹部は首都派との抗争に勝利をおさめた南部派が占めるようになっていた．こうした南部への偏りは全国への党勢拡大の阻害要因となっていた．この状況を打破して南部と首都以外での党勢の拡大を目指すために幹事長に抜擢されたのがピチット県選出のサナンであった．彼の手腕に大いに助けられて，民主党は90年代に着実に党勢を拡大した．しかしながら，サナンの勢力が大きくなりすぎることは南部派には不都合であった．そこでサナンの追い落としが行われたのである．

補でもタイで最高層のビルを所有することで有名なパンルート・バイヨックが92位に掲載されている．つまり，同党の比例区名簿は，頭から尻尾まで餡が詰まった上等なタイ焼きのようであり，他党の名簿よりも格段に美味しそうに見えたのである．

　第8は同党の豊富な資金力である．先に見たようにタックシン夫人は党に巨額の献金をしており，タックシン自身がさらに多くの資金を注ぎ込んでいたことはほぼ間違いない．それに加えて，実業界との関係も重要である．実業家の中には民主党の経済政策が効果に乏しいことに不満を抱くものが少なくなかった．そうした実業家は民主党に代わる選択肢としてタイラックタイ党に期待することになった．さらに，タイラックタイ党が第一党になる気配が強まると，実業家の中には勝ち馬に乗ろうとするものが増え，同党の資金力は一層強化されることになった．

　大規模な実業家はこれまで特定の政党を支援することはあっても，それは隠然としており公然と行うことは少なかった．しかし，今回の選挙では様相が異なっていた．たとえばタイを代表する大企業チャルーン・ポーカパン（CP）社の総帥タニン・チアラワノンは2000年10月27日に，タイは経済戦争の最中にあり，経済に明るい首相を必要としている，タックシンは完璧とは言えないものの，他の首相候補者よりも経済のことが分かっている，と発言した［*Bangkok Post*, October 28, 2000］．タニンは，さらに，選挙期間中にタックシンと食事をともにした他，甥ら2名の親族をタイラックタイ党の比例区候補として送り込んだ［*Matichon Sutsapda*, February 26, 2001］．タックシン政権支持を明確にしたのはタニンのみではない．CPと並ぶ大企業バンコク銀行の会長チャートリー・ソーポンパニットも11月27日にタックシンらタイラックタイ党幹部を招いた席上，タックシンには経済問題への対処能力が備わっていると褒めそやしていた［*The Nation*, November 28, 2000; *Matichon Sutsapda*, December 11, 2000］．

　彼ら以外にもタックシンへの支持や好感を表明する実業家は少なくなかった．たとえばサハパッタナー財閥のブンヤシット・チョークワッタナーや，電気通

38　加えて，90年代に当選経験のある元下院議員がこうした下位に7名も含まれていた．

信事業でタックシンと競合する TAC 社のブンチャイ・ベーンチャロンカクンは[39]，資産隠し疑惑に関して，タックシンに同情的な発言をしていた．支持をより鮮明にしていたのは，同党の比例区名簿に加わった実業家である．電気通信業のジャスミン社のアディサイ・ポーターラーミックやテレビ局（チャンネル3）などを経営するプラチャー・マーリーノンである．タイを代表する蒼々たる実業家たちがタックシンを支持したのは，経済の再生を願っているからであり，民主党の経済政策に見切りをつけたからである．CPのタニンはこう述べている．「考えてみればすぐに分かることだ．彼［タックシン］はタイにどれほどの資産を所有していることか．株式市場だけでも 200〜300 億バーツだ．景気が良くなり株価指数が 300 から 400 へと上昇すれば，タックシンさんの資産は 100 億バーツ以上も増加する．［経済再生に］全力を尽くさないはずがないだろう」[*Matichon Sutsapda*, February 26, 2001]．こうした実業家が口先ばかりではなく資金面でも同党に肩入れしたことは間違いない．

２）有力な候補者の糾合

　新たに導入された小選挙区制度は，改選前の議席数の少ない中小政党には不利である．ましてや新党には不利なはずである．しかし結果は新党タイラックタイ党の圧勝であった．同党は先に指摘したいくつかの理由のみでこの不利を克服したのであろうか．タイラックタイ党はいったいどんな候補者を擁立したのであろうか．この点を探るために，96 年総選挙の当選者つまり前職候補の動きを見てみよう．96 年の下院議員選挙当選者 393 名のうち今回も立候補したのは 358 名である．総選挙直前に各党の「現有」勢力はどうなっていたのであろうか．

　第一党となったタイラックタイ党は小選挙区候補者 400 名中に 86 名，比例区候補 100 名中に 30 名の前職下院議員を擁立していた．合計すれば 116 名であり，今回の再出馬組 358 名のほぼ 3 分の 1 に達していた．96 年選挙直後に 125 名を擁する第一党であった新希望党の前職候補者は 44 名にすぎない．123 名の

39　総選挙前からタックシン支持を表明していたタニンもブンヤシットも，タックシン政権の大蔵大臣顧問になった．なお，大蔵大臣のソムキットはサハパッタナー財閥の顧問を長年務めた人物であり，その兄ソムは CP の顧問である．

表6-10 主要政党候補者に占める前職下院議員等の割合

	前職議員			次点候補			次々点候補		
	小選挙区	比例区	小計	小選挙区	比例区	小計	小選挙区	比例区	小計
タイラックタイ党	86	30	116	34	5	39	13	5	18
民主党	75	25	100	17	1	18	16	2	18
チャートタイ党	33	3	36	12	1	13	3	0	3
チャートパッタナー党	32	5	37	12	1	13	9	0	9
新希望党	33	11	44	7	4	11	16	0	16
セーリータム党	11	5	16	5	0	5	4	0	4
ラーサドーン党	2	4	6	3	0	3	0	0	0
社会行動党	1	0	1	0	0	0	0	0	0
プラチャーコーンタイ党	1	0	1	0	0	0	0	0	0
カセートマハーチョン党	0	1	1	0	0	0	0	1	1
パランタム党	0	0	0	1	0	1	0	0	0
ティンタイ党	0	0	0	1	0	1	0	0	0
タイマハーラート党	0	0	0	0	1	1	0	0	0
引退など			35			0			0
小計	274	84	393	92	13	105	61	8	69

出所：1996年総選挙ならびに2001年総選挙の当選者名簿より筆者作成。
注：96年選挙に関して当選者は156区393名全員を網羅しているものの，資料の制約上次点は153名，次々点は114名のみである。

当選者を出していた第二党の民主党は100名である。3党以外の政党についてみると，チャートパッタナー党は52名が37名，チャートタイ党は39名が36名，社会行動党は20名が1名，プラチャーコーンタイ党は18名が1名となっていた（表6-10参照）。タイラックタイ党は選挙前にすでに最大政党となっていたわけである。

　新希望党の大敗は96年総選挙におけるチャートタイ党の大敗と同じ理由によっていた。所属議員たちが選挙前に大挙して別の政党に所属を変更したのである。奇しくも96年のチャートタイ党も，2001年の新希望党も同じ議員集団が原因となっていた。95年総選挙で第一党になり政権を担当したチャートタイ党においてサノ・ティエントーンが率いる派閥は，サノが内務大臣に就任しえなかったことを主たる原因として党首のバンハーンと激しく対立し，96年総選挙前に新希望党へ鞍替えした。これが新希望党を96年総選挙で第一党に押し上げる原動力となった。そのサノのグループは2001年総選挙ではタイラックタイ党へ鞍替えした[40]。

タイラックタイ党へ移籍した議員は新希望党のサノ派のみではない．多寡の差はあっても，ほとんどの政党から前職議員が移籍している．これまでの経験から前職議員が再選される確率は新人候補が初当選を果たす確率よりも格段に高いことが分かっている．それゆえ前職候補をもっとも多く揃えた段階でタイラックタイ党は第一党になる可能性がきわめて高かったのである．

　主要政党について，こうした解散前の現有勢力と今回の当選者数を比べてみると，タイラックタイ党は小選挙区が 86 → 200，比例区が 30 → 48，民主党が小選挙区 75 → 97，比例区 25 → 35，チャートタイ党が小選挙区 33 → 35，比例区 3 → 6，新希望党が小選挙区 33 → 28，比例区 11 → 8，チャートパッタナー党が小選挙区 32 → 22，比例区 5 → 7 となっている．タイラックタイ党は大幅に増やしており，民主党もかなり増えている．しかしながら，それ以外の主要政党はさほど大きく変化していないことが分かる[41]．

　現職候補の再選率が高いとすれば，それに続くのは惜しくも次点に泣いた候補ということになる．96 年総選挙では全国に 156 の選挙区があった．そのうち次点候補者は 153 名，次々点候補者は 114 名の氏名を確認しえた．彼らを追跡してみると，タイラックタイ党はこうした次点候補者を 39 名も擁立しており，17 名の民主党以下を圧倒している（表 6-10 参照）．前職候補者が他党から引き抜けない場合には，こうした次点候補が次善の候補となる．それでも有力候補が見あたらない場合には次々点候補となる．次々点候補の水準になると，タイラックタイ党，民主党，新希望党に擁立者の人数に大差がない．視点を変えて，96

40　新希望党からタイラックタイ党へ移籍したサノ派は，タイラックタイ党における党首直系派閥に次ぐ大派閥であった．この意味ではサノは政権獲得請負人，あるいはキング・メーカーの役割を果たしてきたと言えよう．タイラックタイ党に移籍したことが恐らく一因となって，サノは自分が所有するゴルフ場を 5 億バーツでタックシンに売却している．1.3 億バーツで購入した土地をゴルフ場として開発したものの，経営不振が続いていたため，高額で処分したというわけである．タックシンがサノに支払った買収費用と理解してもあながち間違いではなかろう．この土地は売買が禁止される寺院所有地であった可能性があり，タックシン政権誕生後に争点となった．

41　小選挙区制の導入が，所属議員の多い二大政党つまりタイラックタイ党と民主党に有利に働いたという面を看過しえない．

年には落選あるいは不出馬であったものの，90年代に実施された3回の総選挙つまり92年3月，92年9月，95年の選挙のいずれかに当選したことのある元議員を探してみよう．彼らも今回の選挙で有力候補であったはずである．タイラックタイ党にはこうした元下院議員を小選挙区候補に41名，比例区候補に12名見出しうる．それに加えて，2000年に実施された上院議員選挙で次点になったもの6名も見出せる．これらの数字は同党がもっとも有望な候補をもっとも多く擁立していたことを如実に示している．

そればかりではない．タイラックタイ党はこうした下院議員経験者の他，県会議員や市会議員といった地方議員，さらに国政選挙においてかねてから重要な集票請負人として活躍してきた人々も多数支持者に取り込んだ．たとえば，東北地方のコーンケーン県には1980年代から総選挙のたびにもっとも重要な集票請負人となってきたチャルーン・パットダムロンチット（通称シア・レーン）がいる．今回の総選挙では彼の息子チャクリンがコーンケーン1区から立候補し，次点候補に大差をつけて当選を果たした．同党が同県の11選挙区のうち8つの選挙区で勝利をおさめたのは4名の前職候補の擁立に加えて，シア・レーンの支持を得たことが重要であったと思われる[42]．

タイラックタイ党が有力候補の擁立のために強引な方法の利用もためらわなかったことを示す例を見ておこう．党首タックシンの出身地チェンマイ県の例である．同県の2区ではタックシンの実妹のヤオワパー・ウォンサワットを立候補させた．同県1区ではチェンマイ市長2期目のパコーンがかねてよりチャートパッタナー党から下院議員選挙への出馬を準備していた．パコーンの実弟は前年の上院議員選挙で定員5名のチェンマイ県で3位の得票を得ていた[43]．タックシンは選挙直前になってこのパコーンを同党に引き込んだ［Bang-

---

[42] シア・レーンは，自分が息子の選挙運動を手伝うと選挙違反を摘発される可能性があるので何もしない，と語っている［*Bangkok Post*, January 3, 2001］．普通の運動をしていれば摘発されるはずはない．それゆえ，これはあらゆる手段を用いて息子と所属政党の選挙運動を手伝うと語っているに等しいであろう．なお，シア・レーンの集票能力の高さを示す事例については玉田［1988：297］を参照．

[43] 弟のプラパンは3位の得票であったものの，再選挙に敗北した．彼は総選挙ではラーサドーン党の比例区名簿9位に掲載された．

kok Post, December 2, 2000]．さらに，同県選出の有力下院議員でチャートタイ党の幹事長代行を務めていたソムポンを説得して出馬を見送らせた[44]．同様な例は，パトゥムターニー県でも見られた．1区でタイラックタイ党からの立候補を予定していた県会議員は，同党が長年下院議員議席の多くを占めてきたハーンサワット一族から公認候補を擁立することになったためはじき出されて，所属政党をチャートパッタナー党へ変更せざるをえなかった[45]．

　タイラックタイ党による有力候補者の引き抜きは総選挙直前になって始まったわけではない．野党第一党新希望党の下院議員90名余りが党議に基づいて一斉に議員辞職した2000年6月末にはすでに頂点を迎えていた［Nation Sutsapda, July 24, 2000][46]．次々と現職議員を引き抜かれる与党陣営にあって，チャートタイ党の現職閣僚は2000年7月に，タイラックタイ党が資金力に物をいわせた「2-3-5-15-15＋10」方式で議員を強引に買収しつつあると暴露していた．タイラックタイ党への移籍を承諾したら200万バーツ，国会解散前にそれを裏付ける事実が確認されたら順次300万バーツと500万バーツ，実際にタイラックタイ党から立候補したら1,500万バーツ，当選の可能性が高ければさらに1,500万バーツ，投票1週間前の時点で激戦の場合には追加支援の1,000万バーツという意味であった［Nation Sutsapda, July 17, 2000][47]．合計5,000万バーツであり，現職議員は少なくとも2,500万バーツを約束されていたことになる[48]．

44　ソムポンは86年以後連続当選を果たしてきた．元警察局長である彼の実兄サワットは2000年上院議員選挙において弟の地盤の助けを借りてチェンマイ県で当選を果たしている．2001年総選挙でチャートタイ党はソムポンをチェンマイの小選挙区から擁立する予定にしていた．ところが，タイラックタイ党はソムポンを比例区候補者として擁立しようと図り，チャートタイ党党首から強い抗議を受けた．ソムポンはいずれの政党から立候補するのか立候補届け出締めきり寸前まで決めかね，結局立候補を見送ることになった．タイラックタイ党はチェンマイ県における有力対立候補を消し去ったことになる．
45　ただし，彼はハーンサワット一族の候補者を破って当選している．
46　この議員辞職は与党に国会の早期解散を促すための行動であった．
47　10年ほど前の92年3月総選挙では2つの新党が多数の議席を獲得した．一方の新希望党が前職候補者集めに投じた資金は92年1月までに総額5,500万バーツ，他方のサーマッキータム党は1人あたり350万バーツと報じられていたので［Murray 1996: 38, 41]，10倍以上に高騰していたことになる．

たとえば，民主党からタイラックタイ党に移ったチェンラーイ県の候補者は5,000万バーツで身売りしたという噂をうち消すのに懸命であった［*Bangkok Post*, January 2, 2001］[49]．候補者にすれば，たとえ買収されたという批判を浴びても，4,000〜5,000万バーツという高額報酬の魅力は拒みがたかった．

　タイラックタイ党は大量の資金投入のおかげで，2000年7月にはすでに100名ほどの現職議員を糾合しており，第一党になる可能性が高まっていた．このことも，政府の役職への就任を切望する政治家にとって，タイラックタイ党の磁力を強めており，同党への移籍者を増やしていた[50]．それとは別に，当選に不安を抱き党にすがりたい候補者にとっては避難所ともなった．ある地方政治家はこう指摘している．1996年総選挙でナコーンパトム県の5議席中3議席を獲得していたサソムサップ一族は，「新しい選挙制度のもとではタイラックタイ党に所属しないと全滅することになろう．なぜといって新制度では，選挙管理委員会が選挙違反の取り締まりを厳しくしているため，現金攻勢をかけることはできないし，投票・開票の不正も難しくなっているからだ．だから，実績のないものは政党の人気に依存する必要性がとりわけ高い．さらに激突を避けるた

48　タックシン一家（夫婦と子供3名）は1997年の申告によれば219億バーツの資産を所有しており［*Nation Sutsapda*, July 17, 2000］，潤沢な資金を注入しえた．なお，首相就任にあたって2001年3月に申告した資産は151億バーツであった（長男は成人に達していたので夫妻と子供2名の分）［Chumphon 2002: 21-38より算出］．

49　信頼しうる情報筋から2001年3月に漏れ聞いたところによると，タイラックタイ党は中部地方の某県で前職候補者に3,000〜4,000万バーツを支払った他，その前職候補者の親族にあたる新人候補者には1,800万バーツを提供していた．

50　議員の多くは与党に所属したい，あわよくば閣僚に就任したいと夢見ている．選挙前に野党になる可能性が高いことが判明している政党は魅力が乏しい．与党になれる政党には2種類ある．1つは議席数がもっとも多い第一党である．もう1つには，過去の総選挙では特定の政党が過半数を越える議席を獲得したことはほぼ皆無であり，連立政権が常態となってきたため，中小政党の場合にも連立政権に迎えられる可能性が十分にある．90年代に一貫して20議席余りの小規模政党ながら絶えず与党連合に加わってきた社会行動党がその典型的な事例である．大規模政党では影が薄くなり，閣僚に就任しうるかどうか怪しいものの，小規模政党なら党首などの幹部になれるという議員の場合にはこうした選択肢がありうる．鶏口となるも牛後となるなかれ，というわけである．

めに，主な政敵と同じ政党に所属して当選を目指さねばならない．こうした理由により，サソムサップ一族の3兄弟は，2001年1月6日総選挙に際しては，民主党からの立候補がほぼ決まっていたにもかかわらず，チャーンチャイ，ラワン，ポーンサック［という有力な対立候補］たちがすでに所属していたタイラックタイ党に加わる手だてを探さねばならなかった」［*Nation Sutsapda*, September 17, 2001］[51].

　1997年憲法は政党が総選挙直前に前職下院議員を買い漁ることを禁止している．107条の第4項で従来通り無所属議員を禁止する一方，「立候補届出の日よりも90日以前から特定の政党の党員であること」という縛りをかけている．同時に，115条と116条では総選挙実施時期を，国会の任期満了の場合には任期満了から45日以内，国会解散の場合には解散から60日以内と規定している．新憲法の規定が適用されていれば，前職議員が大挙して所属政党を変更することはありえないはずであった．しかし，97年憲法の適用を一定期間免除する経過措置が規定された314条以降の条文をたどってゆくと，325条に「本憲法施行後の最初の下院選挙については107条4項の所定期間を適用しない」と規定されている．つまり，無所属禁止は適用されるものの，90日以前からの所属という規定は適用されず，所属政党の変更は立候補届出の当日まで可能ということになっていたのである．この抜け道に乗じて，多数の前職議員が雪崩を打ったようにタイラックタイ党へ移籍したのである．民主党政権の現職閣僚の中にさえ所属政党を変更したものがいた．

　タイラックタイ党は潤沢な資金力を生かして，当選可能性の高い候補者を多数集めていた．候補者を玉石にたとえてみよう．当選の可能性が高いのは玉である．当選がほぼ確実なのは上玉である．数十票数百票の得票しか見込めないのは石である．タイラックタイ党は結党から2年余りをかけて石に磨きをかけたのではなかった．同党が集めたのはもっぱら玉であった．前職下院議員，元下院議員，その親族，上院議員候補者，地方政治家といった人たちである．同党はこうした玉や上玉に選挙資金を提供して一段と輝かせたのである．これこ

51　一族の3名はタイラックタイ党に所属していずれも当選した（小選挙区2名，比例区1名）．

そが同党が選挙で圧勝をおさめる主たる理由であった．政党による有力候補者の買い漁りの阻止という点では，97年憲法の効果は今回の総選挙ではまだ発揮されていなかった．民主党党首のチュワンが，2002年6月のセミナーで，新憲法に基づく最初の総選挙では史上最多の資金が投入され，それは他党からの議員の引き抜きに用いられた，と述べてタイラックタイ党を批判した通りである [*The Nation*, June 29, 2002]．

　しかし，1997年憲法の効果は別の面で発揮されていた．タイラックタイ党が有力な候補者の糾合に大胆かつ惜しみなく投資しえた理由は皮肉なことに新憲法にあったからである．次回の総選挙では経過規定はもはや適用されない．現職議員は，①党の解散，②本人の引退もしくは議員辞職のいずれかによらない限り[52]，所属政党から離党しえないという強力な囲い込み効果が発揮される．この囲い込みは，立候補届出日よりも90日以上前の時点での離党（＝議員辞職）の機会を逃した議員を政党が公認しないことにより立候補を不可能にするという効果も伴っている．政党は下院議員に対して生殺与奪の権を得たのである．前職議員買い漁りは従来は当面の選挙1回限りの買収であったものが，憲法改正により終身買収に等しくなったわけである．身代が跳ね上がるのは自然なことであった．前職議員の身売り阻止規定の真価は，タイラックタイ党が大量の現職議員を党に縛り付けて臨む次の総選挙で発揮されることになろう．

6-4 政権の安定と政治の不安定

タイラックタイ党の圧勝とそれに続くタックシン政権の成立は憲法起草者の

52　もう1つ，憲法改正という手段もありうる．一部の下院議員の間では憲法107条4項を改正しようとする意見が根強い．しかしタイラックタイ党にとっては死活問題であり，同党幹部が応じる可能性はきわめて低い．また，政治改革論の火付け役の1人となったアモーンは2002年11月の座談会で無所属議員を容認するべきと発言している [*Bangkok Post*, November 25, 2002; *Prachachatthurakit*, November 28, 2002]．

意図にかなり沿っていた．選挙に関しては，二大政党制の一翼を担う大規模政党が登場し，政策を争点として集票を行った．後述のように，組閣に関しては，小選挙区議員を一切排除して比例区議員中心の組閣を行った．政権運営に関しては，首相が強い指導力を発揮しており，選挙公約を実現しようとしている．憲法起草者が期待した通りの優等生的な政権といわねばならない．

　タックシン政権に弱点ないし問題点はないのであろうか．この政権の命運を左右するのは，ポピュリスト的なバラマキ政策や経済再生策の成否であると捉えられることが多い．いみじくも「サンタクロース政権」と形容される［*Dokbia*, February 2001］ほど気前のよい選挙公約が経済危機の重荷を背負う財政を破綻させることなく実現しうるのかという疑念である[53]．これには異論の余地がない．しかしながら，筆者はそれよりも深刻な不安定要因があると考える．深刻というのは，タックシン政権に限らず，新憲法に照らして優等生的な政権であればあるほどはまる可能性の高い陥穽だからである．そうした不安定化要因を2つ指摘しうる．1つは小選挙区議員を排除した組閣である．小選挙区議員は与党議員の8割を占めており，その多くは閣僚就任意欲を抱いている．多数派を占める小選挙区議員を閣僚から排除し続けることには，多数派支配に立脚する民主政治では無理がある．もう1つはタックシン首相の指導力が強く，政権が過度に安定していることである．これは政権の安定と政治の安定が必ずしも両立しないという問題と関連している．政治改革論は政権の不安定を問題視し，その改善を目指した．その際に，政権の不安定や首相の指導力の弱さこそが実は政治を安定させる重要な要因となっていたことは見逃されていた．ここではまず，小選挙区議員を閣僚から排除したことの問題点を明らかにしたい．次に，タイの政治を安定させてきた仕組みと優等生的な政権がどう齟齬を来すのかを論じたい．

53　ドークビア誌は実現に必要な費用を，農民債務返済猶予2,100〜2,300億バーツ，村落開発基金700億バーツ，低額医療費300億バーツ，不良債権処理機構6,000〜7,000億バーツと見積もっている［*Dokbia*, February 2001: 29-30］．

（１）閣僚と小選挙区議員

　選挙で圧勝をおさめたタックシンは連立与党に新希望党，チャートタイ党，セーリータム党を迎えて2月9日に首相に就任した．これにより連立与党の議席は300を越えた．首相に対する不信任案の提出には200名以上の下院議員の賛成が必要という新憲法の規定を存分に生かした安定多数である．

　内閣は首相の他35名以内の閣僚で構成される，と1997年憲法201条は規定している．前述のように憲法起草者たちはもっぱら比例区議員が閣僚に就任することを期待していた．97年憲法は小選挙区議員の入閣を禁止しているわけではないものの，もし入閣すれば議員資格を喪失し，当該選挙区において補欠選挙が行われると規定し，小選挙区議員の入閣に障壁を設けている．さらに2000年の選挙法改正により，「小選挙区議員が首相もしくは閣僚に就任した場合には，当該下院議員とその所属政党は共同で，補欠選挙実施に要する費用を負担しなければならない」という新たな規定が盛り込まれた（113/1条）[54]．同じ下院議員とはいえ，比例区議員は一等議員，選挙区議員は二等議員という色分けが一層鮮明になったのである．

　タックシン内閣は上限一杯の36名で構成された．政党別の閣僚ポスト数はタイラックタイ党が27，新希望党とチャートタイ党が各5，セーリータム党が1である．新希望党とチャートタイ党は両党選出の副首相がそれぞれ国防大臣と労働大臣を兼任するため人数では36名となる．閣僚の種別を小選挙区，比例区，それ以外に分けて見てみると，タイラックタイ党は27名全員，新希望党は4名全員，チャートタイ党は4名中3名が比例区候補者である．チャートタイ党とセーリータム党からは非立候補者がそれぞれ1名ずつ入閣した［*Nation Sutsapda*, February 26, 2001］．ここからまず小選挙区での当選者や候補者は皆無であることが分かる．36名中34名と圧倒的多数を占める比例区候補についてみると，そこには当選者と落選者がともに含まれている．タイラックタイ党は比例区の当選者が48名であり，閣僚の中には順位が49位以下であったものが5名含まれている．彼らは68，93，95，99，100位である．新希望党とチャートタイ党はいずれも4名の閣僚の中に落選者が1名ずつ含まれている．つまり，

36 名の中には比例区落選者 7 名，非立候補者 2 名と，下院議員ではないものが 9 名含まれていることになる（表 6-11 参照）。

閣僚に占める下院議員の割合は 75％であり，民選議会存在時としては 80 年代前半以来の低い数字である．しかも，組閣に当たっては小選挙区議員の入閣を求める声もあったものの，最終的には小選挙区議員は皆無となった．比例区からの入閣者 34 名の中に前下院議員が 17 名含まれるにとどまった．比例区議員の入閣を想定した憲法起草者たちの狙いにかなった政権である．しかし，小選挙区議員は与党議員の 8 割を占めている．彼らは閣僚就任への道を閉ざされ

54　選挙管理委員会は 2000 年の上院議員選挙で不正の摘発に苦慮し，200 名全員の当選が確定するまでに何ヶ月も要した．この反省に基づいて，1998 年選挙法の改正が行われ，2000 年 11 月に公布施行された．審議にあたって上院はこの賠償規定を選挙法の「第 4 節　罰則」に潜り込ませて改正案を 2000 年 10 月 6 日に可決していた．これを不満とする下院議員 43 名は憲法裁判所に選挙法 113/1 条は違憲の疑いがあるとして判断を求めた．小選挙区議員のみにこうした賠償規定を設ける点，賠償規定は富裕な小選挙区議員や政党に有利に働く点という 2 点において不平等であり，さらに小選挙区議員の閣僚就任は罪ではないのに処罰対象にする点で不当でもあるというのが訴えの理由であった．憲法裁判所は同年 10 月 31 日に，憲法は小選挙区議員に閣僚就任の権利を保障しているわけでなく，政党には候補者を比例区・小選挙区のいずれで擁立するかを選択する自由があり，さらに選挙実施費用の負担は刑罰にはあたらないという理由で，合憲の判断を下した [www.concourt.or.th/decis/y2000d/d05643.html]．この訴えにもあるように，再選挙実施費用を負担させられるのは，通常は，選挙違反を犯して再選挙実施を余儀なくさせた人物である．ちなみに，選挙管理委員会は 2000 年 10 月に上院議員選挙でレッドカードを受けて再選挙の原因となった候補者 3 名に賠償を請求している．請求された金額はそれぞれ 1,831 万バーツ（チョンブリー県，2 回分），863 万バーツ（アーントーン県，2 回分），2,174 万バーツ（ウボンラーチャターニー県，5 回分）の合計 4,868 万バーツであった [*Matichon Sutsapda*, October 30, 2000]．上院議員選挙は全県が選挙区となっており，複数回の分なので，小選挙区議員選挙と同列には比較しえないものの，小選挙区と同様に定数が 1 名のアーントーン県の事例を参考にするならば，1,000 万バーツを越えることはまずないはずである．2000 年 7 月に連立与党チャートタイ党の議員同士が閣僚ポストを 5,000 万バーツあるいは 1 億バーツで売買しようとしたという非難の応酬を行ったこと [*The Nation*, July 7, 2000; *Bangkok Post*, July 7, 2000; Sombat 2002: 215] から推測すれば，閣僚に就任しようとする小選挙区議員が負担しえない金額ではない．

表6-11 タックシン政権閣僚に占める下院議員の割合，2001年2月

下院議員選挙立候補者		非立候補者
比例区	小選挙区	
当選者 / 落選者		
27 / 7	0	2

出所：*Nation Sutsapda*, February 26, 2001 から筆者作成．

たままであれば不満を募らせるであろう．小選挙区議員が比例区議員と同様に当選を党に負っているのであれば，不満は水面下にとどまろう．逆に，党への依存度が低いのであれば，不満は表面化しやすいはずである．この点については，新しい選挙制度のもとにおける政党と議員の関係を調べてみる必要がある[55]．

1) 党か個人か？

個々の議員にとっては，当選が所属政党のおかげなのか，自力によるものなのか，いずれであったのだろうか．これは新しい選挙制度のもとで有権者はどのように行動したのであろうかという問いかけと等しい．従来の選挙制度のもとでは有権者とりわけ農村部住民は政党よりも候補者を選んできた．選挙のたびごとと述べても過言ではないほど頻繁に所属政党を変更しつつ連続当選を果たしてきた議員が多数存在したことに示される通りである．有権者は政党をより重視する方向へと変化したのであろうか．

まず手がかりとして，主要政党について得票数を比例区と小選挙区で比較してみよう（表6-12参照）．政党への支持と小選挙区候補者への支持がうまく噛み合うならば，相乗効果を発揮しつつ，この2つの得票数はほぼ一致するであろう．実際には小選挙区は有効投票総数が比例区を1割ほど下回っていた．そこで得票数ではなく，得票率で比較してみよう[56]．比例区の得票率が小選挙区の得

---

[55] 2002年10月に大幅な内閣改造が行われた．新内閣は首相を含めて36名で構成され，その内訳は比例区32名（当選25名，落選7名），小選挙区1名（落選1名），非立候補者3名となった．民選議員25名，非議員11名であり，小選挙区での当選者は1名も含まれていない．

表6-12 主要政党の比例区と小選挙区の得票比較

政党	比例区		小選挙区		
	得票数	得票率	得票数	得票率	区数
タイラックタイ党	11,634,495	40.64%	9,617,665	37.15%	400
民主党	7,610,789	26.58%	6,729,638	26.00%	393
新希望党	2,008,945	7.02%	2,437,552	9.42%	309
チャートパッタナー党	1,755,476	6.13%	2,313,810	8.94%	318
チャートタイ党	1,523,807	5.32%	2,216,010	8.56%	256
セーリータム党	807,902	2.82%	1,026,889	3.97%	195
ティンタイ党	604,029	2.11%	278,864	1.08%	200
ラーサドーン党	356,831	1.25%	852,400	3.29%	183
その他	2,326,928	8.13%	412,974	1.60%	－
総数	28,629,202	100.00%	25,885,802	100.00%	－

出所：選挙管理委員会の公表値から筆者算出.

票率を上回ったのは主要政党ではタイラックタイ党と民主党の2党であった．小選挙区の得票率を比例区の得票率で割ってみると，タイラックタイ党は0.91倍，民主党は0.98倍である．タイラックタイ党は比例区の得票率が小選挙区を3.5％ほど上回っており，党の集票力がある程度効いていたと推測しうる．民主党は比例区と小選挙区の得票率がほぼ一致している．比例区の得票率の高いこの両党にあっても，党の集票力が小選挙区候補者の得票力を著しく上回っていたとは言いがたい[57]．

他方，残る5政党はいずれも小選挙区の得票率が比例区をかなり上回っている．小選挙区の得票率を比例区の得票率で割ってみると，新希望党は1.34倍，チャートパッタナー党は1.41倍，チャートタイ党は1.46倍，ラーサドーン党に至っては2.63倍となる．これらの政党では，選挙区ごとに差異はあるものの，多くの選挙区で候補者の擁立を見送っていたことも加味するならば，全体としては小選挙区候補者の得票能力が党自体の得票能力をかなり上回っていたことは間違いない．

党と候補者，いずれの得票能力が重要であったのかを調べる1つの手立ては，

56　62の小選挙区では再投票が実施された．各候補者の得票数は1回目の投票からは変化している．しかし，比例区の得票は1回目の投票に基づいているので，ここでは小選挙区も1回目の得票を用いて比較する．

個別の小選挙区において特定政党の比例区と小選挙区の得票数を比較してみることであろう．タイラックタイ党は全体の7割に近い270余りの選挙区で比例区の得票が1位となっている．党への支持が小選挙区候補者への支持に直結するならば，同党は小選挙区で過半数を大きく越える270名余りの当選者を出したはずである．それに加えて，一般的に小選挙区では比例区よりも政党の力の

57　ティンタイ党は比例区の得票率が小選挙区の倍ほどになっている．同党がもっぱら比例区での当選を目指し，小選挙区には得票能力のある候補者を擁立しなかったためである．同党の小選挙区での最高得票は8,803票であり，当選ラインには遙かに及ばなかった．同党は1月29日の再選挙で小選挙区における唯一の当選者を出した．ローイエット県の2区である．これは候補者自身や党の力によるものではなかった．1月6日の選挙で次点以下を大きく引き離して35,085票という最高得票を得たタイラックタイ党の候補者がレッドカードを受けて再選挙に立候補できなくなった．普通であれば，初回に2位や3位の得票を得ていた候補者が再選挙では最高得票を得るはずである．ところが再選挙で19,271票の最高得票を得たのは，初回に240票と同選挙区では最少の票しか獲得しえなかったティンタイ党の候補者であった．同選挙区では投票率が64%から49%へと低下し，有効投票数も62,200票から47,800票へと減っていたにもかかわらず，2万票近く上積みしたことになる．同選挙区におけるティンタイ党の比例区の得票はわずかに399票にすぎず，党の票が得票数増加に寄与していたわけではない．この奇妙な結果は，レッドカードを受けたタイラックタイ党候補者が自分の票田を，次回の総選挙で手強い競争相手となる可能性がもっとも乏しいティンタイ党候補に流したことに起因している．この事例は，票が党よりも個人に帰属していることを非常によく示している．

ローイエット県2区の選挙結果

所属政党	初回得票	再選挙得票
タイラックタイ党	35,085	0
新希望党	9,367	15,437
民主党	9,046	6,747
セーリータム党	6,311	5,160
チャートパッタナー党	1,305	768
チャートタイ党	323	125
プラチャーコーンタイ党	298	151
ラーサドーン党	279	139
ティンタイ党	240	19,271

出所：選挙管理委員会のホームページ [http://202.183.203.226/sorsor/sh_kate_city2_47_2%20.htm] で公表されたデータより作成．

差が増幅され，大規模政党に有利となりやすい．しかし，タイラックタイ党の小選挙区での当選者は 200 名にとどまっていた．従って，同党の公認を得さえすれば当選できるほどの集票力はなかったことになる．

　これは，有権者が小選挙区と比例区で同一政党にどの程度投票したのかという問題である．小選挙区で有権者が候補者よりも政党を優先していたならば，当選者は比例区での最高得票政党の候補者となっていたはずである．この点で示唆に富むのは逆転選挙区である．ある小選挙区における当選者の所属政党と比例区得票数 1 位の政党が一致しない事例である．そうした逆転選挙区は今回の選挙では 76 県のほぼ半数近い 34 県で見られ，69 の選挙区に存在していた．複数の政党の得票数が拮抗している場合にはこうした逆転現象が生じるのは不思議ではない．逆転区はそうした激戦区のみであろうか．

　具体例をいくつか見てみよう．その際比較に用いる数値は 1 月 6 日の第 1 回投票のものである．まず東部のチャンタブリー県では 3 つの選挙区すべてで逆転が生じている（表 6-13 参照）．1 区で比例区の得票がもっとも多いのは 26,331 票のタイラックタイ党である．比例区の票は民主党がそれに次いで 22,395 票となっている．ところが小選挙区で 37,731 票と次点候補に大差をつけたのは比例区の得票が 15,999 票にとどまるチャートパッタナー党の候補者であった．2 区では比例区はタイラックタイ党が 42,716 票を獲得しているものの，同党の小選挙区候補者の得票は 32,137 票にとどまり，民主党候補が比例区の得票に 1 万票以上上積みする 41,258 票で当選している．3 区は比例区で民主党が 31,679 票でタイラックタイ党に 3,000 票以上の差をつけているものの，小選挙区では逆にタイラックタイ党の候補者が民主党候補に 15,000 票ほどの大差をつけて当選している．他方，1 区で当選者を出したチャートパッタナー党は 2 区では候補者擁立を見送り，3 区では 7,400 票ほどの得票しか得ていない．チャートパッタナー党の場合には，候補者の擁立を見送った 2 区での得票 1,600 票が党への投票，つまり党の基礎票と見なしうるであろう．2 区の民主党，3 区のタイラッ

58　同じく東部地方のチョンブリー県では，比例区ではタイラックタイ党が 4 つ，民主党が 2 つ，チャートタイ党が 1 つの選挙区で最高得票を得たものの，小選挙区での当選者はチャートタイ党が 6 名，タイラックタイ党が 1 名であった．多くの有権者が小選挙区と比例区を使い分けていたことがよく示されている．

表6-13 チャンタブリー県の主要政党得票数

		1区	2区	3区	合計
タイラックタイ党	比例区	26,331	42,716	28,486	97,533
	小選挙区	16,985	32,137	33,593	82,715
民主党	比例区	22,395	30,823	31,679	84,897
	小選挙区	10,659	41,258	17,909	69,826
チャートパッタナー党	比例区	15,999	1,603	5,461	23,063
	小選挙区	37,731	—	7,369	45,100

出所：選挙管理委員会のウェブサイトでの公表値 [http://203.185.151.5/mpresult/6jan/sh_kate_city.asp?CID = 7&KATE = 1 から http://203.185.151.5/mpresult/6jan/sh_kate_city.asp?CID = 7&KATE = 3, および http://203.185.151.5/mpresult/6jan/page3.asp?page = 1&CID = 7] より集計．

表6-14 ナコーンサワン県における主要政党の得票数

政党		1区	2区	3区	4区	5区	6区	7区	小計
タイラックタイ党	比例区	27,460	37,992	29,091	33,959	39,172	27,461	20,194	215,329
	小選挙区	21,700	30,189	23,117	31,117	35,230	24,252	10,900	176,505
民主党	比例区	21,687	25,220	15,634	13,126	8,021	22,022	12,855	118,565
	小選挙区	11,323	34,184	7,510	9,081	16,602	20,257	8,396	107,353
チャートタイ党	比例区	15,572	1,714	17,568	16,698	11,721	7,683	14,615	85,571
	小選挙区	32,012	960	29,619	23,612	4,130	12,106	22,073	124,512

出所：選挙管理委員会のウェブサイトでの公表値 [http://203.185.151.5/mpresult/6jan/sh_kate_city.asp?CID = 23&KATE = 1 から http://203.185.151.5/mpresult/6jan/sh_kate_city.asp?CID = 23&KATE = 7, および http://203.185.151.5/mpresult/6jan/page3.asp?page = 1&CID = 23] より集計．

クタイ党は小選挙区候補の得票力が党のそれを上回っている事例である[58]．

　中部のナコーンサワン県では，タイラックタイ党は7区すべてで比例区の最高得票を得た（表6-14参照）．しかしながら，小選挙区での同党の当選者は3名のみであった．チャートタイ党が3名，民主党が1名の当選者を出した．この両党の当選者は得票が党の比例区得票を大きく上回っており，党の力ではなく自力により当選を果たしていることがよく分かる．

　東北地方のコーンケーン県の比例区ではタイラックタイ党が11の選挙区すべてで最高得票を得て，全県では42.6万票に達した．しかし，同党は3つの小選挙区で取りこぼした（表6-15参照）．3区では社会行動党，8区ではセーリータム党，11区では新希望党が議席を得た．このうち社会行動党は比例区の得票

表6-15 コーンケーン県における主要政党の得票数

政党		1区	2区	3区	4区	5区	6区	7区	8区	9区	10区	11区	小計
タイラックタイ党	比例区	40,228	42,229	37,349	41,910	42,499	43,317	33,573	33,295	37,596	37,605	36,519	426,120
	小選挙区	30,742	29,721	10,983	33,584	29,548	40,349	17,799	21,663	24,948	30,619	23,293	293,249
新希望党	比例区	3,018	3,602	11,799	6,863	4,066	1,972	4,588	2,114	15,335	12,093	18,708	84,158
	小選挙区	3,956	5,196	14,039	6,353	6,852	1,029	3,190	2,034	20,637	9,625	31,575	104,486
チャートパッタナー党	比例区	6,374	15,643	5,465	6,699	4,337	14,511	5,875	1,953	5,364	15,502	949	82,672
	小選挙区	8,121	23,576	11,712	10,967	7,860	21,589	12,844	2,779	8,770	25,253	259	133,730
セーリータム党	比例区	5,179	7,001	3,140	7,154	9,098	1,231	7,124	22,128	5,438	698	1,832	70,023
	小選挙区	9,789	7,467	3,735	10,315	13,832	923	10,416	26,334	7,030	543	1,950	92,334
民主党	比例区	12,280	9,054	4,378	4,521	4,130	3,505	2,802	3,403	2,458	1,216	7,383	55,130
	小選挙区	15,509	7,506	3,851	3,480	3,383	2,001	1,276	2,408	1,817	727	8,702	50,660
ラーサドーン党	比例区	209	1,701	1,163	2,201	1,831	144	2,252	9,493	229	91	128	19,442
	小選挙区	307	4,648	2,501	4,118	4,204	—	6,051	16,893	395	—	129	39,246
ティンタイ党	比例区	4,546	2,627	845	909	774	821	570	552	609	676	1,302	14,231
	小選挙区	—	1,351	488	—	451	—	—	216	290	—	935	3,731
タイチュワイタイ党	比例区	256	618	827	639	748	541	886	582	467	362	400	6,326
	小選挙区	—	—	—	—	—	—	—	—	—	—	—	—
チャートタイ党	比例区	485	620	200	228	378	214	928	160	1,864	259	265	5,601
	小選挙区	—	758	—	—	692	—	2,492	—	3,781	—	—	7,723
社会行動党	比例区	38	93	4,074	221	76	89	125	96	117	64	93	5,086
	小選挙区	—	—	19,966	—	—	—	—	—	—	—	—	19,966

出所：選挙管理委員会のウェブサイトでの公表値 [http://203.185.151.5/mpresult/6jan/sh_kate_city.asp?CID＝6&KATE＝1 から http://203.185.151.5/mpresult/6jan/sh_kate_city.asp?CID＝6&KATE＝11、および http://203.185.151.5/mpresult/6jan/page3.asp?CID＝6&page＝1&CID＝6 と http://203.185.151.5/mpresult/6jan/page3.asp?CID＝6&page＝2] より集計．

が全県でわずか5,086票にとどまり,しかもそのうち4,074票は3区での得票であった.同党の集票力は皆無に等しかった.3区の当選者は前職議員であり,自力で集票を行ったのである.有権者が党ではなく候補者で選んだことを示す典型的な事例である.

　ここに示したのはいずれも逆転選挙区の事例であり,その意味では特異な事例と言えなくもない.しかしながら,比例区での得票が多く,小選挙区の当選者も多いタイラックタイ党の事例だけからでは見えにくい有権者の行動が示されていると言えよう.似通った事例はローイエット県,ペッチャブーン県,ブリーラム県,サコンナコーン県,シーサケート県などでも見られた.こうした事例は多くの有権者が小選挙区で党よりも候補者を重視したことを示している.タイラックタイ党の場合には党への支持がかなり高く,小選挙区の候補者はそうした党への支持票に助けられていたことを否めない.しかしながら同時に,同党の比例区での得票には小選挙区の候補者の人気に助けられていた面も少なくない.そもそも有権者がタイラックタイ党に限ってのみ候補者よりも党を重視する,つまりタイラックタイ党の候補者なら誰でもよいという特異な態度を示したとは考えにくい.同党の候補者には前職下院議員が多く,他党と格別異なったところはないからである[59].

2）小選挙区議員の不満

　議院内閣制のもとでは議会の多数派を占めた政党が政権を担当する.このため政党は少しでも多くの議員を当選させようと努力してきた.議員の数を増やすには2通りの方法がある.1つは政党自体が集票能力を高めて議員を当選させる方法である.もう1つは当選する可能性の高い候補者を集めて当選者を増やす方法である.タイの政党は従来もっぱら後者の方法に頼ってきた.有力候補者を総選挙前に少しでも多く集めるという方法である.当選の可能性が高い

---

[59] マッカーゴは,小選挙区の当選者には,たとえ新顔候補者であっても,上院議員や下院議員経験者の一族が多数含まれていたことを強調する［McCargo 2002: 248-249］.これは候補者の自力当選能力への依存度が高かったことを物語っている.首都バンコクでも当選者のほぼ半数は前職議員であり,タイラックタイ党の当選者もほぼ半数は前職議員,元議員,あるいはその親族であった.

のは現職議員である．1992 年 9 月と 95 年の総選挙における前職候補の当選率は 6 割，元職を含めると 8 割近くに達していた［堀越 1997：51］[60]．それゆえ，自党所属議員を引き留めつつ，他の政党から現職議員を引き抜くという方法が用いられてきたのである．典型的なのは 90 年結成の新希望党，91 年結成のサーマッキータム党，92 年結成のチャートパッタナー党である．これらの政党は新党であるにもかかわらず直後の総選挙で 50〜80 議席を獲得してきた．新党ばかりではなく，既存政党も総選挙前には議員の買い漁りを繰り返してきた．これは議員の身売りとしてたびたび厳しい批判を浴びてきた現象である．今回の総選挙でタイラックタイ党はこの手法を踏襲した．

　大半の政党がこうした方法に依拠して議員を確保してきたため，その結果として各党内部には派閥が割拠してきた．そこで重要なのは，議員たちが自力当選を果たしており，党には恩義をさほど感じてこなかったことである．彼らは憲法で無所属議員が禁止されなければいつでも離党しうるほど自立的であり，党に対して発言力を行使しえた．それゆえ，一定規模（与党議員数÷閣僚数）以上の派閥は，下院議員に共通の夢である閣僚ポストを堂々と要求しえた．しかし，閣僚ポストは数が限られているため，欲望を充足しえない議員がたくさんいた．こうした議員は入閣を果たそうとして首相や党首に揺さぶりをかけ，政権の安定を脅かしてきた．前職候補買い漁り戦術は政権不安定化の主因となってきたのである．

　タイラックタイ党はこの問題を解決しうるのであろうか．前述のようにタックシン政権は 36 名の閣僚から構成され，うち比例区議員が 27 名，非下院議員が 9 名であった．タックシン政権の誕生はひとえに数の力に負っている．その数という点では，下院議員は選挙区 400 名，比例区 100 名ゆえに，与党議員の 8 割は選挙区議員である．閣僚候補者が顔を揃える比例区でいくら得票しても，小選挙区で議席を獲得しなければ国会の多数派を形成しえない．国会における政党の勢力を左右するのは比例区候補者の顔ぶれではなく，議席数である[61]．極論すれば，魅力的な政策を掲げ，きらびやかな候補者を並べて比例区で 100 議

60　80 年代に前職候補の再選率が高まった一因は，後述のように，与野党を問わず下院議員全員一律に開発予算が配分され，それが集票の助けになったことにある．

席を獲得しても，小選挙区の議席数が皆無であれば第一党になることはおぼつかないのである．

先に見たように，タイラックタイ党以外の連立与党の小選挙区議員にとっては党の公認はあまり意味をなさなかった．それに比べると，タイラックタイ党の場合には，小選挙区議員の当選は党の政策や人気に助けられていた面を否定しえないものの，自力に負うところが少なくなかった．タイラックタイ党が小選挙区候補者を助けたとすれば資金面での援助が重要であろう．これは過去にもサーマッキータム党や新希望党などにおいて見られたのと同じことである．その結末は金の切れ目は縁の切れ目ということであった．タイラックタイ党の小選挙区議員の多くは自力当選能力のゆえにタイラックタイ党に引き抜かれたのである．こうした人々は党への恩義をさほど感じていない．下院議員の最大の目標はかねてから閣僚就任であり，選挙区議員も閣僚就任を断念しているわけではない．憲法起草者の意図通りにもっぱら比例区議員が閣僚に就任することは政党内部の権力関係を反映しておらず，小選挙区議員からの入閣要求は絶えることがない．不満を抱く小選挙区議員が結託して反旗を翻せば政権はたちまち崩壊の危機に直面する[62]．

彼らの閣僚就任を拒み続けるには，何らかの代償措置が必要となる．1つは閣僚に代えて大臣の秘書官や顧問，国会の委員会委員長といった役職に任命することであろう．政治家とりわけ閣僚への監視の目が厳しくなる中で，秘書官や顧問あるいは国会の諸委員会の政策決定関与度が高められる（つまり利権追

---

61 今回の選挙でセーリータム党やラーサドーン党が，恐らく最初の比例区選挙ゆえに失敗を犯したように，党首や幹事長などの閣僚待望者がいくら比例区名簿に名を連ねても得票率が5％に達しなければ落選の憂き目を見ることになる．ラーサドーン党は前職議員6名中幹部4名が比例区に回ったため当選者を小選挙区の1名しか出せなかった．

62 とりわけ政権が4年の任期を全うしうるほど安定するならば，任期満了時期が近づくにつれて閣僚への就任によって議員資格を喪失し，さらに解任によって選挙浪人になってしまうことのリスクは小さくなる．国会解散時期の見当がつく場合も同様である．浪人になっても次の総選挙が間近に迫っているからである．そうした時期には，小選挙区議員からの閣僚ポスト要求は一段と強まるであろう．

求の余地が拡大される）ならば，下院議員にとっては閣僚就任よりも得策となるかも知れない[63]．これが汚職の撲滅に逆行することはいうまでもない．もう１つは党首や派閥領袖（大半が比例区から立候補し，本人もしくは側近が入閣している）が小選挙区議員に手当を支払い続けることである．たとえばタイラックタイ党の下院議員は2002年には，7万バーツの議員給与の他に，派閥領袖から平均して5万バーツの手当を毎月支給されていた［*Matichon Sutsapda*, July 8, 2002］．この手当は決して高額とは言えず[64]，同党議員の間では他派閥出身の閣僚による汚職疑惑の暴露が繰り返された[65]．利権の配分をめぐる不満が渦巻いていたからである［*Matichon Sutsapda*, July 8, 2002］[66]．この問題は選挙を重ねるごとに深刻になると予想される．新制度に基づく最初の総選挙では多数の元下院議員

63 従来は政党や派閥の力関係を測定するのには議員数や閣僚ポスト数が用いられてきた．しかし，小選挙区議員は閣僚に抜擢されていないため，タイラックタイ党内の派閥の力関係を測定するのに，大臣秘書官，大臣秘書官補佐，大臣顧問，委員会の委員長といったポスト数が用いられるようになっている［*Nation Sutsapda*, July 9, 2001］．
64 たとえばチャートタイ党の議員は2000年7月に，同党では毎月5万バーツの手当が支払われてきており，タイラックタイ党からの引き抜き工作が激しくなると10万バーツに増額されたと語っている［*Matichon Sutsapda*, July 10, 2000］．
65 タックシンは政権発足当初から有力なサノ派の牽制に心を砕いてきた．妹ヤオワパーに対抗派閥を率いさせたり，サノ派と犬猿の仲の新希望党を吸収合併したりしてきた．2002年3月にサノ派とヤオワパー派の利害対立から不正の暴露合戦が行われた．まずサノ派の小選挙区議員が，観光公社管轄の首相府大臣ソムサック（ヤオワパー派の比例区議員）が観光振興向けに配分された60億バーツの予算支出をめぐって不正を行っている疑いがあると暴露した．さらにサノがソムサック管轄の広報局のTV局整備予算12億バーツにも反対を表明した．これに対してソムサックは何らやましい点はないと反論し，小選挙区議員のソムサック夫人は「観光予算の配分には与れなかったとしても，他の予算たとえば農業省予算の配分に与ったのではないか．もし何の予算も獲得していないとすれば，その下院議員は何もする気がないということだ」と語った．さらに，観光振興予算の乱脈支出を批判された小選挙区議員は，予算執行の監査を行うというなら観光予算のみならず全省庁の予算を監査すべきであり，とりわけサノ派が大臣を務める農業・協同組合省については監査が必要であると反論した［*Krungthep Thurakit*, March 12, 2002］．
66 2002年8月に国会議員の給与を20％余り引き上げる提案がなされた一因はそうした口封じにあろう．

が比例区議員へ転身した．その転身が可能になったのは，多数の議員を配下に抱える派閥の領袖だったからである．しかしながら，比例区議員への転身後は党首に対する交渉能力を低下させる一方，自派小選挙区議員の選挙運動を助けたり，資金を提供したりする能力が衰え，議員に対する統制力が減少する．統率者を失えば小選挙区議員は要求を無規律に一層強めることになろう．こうした不平議員を沈黙させるには資金面での手当を上積みする必要がある．そのためには，入閣した派閥代表による利権追求に寛大な態度をとって議員統制資金の捻出を容易にするか，党首自身が資金を提供する必要がある，前者は政治腐敗の増加を意味し，後者は富豪タックシンにはたやすくても，余人には限りがある．

第三の方策は予算編成への下院議員の発言権を高めることであろう．下院議員開発予算（*ngop so. so.*）の復活である．それは一定額の予算の使途を下院議員に委ねるものである．この予算は1979年（1980年度予算）から導入され，97年に廃止された．導入当時のクリエンサック政権は下院に対して超然的な態度をとっていた．80年に政権を引き継いだプレームは下院議員を入閣させたものの，首相自身は民選議員ではなかった．こうした軍人首相が国会からの支持を多少なりとも円滑に取り付けようとすれば，下院議員開発予算は有効な手段の1つであった．88年にプレームが退陣し，政党党首が首相に就任するようになってもこの予算は存続した．下院議員にとって好都合な再選対策費となっていたからである．

下院議員全員に一律に配分されるこの予算は，80年度予算では年間150万バーツであったものが，プレーム政権時代には250万バーツになり，政党政権が登場した後には89年に300万バーツ，90年に400万バーツ，91年に500万バーツと増額されていった．それに加えて，94年からは別枠として1,500万バーツが配分されるようになった．別枠の設置は予算編成過程に理由があった．憲法（1978年憲法，91年憲法，さらに97年憲法も同様）の規定では，予算支出を伴う法案の提出には首相の同意が必要とされた他，下院議員による政府予算案の増額修正は禁止されていた．下院議員に許されるのは減額修正のみであった．しかしながら，行政府による増額修正が禁止されていたわけではなく，さらに下院議員は予算委員会による予算案修正は可能であると解釈した．その結果生

じたのは，予算案審議において官庁の予算を可能な限り削減し，それにより浮いた予算を議員に都合よく再配分するという事態であった．たとえば 93 年予算では 135 億バーツ，94 年予算では 88 億バーツが削減された．議員は取り分を増やそうとして削減に熱心であった．この仕組みは官庁にとっては不都合きわまりなかった．そこで，94 年度予算以後は議員開発予算 500 万バーツに別枠 1,500 万バーツを加えた定額に変更された．この結果，下院議員の取り分は総額 70〜80 億バーツほどとなった．これは政府歳出の 1％ほどである．各官庁が希望の予算を確保するための代償としては過大ではなく，内閣にとっても下院議員にとっても好都合であった［玉田 2001：4-6］．この予算は下院議員による政治腐敗の温床になっているという批判が根強く，経済危機後に編成された 98 年予算以後廃止された．しかし，タックシン政権下では下院議員開発予算（あるいはそれに類似した予算）の復活が取り沙汰されるようになっている．小選挙区議員の不満を宥めるには有効な手段の 1 つだからである[67]．

　タイではかつて下院議員の閣僚就任が禁止されたことがある．軍政下の 1968 年憲法である．当時のタノーム政権は 69 年総選挙後国会運営に苦慮することになった．政府提出法案の可決には下院の支持が不可欠であり，下院議員は可決と引き替えに利権の分配とりわけ予算配分要求を強めたからである．タノームはついには 71 年 11 月にクーデタによる国会の廃止という強硬策をもって下院議員の口封じを図ることになった．97 年憲法も 68 年憲法と似通った矛盾をはらんでいる．今日の下院議員は 80 年代以降に閣僚就任と下院議員開発予算の両方の旨みを体験してきた．下院議員開発予算の復活だけでは，小選挙区議員の閣僚就任阻止の代償としては不十分であろう．政権の維持には小選挙区議員からの支持をつなぎとめることが不可欠である．そうした小選挙区議員の閣僚就任を拒み続けるには手厚い代償措置を講じる必要がある．それは容易なことではない．誰が首相に就任しても，小選挙区議員の不満を宥めることに失敗すれ

67　下院議員開発予算にとどまらず，公共事業の個所付けも議員への重要な報酬である．2000 年 6 月にラムパーン県選出の下院議員がチャートタイ党からタイラックタイ党へ移籍しようとすると，党首のバンハーン元首相はラムパーン県で実施予定となっていた公共事業の予算を削除すると脅し，慰留に失敗すると実際に削除した［*Matichon Sutsapda*, July 10, 2000］．

ば，政権は不安定に直面することになる．

（2）政権と政治の安定

1）政治を安定させる要因

　タイの政治は1980年代以後きわめて安定してきた．安定ぶりをよく示すのは，総選挙の結果がさほど関心を集めないことである．総選挙を実施しないからでも，信任投票にすぎないからでも，勝敗があらかじめ決まっているからでもない．それどころかタイはその対極をなしている．1970年代と80年代には3回ずつ，90年代以後に5回総選挙が実施された．2回連続して最多の議席を獲得したのは83年の社会行動党が最後であり，以後は選挙のたびに第一党が変化してきた．民主化により選挙結果が政権構成に直接反映されるようになった90年代には選挙のたびに政権交代が生じた．際だって競争度の高い選挙が実施されてきたのである．選挙のたびに政権が交代するというのは，政権が不安定なことを意味する．しかし，タイでは政権交代が生じても気にとめるものはあまりいない．与党の敗北を強く懸念するのは党幹部くらいのものである．有権者も経済界も政権交代を期待することはあっても一抹の不安も感じない．政権が交代しても政治は変わらないと見なされてきたからである．政権の不安定と政治の安定がタイ政治の大きな特色となってきたのである．

　政治改革論や1997年憲法起草では，政権の不安定が大きな問題の1つと見なされ，政党の強化や首相の指導力の強化が目指された．この目的はある程度実現され，政権は従来よりも安定するようになった．しかし政権が安定すると，政治を安定させてきた仕組みが損なわれる可能性がある．この点を理解するために，まずタイの政治が安定してきた理由を簡単に振り返っておこう．

　第一は保守政党支配体制の確立である．1976年10月に政党政治が開始1年半ほどにしてクーデタにより葬り去られることになった一因は左翼勢力の台頭であった．政党政治を再開するには左翼政党を封じ込めることが不可欠であった．その対処は1978年憲法と81年政党法で行われた．資金力豊富な大規模保守政党への収斂が目標であった．小規模政党の存立を困難にする規定のゆえに，70年代の左翼議員は政界引退か保守政党への鞍替えを迫られてゆくことに

なった.旧社会主義系政党は80年代にはかろうじて数名の当選者を出せたものの,90年代に入ると1名の当選者も出せなくなった.保守政党支配が確立されたのである[68].

　第二は選挙における政策の不在である.政党はもっぱら議員を集めるのみであり,有権者から票を直接に獲得する努力を怠ってきた.この点をよく示すのは社会行動党であろう.同党は1970年代には農村部資金環流事業（*khrongkan phan ngoen su chonnabot*）などいまだに語り継がれる魅力的な政策を実施して議席を増やした[69].しかし,80年代に入ると,同党は有権者に直接語りかけるそうした具体的な政策の提示を止めてしまった.こうした政策の不在は,政党や政権が有権者の圧力から超然とすることを可能にした.有権者に具体的な政策を約束しておらず,それゆえ政策に縛られることがないからである.政策の不在に加えて,政党には党員や支部といった組織はほぼ皆無であった.こうした政党が議員を増やそうとすれば,集票力のある議員を集めるしかなく,選挙前に当選可能性の高い政治家を買い集めるようになった.その際に政党にとって重要なのは,資金のみであった.資金が枯渇すれば党は消滅するものの,似通った政党が他にいくらでも存在するため政治の安定を脅かすことはなかった.

　第三に,1980年代に集票請負人制が発達した.70年代半ばの政党政権が,保守派の目には左派に譲歩しすぎていると思われる政策を打ち出した一因は,議員が有権者との間に安定したつながりを持っていないことにあった.安定した支持基盤があれば,有権者からの要求の噴出に直面しても,選挙での勝敗にはさほど影響がないので,その場しのぎの対応で済ませることも可能である.議員の支持基盤の強さを図る尺度の1つは再選率である.75年総選挙では28%,76年総選挙では37%にとどまり,80年代には50%を越え,90年代には60%を越える［堀越1997：52］のと比べると,随分と低かったことが分かる.80年代以後に再選率が高まるのは,有権者の買収が蔓延したことに加えて,集票請負人の利用が進んだからである.集票請負人は有権者の世話をしたり面倒を見たりすることにより,左翼政党に投票するかも知れない浮動票を組織票に変換した.

68　共産党は戦後の一時期を除き一貫して非合法政党である.
69　同党の結党当初の綱領は冒頭部分で「社会主義ではない」と明記しなければならないほど平等や公正を重視したものであった［SAP 1974］.

これにより選挙戦はすっかり様変わりすることになった．候補者の弁舌に左右される浮動票は大きく減少し，集票請負人が掌握する組織票が大半を占めるようになったのである．このため，保守政党の候補者は 1980 年代にこうした集票請負人の獲得に鎬を削るようになった．

　こうした政党政治のもとでは，政党は有権者の声にさほど耳を傾ける必要がない．議員も有権者からの個別の要求に応じる必要があまりない．有権者の面倒を見るのはまずもって集票請負人であり，代議士や政党ではないからである．釣りにたとえるならば，有権者という魚を釣るのは候補者（と集票請負人）であり，政党は釣果を買い上げてきたにすぎないのである[70]．政党は糸を垂れない，もしくは垂れても餌をつけてはいなかった．いずれの政党もこのように議員買収に頼って，政策面でも組織面でも党勢拡大の努力を怠ってきたというのは，ある意味では，政党間で有権者軽視の談合が行われてきたとも言えよう．このことが政党政治を大いに安定させてきた．有権者が何かを求めても国会議員には届かない．議員の声も党にはあまり反映されない．保守政党体制，政策の不在，集票請負人の利用，これらがタイの政治を安定させる仕組みの1つとなってきた．

　それに加えて，定期的な総選挙の実施が政治の安定に寄与していた．選挙には民主主義の祭典としての意義があり，勝者に正当性を付与する［Compton 2000: 175］．しかも，タイの選挙では各党が競争を繰り広げて議席数がかなり変動してきた．とりわけ有権者が政治への不満を大いに募らせたときには，不満

70　このことをよく裏付けているのは，この 20 年間はほぼ一定の期間内に総選挙が実施されるようになっているにもかかわらず，バンコクをほぼ唯一の例外として，政党が県会議員や市会議員といった地方政治家にほとんど浸透していないという事実である．政党は，地方政治家に手を伸ばす必要性を感じず，浸透能力を養ってもこなかったのである．地方議員はせいぜいのところ国会議員の地方派閥に加わるのみであった．国会議員自身の所属政党が確固たるものではないので，地方議員も政党に帰属しているわけではない．この背景には地方自治体の規模も利権も小さい上に，大臣ポストを握れば集権的な行政構造を通じて地方に影響力を浸透させるという事情もある．バンコクが例外となっているのは，①自治体としての規模や権限が格段に大きい，②国政選挙において候補者が集票請負人にあまり頼れず政党自らが釣り糸を垂らさねばらない，という特殊事情による．

の種となった政党は選挙で敗北する．これは必ずしも有権者の声が直接に反映されているわけではなく，間に1つクッションが入っている．不人気な政党に愛想を尽かした実業家が別の政党へ資金を提供するからである．資金が増えた政党は議員買収能力が高まり，政権交代が生じる．国会の第一党の党首が首相に就任するようになった1988年以後，与党第一党はことごとく次の選挙で敗北してきた．92年3月のチャートタイ党，92年9月のサーマッキータム党，95年7月の民主党，96年11月のチャートタイ党，2001年1月の民主党である[71]．失政の責任をその都度の与党幹部に押しつけ，個別の議員は温々と政治家渡世を続ける．政党ごとの議席数は変動しても，当選者の顔ぶれはさほど変化しない．にも拘わらず，政権が交代することで内実の変化に乏しい政治にうわべの変化を演出してきた．中身も外見も変化しなければ高まるであろう閉塞感が，こうしたガス抜きによってある程度緩和されたことは間違いない．選挙には有権者の買収などの不正がつきまとうものの，行政機構が政権党との間に一定の距離をおいてきたため，与党といえども行政機構を恣意的には利用しえず，不正も含めて競争的な選挙が実施されてきた．「民主制は興味深い特徴を持っている．それは，政権の不安定性を制度的に組み込むことによって体制の安定性を追求していることである」という山影の指摘［2001：5］通り，政権の不安定が体制の安定を支えてきたのである．

　政党政治の枠を越えて，政治を安定させるもう1つ重要な要因があった．権力構造の多元性である．良く言えば政治アクター間の抑制均衡，悪く言えば相互の足の引っ張り合いにより，政権担当者の暴走に歯止めがかけられてきた．政党のみならず，軍，行政官庁，王室，マス・メディアなどの様々な勢力の間や内部における抑制均衡である．軍人首相の歴史が長いタイにおいて，インドネシアのスハルトやミャンマー（ビルマ）のネーウィンに比肩しうるほどの強い指導力を発揮しえた支配者はサリット1人しか見あたらないのはこのためである．軍政時代には軍内部の派閥，行政官庁，王室が軍指導者の自由に縛りをかけてきた．

71　96年11月選挙で第一党になり首相を出したのは新希望党であった．97年に下野した同党は2001年総選挙ではやはり惨敗を喫した．

政党政治時代には，過半数を越えるような大規模政党が登場せず連立が組まれて，与党間や各党内部の派閥間に多元的な競争状況があった．この点に関して興味深いのは，1990年代には下院の過半数の議席を獲得すれば首相を出せることがほぼ確実となったにもかかわらず，過半数の議席を真剣に目指す政党が見あたらなかったことである．下院の過半数を越える与党連合の中で最大政党になれば首相を出せる，つまり議員定数のほぼ4分の1を獲得すれば首相ポストを獲得しえた．1988年のチャートタイ党は24.4％，92年3月のサーマッキータム党は21.9％，92年9月の民主党は21.9％，95年のチャートタイ党は23.5％，96年の新希望党は31.8％を獲得したにすぎなかった．第一党とはいえ，このように過半数には遠く及ばない議席しか持たないため，連立与党の形成・維持のために多大な努力を求められた．与野党間の勢力拮抗，連立与党間の駆け引きは，一種の多元的な状況を生み出し，行き過ぎや暴走を抑止することで体制の安定に寄与してきた．それに加えて，軍，行政官庁，王室などが政党政治家を抑制してきた．結果として，特定の政党あるいは特定の政治家による過剰な指導力の発揮は阻止され，穏健な路線が維持されてきた．こうした多元性は汚職に関する比較研究でも確認されている．政治エリート内部における断片化や敵対が著しいため，レント追求は新規参入が容易であり競争的であるというのである [Doner and Ramsay 2000: 153-155; Khan 2000: 103]．権力構造に埋め込まれたこうした多元性がタイの政治の振幅幅を小さくし安定させてきたことに疑問の余地はない．

2）政治の不安定要因

　タイラックタイ党はこうした安定化装置を揺るがせつつあるように思われる．不安定要因は，選挙における具体的な政策の提示，多元性の減少，個人商店型の政党の3点である．上述のように，タイラックタイ党は先例に反して具体的で魅力的な政策を掲げた．これらの政策は，国家開発，治安維持，麻薬撲滅といった抽象的な政策ではなく，きわめて具体的であるため，一般庶民も実現度を確認しうる．有権者に直接語りかけてしまった同党は公約に縛られることになる．従来の政権が享受してきた有権者を軽視する自由度が低下するのである．これはタイラックタイ党のみの問題ではない．同党が公約の実現に成功すれば，

他の政党も次の選挙ではタイラックタイ党に勝るとも劣らぬ魅力的な公約を掲げざるをえない．そこでも公約の実現に成功すれば，政府と有権者の距離は縮まることになる．有権者の意向が政治に反映されるようになることは間違いなく民主化である．しかし，それは同時に政府が有権者に振り回されるようになることを意味しており，政治の不安定化を促すことになる．逆に，公約が一向に実現されなければ有権者は政権を批判するようになる．従来であれば，それは特定の政権の責任問題にとどまり，与党を選挙で敗北させれば済んでいた．しかし，どの政党も実現困難な公約を掲げ，公約違反を繰り返せば，特定の政権や政党の責任にとどまらず，政治体制そのものの信頼が損なわれることになる．選挙公約によって有権者に期待感を抱かせ，政府や政党と有権者の間にあった衝撃吸収装置が機能不全に陥ると，政治体制の不安定につながる可能性がある．

　第二はタックシン首相の過度の指導力である．首相の指導力がきわめて強いため，政権は安定し，行政の効率も改善された．この指導力を支える基礎になっている要因は国会と内閣の両方にある．まず国会については，タイラックタイ党は総選挙で過半数に迫る圧勝をおさめた上，政権発足後にはあたかも企業を買収するかのように弱小政党を併呑しつつある．2002年までにセーリータム党と新希望党を吸収し，同党の下院議員は290名を越えている．さらに，連立与党のチャートパッタナー党やチャートタイ党の併合も狙っている．このように300名を遙かに越える安定多数を支配しているため，政府提出法案が否決される可能性はなく，首相に対する不信任案が提出される可能性も乏しい．というのも，1997年憲法では首相に対する不信任案を提出するには，一般の閣僚の100名とは異なり，200名以上の下院議員の賛同が必要と規定されているからである[72]．それに加えて，タイラックタイ党は本来無党派のはずの上院議員にも勢力を浸透させつつある．次に内閣については，閣僚はほとんどが比例区議員から任命されていることが重要である．小選挙区議員と異なり，比例区議員は当選をもっぱら党に負っているため，党の統制に服しやすい．しかも，下院議員は

---

[72] これは内閣改造による入閣を狙って，年中行事のように内閣不信任案が提出され，政権の不安定を招いてきた反省に基づいた規定である．

入閣と同時に議員資格を喪失しているため，首相への造反は更迭に直結し，浪人の身分に帰着する．このため，閣内から首相への反対が生じる可能性はきわめて乏しい．

　しかしながら，これも危険をはらんでいる．まず政治の安定を保つ上で従来有効に機能していた政権の不安定が失われてしまった．国会の多数派を掌握しているという安心感のゆえに，タックシンは2002年8月には16年間政権を担当すると発言するに至っている．現職議員の所属政党変更を禁止する97年憲法の規定ゆえに，タイラックタイ党は300名近い現職議員を囲い込んで次の総選挙に臨みうる．これまでの政党政権で4年間の任期を全うした例は皆無である．国会解散はいずれも窮地に追い込まれた与党が選択肢を失った結果であった．それとは対照的に，タックシンは与党に有利な時機を見計らって国会を解散し総選挙に訴えることが十分に可能である．たとえ公約の実現に失敗しても，人気が低下しても，タックシン首相自身が身を引かない限り，与野党とも彼を首相の地位から引きずりおろすことは困難である．前述のように，従来は与党がことごとく選挙で敗北することが，政治体制の安定に寄与していた．新憲法のもとで一躍過剰な安定を確保しつつある政権への不満は議院内閣制への不満につながり，政治を不安定にする可能性がある．

　こうした安定した基盤は，首相がCEO (chief executive officer, 最高業務執行者) 型の指導力を発揮することを可能にしている．タックシン首相は横暴や独断という批判を招いているほどである．タイラックタイ党の規模が突出しているため，もはや連立与党間の多元的状況は存在しない．タイラックタイ党内部においても，タックシンは党首直系の比例区議員派閥の他に，小選挙区議員については妹のヤオワパーに最大の派閥を率いさせている．タックシンから少し距離を置こうとする派閥に対しては派閥領袖への締め付け，所属議員への誘惑などにより統制を強め，タックシンへの対抗力を着実に削いでいる．これまでの与党とは異なり，タイラックタイ党内部にもタックシンに有効に対抗しうる勢力は存在しないのである．

　タックシンは行政官庁，軍，王室といったタイ政界の重要な勢力に対しても，従来の政党政治家とは比較にならないほど強い立場を確保するに至っている．2002年10月には大規模な中央省庁再編を実施した．新たに任命される多数の

事務次官や局長に高い自律性を期待することは難しい．官庁幹部は首相を牽制しうる勢力ではなく，閣僚や与党議員と同様に，タックシン社長の従業員となってゆくであろう．人事への介入は行政官庁にはとどまらない．タックシンは軍でも閑職にあった従兄弟チャイヤシットを2001年4月に中将へ，わずか1年後に大将に昇級させ，その半年後には陸軍総司令官補佐に抜擢した．軍人事への介入の余地が拡大し，軍は政党政権への対抗勢力どころか，首相の「私兵」になり果てる危険性すらある．1980年代以後の首相が絶対的服従を求められてきた王室に対してさえも，不協和音が何度か報じられているように，一定の自律性を示している．それに加えて，憲法起草者が政治からの独立性を期待した憲法裁判所ですら，2001年8月に資産不正申告問題でタックシン首相に有利な判断を下さざるをえなかった．政権に批判的なマス・メディアには2002年に不正資金洗浄疑惑に基づく捜査という鉄槌を加えた[73]．

　こうした強引な政治手法は権力集中への懸念を生み出してすらいる．タックシンは行政府の長である．実妹ヤオワパーの夫ソムチャーイ・ウォンサワットは現職の法務事務次官であり，最高裁長官（司法府の長）の有力候補の1人である．上述のように従兄弟は軍の最高権力ポスト陸軍総司令官の最有力候補となった．タックシン夫人ポッチャマーンの実兄プリオパン・ダーマーポンは国家警察事務所（警察庁に相当）の司令官補佐であり，司令官に就任する可能性を秘めている［*Nation Sutsapda*, August 19, 2002］．さらに，妹ヤオワパーはタイラックタイ党で大派閥を委ねられており，下院議長（立法府の長）に選出される可能性もある．こうした懸念が現実となれば，暴走に対する歯止めはもはや存在しない．あるコラムニストは，実業界で成功をおさめた虎（タックシン）が政界では「菜食主義の虎」と自称しているものの，それが事実かどうか注視する必要があると指摘している［*Phucatkan*, August 29, 2002］．肉食の本性を現して途方もない利権追求に乗り出すかも知れないという警鐘である．

　第三はタイラックタイ党の個人商店的な性格である．タイラックタイ党はタ

73　攻撃の対象となったのは日刊紙ネーオナーと英字紙ネーションである．タックシン政権に批判的であった外国の雑誌（*Far Eastern Review* ならびに *Economist*）も王室への不敬罪を理由に一部の号の販売・持ち込みが禁止された．また，一部のNGO指導者も不正資金洗浄疑惑の捜査を受けた．

イでは前例のない大規模政党であり，タックシンに大きな権力を享受させている．ところが，同党の実態は従来の政党と異ならない．1997年憲法は党幹部の私物に等しかった政党を民主的に運営される組織に改革することを目指していた．そのために政党への献金の公表を義務付け，党員や支部の数などに応じて公的な助成金を提供することにした．確かに献金は公表され，党員や支部の数が増えた．しかしながら，政党は党首の去就次第という個人色を払拭するには至っていない．70年代に大学から社会行動党に迎えられ，同党幹事長を務めて政界事情に詳しいカセームは次のように慨嘆する．タイラックタイ党はタックシンを首相にするために結成され，すでにその目的を達成している．この巨大な党も，チャートタイ党，新希望党，チャートパッタナー党などと同様に，個人政党である．同党の大口の資金提供者はタックシン夫人であり，彼女に代わって資金を提供しうる人物は見あたらない．党首夫妻を抜きにしては，同党の存続は考えられないのである [Kasem 2002]．

　党首個人への依存度の高さという点では，タイラックタイ党はチャートタイ党，新希望党，チャートパッタナー党などを遙かに凌いでいる．他党では幹事長や副党首には，たとえて言えば共同経営者が少なくない．ところが，タイラックタイ党では経営者はCEO型党首のタックシン1人である．巨額の党運営資金の大半をタックシン夫妻が提供してきたからである[74]．タイラックタイ党は他の政党よりも規模が格段に大きいにもかかわらず，制度化が進んでおらず，個人商店の色合いが濃い．このタックシンを抜きにしては存続しえない党を基盤として政治が運営されているため，何らかの事情でタックシンが政界を退けば，政治がたちどころに大混乱に陥る可能性がある．特定の個人への権力集中が度を超した政治体制が中長期的には深刻な不安定の芽をはらんでいることは周知の通りである．

74　公職には就かないままタイラックタイ党や内閣に対して強い発言力を持つポッチャマーン夫人を共同経営者と見なしてもよい．

終章　タイ政治の民主化

終章-1　1990年代の民主化
終章-2　安定した保守政治

　本書はタイ政治の民主化がどのように進んできたのかを1990年代を中心として実証的に明らかにすることを目的としていた[1]．まず90年代が民主化の歴史の中でどのような位置を占めるのかを再確認しておこう．19世紀末に確立された専制君主制が32年の立憲革命により立憲君主制に移行した．憲法が制定され，選挙が実施されるようになったものの，軍隊の役割が大きく，民主化はなかなか進まなかった．58年には代議政治の理念を全面的に否定する軍政が始まった．この軍政は73年にいったん崩壊し，閣僚のほぼ全員が民選議員から構成される政党政権が75年にタイ史上初めて誕生した．しかし，76年には権威主義支配に逆戻りした．民主政治への前進は78年に代議制を採用する憲法が制定され，79年に総選挙が実施されたところから再開されなければならなかった．80年代には政党や国会の政治力が着実に強まり，90年代になってついに代議政

---

[1] ティリーは民主化研究の動向について，「民主化分析では経路探索が好まれている．道筋を探すことはどう歩くべきかを知る上で確かに重要である．しかし，上出来な地図があっても，健脚を持たぬ都会人では山に登れない」と述べて，民主化がどう進むかよりも，どう始まるかを考察すべきと指摘している［Tilly 2000: 1］．本書もこの批判に漏れない．しかしながら，タイの民主化について十分に説得力のある研究が行われてきていないという事情に鑑みれば，経路を明らかにすることにも十分に意味があると思われる．

治の定着をみた．

　この民主化過程について，1990年代以後には都市中間層を中心に据えた説明が主流となってきた．近代化論の図式さながらに，経済成長により規模が拡大した中間層が政治の民主化を成し遂げたというのである．周知のように，近代化論は中間層の成長と民主化の間の因果関係を明確に説明していないという批判を浴びてきた．それに対してタイ研究の通説では，タイの中間層は92年5月事件で中心的な役割を果たしており，民主化の主たる担い手であることを証明済みだとされる．中間層＝民主化勢力という定式を前提として，中間層が支持した90年代半ばからの政治改革も民主政治の深化に寄与したことが自明視されている．換言するならば，遅々としていた民主化は都市中間層の登場により，一直線に前進するようになったと理解されているのである．

　しかしながら，こうした解釈は吟味してみる必要がある．第一に，中間層主導説は90年代の民主化を説明しえても，80年代以前については説明力をまったく持たない．民主化は90年代に突然始まったわけではなく，80年代以前からすでに進みつつあった．ところが，中間層は80年代までは存在感が皆無に等しかった．社会学的には規模が拡大しつつあったことは間違いないものの，中間層が政治の世界で個人としてではなく，階層として有意な役割を果たすことは運動面でも言説面でもなかった[2]．それゆえ，もっぱら中間層のみに脚光をあてて民主化を説明しようとすることには無理がある．90年代のみを切り取るのではなく，80年代以前との接合が可能な説明が必要である．第二は，中間層が民主化勢力であることを示す唯一の証拠となる92年5月事件の解釈である．この事件がタイの民主化にとってきわめて重要であったことは間違いない．しかし

2　アンダーソンは1970年代の政局におけるプティ・ブルジョアジーの役割を強調する研究を行っている［Anderson 1977］．しかしながら，70年代の政治は中間層を持ち出さなくても十分に説明が可能である．しかも，80年代には中間層が目立った政治活動をすることはなかった．それゆえ，あえて中間層の役割の連続性を強調しようとすれば，90年代の中間層は70年代に活発に政治活動に参加した学生であると主張したり，80年代に政党政治で大きな役割を果たすようになった実業家（企業の所有者や経営者）を中間層に含めたり，一部の知識人を中間層代表であったと見なしたりするしかない．これは牽強付会の議論である．

ながら，中間層が主役であったかどうかは大いに疑問である．第三に，政治改革論の成果である97年憲法が民主政治の深化に寄与するかどうかを判断するには，規定内容や実際の効果を詳細に検討してみる必要がある．本書ではこうした疑問や違和感に基づいてタイの民主化過程を考察してきた．2～6章では個別の論点ごとに検討したので，ここでは前後関係がもう少し明らかになるように心がけながら民主化過程を振り返ってみたい．

終章-1　1990年代の民主化

（1）1980年代以前との関係

　1980年代までタイ政治研究の通説となっていたのは官僚政体モデルであった．このモデルはタイの政治を次のように説明していた．1932年以後のタイの政治を支配してきたのは軍隊と行政官僚制であった．タイは農業国であり，国民の圧倒的多数は農民であった．しかも耕作可能な土地面積に比べて人口が少ない上，均分相続慣行があったため，地主への土地の集積がさほど進まず，農民の大半は自作農であった．商工業が未発達であり，実業家や労働者は規模が小さかった．しかも実業家は大半が中国系住民であった．軍人や行政官から構成される支配階級は30年代から国営企業主導の工業化政策を打ち出して民間実業家を圧迫する一方，経済のタイ化を唱えて中国系実業家を差別した．国営企業主導とタイ人優遇という逆境に加えて，政党政治が機能せず政治参加の機会がなかったため，中国系実業家は政治権力者に利益を提供することにより保護や特権を求めようとした．50年代末から国営企業主導は緩和されたものの，権力者と中国系実業家の癒着関係は継続した．このモデルでは軍隊や官僚制から自立し，官僚支配に挑戦する勢力がほとんど存在しないことが，政治の民主化を妨げる主たる要因と見なされていた．

　非合法な共産党を別にすると，そうした勢力として最初に登場してきたのは

1973年10月14日政変の立役者となった学生であった．政変後，農民や労働者の運動が活発になった．さらに，議会政治が始まると，首都と地方の実業家が政党政治をよりどころとして国政に参加するようになった．実業家の政治参加の背景には，議会政治の扉が開かれたことに加えて，タイ化政策と世代交代により中国人が中国系タイ人へ変化して参政権の壁がなくなったことと，60年代からの経済開発政策の恩恵を受けて選挙政治に不可欠な経済力を強化したという事情があった．実業家は政党を結成したり，国会議員選挙に立候補したり，閣僚に就任したり，政党や議員に資金を提供したり，政党に働きかけを行ったりした．実業家は70年代以来民選下院議員の多数派を占め，80年代には閣僚に占める割合も増加した．政党政治に加えて，80年代には財界団体や業界団体を通じた利益の表出も盛んになった．実業家は団体や個人で官庁に働きかけを行い，経済界代表として官民合同委員会などで政府に働きかけを行ったのである．このため，タイの政治は80年代には官僚支配から，ブルジョア支配やコーポラティズムに変化したという捉え方が有力になった［Anek 1992］．軍隊と行政官僚制による権力独占に風穴を開ける実業家は民主化の担い手と見なされていた[3]．

　1980年代の政治は「半葉の民主政治」と形容されたように，軍隊が一定の政治力を保っており，必ずしも国会や政党を中心として展開されたわけではなかった．これは軍出身で下院に議席を持たないプレーム首相の時代だけではなかった．政党党首チャートチャーイが88年に首相に就任した後にもあてはまる

3　こうした政治の変化と呼応するかのように，商売人（*phokha*）や資本家（*naithun*）に代えて実業家（*nakthurakit*）という呼称が一般的となった．呼称の変化の背景には，実業家の方が響きがよいことに加えて，政治に参加したものには企業の所有者のみならずサラリーマン重役も含まれていたという事情もあったように思われる．典型はバンコク銀行の頭取から下院議員に転じて大蔵大臣に就任したブンチュー・ローチャナサティエンである．ブンチューのような専門的経営者から政界に進出するものは90年代にはさらに増えた．政治業（*thurakit kanmuang*）や政商（*nakthurakit kanmuang*）という言葉が広く用いられるようになるのも80年代であった．なお，政府や政治家との特殊な関係を利用して利権を得ている商人という意味での政商はもっと以前から多数存在していた．それは軍人や官僚との関係を利用しているという意味で官商であった．70年代以後の政商の特徴は政党を営利事業の1つとする点である．

ことであった．軍が隠然たる勢力を保っていたからこそ，それに挑戦する勢力すなわち政党政治家は民主化の担い手として褒めそやされていた．政党政治家による腐敗は軍人や行政官よりはましであるとして大目に見られがちであった．しかしながら，90年代に入ると一転して，政党政治家は民主化の阻害要因と見なされるようになる．この変化をもたらした理由は主として次の3つである．第一は91年3月に成立したアーナン政権である．第二に，92年5月事件が軍に抵抗する民主化運動と捉えられ，都市中間層がその主役とされた．第三に，この事件以後軍隊が政治から撤退した．

（2）1991年クーデタとアーナン政権

　もうクーデタは起きないだろうという1980年代後半に広まっていた希望的観測を裏切って，91年2月にクーデタが成功した．クーデタへの反発はほとんど生じず，むしろ政界の浄化というスローガンは大いに歓迎された[4]．軍はアーナンに政権を委ねた．アーナンは91年3月から翌年3月にかけてと，92年6月から9月にかけての二度にわたって政権を担当する．アーナン政権には事務次官や局長といった官庁の要職経験者がずらりと顔を揃えた．テクノクラートと呼ばれる人々である．この政権は研究者から80年代まで批判を浴びていた官僚支配そのものに他ならなかった．ところが，批判を受けるどころか，賞賛の的となった．直前の政党政権はもちろんのこと，80年代のプレーム政権よりも，そして92年9月以後の政党政権よりも，遙かに安定し，能率的で，清廉であるとして，高い評価を受けることになるのである[5]．二度とも民選議会が解散された時期にあたっており，民選議会不在ゆえに獲得しえた高得点であることは軽視されがちであった．

　第一次アーナン政権時代には民主化にとってもう1つ重要なことが生じていた．内務大臣に就任したイッサラポン陸軍副総司令官は92年3月の総選挙に向

---

[4] 「市民社会は軍事クーデタを暗黙ながら明確に支持していた」［Surin　1999: 362］．
[5] 外交官出身のアーナンが多弁であり，講演やインタヴューに応じて紳士的に自己宣伝に努めてきたことも，高い評価の一因であろう．

けて買票撲滅運動を大々的に展開した．これにより買票が公然と話題にされ，ことさらに罪悪視されるようになった［Arghiros 2001: 170-172］．加えて，92年3月総選挙ではアーナン首相の肝いりで選挙監視団[6]が組織され，買収の監視にあたったことも［Callahan 2000］，買票批判に拍車をかけることになった．競争的な選挙が行われ，勝者が権力を獲得しうる場合には，選挙資金が膨らむことは普遍的な現象である．とりわけタイのように政党自体の集票力が乏しい場合には，選挙への多額の資金投入が不可欠である[7]．現に92年3月総選挙では親軍政党が多額の資金を投入していた．こうした実情にもかかわらず，民選議員は有権者を買収して当選しているにすぎず，当選後にはその資金回収のために政治腐敗に勤しんでいるという批判が高まることは，民主政治の根幹をなす選挙そのものの正当性を傷つけることになった．また，議員買収よりも有権者買収を強く批判することは，票を売るのがもっぱら農村部住民や都市下層民といった庶民（*chaoban*）であったため庶民批判にも通じていた．

（3）1992年5月事件

1992年3月総選挙後4月7日にスチンダー陸軍総司令官が前言を翻して首相に就任した．ただちに反対運動が生じたものの，スチンダーは批判や反対を覚悟しており，軍と国会の支持を確保していたため，動じる素振りを見せなかった．しかし，92年5月に首都中心部で開催された首相退陣要求集会が大規模に膨れあがると，軍が集会に発砲して多数の死傷者を出し，首相は退陣を，軍は政治からの撤退を余儀なくされた．

この事件は民主化にとってきわめて大きな意味を持っていた．何よりも軍隊が政治の舞台から退場させられたことが重要である．撤退は発砲の責任を問わ

---

6 タイでは「中立団体（*ongkon klang*）」と呼ばれる．
7 欧米や日本でも，選挙費用が増加していることが政治腐敗の一因となっている．選挙戦術の変化に加えて，党員の減少により募金や無償労働を頼れなくなったことにも理由がある［Heywood 1997: 430-431］．頼りになる党員がほとんど存在しないタイでは資金への依存度が高まるのは自然なことである．

れたからである．発砲は大規模な集会に原因があった．10万人を越えるのは，1973年10月以来というタイでは稀な規模であった．通説は大規模化の理由を中間層の民主化願望に求めようとする．民主政治を求め，軍の政治介入に反対する中間層が自発的に集会に結集したというのである．中間層は首都の就業者人口の3分の1ほどを占めていたので，集会参加者に中間層が多数含まれていたことは間違いない．しかし，中間層が民主政治実現のために主体的に決起したというのは大変な誇張である．スチンダーの首相就任から大規模集会までの間には1ヶ月の空白期間があった理由を説明できない．そもそも中間層が軍を嫌っていたとすれば，91年クーデタへの反対がほとんど生じなかった理由も説明できない．5月上旬に突然大規模集会が実現されたのはチャムローンの戦果に他ならない．チャムローンは当時首都では絶大な人気を誇っており，人寄せパンダたりえた．しかも飾り物ではなく，上手に踊ってみせた．彼はハンスト宣言などにより可能な限り多数の人々を集会に集めるべく懸命の動員努力を重ねていた．その努力の賜物が大規模集会であった．

　活字メディアは事件の渦中から集会参加者には都市中間層が多いと報道していた．事件後にはさらに中間層主導の民主化運動であったと主張するようになった．それに伴って，チャムローンの影は薄くなった．他方において，軍隊や一部の政党は，チャムローンは人々を死へ導いたと批判した．この批判には活字メディアも荷担した．確かに，犠牲者が出た責任の一端は大規模集会を演出して軍の発砲を誘発したチャムローンにある．しかし，首相の退陣や軍の撤退という成果を高く評価する人々には，チャムローンを批判する資格はない．首相を退陣させるには，首相や軍を震撼させるほどの大規模集会が不可欠であった．首相自らが退陣を決意しなければ，軍に圧力をかけて首相への支持継続は不可能と思わせるか，あるいは発砲という心中行為に追い込む必要があった．チャムローンが危険を承知の上で集会を移動したり，路上で集会を開いたりしたのは，軍首脳に支持撤回か発砲かの決断を促すためであった．チャムローンなどいなくても，中間層が10万人平和な集会に結集すれば同じ成果を達成できたというのはまったくの絵空事である．集会はお祭り騒ぎではなく権力闘争であった．持久戦になれば先細りが確実であった．一気呵成の短期決戦が必要であった．大事なのは，首相も軍も譲歩を拒んだとき首相退陣には流血が避け

がたくなっていたという事実である．首相退陣の成果を誇る一方，犠牲者を出したことの責任の一端をチャムローンに負わせようとすることは自家撞着に他ならない．

　活字メディアがチャムローンを低く評価し，中間層を褒めそやすことには2つの重要な政治的帰結があった．1つはチャムローンの動員戦術が否定されたことである．チャムローンは人数無制限の動員を試みた．この手法は様々な危険を伴っている．議会政治との関連では，チャムローンが挑戦した相手には首相と軍のみならず，国会も含まれていたことが重要である．首相を退陣に追い込む方法の1つは下院の多数派を形成する連立与党に首相支持を撤回させることであった．与党は軍から圧力を受ける一方，政権参加に伴う利権に拘泥して，首相支持を撤回しようとはしなかった．チャムローンはそんな国会に見切りをつけて，院外政治に訴えたのである．スチンダー首相が批判したように，国会で少数派になったら国会外に出て動員戦術に訴えるというのでは，議会政治の安定は難しい．それゆえ，チャムローンに危険分子の烙印を押すことは大衆動員型政治の否定につながり，議会制民主主義を定着させてゆく上では好都合であった[8]．

　もう1つは世論（*mati mahachon*）が政治的権威を獲得し始めたことである．92年5月事件は，たとえばフィリピンの86年政変のように人民（people，タイ語なら*prachachon*）の運動と捉えることも十分に可能であった．むしろその方が自然であった．老若男女を問わずあらゆる階層や職業の人々が集会に参加していたからである．それにもかかわらず，活字メディアは中間層の運動と規定した．その意味は深長である．中間層は活字メディアの主たる消費者であり，マス・メディアのコンテンツの生産者でもある．職業分類でみた場合中間層（専門技術・経営行政・事務職の従事者）は1960年には就業人口の2.6%にすぎなかったものが，95年には12.1%へと増えている．この階層が首都の就業者に占める割合は90年には33.4%に達していた．購買力の高い中間層はメディアの重要な収入源となる住宅，自動車，家電製品などの商業広告の主たる対象でもあった．

8　もう1つ否定されたことがあった．国王を軽々に誘い出してはならないということである．

メディアはこうした顧客の意見を反映しがちであり，顧客を民主化の主役と褒めそやせば販売の増加に寄与した．

　もっと重要なのは言論を支配する能力であった．活字メディアはすでに5月事件の渦中で政府の厳しい報道規制に抗して，集会の報道を詳細に行うことで自らに一定の正当性を獲得していた．それに加えて，中間層が民主化運動の主役であったと規定することで，中間層の意見を格別に尊重されるべき天の声へと仕立て上げることになった．活字メディアは92年以後有能な研究者のコラムニスト化が懸念されるほど多数の大学人をはじめとする知識人（彼ら自身も中間層である）の連載コラムを増やした．そこでにぎやかに展開される政治論議や政策論議を理解しうるのは，公的な議論に参加しうるだけの能力（discursive literacy）[9] を備えたものに限られ，その大半は学歴が高い中間層であった．そうした商業紙（誌）に登場するコラムの論調は主たる読者となる中間層の反応を意識したものにならざるをえない．確かに中間層は一枚岩ではなく価値観や思想を共有しているわけでもないものの，他の階層たとえば上流階層や下層との関係においては比較的まとまりやすい．こうしたコラムあるいは社説を通じて増幅された中間層の意見は通用力が一層高まることになる．中間層に代わって言説権力を行使するのはマス・メディアである．マス・メディアは中間層に正当性を付与することにより，自らの発言力を強化したのである[10]．これによって初めて世論が政治を動かすことが可能になった．80年代までのタイの世論とはおおむね民衆（*prachachon*）の意見（衆論）か[11]，政府が民衆を教導するために説く意見（官製世論）であった．いずれも政治を動かすだけの力を持たなかった．しかし，92年5月に「啓蒙された公衆」であることが確認された中間層の意見（公論）[12] はマス・メディアという強力なパートナーを得て権威を帯びるようになる．

9　マイケル・マンの議論を参照されたい［Mann 1993］．

10　活字メディアが1990年代半ばまでの好況に助けられてテレビやラジオといった放送メディアなどへも事業を拡大したことも発信力を高め，発言力の強化につながった．

11　前出の *mahachon* は大衆（mass），*prachachon* は民衆ないし人民（people）である．なお，大衆という意味で一般的に使用されるのは *muanchon* であり，マハーチョンはもっぱら世論という熟語でのみ使用される．

しかし，中間層は全国でみれば1割余りと少数派にとどまる．そこで，世論の主体は知識人，NGO，実業界などを加えて，国際社会でも通りのよい市民社会（あるいは公衆，市民など）と呼ばれるものへ範囲が拡大されてゆくことになる．市民社会なるものは，人口の7割を占める農村部住民を含めないことは確かながら，時には官僚，時には都市下層民を取り込むという融通（ただし，大衆紙以外の活字メディアも読む人々にほぼ限られる）を臨機応変にきかせることにより，発言力を補強した．その中核にあるのはいつも中間層であり，代弁するのはマス・メディアであった．この世論は声高に政治改革を求めてゆくことになる．

（4）政治改革論

　1992年に軍隊が撤退し，政治は政党を中心として展開されるようになった．80年代まで悲願となっていた政党政治が実現したのである．しかし，じきにいろんな勢力が政党政治を批判するようになった．批判の理由は勢力ごとに異なっていた．主な勢力は3つあった．第一は官僚である．政党政治家は官僚の人事に干渉し，官僚の既得権益を蚕食し始めた．たとえば官僚支配時代には事務次官や局長の経験者（現職を含む）が大臣に就任することが多かった．そこにはある種のなれ合いがあり，たとえば公共事業の発注に伴う利権は官僚の間で分配されていた．ところが，政党政治家が大臣に就任し，行政官庁への監督を強めると，利権は政治家と官僚で分け合わなければならなくなった．官僚はこうしたことに不満を募らせたのである．彼らの基本姿勢は反政党政治であり，政党政治家の権力削減を願っていた．第二は中間層を中心とする都市部住民である．民主政治は数の支配である．下院の定数は人口に比例して配分されている．首都人口が1割，都市部人口が3割であるため，農村部選出議員が国会で，続いて内閣でも多数派を占めるようになった．官僚支配時代とは大きな様変わりである．官僚支配は，首都に君臨する軍人とそれを支える中央集権的な官庁

12　フランスにおける世論の誕生や，「衆論」と「公論」の区別に関する阪上［1999：3章］の議論が大いに参考になる．

によって担われていた．それは紛うことなく首都による地方支配であった．それが選挙政治の時代を迎えると関係が逆転し始めたのである．官僚支配は首都によるばらまきであったものが，政党政治では地方による分捕りとなる．少数派の都市部とりわけ首都の住民は，数は少なくても質では勝っているという自負心が強く，農村部選出議員による国政支配に不満を感じた．この勢力は都市部の発言力がもっと強まることを願っていた．第三は社会的経済的弱者の支援に携わってきたNGOを中心とする活動家である．民主政治が形式面では実現されたにもかかわらず，その恩恵が十分に行き渡っていないことに不満を抱いていた．彼らは地域住民が政治や行政にもっと参加できるようになることを願っていた．

　これらの勢力の利害は必ずしも同一ではない．たとえば1990年代半ばに農村部の各地の住民運動がNGOの支援を得てネットワークを形成し，首都に集団で上京して政府官邸付近に居座り政府に対応を求める集会を何度か開くようになった．彼らの要望はダムなどの公共工事に伴う相応な補償，生活を脅かす開発事業の中止，農地の提供といった具合に生活問題であり経済問題であった．しかし，中間層などの首都住民は地方農民の上京ならびに長期滞在，さらに貧困救済にきわめて冷ややかであった．90年代に二度にわたって政権を担当した民主党がこうした農民の運動に冷淡であった一因は，同党の大票田である首都の住民の意向に沿っていたことに求めうるであろう．このため，農民運動の指導者は首都住民にも受けがよい環境保護を運動の表看板に掲げなければならなかった [Praphat P. 1998]．ここでは中間層とNGOは利害が対立していた．

　こうした同床異夢の勢力に共通していたのは政党政治への不満であった．彼らにとって恰好の指針となったのはアーナン政権であった．同政権は首都をはじめとする都市部で高い評価を得ていた（表7-1参照）．同政権の長所は清廉さ，能率，安定と見なされていた．彼らはこれらの長所を理想として掲げて，政党政治を批判し，政治の改革を求めた．この政治改革論は大きな支持を得た．第一に，政治には清廉さ，能率，安定が望ましいことに異論を差し挟む余地はない．この意味で政治改革論は正論であった．しかも，そうした理想は政党政治の現実からはかけ離れており，実現がきわめて困難な高邁な理想でもある．この理想を掲げれば，政党政治を厳しく糾弾することはいともたやすかった．批

表7-1 歴代首相のなかで誰をもっとも尊敬される人物（1994年調査）[%]

首相＼地域	首都圏	都市部				農村部			
		中部	北部	東北	南部	中部	北部	東北	南部
サリット	12	7	7	6	3	4	0	3	0
タノーム	1	1	0	1	—	—	0	1	—
サンヤー	0	1	2	1	0	—	—	0	—
ククリット	3	4	4	1	1	2	1	2	1
セーニー	0	0	0	0	—	0	0	—	—
ターニン	1	0	0	—	—	0	—	—	—
クリエンサック	1	0	0	—	—	1	—	1	—
プレーム	22	24	19	24	45	23	20	27	23
チャートチャーイ	9	8	5	7	3	22	10	9	1
アーナン	28	27	23	18	10	17	9	5	4
スチンダー	1	2	—	—	—	2	0	—	—
チュワン	15	22	28	25	35	26	39	43	69
その他等	7	3	10	16	3	2	18	10	1

出所：IDE [1995：72] より．

判が高まれば政治改革に弾みがつく．第二に，政治改革の道筋をつけた組織が民主主義発展委員会と命名されていたことに示されるように，憲法の全面改正による政治改革の目的は民主化であると理解されていた．特定の集団や勢力のためではなく，民主化のためであると主張されると反対することは難しかった．第三に，中間層の声を反映した世論が政治改革を強く後押ししていた．

1997年憲法が利害関係のない人々により起草された［SR 1998: 117］というのは幻想にすぎない．確かに，利害関係がもっとも大きな政党政治家は起草過程からほぼ排除された．憲法制定議会議員の選出と最終案の票決にしか参与していないからである．しかし，起草者やその支持者も利害関係とは無縁ではなかった．憲法には，政治改革を要求し，新憲法制定を支持した人々の利害が多少なりとも反映されていた．NGO勢力は住民参加の拡大や地域共同体の権利を要求し，それがある程度盛り込まれた．たとえば，地域共同体構成員は地域の風習や文化を保護・活性化する権利や，天然資源や環境の管理・維持・活用に参加する権利を有するという46条の規定である[13]．政党政治家の勢力浸透に反感を抱く保守的な官僚のために，政治家への監視強化を目的とした憲法裁判所，

行政裁判所，選挙管理委員会などの機関が設置された．これらの機関の委員や判事には官僚経験者の就任が予定されていた．また，官庁は伝統的に大卒者の最大の就職先となっていたので，閣僚や国会議員が大卒以上の学歴を備えなければならないという制限規定は官僚には好都合であった．最後に，都市部住民向けには，選挙制度が改革され，下院議員と内閣の関係が見直された．新たに導入された比例区には都市部とりわけ首都の代表が多数選出されるはずであった．閣僚ももっぱら比例区議員から任命されることになったため，都市部の代表が増えるはずであった．このように97年憲法は政党政治に何らかの不満を抱く勢力の要望をある程度受け入れてその不満を緩和する規定を盛り込んでいた．こうした配慮が政治改革への支持取り付けを助けていた．政治改革支持の論陣を張ったマス・メディアにも39条で「新聞その他のマス・メディアの所有者はタイ国籍を有しなければならない」という条文が，「国家は市場メカニズムに基づく自由経済体制を支持しなければならない」という87条の規定を無視するかのように盛り込まれたことも忘れてはならない．

終章-2　安定した保守政治

（1）消極派の慰撫

　タイ政治研究では官僚政体論が1980年代まで支配的であったため，官僚制ないし国家に挑戦する勢力が民主化の積極的な推進派として注目されてきた．推進派探しが行われ，70年代から80年代にかけては実業家，90年代に入ると都市中間層がそうした推進派と見なされてきた．実際のところ，タイでは実業家や中間層の規模の拡大と，政治の民主化の両者がさしたる時間のずれもなく進

13　この規定を称えるものは，私有財産権を保護する48条との整合性を軽視しがちである．

んできた．これは経済成長によって実業家や中間層の規模が拡大することが民主化につながるという近代化論の捉え方と一致しているように思われる．

　しかしながら，こうした近代化論に対して，社会の階級構造に着目するルスマイヤーらは，形式的な民主政治が安定するにはエリートの権益が保護される必要があると指摘する［Rueschemeyer *et al.* 1992: 267］．この立場では，地主や実業家は民主化に対して消極的であるとされ，中間層も曖昧な態度をとるとされている．民主化によって権益を脅かされるからである．民主化を達成するにはこうした消極派を慰撫し安心させることが不可欠である．1970 年代からのタイの民主化過程を振り返ると，重要な鍵を握っていたのは積極派よりも消極派であったように思われる．

　消極派勢力に挙げられる地主と実業家（資本家）のうち，地主についてはタイの農村部にはさほど存在しない．その理由は，1960 年代までは土地に対する人口圧力が小さく移住・開墾により新たな農地を求めえたこと，農家では均分相続が原則となっており世代交代とともに所有規模の縮小が進んだこと，広大な農地を所有するのは在村農民地主ではなく都市部の実業家であったことに求めうる[14]．他方，実業家の規模が顕著に拡大し始めるのは 60 年代以後を待たねばならない．実業家は政治権力者と絶えずかなり良好な関係を保ってきており，あえて王政や軍政に反対して積極期に民主化を求める理由がなかった．しかし，73 年に軍事政権が崩壊し，政府首脳と癒着してきた実業家への批判も高まると，実業家は権益を守るべく政党政治に積極的に参加した．ところが，近隣諸国の共産化が進み，国内でも共産党が勢力を伸張する中，議会では左翼議員が台頭し，議会外では学生，農民，労働者などが様々な要求を掲げて運動を展開した．資本主義や王制の存続への危機感を抱いた保守派や勤王派は，官製右翼組織を動員して学生や農民の運動指導者あるいは左翼議員への襲撃を繰り返して社会不安を煽り，ついに 76 年には権威主義体制を復活させた．こうした 70 年代半ばの政治について確認しておくべきは，民主政治への扉をこじ開けたのは

---

[14] 実業家地主の関心はさして収益を期待できない農業生産ばかりではなく，土地保有税負担が軽微なことを生かした転売益にもあった．なお，北原によれば，1930 年代には政府が「小農創出的政策」に取り組み始めた［北原 2002 b；2002 c］．大規模な在村地主の出現が抑制された一因はそうした政策にあった．

学生であって実業家ではないこと，扉を乱暴に閉じたのは実業家を含む保守勢力であったこと，この2点である．実業家は漁夫の利を得ようとしたものの，却って不利益を被りそうになったため，反対派の立場を鮮明にしたわけである．

しかし，この緊急避難的な権威主義体制は正当性が乏しかった．1976年クーデタ直前のタムマサート大学での無差別殺戮への不満が渦巻き，タイ共産党は勢力を急速に伸ばした．そこで民主政治再開に向けて舵が取られることになる．しかし，70年代半ばのように実業家にとって脅威となるような政治であってはならなかった．比較研究によれば，実業家の「権益を着実に保護しうる政党制」が好ましかった．「イデオロギー色がなく階級横断的でパトロン・クライアント関係に基づく有力な政党や，有力な保守政党がそうした機能を果たしうる」はずであった [Rueschemeyer et al. 1992: 287]．タイに登場したのはまさしくそうした政党制であった．中小規模の保守政党が乱立し，ほとんどすべてが首都の実業家から資金提供を受け，自力当選能力のある議員を買い集めた．議員の大半は地方の実業家自身あるいは実業家から支援を受ける人々であった．選挙戦ではイデオロギーや政策は争点とならず，集票請負人を確保し，農村部住民や都市下層民を中心とする有権者を買収するための資金力がもっぱら物をいった．こうした政党制ならびに選挙政治は実業家にとって権益を維持増進するのにまことに好都合であった．いずれの政党も保守政党であるため，選挙のたびに各党の議席が増減し政権が交代しても，実業家層の権益を脅かすような政策が提示される可能性は乏しく，何ら不安材料とはならなかった．定期的に政権が交代することは，政権の正当性を更新することになるので，むしろ保守政党が支配する政治の安定に寄与していた．

1992年5月事件を契機として政治の舞台に突如登場した中間層の動向は大いに注目されるところであった．中間層は民主化への態度において上下いずれの階層とも同盟を結びうる可能性があった．下層と同盟するならば，所得再配分の効果を伴う社会民主主義的な政策やそれを支えるための資産課税（たとえば相続税の導入）や累進税率の強化といった方向を志向することになろう．上層と同盟するならば，農村部住民や都市下層民からの社会的経済的格差の是正要求に冷ややかとなろう．

中間層が民主化に対して示す態度は，他の階層との関係に左右されることが

表7-2　新車の地域別登録台数（1996年）

		全国	バンコク	中部	東北	北部	南部
乗用車	台数	181,946	122,432	19,637	13,981	14,784	11,112
	割合	100.0%	67.3%	10.8%	7.7%	8.1%	6.1%
貨物車	台数	337,951	108,825	75,828	61,401	47,287	44,610
	割合	100.0%	32.2%	22.4%	18.2%	14.0%	13.2%
バイク	台数	1,246,210	195,200	244,377	321,407	264,330	220,896
	割合	100.0%	15.7%	19.6%	25.8%	21.2%	17.7%

出所：Alpha [2002：143-145, 149-154] より．
注：経済危機により販売台数が激減する前年の数字をあえてあげた．

知られている [Rueschemeyer *et al*. 1992: 267]．タイの中間層が社会経済的にどのような位置付けにあるのかは，自動車の保有状況から窺い知ることができよう（図表7-2参照）．首都で自家用車と言えば乗用車である．乗用車は中間層にとってはステータスシンボルともなっている[15]．地方を走る乗用車にも首都のナンバープレートをつけた車両が多い．乗用車の所有者の3分の2は首都住民だからである．残る3分の1の乗用車の所有者はたいていが地方都市部住民である．農村部の住民が自動車を必要としていないわけでは決してない．公共交通機関が不備なため，地方では首都以上に需要は高い．それはバイクの登録台数が多いことに示されている．バイクなら購入できても，自動車には手が届かないのである．自動車を購入しうる場合も，地方では乗用車ではなく，貨物車（ピックアップ・トラック）の割合が高い．乗用の他に貨物運送にも活用できるだけではなく，貨物車が税制上優遇されており低価格であって，所得水準がやや劣るものにも購入しやすいことが理由である．都市部に集中し乗用車を保有する中間層にとって，上の階層は欧州製の高級乗用車を所有する実業家であり，下の階層はせいぜい貨物車しか購入しえない農村部住民や都市下層民である．

　92年5月事件を契機として政治への発言力を著しく強化した中間層は政党政治を批判するようになった．その際，実業家による政党買収，政党による議

15　「こんにちの中間層の主流を構成するホワイト・カラー層の生活意識の特質は，社会的威信に対する強い関心に見出しうる」[木村 1993：155] という指摘の例外ではない．バンコクの激しい交通渋滞の中，高架鉄道の速度よりも，財力を誇示しうる自家用車での通勤を選ぶのが90年代のタイの中間層であった．

員買収，議員による有権者買収のいずれも民主政治の正当性を損なう行為として等しく批判の対象となる資格があった．しかし，中間層がもっぱら批判したのは買票，つまり下院議員による有権者の買収であった．中間層は清廉で能率的で安定した政治の実現という美しい理想を掲げる政治改革論を支持した．政治改革の産物である 97 年憲法は国会議員と閣僚をめぐる権力関係にかなり大きな変更を加えた．農村部選出議員の権力が稀釈され，新たに導入された比例区議員が小選挙区議員よりも一段上におかれた．これは農村部代表に対抗して，比例区議員を通じて都市部住民の比重を高めることを意味していた[16]．タイの中間層は一見したところ革新的に見えながらも，実は他のアジア諸国の中間層と同様に保守的であり，上の階層との同盟を選び取ったのである．

それに加えて，政治改革が，政党政治の受益者となってきた実業家の既得権益を脅かさなかったことも重要である．政治改革論では批判はもっぱら政党政治家に集中し，実業家による政党買収は下院議員選挙立候補者による有権者買収よりも軽微な問題と見なされていた．それゆえ，実効的な政治資金規正措置は講じられなかった．政党への政治献金は届け出が義務付けられたものの，処罰対象になるのは政党であり，献金者ではない．また，献金者による政党支配を防止するという名目で，政党への公的な助成制度が導入されたことの意味も小さくない．

サネーが紹介するところによれば［Sane 1997: 401］，カシアンは 1996 年に政治改革は首都の大規模実業家と地方の中小規模実業家の内輪もめにすぎないと看破していた．確かに政治改革にはそうした面があった．たとえば，閣僚をもっぱら比例区議員から任命するという規定である．小選挙区議員は従来の中選挙区議員の後継者であり，多くが地方の実業家である．これに対して，比例区議員は小選挙区議員を束ねる派閥の領袖，全国的な知名度のある官僚や企業経営者，政党への献金者などである．そこには首都の実業家あるいはその代理人が含まれる余地が大きい．従来の制度下では資金提供者が閣僚に就任することは

---

16 上述のように，従来の中選挙区では必ず都市部と農村部が組み合わされて都市部が少数派になりがちであったものが，小選挙区では県庁所在地をはじめとして都市部中心の選挙区が創出されるので，この面でも都市部住民の代表が選出される可能性が高まった．

容易ではなかった．中選挙区議員が，選挙の洗礼を受けていない人物には閣僚就任の資格が乏しいという理由で反対したからである．このため，資金提供者が閣僚に就任しようとすれば，自ら下院議員に当選し，さらに閣僚ポスト獲得に見合うだけの人数の議員を養う必要があった．下院議員が好餌と見なして啄もうとしたため，こうした富裕な実業家の多くは辟易して政界から退いていった．これに対して，新憲法のもとでは首都の大規模な実業家はそうした労をとらなくても政党への多額の献金のみで比例区議員となり閣僚に就任しうる可能性が高まった．実業家内部における政治権力関係が経済権力関係を反映したものに改められたわけである．首都の実業家も政治改革の受益者となっていたのであり，従前通り経済力を政治力に変換し続けることができた．

政治改革は社会的経済的不平等の縮小という意味での民主主義の実質化にはさほど寄与していない．民主主義は自由民主主義の意味で用いられることが多く，本来水と油の関係にある自由への希求と平等への希求が同居している［勝田 1970；勝田 1979；勝田 1994］．1990 年代に定着し始めたタイの政党政治は政党と有権者が直結しておらず，大衆の要求が噴出する状況には至っていなかった．しかし，政党政治は，インドの例を引くまでもなく［木村 1996］，大衆民主主義状況へと向かう可能性を秘めている．政治改革論はそうした大衆の発言力強化を嫌い，普通平等選挙を制限選挙に変更して大衆から被選挙権を剝奪し，大衆の代表である小選挙区議員の権力を制限した．機先を制して大衆民主主義化を押しとどめ，時計の針を逆回りさせたことになる．平等と自由が対立する局面では，持てるものは自由を選び取る．97 年憲法はこの意味でエリート主義的な色彩を帯びている．

改革の代価を支払わされたのは小選挙区議員や農村部住民である．しかしながら，政党政治を批判するもっとも有力な勢力となっていた中間層の不満が慰撫され，異議を声高に唱えるものがほとんどいなくなったという意味で，政治改革は民主政治の定着に間違いなく寄与していた．この点に関しては「人民の憲法」という起草者のレトリックが重要であった．ここでの「人民」は政治改革支持者とほぼ同義である．中間層とともに，政党政治に不満を抱いていた保守的な官僚や NGO なども含まれる．改革を要求し支持した人々はこのレトリックを真に受けて，下院議員などからの草案批判に強く反駁した．要望通り

の憲法が起草されたと認めたのである．そうした人々が97年憲法やそれに基づく政治体制に異議を唱えるのは自己矛盾である．言い換えるならば，政治改革を要求していた勢力は新憲法の施行に伴い，新たな政治体制を維持してゆく責務を負うことになったのである．

（2）漸進性と安定

　タイの民主化過程を振り返ると，民衆革命型の運動［藤原 2002］がまったくなかったわけではない．1973 年 10 月 14 日政変や 92 年 5 月政変はそうした事件であった．90 年代半ばに台頭した政治改革論にも性急な民主化要求という側面があった．しかし，実際に生じたのは，そうした運動とは裏腹に穏健な民主政治であった．主たる理由は，80 年代に定着が進んだ政党政治が実業家を中心的な担い手とする総保守党体制を特色とし，90 年代半ばに台頭した政治改革論が中間層を重要な支持者としていたことに求めうるであろう．民主政治は対内的にも対外的にも正当性を提供してくれるので，選挙結果に一喜一憂する必要がなければ，政治を安定させるには好都合である．実業家は穏健で安定した政治を志向しがちなものである．実際のところ，保守政党に支配される政府が個別の企業や業界の利益を損ねたり，マクロ経済運営に失敗したりすることはあっても，実業界全体の権益を積極的に脅かすことはなかった．

　他方において，中間層が待望したのは必ずしも民主政治ではなく，ましてや大衆参加型の民主政治ではなかった．タイの中間層は「独裁……と民主主義……の双方にとって日和見的で信頼のおけない同盟者となってきた．この階層は，廉潔で優しく，効率的かつ能率的で，便利で寛大で，啓蒙的で慈悲深い政府を願ってきた．そうした政府は民主主義的とは限らず，ましてや大衆参加型の民主主義ではない．政治的に重要な様々な集団に対する態度がそのことを物語っている．中間層は軍独裁者には神経をとがらせ，地方選出の国会議員を見下し，民衆の抗議運動や NGO に不信感を抱き心底では無理解である．対照的に，彼らは尊敬に値するように見える高官を信用し，企業の経営者として成功をおさめた富豪に敬意を払っている」［Kasian 2002: 330］．カシアンがこのように捉えるタイの中間層が，政党政治が定着して大衆民主主義へと向かおうとする矢先に，

政治改革により機先を制したとしても不思議ではない．中間層は「上流社会に食い込もうとする一方，下からの侵入者から身を守ろうとする」［木村 1993：145］人々であり，農村部住民や都市下層民とその代表は「下からの侵入者」に他ならないからである．

天児［1998：56-57］はアジア諸国の民主化には次の2点が確認しうると述べる．「第一は，アジアにおける急進的な民主化運動は，一見民主化を促進する中心要因のように見えるが，むしろそうした運動の華やかさとは裏腹に，しばしば軍の介入を招き，結局，より強固な独裁の呼び水になったことである．」「第二は，そもそもアジアの政治体制は，形式的に民主的であっても実質的には権威主義的なものが多かったが，民主化運動が一般に漸進的で，選挙制度の改革や投票行動など政治体制の改革と結びつき，それらが一定期間継続的に機能するようになると，政権交代を含む民主主義の内実化が進むようになってきていることである．」彼によれば，こうした民主化が生じる理由としてとりわけ重要なのは中間層の台頭であり，この階層は「一方で急進的運動の沈静化，保守化を導くが，他方で漸進的民主化を考える上で否定できない意味を提示している[17]．」

天児の指摘通り，タイの民主化は漸進性を特色としていた．漸進性は，民主化が急進的な運動の直接の産物ではなく，時間を費やして急進的な要求の角を丸めようとした結果であることに由来する．それは消極派を慰撫する作業であった．消極派や批判派は複数存在していた．実業家，軍，行政官僚制，さらに都市中間層などである．このため，慰撫には長い時間がかかり，タイが東南アジア地域諸国の中で政治の民主性を誇りうるようになるのは1990年代を待たねばならなかった．タイの民主化が「上からの民主化」あるいは「管理された民主化」と形容しうるのは，こうした四半世紀近い時間をかけた慰撫作業とともに進んできたからである．

17　天児［1998：58-59］はまた，アジアの民主化の特徴として3つを挙げる．1つは「政治安定を前提とした上からの『制限付き民主化』の拡大が，下からの民主化運動と一定のハーモニーをもって進行する」ことである．第二は，競争よりも合意を重視して，政治的混乱を回避し安定を保とうとすることである．第三は，この2点と密接に関連した漸進性である．

こうした漸進的な民主化は安定との両立を可能にした．安定を可能にした要因としては，批判勢力の慰撫の他に，保守政党支配と政権の不安定を指摘しうるであろう．1980年代以後の政党政治には次のような特色があった．まず第一に総保守党体制が成立した．主要な政党はすべて保守政党である．どの政党が政権を担当しても政策に大差はない．第二に政党は集票努力を怠った．政党は党員の獲得を目指したり，魅力的な政策を掲げたりすることがなかった．これは選挙に際して，宗教，地域，階級，民族といった分断に訴えかける政党がなかったことを意味してもいる．選挙政治が社会の分断を創出・増幅することはなかったのである．その裏返しとして，第三に，これら2点と連動して，政党は議席を増やそうとするときにはもっぱら現職候補を筆頭とする有力候補者を選挙前に買い漁ることに終始してきた．政党がもっとも配慮すべきは候補者買収資金の提供者であり，有権者ではなかった．第四に，政党に集票力がないため，候補者は自力当選を迫られ，集票請負人を活用するようになった．有権者を釣るのは集票請負人，集票請負人を釣るのは候補者，候補者を釣るのは政党という仕組みが確立されてゆくのである．この仕組みのため，政党や政府と有権者の間には距離があり，政党政治は有権者からある意味で超然とすることが可能であった．有権者に対して鈍感たりえたのである．

　政治を安定させてきたもう1つの要因は，政権の不安定である．総選挙で2回連続して最多の議席を獲得得した政党は1983年の社会行動党が最後であり，1990年代以後2001年までの5回の総選挙では与党第一党がことごとく敗北し，政権交代が生じた．政権の不安定は選挙時のみに現れたわけではない．4年の任期を全うできた政権は1つとしてなかった．これは第一党とはいってもせいぜい下院の3割程度の議席しか持たず，連立政権を組んでおり，連立与党間で抑制均衡が働いてきたからである．与野党間や与党間のみならず，各党の内部でも，上述のように当選を党に負っていないがゆえに党の統制に容易には服そうとしない議員たちが利権を求めては党の安定を絶えず脅かしていた．こうした多元的な権力状況は特定の政党や特定の政治家による過度な指導力発揮を阻止し，多種多様な利害が妥協の産物として反映される余地を残し，政治を安定させる効果を伴っていたのである．それに加えて，政治への不満が生じたときに真っ先に矛先を向けられる政権が不安定で崩壊しやすく，数年ごとの選挙で

刷新されるため，政治体制への不満には転化しにくかった．

　しかし，政治改革論の成果である1997年憲法のもとで実施された2001年総選挙後，タイでは類稀な安定した政権が誕生した．過半数近い議席を獲得したタイラックタイ党の党首タックシンが率いる政権である．与野党間，連立与党間，与党内部のいずれでもタックシンへの対抗力を秘めた勢力の力が削がれたため，タックシン首相は強い指導力を発揮している．彼は軍や行政官僚制も統制下におさめつつある．抑制均衡を生み出す権力の多元性が激減することにより，政権の不安定要因はほぼなくなった．他方において，タックシンは選挙で具体的な公約を掲げ，政権発足後にはその実現に向けて努力している．有権者の意向が政治に反映されるのは民主化として歓迎されるべきながら，有権者軽視という政治の安定要因が失われることを意味してもいる．2003年時点では政治も政権も頗る安定している．タイの政治が変化したことは明らかである．政治の安定が今後も保たれるかどうかは分からない．懸念材料として１つ指摘しうるのはタイラックタイ党の性格である．タックシンが政権を安定させ強力な指導力を発揮しうる主たる理由は，同党が小政党を併呑して下院の過半数を超える大政党となっていることにある．ところが，同党は他の政党にもまして，党首タックシンへの依存度が高い個人政党である．党首としても首相としてもタックシンの代わりを見つけることは難しい．チャートチャーイの代わりにバンハーン，チャワリットの代わりにチュワンといった具合にはゆかないのである．何らかの事情によるタックシンの退陣は党，政権，政治のすべてに不安定をもたらすことになろう．

あとがき

　本書はタイの民主化の実像に迫ることを目的としていた．これはタイの民主化に関してタイの知識人や内外のタイ研究者の間で有力な説明に，筆者が違和感を抱き，不足があると感じたからである．まず，タイで形式民主主義が定着したことは紛れもない事実であり，異論を唱えるものはほとんどいないであろう．その民主主義が申し分のないものとはいえず，改善の余地をたくさん残していることも間違いない．民主化は終わりのない過程であり，より一層の自由や平等に向けて努力や運動が今後も重ねられてゆくことであろう．また，そうなることを期待したいものである．

　筆者がいう虚像とは，民主化の不十分さに関わることではなく，民主化過程をめぐる解釈に関わっている．端的にいえば，研究の不十分さである．タイは東南アジアにおいて（2003年現在）経済規模（GNP）では2位，面積では3位，人口規模では4位であり，比較的大きな国である．日本はタイに多額の投資や援助を行ってきている．日本からタイへの旅行者も多い．このように重要度がかなり高く，調査研究への公的規制が弱いにもかかわらず，日本におけるタイ政治研究は決して活発ではない．たとえばインドネシアやフィリピンの政治研究に大きく遅れをとっている．タイ政治研究の相対的な低調ぶりは日本だけの現象ではなく，タイ国内でも欧米でも同様である．

　こうした低調さのゆえに，日本ではタイ政治について，50歳代以上の人々からは学生運動はどうなったのですか，軍隊はどうなったのですか，30歳代以上の人々からは中間層はどうなったのですか，チャムローンはどうなったのですか，もっと若い人々からは現行の1997年憲法はどの程度民主的なのですか，といった質問を受けることが稀ではない．あるいは，タイは立派な王様がおられるおかげで政治が民主化し安定もできたのですねとか，経済が成長すると政治は民主化できるのですねとか，相槌を求められることも多い．タイでも，もっ

と説得力のある説明はないかと問われることがある．こうした状況を招いてきた一因は，タイ現代政治研究が歴史的な文脈を軽んじがちなことに求められる．特定の事件の説明に関心を向ける余り，長め広めの視野を疎かにしてきたきらいがある．全体像や別の事件との関連がよく見えず，読者としては混乱を来すことになる．このような研究状況は，かつての筆者がそうであったように，初学者を戸惑わせてきた．

　民主化に関する不十分な説明，時には誤った説明が罷り通ってきた責任はタイ政治研究者にある．筆者もその1人として大いに反省しなければならない．民主化過程をめぐっては，これまでは，1973年の10月14日政変，92年の5月事件，あるいは90年代半ばの政治改革論がいずれも運動で汗（や血）を流した人々が期待した結果がおおむね実現されたと理解されることが少なくなかった．これは民主化に積極的な勢力に着目し，その貢献を高く評価しようとする立場である．特定の事件に関しては説得力のある説明であっても，すべて積極派で説明しようとすると無理があり，虚像となる．確かに民主化は進んできたものの，積極派の意図通りの結果が実現されたわけではなく，積極派は一枚岩でもなかった．むしろ民主化の推進派と目される勢力は時期によって変化しており，攻守立場が入れ替わることもあった．民主化は，たとえて言えば100点を目指して頑張ったのに落第点や60点しかとれず，努力をしなかった他のものが80点をとった，こんなはずではなかったという不満や無力感を積極派に残しつつ進んできた面もある．そこで，本書では民主化にとっては積極派の目的達成よりも消極派に80点をとらせる慰撫の方が重要であったという逆の観点から，民主化過程を実証的に説明しようと，つまり実像を描き出そうと試みた．本書がタイ政治を包括的網羅的に，あるいは十分に理論的に，説明できたとは思っていない．しかし，あやふやな先行研究に基づいていては分析もあやふやとならざるをえない．タイを事例の1つとした比較研究や理論研究も，タイの実像が曖昧なままでは難しい．まずは実証的な研究を1つずつ積み重ねることが重要であろう．本書ではそれを試みた．タイ政治理解に多少なりとも寄与できるところがあれば幸いである．

本書は，はしがきに記した通り，科学研究費補助金による研究の成果報告書がもとになっている．本書の1章第3節は，1998年度にアジア経済研究所で開催された「タイの産業発展と経済社会の変容」研究会に参加させていただいた時に作成した成果報告書を下敷きとしている．2章と3章は『アジア・アフリカ地域研究』（1号と2号）に発表した原稿を加筆修正したものである．5章も『あうろーら』（20号）に発表した原稿をほぼ全面的に書き直したものである．4章と6章は一部をアジア政経学会（1997年），東南アジア史学会（1998年と2000年），日本政治学会（2002年）で報告し，いただいた有益なご教示を参考にして書かれている．

　本書の出版にあたっては多くの方々のお世話になった．地域研究叢書に加えていただいた京都大学東南アジア研究センター，出版に助成をいただいた京都大学教育研究振興財団，遅筆な筆者を寛大に見守りつつ出版・編集の労をとっていただいた京都大学学術出版会の鈴木哲也氏，この3者なくして本書の出版はありえなかった．厚く御礼を申し述べたい．また，筆者が研究生活を続ける上でお世話になった方々は数え切れないほど多い．怠惰な筆者を学部時代から厳しくかつ優しく指導していただいた京都大学法学研究科の恩師木村雅昭教授にはいくら感謝してもしすぎることはない．京都大学名誉教授勝田吉太郎，神田外国語大学学長石井米雄，学習院大学教授村松岐夫，東京大学教授末廣昭，神戸大学教授片山裕，大阪学院大学教授佐古丞の諸先生のご指導や叱咤激励がなければ筆者が今日まで研究生活を続けていることはありえなかった．余りに多くの先生や先輩の学恩を受けてきたためすべての方々のお名前を挙げることはできないものの，ご高恩に深く謝意を表したい．最後に，筆者のタイ人もどきの気ままさを大目に見てくれた両親と妻子にも感謝したい．

参考文献

阿部照哉・畑　博行編．1998．『世界の憲法集（第2版）』有信堂．
Akon Huntrakun. 2000. "Prachaphican," in *Akon ramluk: thiraluk nai wara khlai wankoet khun akon huntrakun* (Bangkok: Phikkhanet Printing Center), pp. 139-140 (Originally published in *Matichon*, June 10, 1997).
天児　慧．1998．「アジアの政治変容：民主化への模索と試練」天児慧編『アジアの21世紀：歴史的転換の位相』紀伊國屋書店，21-62頁．
Amara Pongsapich. 1995. "Strengthening the Role of NGO's in Popular Participation," in Jaturong Boonyarattanasoontorn and Gawin Chutima (eds.), *Thai NGOs: The Continuing Struggle for Democracy* (Bangkok: Thai NGO Support Project), pp. 9-50.
Anan Panyarachun, 1998. "Rabop prachathipatai kap sangkhom lok lae prathet thai," in Khana So. So. Ro., *Ruam sara ratthathammanun chabap prachachon* (Bangkok: Matichon), pp. 37-49.
Anderson, Benedict R. 1977. "Withdrawal Symptoms: Social and Cultural Aspects of the October 6 Coup," *Bulletin of Concerned Asian Scholars*, 9: 13-30.
――. 1990. "Murder and Progress in Modern Siam," *New Left Review*, 181: 33-48.
Anek Laothammathat (Anek Laothamatas). 1992. *Business Associations and the New Political Economy of Thailand: From Bureaucratic Polity to Liberal Corporatism* (Boulder: Westview Press)
――. 1993. *Mop muthu: chonchan klang lae nakthurakit kap phatthanakan prachathipatai* (Bangkok: Matichon).
――. 1995. *Song nakkhara prachathipatai: naeothang kanpatirup kanmuang setthakit phua prachathipatai* (Bangkok: Matichon).
――. 1996. "A Tale of Two Democracies: Conflicting Perceptions of Elections and Democracy in Thailand," in R. H. Taylor (ed.), *The Politics of Elections in Southeast Asia* (New York: Woodrow Wilson Center Press).
――. 1997. "Development and Democratization: A Theoretical Introduction with Reference to the Southeast Asian and East Asian Cases," in Anek Laothamtas (ed.), *Democratization in Southeast and East Asia* (Singapore: ISEAS), pp. 1-20.
――. 1999. "Suan ruam thi mi chai rat: khwammai khong prachasangkhom," in Anuchat Phuangsamli and Krittaya Achawanitkun (eds.), *Khabuankan prachasangkhom thai: khwamkhluanwai phak phonlamuang* (Bangkok: Amarin Printng and Publishing), pp. 35-61.
Aphiwat Phothisit. 1998. *Caruk wai nai khwamsongcam phonek chettha thanacaro 23 singhakhom 2541* (Bangkok: Sinsayambancuphan lae kanphim).
Arghiros, Daniel. 2001. *Democracy, Development and Decentralization in Provincial Thailand* (Richmond, Surrey: Curzon).
浅見靖仁．1998．「中間層の増大と政治意識の変化」田坂敏雄編『アジアの大都市［１］バンコク』

日本評論社, 305-328頁.
―. 2002.「タイ：開発と民主化のパラドクス」『岩波講座東南アジア史 9 「開発」の時代と「模索」の時代』岩波書店, 33-63頁.
At Sasiprapha. 1972. *Anuson nai kanphraratchathan phloengsop phontho at sasiprapha* (Bangkok: Krungthepkanphim).
Bowonsak Uwanno (Bavornsak Uvanno), 1997. "Political Culture vs CDA Charter", *Bangkok Post*, September 26, 1997.
―. 1998. "Phap ruam khong ratthathammanun chabap mai," in Khana So. So. Ro. (ed.), *Ruam sara Ratthathammanun chabap prachachon* (Bangkok: Matichon), pp. 50-79.
―. 1999. *Ratthathammanun naru: ruam sara-kham athibai lak kotmai ratthathammanun cak sathani witthayu kracai siang haeng prathet thai* (Bangkok: Samnakphim Winyuchon).
Bowie, Katherine A. 1997. *Rituals of National Loyalty: An Anthropology of the State and the Village Scout Movement in Thailand* (New York: Columbia University Press).
Bunce, Valerie. 2000. "Comparative Democratization: Big and Bounded Generalizations," *Comparative Political Studies*, 33 (6/7): 703-734.
Bunloet Khachayutthadet. 1998. "Nathi khong chao thai," in Khana So. So. Ro. (ed.), *Ruam sara Ratthathammanun chabap prachachon* (Bangkok: Matichon), pp. 210-216.
Cai Ungphakon *et al*. 2000. *Kanmuang thai nai thatsana latthi mak* (Bangkok: Chulalongkorn University Press).
― (Ji Giles Ungpakorn). 2002. "From Tragedy to Comedy: Political Reform in Thailand," *Journal of Contemporary Asia*, 32 (2): 191-205.
Callahan, William A. 1998. *Imaging Democracy: Reading "The Events of May" in Thailand* (Singapore: ISEAS).
―. 2000. *Pollwatching, Elections and Civil Society in Southeast Asia* (Aldershot: Ashgate).
Caturong Chaisaeng, Konlayut Chaisaeng, Wutthiphong Chaisaeng lae Thitima Chaisaeng. 1996. *Dae pho mae duai duang cai* (Bangkok: Statenews).
Cattawa Klinsunthon (ed.). 1995. *Ratthahburut chu prem* (Bangkok: J. Plus Image and Publishing)
Chaianan Samutthawanit (Chai-anan Samudavanija). 1987. "The Bureaucracy," in Somsakdi Xuto (ed.), *Government and Politics of Thailand* (Singapore: Oxford University Press), pp. 75-109.
―. 1989. "Thailand: A Stable Semi-democracy," in Diamond, Larry, Juan J. Linz, and Seymour Martin Lipset (eds.), *Democracy in Developing Countries, Volume 3: Asia* (Boulder, Colorado: Lynne Rienner), pp. 305-346.
―. 2000. *Wisaithat thai nai sangkhom lok* (Bangkok: Amarin).
Chai-anan Samudavanija and Parichart Chotiya. 1998. "Beyond Transition in Thailand," in Larry Diamond and Marc F. Plattner (ed), *Democracy in East Asia* (Baltimore: The Johns Hopkins University Press), pp. 147-167.
チャムロン・スィームアン. 1993.『タイに民主主義を』(北村 元・佐々木咏子訳), サイマル出版会.
Chaowana Traimat. 1998. *Khomun phunthan 66 pi prachathipatai thai* (Bangkok: Sathaban

Nayobaisuksa).
Chatcharin Chaiwat. 1998. *Cutfai nai nakhon: phachoen na lokaphiwat* (Bangkok: Samnakphim Samaphan).
Chumphon Phatthraphon. 2002. *Thaksin ruai thaorai nae: Cing ru caek ngoen wan la lan pa ik ko mai mi wan mot* (Bangkok: Thanaban).
Connors, Michael Kelly. 1999. "Political Reform and the State in Thailand," *Journal of Contemporary Asia* 29 (2): 202-226.
――. 2003. *Democracy and National Identity in Thailand* (London: Routledge Curzon).
CPR. 1987. *100 pi rongrien nairoi phracunlacomklao, phak 2-3* (Bangkok: JNT).
――. 1998. *Thamniap nakrien nairoi khroprop 111 pi rongrien nairoi phracunlacomklao* (Bangkok: Mangkon Kanphim).
Decho Sawananon. 1998. "Cotmaihet chabap yo ratthathammanun haeng ratchaanacak thai phuttthasakkarat 2540," in Khana So. So. Ro., *Ruam sara ratthathammanun chabap prachachon* (Bangkok: Matichon), pp. 80-120.
Diamond, Larry. 1999. *Developing Democracy: Toward Consolidation* (Baltimore: The Johns Hopkins University Press).
Doner, Richard F. and Ramsay, Ansil. 2000. "Rent-seeking and Economic Development in Thailand," in Mushtaq H. Khan and Jomo K. S. (eds.), *Rents, Rent-seeking and Economic Development: Theory and Evidence in Asia* (Cambridge: Cambridge University Press), pp. 145-181.
遠藤　貢．2000．「アフリカ"市民社会"論の展開」日本国際政治学会編『転換期のアフリカ（国際政治123）』13-29頁．
藤原帰一．1987．「フィリピンにおける『民主主義』の制度と運動」『社会科学研究』41(1)：1-94．
――．1994．「政府党と在野党：東南アジアにおける政府党体制」萩原宜之編『講座現代アジア3巻・民主化と経済発展』東京大学出版会．
――．2002．「民主化後の東南アジア」慶應義塾大学地域研究センター編『変わる東南アジア』慶應義塾大学出版会，121-162頁．
船津鶴代・篭谷和弘．2002．「タイの中間層：都市学歴エリートの生成と社会意識」服部民夫・船津鶴代・鳥井　高編『アジア中間層の生成と特質』アジア経済研究所，201-234頁．
Gawin Chutima. 1995. "Thai NGOs and Civil Society,' in Jaturong Boonyarattanasoontorn and Gawin Chutima (eds.), *Thai NGOs: The Continuing Struggle for Democracy* (Bangkok: Thai NGO Support Project), pp. 135-144.
Girling, John. 1996. *Interpreting Development: Capitalism, Democracy, and the Middle Class in Thailand* (Ithaca: Cornell University Southeast Asia Program).
橋本　卓．1999a．「タイにおける地方制度改革の動向と課題(1)」『同志社法学』50(4)：1-38．
――．1999b．「タイにおける地方制度改革の動向と課題（2・完）」『同志社法学』50(5)：74-143．
秦　辰也．1993．『バンコクの熱い季節』岩波書店．
服部民夫・船津鶴代・鳥居　高編．2002．『アジア中間層の生成と特質』アジア経済研究所．
Hedman, Eva-Lotta E. 2001. "Contesting State and Civil Society: Southeast Asian Trajectories," *Modern Asian Studies*, 35 (4): 921-951.

Hewison, Kevin. 1993. "Of Regimes, State and Pluralities: Thai Politics Enters the 1990s," in Hewison, Kevin, Richard Robison and Garry Rodan (eds.), *Southeast Asia in the 1990s: Authoritarianism, Democracy & Capitalism* (NSW: Allen & Unwin), pp. 161-189.

――. 1997. "Introduction: Power, Oppositions and Democratisation," in do (ed.), Political Change in Thailand: Democracy and Participation (London: Routledge), pp. 1-20.

Heywood, Paul. 1997. "Political Corruption: Problems and Perspective," *Political Studies*, 45 (3): 417-435.

東　茂樹．1998．「産業政策と国際競争力の改善」末廣昭編『タイ国情報（別冊）タイ―経済ブーム・経済危機・構造調整―』財団法人日本タイ協会．

堀越久男．1997．「タイにおけるプレーム首相時代の政党の発達」『外務省調査月報』1997年度 No. 2, 21-70頁．

S・P・ハンチントン．1995．『第三の波』（坪郷 實・中道寿一・薮野祐三訳）三嶺書房．

Huntington, Samuel Paul. 1991. *The Third Wave: The Democratization in the Late Twentieth Century* (Norman: University of Oklahoma Press).

――. 1993. "American Democracy in Relation to Asia," in Robert Bartley, Chan Heng Chee, Samuel P. Huntington, and Shijuro Ogata, *Democracy & Capitalism: Asian and American Perspectives* (Singapore: ISEAS), pp. 27-43.

IDE（アジア経済研究所）．1995．『発展途上国環境問題総合研究報告書：中国・タイ環境意識調査の集計表』アジア経済研究所．

今泉慎也．2002．「タイの裁判制度改革の現状と課題」小林昌之・今泉慎也編『アジア諸国の司法改革』アジア経済研究所，91-128頁．

伊藤述史．1999．『民主化と軍部：タイとフィリピン』慶應義塾大学出版会．

――．2002．『東南アジアの民主化』近代文芸社．

岩崎育夫．1998a．「アジア市民社会論：概念，実態，展望」岩崎育夫編『アジアと市民社会：国家と社会の政治力学』アジア経済研究所，3-28頁．

――．1998b．「シンガポール：一党支配体制下の厳しい制約」岩崎育夫編『アジアと市民社会：国家と社会の政治力学』アジア経済研究所，77-108頁．

――．2001．『アジア政治を見る眼』中公新書．

Jain, R. K. 1984. *China and Thailand 1949-1983* (New Delhi: Radiant).

Jones, David Martin. 1997. *Political Development in Pacific Asia* (Oxford: Polity, 1997).

Kasem Sirisamphan. 2002. "Khwamlomsalai khong khwamwangmai," *Nation Sutsapda*, February 4, 2002, p. 28.

Kasian Tejapira. 2002. "Post-crisis Economic Impasse and Political Recovery in Thailand: The Resurgence of Economic Nationalism," *Critical Asian Studies*, 34 (3): 323-356.

加藤和英．1995．『タイ現代政治史』弘文堂．

――．2000．「タイ王国の上院改革と議会政治の変遷」『議会政治研究』54, 27-43頁．

勝田吉太郎．1970．『民主主義の幻想』日本経済新聞社．

――．1979．『自由社会の病理：幻想の中の自由と平等』玉川大学出版部．

――．1994 (1969)．「現代民主主義の課題」『勝田吉太郎著作集第6巻』ミネルヴァ書房，41-76頁．

河森正人．1997．『タイ：変容する民主主義のかたち』アジア経済研究所．

―.1998.「タイ:高度経済成長と市民社会の形成過程」岩崎育夫編『アジアと市民社会』アジア経済研究所,139-164頁.

Khan, Mushtaq H. 2000. "Rents, Efficiency and Growth," in Mushtaq H. Khan and Jomo K. S. (eds.), *Rents, Rent-seeking and Economic Development: Theory and Evidence in Asia* (Cambridge: Cambridge University Press), pp. 21-144.

Kho. Ko. Tho. (Samnakngan khanakammakan luaktang). 1999. *Raingan kandamnoen kitcakan khong phakkanmuang nai rop pi B. E. 2541* (Bangkok: Phimdi 39).

――. 2000a. "Raingan phon nap khanaen so. wo. 37," (http://202.183.254.190/report/)

――. 2000b. "Raingan phon kanruam khanaen luaktang samachik wutthisapha khet luaktang cangwat [number]," (http://202.183.254.190/report/Show001.ASP?ID=[number]].

――. 2000c. "Ekkasan naenam tua phusamak cangwat" (http://202.183.254.190/information/showappeal.asp?SSN=[number] & Ename=[province]).

――. 2000d. *Khomun sathiti lae phonkanluaktang samachik wutthisapha B. E. 2543* (Bangkok: Khanakammakanluaktang).

――. 2000e. *Raingan kandamnoen kitcakan khong phakkanmuang nai rop pi B. E. 2542* (Bangkok: Teens Team).

――. 2001a *Raingan wicai kanluaktang samachik wutthisapha B. E. 2543* (Bangkok: Khanakammakanluaktang).

――. 2001b. *Khomun sathiti lae phon kanluaktang samachiksaphaphuthaen ratsadon B. E. 2544* (Bangkok: S2R Group).

Kho. Pho. Po. (Khanakammakan phatthana prachathipatai). 1995. *Khosanoe krop khwamkhit nai kanpatirup kanmuang thai* (Bangkok: Samnakngan kongthun sanapsanun kanwicai).

Khanakammakan Yat Wirachon Phrutsapha 35. n. d. *Ramiuk 5 pi phrutsapha pracha tham: Kanchamla prawatisat khong prachachon* (Bangkok: Khletthai).

Khana So. So. Ro. 1998. *Ruam sara ratthathammanun chabap prachachon* (Bangkok: Matichon).

Khanin Bunsuwan. 1998. "Krabuankan tham ngan khong rabop ratthasapha nai ratthathammanun chabap mai," in Khana So. So. Ro., *Ruam sara ratthathammanun chabap prachachon* (Bangkok: Matichon), pp. 225-282.

Khien Thirawit. 1993. *Wikritkan kanmuang thai: karani phrutsapha mahawippayok B. E. 2535* (Bangkok: Matichon).

―― (Khien Theeravit). 1997. *Thailand in Crisis: A Study of the Political Turmoil of May 1992* (Bangkok: The Thailand Research Fund & The Institute of Asian Studies, Chulalongkorn University).

木村雅昭.1993.『ユートピア以後の政治』有斐閣.

――.1996.『インド現代政治:その光と影』世界思想社.

北原 淳.2002a.「現代東アジアの社会変動とその展望」北原 淳編『講座東アジア近現代史6 変動の東アジア社会』青木書店,13-41頁.

――.2002b.「タイ近代における小農創出的土地政策への道(上)」『経済科学』50巻2号,21-40頁.

——. 2002 c.「タイ近代における小農創出的土地政策への道（下）」『経済科学』50巻3号, 21-40頁.
Kramon Thongthammachat. 1998. "Neaonayobai phunthan haeng rat," in Khana So. So. Ro., *Ruam sara ratthathammanun chabap prachachon* (Bangkok: Matichon), pp. 217-224.
Kriengkrai Attanan. 1973. *Anuson nai ngan phraratchathan phloengsop comphon kriengkrai attanan* (Bangkok: 21 Century Watthanatham Kankha).
Kromkanpokkhrong. 1992. *Thesaphiban chabap phiset luaktang 22 minakhom 2535* (Bangkok: Rongphim suanthongthin kromkanpokkhrong).
——. 1995. *Thesaphiban chabap phiset luaktang 2 karakkadakhom 2538* (Bangkok: Rongphim suanthongthin kromkanpokkhrong).
——. 1996. *Thesaphiban chabap phiset luaktang 17 phrutsacikayon 2539* (Bangkok: Rongphim suanthongthin kromkanpokkhrong).
Likhit Thirawekhin (Likhit Dhiravegin). 1992. *Demi-Democracy: The Evolution of the Thai Political System* (Singapore: Times Academic Press).
——. 1998. "Khanaratthamontri tam ratthathammanun 2540," in Khana So. So. Ro., *Ruam sara ratthathammanun chabap prachachon* (Bangkok: Matichon), pp. 286-307.
Mahatthai, Krasuang. 1992. *12 duan nai mo. tho.* (Bangkok: Rongphim suanthongthin kromkanpokkhrong).
——. n. d. *Krasuang mahatthai kap hetkan phrutsapha 35* (Bangkok: Rongphim ongkan songkhro thahan phan suk).
——. 1996. *Tarang khomun sathiti prakop ekkasan khomun mahatthai chut "khomun choeng nayobai samrap phu borihan radap sung" (lem thi 2)* (Bangkok: Sunsansonthet, samnakngan palatkrasuang mahatthai, krasuang mahatthai)
Mann, Michael. 1993. *The Sources of Social Power*, Volume II (Cambridge: Cambridge University Press).
Manut Watthanakomen. 1986. *Khomun phunthan phakkanmuang patcuban lae phakkanmuang kap kanluaktang pi 2522-2529* (Bangkok: Samakhomsangkhommasat haeng prathet thai).
Matichon. 1989. *Tamnan ratthaban thai* (Bangkok: Matichon).
McCargo, Duncan. 1997. *Chamlong Srimuang and the New Thai Politics* (London: Hurst).
——. 1999. "The International Media and the Domestic Political Coverage of the Thai Politics," *Modern Asian Studies*, 33 (3): 551-579.
——. 2002. "Thailand's January 2001 General Elections: Vindicating Reform?," in do (ed.), *Reforming Thai Politics* (Copenhagen: Nordic Institute of Asian Studies), pp. 247-259.
Michai Ruchuphan. 2001. *Khwamkhit seri khong michai* (Bangkok: A. R. Business Press).
Montesano, Michael J. 2000. "Market Society and the Origins of the New Thai Politics," in in McVey, Ruth (ed.), *Money and Power in Provincial Thailand* (Singapore: ISEAS and Chiengmai: Silkworm, 2000), pp. 97-122.
Montri Rupsuwan, Kancanarat Liwirot, Ruthai Hongsiri, Manit Cumpa lae Khomsan Phokhong. 1999. *Cetanarom khong ratthathammanun* (Bangkok: Winyuchon).
Morell, David & Chai-anan Samudavanija. 1981. *Political Conflict in Thailand* (Cambridge,

Mass.: Oelgeschlager, Gunn & Hain)

森本哲朗．1997 a．「第四共和制」渡辺和行・南　充彦・森本哲朗『現代フランス政治史』ナカニシヤ出版，148-184 頁．

——．1997 b．「第五共和制」渡辺和行・南　充彦・森本哲朗『現代フランス政治史』ナカニシヤ出版，185-226 頁．

森山茂徳．1998．『韓国現代政治』東京大学出版会．

村嶋英治．1980．「70 年代におけるタイ農民運動の展開」『アジア経済』21 巻 2 号，2-30 頁．

——．1982．「1970 年代のタイ国における学生運動と共産主義」『アジア経済』23 巻 12 号，24-49 頁．

——．1987．「タイにおける政治体制の周期的転換」萩原宜之・村嶋英治編『ASEAN 諸国の政治体制』アジア経済研究所．

Murashima, Eiji, Nakharin Mektrairat and Somkiat Wanthana. 1991. *The Making of Modern Thai Political Parties* (Tokyo: IDE).

Murray, David. 1996. *Angels and Devils: Thai Politics from February 1991 to September 1992 -A Struggle for Democracy?* (Bangkok: White Orchid Press).

永井史男．2001．「途上国の地方分権化の現状把握：タイに関するケーススタディ」国際協力事業団『地方行政と地方分権』報告書』国際協力事業団国際協力総合研修所，47-108 頁．

Narong Phetprasoet. 1997. "Naksetthasat sithao fanthong ngoen kap su 2 yang ni yut amnat dai leo," *Nation Sutsapda*, September 12, 1997, pp. 10-11.

Nikon Camnong. 2000. *Borihan ngan satai [style] banhan* (Bangkok: Matichon).

NSO (National Statistical Office). *Statistical Yearbook Thailand*.

Ockey, Jim. 1999. "Creating the Thai Middle Class," in Pinches, Michael (ed.), *Culture and Privilege in Capitalist Asia* (London: Routledge), pp. 230-250.

岡崎久彦・藤井昭彦・横田順子．1993．『クーデターの政治学：政治の天才の国タイ』中公新書．

O'Loughlin, John, Michael D. Ward, Corey L. Lofdahl, Jordin S. Cohen, David S. Brown, David Reilly, Kristian S. Gleditsch, and Michael Shin. 1998. "The Diffusion of Democracy, 1946-1994," *Annals of Association of American Geographers*, 88 (4): 545-574.

Parichart Chotiya. 1997. "The Changing Role of Provincial Business in the Thai Political Economy," in Hewison, Kevin (ed.), *Political Change in Thailand: Democracy and Participation* (London: Routledge), pp. 251-264.

Pasuk Phongpaichit. 1999. *Civilising the State: State, Civil Society and Politics in Thailand* (The Wertheim Lecture 1999) (Amsterdam: Centre for Asian Studies Amsterdam).

Pasuk Phongpaichit and Chris Baker. 1995. *Thailand: Economy and Politics* (Kuala Lumpur: Oxford University Press).

——．1997. "Power in Transition: Thailand in the 1990s" in Hewison (ed.), *Political Change in Thailand: Democracy and Participation* (London: Routledge), pp. 21-41.

——．2000. *Thailand's Crisis* (Chiang Mai: Silkworm).

Pasuk Phongpaichit, Sungsidh Piriyarangsan and Nualnoi Treerat. *1998. Guns, Girls, Gambling, Ganja: Thailand's Illgegal Economy and Public Policy* (Chiang Mai: Silkworm).

Pathan Suwannamongkhon (ed.), n. d. *Prawat samachik ratthasapha thai B. E. 2529*

(Bangkok: Social Science Association of Thailand).

Pei, Minxin. 1998. "The Fall and Rise of Democracy in East Asia," in Larry Diamond and Marc F. Plattner (eds.), *Democracy in East Asia* (Baltimore: Johns Hopklns University Press), chapter 5.

Phongthep Thepkancana. 1998. "San tam ratthathammanun chabap patcuban," in Khana So. So. Ro., *Ruam sara ratthathammanun chabap prachachon* (Bangkok: Matichon), pp. 308-319.

Phucatkan. 1992. *Phrutsapha Thamin* (Bangkok: Phucatkan).

Phumiphonadunyadet. 1991. *Phraratchadamrat phraratchathan kae khanabukkhon tangtang thi khaofao thawai mongkhon nai okat wan chaloempraratchaphansa wan thi 4 thanwakhom 2534 / Royal Speech Given to the Audience of Well-Wishers on the Occasion of the Royal Birthday Anniversary Wednesday, 4 December 1991* (Bangkok: Amarin Printing Group).

Potter, David. 1993. "Democratization in Asia," in David Held (ed.), *Prospects for Democracy: North, South, East, West* (Stanford: Stanford University Press), pp. 355-379.

——. 1997. "Explaining Democratization," in David Potter, Daivd Goldblatt, Margaret Kiloh, Paul Lewis (eds.), *Democratization* (Cambridge: Polity), pp. 1-40.

Praman Adireksan. 1999. *Chiwit thi phop phan lae phan phon khong phonek / phontamruatek praman adireksan* (phim phua pen thiraluk nai wara ayu khrop 85 pi) (n. p.: Munlanithi phua sangkhom thai).

Praphat Carusathien. 1998. *Anuson ngan phraratchathan phloengsop comphon praphat carusathien* (Bangkok: Arunkanphim).

Praphat Pintoptaeng. 1998. *Kanmuang bon thanon 99 wan samatcha khon con lae prawatisat kandoenkabuan chumnum prathuang nai sangkhom thai* (Bangkok: Mahawitthayalai Kroek).

Prasong Sunsiri. 1989. *726 wan tai banlang prem* (Bangkok: Matichon).

Prasoet Patthamasukhon. 1974. *Ratthasapha thai nai rop si-sip-song pi 2475-2517* (Bangkok: Cho. Chumnumchang).

Prawet Wasi. 1995. *Kanpatirup thang kanmuang: thang ok khong prathet thai* (Bangkok: Mochaoban).

——. 1997a. *Kandoen thang haeng khwamkhit: patirup kanmuang* (Bangkok: Mochaoban).

——. 1997b. *Bonsenthang chiwit, Vol. 7* (Bangkok: Mochaoban), bot thi 90 (pp. 51-62).

Prudhisan Jumbala. 1992. *Nation-Building and Democratization in Thailand: A Political History* (Bangkok: Chulalongkorn University Social Research Institute).

Prudhisan Jumbala and Maneerat Mitprasat. 1997. "Non-Governmental Development Organisations: Empowerment and Environment," in Hewison, Kevin (ed.), *Political Change in Thailand: Democracy and Participation* (London: Routledge), pp. 195-216.

Randolph, R. Sean. 1986. *The United States and Thailand: Alliance Dynamics, 1950-1985* (Berkeley: Institute of East Asian Studies, University of California).

Rangsan Thanaphonphan. 1989. *Krabuankan kamnot nayobai setthakit nai prathet thai: botwikhro choeng prawatisat setthakit kanmuang B. E. 2475-2530* (Bangkok: Samakhomsangkhommasat haeng prathet thai).

———. 1993. *Anitcalaksana khong kanmuang thai: setthasat wikhro waduai kanmuang* (Bangkok: Phucatkan).

Ratchakitcaanubeksa, vol. 91, pt. 159, p. special 12, vol. 92, pt. 203, p. special 7,vol. 93, pt. 78, p. 1221.

Riggs, Fred W. 1966. *Thailand: The Modernization of a Bureaucratic Polity* (Honolulu: East-West Center Press).

RPKP (Raingankanprachum khanakammakan phitcarana rang ratthathammanun), 21 mithunayon 2540.

RPRS (Raingan kanprachum ruamkan khong ratthasapha), khrang thi 3, 4 and 7, duan kanyayon, B. E. 2540.

RPSR (Raingan prachum sapha rangratthathammanun), khrang thi 19 and 24.

RT (Ratthaban Thai, Khanakammakan truat sop kho thetcing). 1992. *Raingan phon truat sop kho thetcing kiokap kankratham khwamphit lae samruat khasiahai nuangnai kanchumnumkan rawang wan thi 17-20 phrutsaphakhom 2535*.

Rueschmeyer, Dietrich, Evelyne Huber Stephens, and John D. Stephens. 1992. *Capitalist Development & Democracy* (Cambridge: Polity).

阪上　孝．1999．『近代的統治の誕生：人口・世論・家族』岩波書店．

SAP (Phak Kitcasangkhom = Social Action Party). 1974. *Pratya lae cutprasong khong phak kitcasangkhom* (Bangkok: Rongphim Yanhi).

Sane Camarik. 1997. *Kanmuang thai kap phatthanakan ratthathammanun* (Bangkok: Munlanithi khrongkan tamra sangkhommasat lae manutsayasat).

———. 1998. *Than khit su thang luak mai khong sangkhom thai (Withithat chut phumipanya 3)* (Bangkok: Amarin).

Sangsit Phiriyarangsan and Phasuk Phongphaicit (eds.). 1993. *Chonchan klang bon krasae prachathipatai* (Bangkok: Sunsuksa Setthasat Kanmuang).

Sapharangratthathammanun. 1998. "Prachachon ca dai arai cak (rang) ratthathammanun," in *Anuson nai ngan phraratchathan phloengsop nai phan bunyachit* (Mai prakot thi phim), pp. 117-149.

SC (Siam Cotmaihet). 1999. *Siam Cotmaihet CD-ROM: Banthuk khaosan lae hetkan rawang 1 mokkarakhom 2519 thung 31 thanwakhom 2541* (Bangkok: Progress Information).

白石　隆．2000．『海の帝国』中公新書．

SKT (Samakhom nak khao haeng prathet thai). 1992. *Banthuk yio khao na samonraphum thanon ratchadamnoen phrutsaphakhom 2535* (Bangkok: Dokbia).

SLN (Samnak lekhathikan nayokratthamotri). 1992a. *Ngan khong ratthaban anan panyarachun lem 1* (Bangkok: J. Film Process)

———. 1992b. *Ngan khong ratthaban anan panyarachun lem 2* (Bangkok: Amarin Printing Group).

SLR (Samnak lekhathikan ratthasapha). 1989. *Thamniap samachik saphaphuthaenratsadon 2532* (Bangkok: Kongkanphim Samnaklekhathikanratthasapha).

SLW (Samnakngan lekhathikan wuttthisapha). 1995. *Thamniap samachik wutthisapha 2538* (Bangkok: Kongkanphim, Samnakngan Lekhathikan Ratthasapha).

―. 1996. *Thamniap samachik wutthisapha 2539* (Bangkok: Kongkanphim, Samnakngan Lekhathikan Ratthasapha).
SNNT (Sunklang nisit naksuksa haeng prathet thai). 1974. *Khabuankan prachachon tulakhom 2516* (Bangkok: Krungsayam Kanphim).
Sombat Chantornvong. 2002. "The 1997 Constitution and the Politics of Electoral Reform," in Duncan McCargo (ed.), *Reforming Thai Politics* (Copenhagen: Nordic Institute of Asian Studies), pp. 203-222.
Sombat Chantornvong and Montri Chenvidyakarn. 1991. "Constitutional Rule and the Institutionalization of Leadership and Security in Thailand," in Stephen Chee (ed.), *Leadership and Security in Southeast Asia* (Singapore: ISEAS), pp. 141-178.
Somchai Phakhaphatwiwat, "Kanpatirup kanmuang thai kap nguankhai thang setthakit," *Nation Sutsapda*, August 29, 1997, p. 18.
Somkhit Loetphaithun, Bunsi Miwongukhot lae Sakon Waranyuwatthana. 1998. *Raingan kanwicai ruang ngop phatthana cangwat khong samachik sapha phuthaen ratsadon* (Bangkok: Kongkanphim Samnaknganlekhathikan Saphaphuthaenratsadon).
園田茂人．1998．「社会階層の構造変容：台頭するアジアの中間層」天児 慧編『アジアの21世紀：歴史的転換の位相』紀伊國屋書店，97-128頁．
―．2002．「豊かさのなかの格差」北原 淳編『講座東アジア近現代史6 変動の東アジア社会』青木書店，77-101頁．
SPR (Khanakammakan suksa lae sanoenae mattrakan phoem prasitthiphap kanborihan catkan rabop kanngoen khong prathet). 1998. *Raingan phon kanwikhro lae winitchai kho thetcing kiokap sathanakan wikkrit thang setthakit* (Bangkok: Munlanithi sathaban wicai phua phatthana prathet thai).
SR (Sapha rang ratthathammanun). 1997. *(Rang) ratthathammanun haeng ratchaanacak thai chabap prachachon* (Bangkok: Khanakammathikan prachasamphan, Sapha rang ratthathammanun).
Sucinda Khraprayun. 1992. "Kham wai alai,' in *Anuson ngan phraratchathan phloengsop khunpho kamon kraisan* (Bangkok: Arunkanphim).
Suchit Bunbongkarn. 1996. *Thailand: State of the Nation*. Singapore: ISEAS.
末廣 昭．1993．「タイの軍部と民主化運動：73年『10月政変』から92年『5月流血事件』へ」『社会科学研究』44(5)：48-95．
―．1998a．「労働力調査」同編『タイの統計制度と主要経済・政治データ』アジア経済研究所，73-100頁．
―．1998b．「経済の拡大とバブル経済化」同編『タイ国情報（別冊）タイ――経済ブーム・経済危機・構造調整――』日本タイ協会，13-46頁．
―．1998c．「トリプル危機の発生と経済再建の模索」同編『タイ国情報（別冊）タイ――経済ブーム・経済危機・構造調整――』日本タイ協会，47-77頁．
―．1999．「タイの経済危機と金融・産業の自由化」『経済研究』50(2)：120-132頁．
―．2000．『キャッチアップ型工業論』名古屋大学出版会．
Surachat Bamrungsuk. 1998a. *Thahan kap prachathipatai thai: cak 14 tula su patcuban lae anakhot* (Bangkok: Sun wicai lae phalit tamra, Kroek University).

―― (Surachart Bamrungsuk). 1998b. "Changing Patterns of Civil-Military Relations and Thailand's Regional Outlook," in David R. Mares (ed.), *Civil-Military Relations: Building Democracy and Regional Security in Latin America, Southern Asia, and Central Europe* (Boulder: Westview), pp. 187-205.

――. 2000. *Thahan kap kanmuang thai nai satttawat na: phatthanakan lae khwamplienplaeng* (Bangkok: Chulangkorn University).

―― (Surachart Bamrungsuk). 2001. "Thailand: Military Professionalism at the Crossroad," in Muthia Alagappa (ed.), *Military Professionalism in Asia: Conceptual and Empirical Perspectives* (Honolulu: East-West Center), pp. 77-91.

Surin Maisrikrod. 1992. *Thailand's Two General Elections in 1992: Democracy Sustained* (Singapore: ISEAS).

――. 1997. "The Making of Thai Democracy: A Study of Political Alliances among the State, the Capitalists, and the Middle Class," in Anek Laothamatas (ed.), *Democratization in Southeast and East Asia* (Singapore: ISEAS).

――. 1999. "Changing Forms of Democracy in Asia?: Some Observations on the Thai and Philippine Constitutions," *Asian Studies Review* 23 (3): 355-373.

Surin Maisrikrod and McCargo, Duncan. 1997. "Electoral Politics: Commercialization and Exclusion," in Hewison, Kevin (ed.), *Political Change in Thailand: Democracy and Participation* (London: Routledge), pp. 132-148.

Suthachai Yimprasoet. 2001. "Prawatisat khong phak naeo thang sangkhomniyom," in Somphon Canthonchai (ed.), *Prachachon tong pen yai nai phaendin: ramluk 25 pi dr. bunsanong bunyothaya* (Bangkok: Duantula), pp. 96-110.

Suthy Prasatset. 1995. "The Rise of NGOs as Critical Social Movement in Thailand,' Jaturong Boonyarattanasoontorn and Gawin Chutima (eds.), *Thai NGOs: The Continuing Struggle for Democracy* (Bangkok: Thai NGO Support Project), pp. 97-134.

高橋正樹.1997.「カンボジア紛争とタイ国共産党の崩壊:地域システムとタイ国家システム」中央大学社会科学研究所報告第18号.

高橋琢磨・関 志雄・佐野鉄司.1998.『アジア金融危機』東洋経済新報社.

武田康裕.2001.『民主化の比較政治:東アジア諸国の体制変動過程』ミネルヴァ書房.

玉田芳史.1988.「タイの実業家政党と軍」『東南アジア研究』26巻3号,293-307頁.

―― (Tamada Yoshifumi). 1991. "Itthiphon and Amnat: An Informal Aspect of Thai Politics,"『東南アジア研究』28巻4号,455-466頁.

――.1992a.「タイのクーデタ,1980〜1991年:軍の同期生,内部抗争,対政府関係」『東南アジア研究』29巻4号,389-421頁.

――.1992b.「"暴虐の5月"事件とチャムローン・シームアンのハンスト宣言」『東南アジア研究』30巻3号,376-377頁.

――.1996.『タイ行政組織史1892〜1993年:局以上の組織の変遷』(平成7年度文部省科学研究費補助金一般研究(C)成果報告書),京都大学東南アジア研究センター.

――.1998.「軍隊の政治力と人事異動」末廣昭編『タイの統計制度と主要経済・政治データ』アジア経済研究所,287-313頁.

――.2001.「タイの開発事業における中央集権と地方分権」『途上国の地方分権と開発』(科学研究

費補助金基盤研究(B)(2)研究成果報告書，研究代表者村松岐夫），1-19頁．
―．2002．「タイ軍の人事異動と政治力低下」『アジア・アフリカ地域研究』2号，120-172．
Thahan Kao. 1978 (?). *Phanathan hoi* (Bangkok: P. G. Press).
――．1980. *Kriengsak 2* (Bangkok: United Production).
タック・チャルームティアロン．1989．『タイ―独裁的温情主義の政治』(玉田芳史訳) 井村文化事業社．
Thamniap. 1988. *Thamniap naithahan thi samret kansuksa B. E. 2501* (Bangkok: Rongphim Kromsarabanthahanakat).
Thirayut Bunmi. 1994. *Suan nung khong khwamsongcam 20 pi 14 tula lae pai khang na* (Bangkok: Winyuchon).
Tilly, Charles. 1992. *Coercion, Capital and European States, AD 990-1992*. (Oxford: Blackwell).
――．2000. "Process and Mechanism of Democratization," *Sociological Theory*, 18 (1): 1-16.
恒川恵市 2000．「序論 "民主化" と国際政治・経済」日本国際政治学会編『"民主化" と国際政治・経済（国際政治125）』1-13頁．
Uthai Phimcaichon. 1998. "Ratthathammanun chabap prachachon miti mai nai sangkhom thai," in Khana So. So. Ro., *Ruam sara ratthathammanun chabap prachachon* (Bangkok: Matichon), pp. 1-36.
Vishnu Cholitkul. 1992. "A Professional Association," in *Manager*, no. 42 (June 1992).
Wanmuhamatno Matha. 1998. "Khamnam cak prathan ratthasapha," in Khana So. So. Ro., *Ruam sara ratthathammanun chabap prachachon* (Bangkok: Matichon), pp. (15)-(21).
Watsana Nanuam. 2002a. "Khwamkhit thang kanmuang khong phonek sucinda khraprayun," M. A, thesis, Faculty of Political Science, Thammasat University.
――．2002b. *Banthuk khamhaikan sucinda khrapayun: Kamnoet lae awasan ro. so. cho.* (Bangkok: Matichon).
ウィエンラット・ネーティポー．1997．「チャオポー：地方から見たタイ政治の連続性」京都大学大学院法学研究科修士論文．
Wiraphong Ramangkun. 2001. *Khon doen trok* (Bangkok: Matichon).
Withaya Sucharitthanarugse. 1983. "The Thai Concept of Power," in Ernest E. Boesch (ed.), *Thai Culture: Reports on the Second Thai-European Research Seminar 1982* (Saarbrucken: University of the Saar), pp. 493-537.
山影 進．2001．「安定性神話の克服に向けて」『アジ研ワールドトレンド』2001年7月号：2-5．
山本博史．1998．『タイ糖業史：輸出大国への軌跡』御茶の水書房．
――．2000．「糖業政策：分糖法と政府・農民・工場」末廣昭・東茂樹編『タイの経済政策：制度・組織・アクター』アジア経済研究所，179-213頁．
Yunyat Caisamut. 1997. "Khit yang ratthaburut," *Nation Sutsapda*, August 8, 1997, p. 20

新聞週刊誌
日刊紙（タイ語）*Ban Muang, Daily Mirror, Daily News, Dao Sayam, Khao Sot, Matichon, Naeona, Phucatkan, Sayam Rat, Thai Rat, KT（Krungthep Thurakit）, Thai Post, Prachachat Thurakit*,（英語）*The Nation, Bangkok Post*.

週刊誌（タイ語）*Athit, Khao Thai, Krungthep Thurakit Sutsapda, Lak Thai, Matichon Sutsapda, Nation Sutsapda, Sayam Rat Sapdawican, Su Anakhot*,（英語）*BPWR*（*Bangkok Post Weekly Review*）.

索　　引（事項索引／人名索引）

1．原則として和文は音による五十音順，欧文項目はアルファベット順とした．
2．ただし適宜階層づけした項目があるので参照されたい．

事　項　索　引

[英数字]
0143 会　114
10 月 14 日政変　28, 30, 59, 119, 322, 337
10 月 14 日世代　28, 87
10 月 6 日政変　ii, 26, 30-31, 101, 310
1978 年憲法　36, 47, 158, 197, 308, 310
1991 年クーデタ　i-ii, 3-4, 24, 102, 129, 134, 325
1997 年憲法（新憲法）　i-iii, 3-5, 26-27, 43, 94, 141-142, 145, 148-149, 151, 158, 172, 174, 176-178, 182, 185-186, 198-199, 208-209, 220-221, 223, 226-227, 237, 241, 244, 247, 250, 252, 257-258, 266, 275, 280, 283, 293-294, 296, 308-310, 315-316, 318, 321, 330-331, 335-337
5％条項　37, 258
5 月事件（暴虐の 5 月）　ii, iv, 3-5, 17, 22-23, 27, 40, 51, 78, 82, 86-90, 93, 95-97, 99, 101, 110, 123-124, 126, 130, 133-134, 141, 145, 149, 153, 162, 218-219, 243, 320, 323-324, 326-327, 333-334
5 虎　55, 106, 109, 111, 115-116, 125-127, 129-133, 136-137, 140-141, 144-145, 226
CEO　316, 318
CP（チャルーン・ポーカパン）社　21, 286-287
IMF　204-205
NGO　14, 23, 62, 65, 73-74, 82, 84, 93, 162, 196, 209-210, 212, 252, 317, 328-330, 336

[ア　行]
アーティット派　111, 122
悪魔党　89
アッサワヘーム一族　276
アディレークサーン一族　279
アピラック・チャクリー　122
イェローカード　229-231, 233, 260-261 →選挙違反
移行論　7, 9, 11, 15
違法宝くじ→非合法宝くじ

影響力者　180-182
王宮前広場　48, 56, 60-63, 65-67, 69-70, 73, 79-82, 84, 89
王室　17, 33-35, 41, 74, 88, 313-314, 316-317
恩顧制　159, 196
恩赦勅令　121

[カ　行]
下院議員開発予算　308-309 →県開発予算
革命評議会　160
カムナン　168, 176, 184, 230
カムナン・ポ　278-279 →人名索引ソムチャーイ・クンプルーム
環境保護　234, 329
管区司令官　32, 63, 106, 108-109, 112, 116-117, 120, 123, 130-132, 134, 136, 143, 145
監査議会　178
官民合同委員会　322
官僚支配　17, 25, 27, 149, 210, 321-323, 328-329
官僚政体　17, 19-20, 24, 226, 321, 331
議院内閣制　9-10, 15, 24, 90, 95, 156, 168, 178, 220, 304, 316
共産党　30, 32, 213, 321, 332-333 →政党
行政公務員委員会　193, 245-247
行政裁判所　156, 178, 197-199, 252, 331
金権腐敗　4, 22, 24, 41, 97, 196
近代化論　ii, 7-8, 12, 14, 23, 46, 320, 332
勤王派　29, 34, 332
クーデタ　i-ii, 3-5, 13, 16-17, 22, 26, 29-32, 36, 39, 47-49, 56, 58, 61-62, 88, 95-101, 106, 110-111, 115, 119, 131, 133-136, 141-142, 144-145, 160, 165, 185, 209, 222, 224, 265, 309-310, 323, 333
区自治体　150, 168
経済危機　v, 42-43, 130, 203-208, 222, 273, 283, 295, 309 →通貨危機
憲法草案修正委員会　171, 173, 190
県開発予算　159 →下院議員予算

索　引　359

県警本部長 243, 248-249
県自治体 150, 168
県知事 66, 150, 155, 176, 230, 233, 237, 243, 248-249
憲法関連法 42, 171, 200, 202-203, 207-208
憲法裁判所 43, 155-156, 178, 197-199, 202, 231, 252, 284, 297, 317, 330
憲法制定議会 i, 43, 148-149, 151-152, 155, 167, 169, 171-174, 176, 180, 186, 188, 190-194, 205-208, 218, 250, 278, 330
憲法草案起草委員会 171-173
元老 35
公安警察 64, 90, 165
工業会議所 157
公衆 23, 93, 196, 327-328
公務員議会 223, 226, 241, 251, 253
コーポラティズム 20, 322
国営企業 39, 60, 65, 84, 240, 248, 264, 321
国王 iv, 28-29, 33-35, 40, 48, 57, 60, 64, 67, 71, 77-81, 102, 120-122, 134, 142, 156, 167, 176-177, 185, 198
国家安全保障維持本部 122, 165
国軍最高司令官 31, 42, 55, 102, 115, 130, 132, 134-136, 144-145
国政改革評議会 30-31
国防大臣 28-31, 33, 35, 40-41, 52, 102-104, 122-123, 125, 127-128, 130, 132, 134-136, 141-145, 296
国防次官 102-103, 136
国民投票 v, 42, 155, 162, 167, 174-177, 196, 202-203, 205, 207
国会国政監査官 156, 178, 199, 202-203
国家汚職防止取締委員会 197-198, 202, 284
国家秩序維持評議会 36, 39-40, 47-50, 54-55, 115, 224

[サ 行]
サーマッキータム党 50-53, 291, 305-306, 313-314 →政党
サーラシン一族 273
サハパッタナー財閥 286-287
サハプラチャータイ党 265 →政党
左翼政党 29-30, 36-37, 158, 258, 310-311
サンティ・アソーク 72, 76, 84, 92
士官学校 85, 98, 105-106, 114, 246 →陸軍士官学校
資産不正申告問題 317

市民 14, 23, 93, 175, 211-212, 328
市民社会 i, 8, 10, 12, 14-15, 23, 93, 328
社会行動党 29, 42, 52-53, 56, 61, 89, 149, 214, 261, 264, 269, 288, 292, 302, 310-311, 318 →政党
集票請負人 37-38, 184, 275-276, 281, 290, 311-312, 333
住民参加 210, 330
首相直接公選 193-194
首相府令 66/2523 32, 213
首都防衛部隊 63-64, 68, 70, 120
上院議員選挙 5, 92, 98, 179, 223, 227-229, 234, 237-238, 241, 245, 247-251, 253, 255, 259-260, 272, 290-291, 297
商業会議所 157, 180
小選挙区 157-158, 160, 179-183, 200, 220, 227, 258-265, 272, 275-280, 287, 289-291, 293, 295-302, 304-309, 315-316, 335-336
職能代表 157, 179, 250
庶民 20, 83, 91-93, 155, 194, 196, 216, 272, 324
新希望党 3, 5, 41, 48, 50-51, 53, 56, 59, 71, 89, 91, 143, 149, 169, 259-262, 264, 266-271, 274, 277, 282-283, 287-289, 291, 296, 299, 302, 305-307, 313-315, 318 →政党
新憲法→97年憲法
人民の憲法 148, 151, 174, 177, 185, 209, 336
枢密院 29, 35, 79, 131
枢密顧問官 35, 77-78, 124
スチンダー派 90, 113, 120-125, 127, 129-130, 133-134, 136
制限選挙 iii, 185, 336
政治改革委員会 43, 151, 164, 166
政治改革論 i, iii-v, 3-4, 27, 88, 91, 94, 97, 148-149, 151, 163, 184, 210-212, 214-215, 220-221, 252, 257, 295, 310, 321, 328-329, 335-337
政治業 322
政治献金 221, 270, 273, 335
政党
　共産党 30, 32, 213, 321, 332-333
　サーマッキータム党 50-53, 291, 305-306, 313-314
　サハプラチャータイ党 265
　社会行動党 29, 42, 52-53, 56, 61, 89, 149, 214, 261, 264, 269, 288, 292, 302, 310-311, 318
　新希望党 3, 5, 41, 48, 50-51, 53, 56, 59, 71, 89, 91, 143, 149, 169, 259-262, 264, 266-271,

274, 277, 282-283, 287-289, 291, 296, 299, 302, 305-307, 313-315, 318
セーリータム党 42, 169, 261-262, 264-265, 268-269, 271, 296, 302, 306, 315
セーリーマナンカシラー党 265
タイラックタイ党 3, 5, 43, 143, 145, 259-261, 264-268, 271, 274-275, 277-279, 281-294, 296, 299-302, 304-307, 309, 314-318
チャートタイ党 3, 5, 29, 31, 34, 41-43, 49, 52-53, 67, 121, 143, 145, 151, 164, 169, 213-214, 259-262, 264-271, 273-274, 277, 279-281, 285, 288-289, 291, 296-297, 299, 301-302, 307, 309, 313-315, 318
チャートパッタナー党 42, 142, 208, 253, 259, 261-262, 264, 266-269, 271, 274, 279-282, 288-291, 299, 301, 305, 315, 318
ティンタイ党 261, 268-269, 300
パランタム党 41, 48, 53, 62, 72, 89-91, 118-119, 149, 153, 167, 259, 268
プラチャーコーンタイ党 43, 52-53, 208, 288
民主党 iv-v, 3, 5, 29-31, 40-43, 48, 53, 89-90, 130, 133, 136, 142-143, 149, 153-154, 165, 202, 204, 208, 214, 253, 257-259, 261-270, 273-274, 279-289, 292-294, 299, 301-302, 313-314, 329
ラーサドーン党 259, 261, 269, 276, 290, 299, 306
政党開発基金 268-269
政党助成金 268
政党法 36, 154, 202, 207, 221, 268-270, 273, 310
政府官邸 80-81, 120, 219
セーリータム党 42, 169, 261-262, 264-265, 268-269, 271, 296, 302, 306, 315 →政党
セーリーマナンカシラー党 265 →政党
選挙違反 142, 155, 181, 197, 229, 254, 259, 282, 290, 292, 297
　イェローカード 229-231, 233, 260-261
　レッドカード 229-231, 250, 260, 282, 297, 300
選挙監視団 23, 196, 324
選挙管理委員会 142, 160, 183, 187, 197, 202, 207, 228-230, 234-235, 237-240, 242-243, 251-253, 258-260, 264, 266, 268-269, 271, 276, 280-282, 292, 297, 331
全国学生センター 48, 58, 60, 62-64, 73-74
総選挙 i, iv-v, 3, 5, 16, 22, 26, 29-31, 33-34, 36-37, 40-43, 48, 50, 52-53, 58, 72, 88-89, 95, 128, 142, 145, 149-151, 162, 164, 169, 176,

183-184, 202, 207, 214, 257-260, 263, 265-268, 271, 274, 276-279, 283, 285, 287-294, 304-305, 307, 309-312, 315-316, 319, 323-324
ソーポンパニット家 272
組織票 311-312
村長 66, 176, 184, 230, 281

[タ　行]
大衆民主主義 336
大卒条項 158, 185-187, 190-194, 196-197, 206, 220, 249-250
タイ東北部地方 97, 106, 173, 261-262, 302
タイ中部地方 97, 106, 173, 261-263, 292, 302
タイ南部地方 89, 97, 106, 173, 237, 261, 279, 285
タイ北部地方 61, 81, 97, 106, 108, 173, 261, 276, 280, 283-284
タイラックタイ党 3, 5, 43, 143, 145, 259-261, 264-268, 271, 274-275, 277-279, 281-294, 296, 299-302, 304-307, 309, 314-318 →政党
タイ農民銀行 43, 273
地域共同体 175, 196, 221, 330
知識人 13, 23, 34, 92-93, 151, 153, 162, 194, 196-197, 211-212, 251-252, 260, 320, 327-328
チトラダー宮殿 64, 80
地方自治体 150, 216, 246, 249, 312
地方分権 150
地方有力者 215, 276
チャートタイ党 3, 5, 29, 31, 34, 41-43, 49, 52-53, 67, 121, 143, 145, 151, 164, 169, 213-214, 259-262, 264-271, 273-274, 277, 279-281, 285, 288-289, 291, 296-297, 299, 301-302, 307, 309, 313-315, 318 →政党
チャートパッタナー党 42, 142, 208, 253, 259, 261-262, 264, 266-269, 271, 274, 279-282, 288-291, 299, 301, 305, 315, 318 →政党
チャオ・ポー 184, 215, 221, 278
チャルーン・ポーカパン (CP) 社 21, 286-287
チャワリット派 111, 113, 122, 134, 136
中央集権 148
中間層→都市中間層
中選挙区 159, 179-180, 182, 258, 275-277, 335-336
中部→タイ中部地方
チュラーロンコーン大学 iii, 51, 73, 87, 154, 204
通貨危機 i, v, 21, 42-43, 92-93, 97, 130, 142, 203-208, 222, 273, 283, 295, 309 →経済危機

索引　361

ティンタイ党 261, 268-269, 300 →政党
テクノクラート 24-25, 142, 162, 323
天使党 89-90
投票率 229-231, 233, 245, 253, 260, 300
東北部→タイ東北部地方
都市中間層 i-iii, 4, 8, 10, 12-14, 22-27, 46, 77, 82-88, 91-93, 133, 149, 151, 157-159, 204, 210-213, 217-221, 320-321, 323, 325-336

[ナ 行]
内務省 20, 60, 66, 68, 90, 150, 153, 168, 238, 241-243, 266, 280
南部→タイ南部地方
農村部資金環流事業 311

[ハ 行]
ハーンサワット一族 277, 291
パランタム党 41, 48, 53, 62, 72, 89-91, 118-119, 149, 153, 167, 259, 264 →政党
バンコク銀行 41, 43, 272, 286, 322
バンコク都知事 72, 76
非合法宝くじ 181, 281
比例区 37, 142-143, 157-158, 160, 172, 179, 182-184, 190, 200, 212, 216, 220-221, 227, 257-265, 268, 272-279, 285-287, 289-291, 293, 295-302, 304-308, 315-316, 331, 335-336
不敬罪 34, 317
不信任案 161, 168-169, 199, 201, 296, 315
不正資金洗浄 317
不正蓄財 49, 51-52, 55-56, 58, 169, 184, 198
普通平等選挙 185, 336
浮動票 311-312
プラチャーコーンタイ党 43, 52-53, 208, 288 →政党
暴虐の5月→5月事件
報道管制 74-75
北部→タイ北部地方
保守政党 37-38, 284, 310, 312, 333, 337, 339

[マ 行]
マグサイサイ賞 153, 205
マス・メディア v, 10, 21, 23, 42, 75, 77, 88, 93, 98, 131, 135, 142, 156, 165-166, 173-174, 176, 196-197, 204, 206, 217-221, 248, 313, 317, 326-328, 331
御幸通り 56, 61-62, 64, 68-71, 75, 80, 82
民主化 i-iii, v, 3-15, 17, 19-20, 22-28, 36, 47-48, 63, 82, 86-89, 91-93, 96-97, 133, 149, 151, 153, 158, 161, 163, 185, 208, 212, 218-219, 226, 250, 252, 266, 310, 315, 319-325, 327, 330-334, 338
民主化推進委員会 48, 58, 60, 62-64, 73-74
民主記念塔 61, 63, 69
民主主義発展委員会 43, 151-154, 162-164, 172, 175, 179, 186, 218, 330
民主党 iv-v, 3, 5, 29-31, 40-43, 48, 53, 89-90, 130, 133, 136, 142-143, 149, 153-154, 165, 202, 204, 208, 214, 253, 257-259, 261-270, 273-274, 279-289, 292-294, 299, 301-302, 304, 313-314, 318, 329 →政党
民主連盟 65, 67, 73, 81, 89, 92-93, 166
無効票 260

[ヤ・ラ行]
世論調査 97, 165, 187, 191, 217-219, 326-328
ラーサドーン党 259, 261, 269, 276, 290, 299, 306 →政党
陸軍士官学校 52, 72
―― 1期生 51, 54, 105, 111, 114, 137, 140
―― 5期生 49-50, 52, 95, 105, 110-113, 115-117, 119, 123-127, 129, 133-135, 137, 140-141
―― 6期生 125, 129, 133, 137, 141
―― 7期生 31-32, 72, 105, 110-111, 119, 129, 133-134, 137
―― 9期生 112, 123, 126, 129, 137, 141
―― 11期生 113, 116-117, 120, 125-126, 129-130, 132, 134, 137, 140-141, 243
―― 12期生 116-117, 129-132, 137, 141, 145
―― 14期生 125, 132, 145
立憲革命 95, 319
「立憲主義」153, 163, 167, 210
冷戦 11, 115, 133
レッドカード 229-231, 250, 260, 282, 297, 300 →選挙違反
レント 314

人 名 索 引

アーコーン・フントラクーン 272, 279

アーティット・ウライラット 282

アーティット・・カムランエーク 104, 111, 115, 122, 125, 137, 238
アーナン・パンヤーラチュン 16, 24-25, 36, 39-40, 42, 79, 122-123, 125, 142, 166, 171-172, 194, 197, 204-205, 216, 220, 248, 273, 323-324, 329
アディサイ・ポーターラーミック 275, 287
アネーク・ラオタムマタット 14, 20, 212
アムヌワイ・ウィーラワン 41-42, 52, 193
アモーン・チャンタラソムブーン 153, 163, 167, 210, 294
アモーン・ラクサーサット 188, 194
イッサラポン・ヌンパックディー 51-52, 55, 105, 113, 116-117, 120, 123-124, 126, 134, 137, 323
ウィモン・ウォンワーニット 116, 123, 125-129, 133, 137, 141
ウィーラポン・ラーマーンクーン 35
ウィロート・セーンサニット 42, 54, 116-117, 120, 123, 130, 134-135, 143
ウェーン・トーチラーカーン 65, 67, 92, 166
ウタイ・ピムチャイチョン 171, 180-181, 183, 194, 216, 272
カシアン・テーチャピーラ 335, 337
カセート・ローチャナニン 50-52, 54-55
カセーム・シリサムパン 191, 318
カムナン・ポ → ソムチャーイ・クンプルーム
クックリット・プラーモート 16, 29, 59, 66
クリエンサック・チャマナン 17, 30-33, 38, 308
クリット・シーワラー 28, 30, 101
コートム・アーリーヤー 62, 65, 73
サナン・カチョーンプラサート 31, 214, 285
サネー・チャームマリック 216, 220, 335
サノ・ティエントーン 169, 214, 218, 277, 279, 288-289, 307
サマック・スントーンウェート 30, 52
サムパオ・チューシー 117, 129-130, 141
サリット・タナラット 28, 35, 98, 101, 113, 313
サワット・ホールンルアン 273, 291
サンヤー・タムマサック 28-29, 31
シア・レーン 290 →チャルーン・パットダムロンチット
シット・チラロート 49, 169
スチンダー・クラープラユーン iv, 22, 36, 39-40, 47, 49-56, 58, 74, 77-79, 88-90, 92, 96, 105-106, 111-113, 116-125, 127, 129-130, 133-137, 259, 324-326

スッカウィット・ランシットポン 271
ステープ・トゥアクスバン 280
スッパチャイ・パーニットパック 41
スラユット・チュラーノン 105, 117, 121, 129-133, 137, 141, 144-145
スリン・ピッスワン 279
スリン・マーイシークロット 20, 34, 51
スワット・リッパタパンロップ 271
スントーン・コンソムポン 54, 238, 274
セーニー・プラーモート 16, 30
ソムキット・ルートパイトゥーン 155, 274, 287
ソムタット・アッタナン 132, 144-145
ソムチャーイ・ウォンサワット 317
ソムチャーイ・クンプルーム（カムナン・ポ) 278 →カムナン・ポ
ソムチャーイ・パカパートウィワット 203, 205
ソムポン・アモーンウィワット 291
ソンタヤー・クンプルーム 278
ターニン・クライウィチエン 30-31
ターリン・ニムマーンヘーミン 41
タックシン・チンナワット 16, 41, 43, 142-144, 271, 274, 283-287, 290, 292, 294-296, 305, 308-309, 315-318
タニン・チアラワノン 21, 286-287
タノーム・キッティカチョーン 28, 97, 265, 309
タワットウォン・ナ・チェンマイ 276
チェーター・ターナチャーロー 124, 126, 129-130, 133, 136-137, 141-143
チャートゥロン・チャーイセーン 278
チャートチャーイ・チュンハワン 16, 34-35, 49, 53, 112, 115, 195, 213-214, 252, 322
チャートリー・ソーポンパニット 273, 277, 286
チャイ・ウンポーコーン 20, 209, 282
チャイアナン・サムッタワニット 19, 142, 167, 207-209, 226
チャイナロン・ヌンパックディー 113, 116-117, 120, 123-126, 130, 134
チャイヤシット・チンナワット 144, 317
チャムローン・シームアン iv, 56-65, 67-69, 72-80, 82, 84, 87-90, 92, 118-119, 121, 325-326
チャラート・ウォーラチャット 58, 62-63, 65, 92, 152-153, 210, 259
チャラート・ヒランシリ 31, 145
チャルーン・パットダムロンチット 290
チャワリット・ヨンチャイユット 21, 33, 35, 41-43, 50, 54, 56, 59, 62, 64, 71, 89-90, 93,

索引 363

99, 104-105, 111-115, 119-125, 128-131, 134-137, 141-145, 169, 203-204, 206, 208, 219, 284
チュワン・リークパイ 40-41, 43, 89-90, 123, 130, 136, 149, 208, 214, 282, 284, 294
チョットチョーイ・ソーポンパニット 233-234, 272-273
チン・ソーポンパニット 273
ティリー，チャールズ 15, 319
ナロン・ウォンワン 49, 51, 53
ナロン・ペットプラスート 21
パースック・ポンパイチット 93, 185, 210, 215, 221, 248
パリンヤー・テーワーナルミットクン 62, 65
ハンティントン，サミュエル 5-7, 11-13
バンハーン・シンラパアーチャー 33, 41-43, 49, 52, 135, 164-166, 168, 214-216, 219, 274, 279-280, 288, 309
ピチット・クンラワニット 105, 111, 124-125, 134
プラウェート・ワシー 23, 153-155, 163-164, 171, 196
プラチャー・マーリーノン 275, 287
プラチュワプ・チャイヤサーン 271
プラティープ・ウンソンタム・ハタ 65, 81, 92-93
プラパート・チャールサティエン 28, 111
プラマーン・アディレークサーン 31, 52, 115, 145, 214, 279
プラモン・パラーシン 116, 125, 127-129, 133, 137, 141
プリオパン・ダーマーポン 317

プリーディー・パノムヨン 16, 35
プレーク・ピブーンソンクラーム 29, 106, 265
プレーム・ティンスーラーノン 16-17, 21, 25-26, 32-35, 38-39, 41, 43, 48-49, 51, 55-56, 72, 77-79, 104-105, 110-111, 118, 121-123, 125, 130-131, 134-135, 144, 169, 308, 322-323
ブンチャイ・ベーンチャロンカクン 287
ブンチュー・ローチャナサティエン 214, 264, 322
ブンヤシット・チョークワッタナー 286
ボーウォーンサック・ウワンノー 153-155, 163, 172-173, 175, 179-180, 183, 186, 210-212, 252
ポーンポン・アディレークサーン 279
ポッター，デビッド 7, 8, 11
ポッチャマーン・チンナワット 271, 317-318
ポット・サーラシン 98, 273
ポンテープ・テープカーンチャナー 189, 191, 194
マッカーゴ，ダンカン 20
マヌーン（マヌーンクリット）・ループカチョーン 105
ミーチャイ・ルチュパン 35, 169, 171, 205, 259
モンコン・アムポーンピシット 130, 136, 142-143
モントリー・ポンパーニット 52, 155, 214
ヤオワパー・ウォンサワット 290, 307, 316-317
ユッタサック・サシプラパー 132, 136, 143
ランサン・タナポーンパン 25, 224
ワッタナー・アッサワヘーム 136, 276
ワッタナチャイ・ウッティシリ 134, 136, 145

著者略歴
玉田芳史（たまだ　よしふみ）
京都大学大学院アジア・アフリカ地域研究研究科助教授
1958年岐阜市生まれ．
京都大学大学院法学研究科博士後期課程中途退学．愛媛大学法文学部助手，講師，助教授，京都大学東南アジア研究センター助教授を経て，1997年4月より現職．専門はタイ研究．

主要著書
「Itthiphon and Amnat: An Informal Aspect of Thai Politics」『東南アジア研究』28巻4号，1991年．
『講座現代の地域研究　3　地域研究のフロンティア』（共著）弘文堂，1993年．
「タイのナショナリズムと国民形成」『東南アジア研究』34巻1号，1996年．
『国家と民族を問いなおす』（共著）ミネルヴァ書房，1999年．
『岩波講座東南アジア史　5　東南アジア世界の再編』（共著）岩波書店，2001年．

民主化の虚像と実像
――タイ現代政治変動のメカニズム
（地域研究叢書 14）　　　　　　© Yoshifumi TAMADA 2003

平成 15（2003）年 7 月 20 日　初版第一刷発行

	著　者	玉田芳史
	発行人	阪上　孝
発行所	京都大学学術出版会	

京都市左京区吉田河原町 15-9
京　大　会　館　内　（〒606-8305）
電話（075）761 - 6182
振替 01000 - 64877

ISBN 4-87698-616-9　　　印刷・製本　㈱クイックス
Printed in Japan　　　　　　定価はカバーに表示してあります